DEUX VÉRITÉS EN FACE

Hamadi ESSID Théo KLEIN

DEUX VÉRITÉS EN FACE

Un dialogue

Présentation et débat,
Jean-Pierre Langellier

Lieu Commun

PRÉSENTATION

« Les peuples juif et arabe se présentent trop souvent l'un à l'autre leurs profils obscurs », déplore l'écrivain israélien David Grossman*. Deux profils obscurcis par l'incompréhension, le mépris, la haine. Cet affrontement « oblique », périodiquement ponctué de brefs et sanglants face à face, n'a, depuis quatre décennies, que trop duré. Anouar El Sadate et Ménahem Bégin l'avaient compris, il y a dix ans déjà : l'interminable guerre du Proche-Orient représente une entreprise stérile, suicidaire. Pis : à l'heure où s'apaisent la plupart des conflits régionaux, celui-là, plus vieux que tous les autres, devient anachronique.

Il n'est que temps, pour Juifs et Arabes, de se rencontrer ailleurs que dans le fracas des champs de bataille. Il leur est urgent de se parler, de se dire « la vérité en face », car souvent, observait Paul Eluard, « les muets sont des menteurs ». Il leur importe, dans l'écoute et le respect mutuels de chercher ensemble l'étroit chemin qui mènera vers une paix durable. Telle est la raison d'être de ce livre, que la violence désormais quotidienne en Cisjordanie et à Gaza rend encore plus impérieuse, et où Hamadi Essid et Théodore Klein s'expriment tour à tour avant de débattre en face, sans agression ni reniement.

S'ils expriment des points de vue largement partagés dans leurs communautés réciproques, Essid et Klein ne parlent qu'en leur nom propre, sans se prendre pour d'outrecuidants « faiseurs de paix ». N'étant ni l'un l'autre acteurs directs du drame, ils bénéficient du

* *Le Vent jaune,* Seuil, 1988.

recul et de la liberté nécessaires à celui qui souhaite écouter l'adversaire sans faillir, lui concéder sans trahir. Leur dialogue échappe aux langues de tout bois et aux exclusives manichéennes. S'il n'est pas tout à fait le premier du genre, on peut espérer qu'il en annonce beaucoup d'autres.

Ces deux textes se tournent largement vers le passé. Comme si l'urgence même d'une solution politique exigeait avant d'inévitables compromis – ne serait-ce que pour prendre l'autre à témoin – de remémorer une nouvelle fois les origines de la tragédie, les auteurs ont renu à redébobiner le film complexe et trépidant de cet affrontement aux multiples épisodes : judéo-arabe, israélo-arabe, israélo-palestinien. L'un y trouve l'occasion de réaffirmer la force du « bon droit » des Juifs, l'autre de rappeler la douleur de l'injustice faite aux Arabes.

Ils portent des jugements contraires sur les causes, la nature et la signification historique du sionisme. L'inverse n'eût-il pas surpris ? Pour Hamadi Essid, le sionisme est un complot ourdi avec soin, exécuté avec cynisme. Les sionistes ont su profiter des contradictions et des atermoiements de l'impérialisme britannique en Palestine pour mener à bien leur entreprise coloniale. Intrus au Proche-Orient, ils ont patiemment érigé un Etat illégal, illégitime, raciste et expansionniste, au détriment de la population arabe, chassée sans ménagement.

A l'opposé, Théo Klein voit dans le sionisme un mouvement de libération nationale ayant permis au peuple juif de s'autodéterminer dans le cadre d'un Etat souverain, sur la terre de ses lointains ancêtres. Sous cet angle, le sionisme représente l'outil de l'émancipation des Juifs saisis par la modernité, l'arme qui leur a permis de reconquérir leur destin après avoir échappé à l'emprise obscurantiste des rabbins qui régnaient en maîtres sur les ghettos de l'Europe, au siècle dernier.

« La mémoire est un droit » affirmait autrefois, en songeant autant aux Arabes qu'aux Juifs, Haïm Weizmann, futur président de l'Etat d'Israël. Ce peut être aussi un poison qui nourrit les rancœurs et brouille la vue. C'est pour cela que, sous peine de rompre un dialogue tout juste amorcé, Hamadi Essid et Théo Klein se devaient d'« oublier » ce débat sur le destin controversé du sionisme. Ils l'ont fait volontiers, soucieux d'aller de l'avant à partir des réalités d'aujourd'hui. Or le soulèvement (l'*Intifada*) qui secoue depuis bientôt un an les territoires occupés par Israël les ramène à l'essentiel et leur permet de porter un même diagnostic quant à la nature du conflit en cours.

Car – chacun en convient – ce qui frappe surtout dans la « révolte des pierres », c'est qu'elle a brutalement fait resurgir l'identité première, irréductible, du conflit proche-oriental. Pendant quarante ans – guerres et diplomatie obligent – l'antagonisme israélo-arabe fut très largement « exporté » au-delà des frontières d'un Etat juif acculé à se défendre, pour survivre, contre des ennemis mortels. Aujourd'hui, seuls Israël et les Palestiniens des territoires restent en scène. Les seconds rôles retournent en coulisse, spectateurs impuissants d'un drame qui leur échappe. L'affrontement quotidien de la rue symbolise jusqu'à la caricature ce face à face primordial entre les deux principaux acteurs.

Fiers de leur identité reconquise et de leur peur surmontée, les émeutiers adolescents savent, plus ou moins confusément, qu'ils sont seuls et que personne ne livrera à leur place les combats décisifs. Le conflit redevient ainsi ce qu'il était avant l'avènement de l'Etat hébreu à l'intérieur des frontières de l'ancienne Palestine mandataire : une lutte « communautaire », une rivalité opiniâtre entre deux peuples, un choc de deux nationalismes dont les légitimités – jusqu'à preuve du contraire – s'excluent, un combat irrédentiste pour la terre et l'existence. Les sanglants événements d'aujourd'hui ont au moins le triste mérite de « recentrer » l'attention sur le cœur du conflit. Deux communautés malmenées par l'Histoire, accrochées à leur terre et également sûres de leurs droits imprescriptibles. « Nous voulons la même chose, constatait déjà Ben Gourion dans les années 30, la Palestine. »

Ce face-à-face est encore plus exclusif depuis que le roi Hussein a rompu, en juillet 1988, les liens administratifs et légaux qui unissaient jusqu'alors son royaume à la Cisjordanie. Tirant avec amertume les leçons d'un soulèvement où son nom était conspué en même temps que celui d'Israël, le souverain hachémite a préféré se replier en beauté sur son désert, en soulignant qu'il assumait son « devoir arabe ». L'*Intifada* a en outre brisé le mythe douillet d'une occupation « douce », « éclairée », « libérale ». Au moins vingt mille soldats israéliens sont désormais nécessaires pour « tenir » les territoires. Le soulèvement a, enfin, clarifié la revendication palestinienne : les manifestants des territoires se battent pour un Etat, et rien d'autre. Les vieilles formules, notamment l'« autonomie » imaginée à Camp David, paraissent désormais vouées à l'oubli.

Les deux auteurs s'accordent sur un autre point : au Proche-Orient pas plus qu'ailleurs, on ne choisit son adversaire. Cette évidence vaut surtout d'être rappelée aux dirigeants israéliens, de droite comme de gauche, pour qui l'idée même de négocier avec l'O.L.P. – du moins l'O.L.P. telle qu'elle est – relève du sacrilège. Hélas pour l'Etat juif, la grande majorité des Palestiniens des territoires s'identifient, fût-ce symboliquement, à l'O.L.P. et il n'existe, jusqu'à preuve du contraire, aucun substitut à l'organisation de

Yasser Arafat. Israël aimerait bien sûr idéalement prendre langue avec des représentants démocratiquement élus par les habitants des territoires. Vœu pieux par excellence... Après tout, seuls les peuples libres ont les chefs qu'ils méritent, et les Palestiniens ne le sont pas.

Israël est d'ailleurs mal placé pour contester l'« authenticité » de son adversaire puisqu'il n'a cessé d'entraver toute vie politique dans les territoires, surtout depuis les élections municipales de 1976 remportées haut la main en Cisjordanie par les sympathisants de l'O.L.P. A force d'avoir méthodiquement combattu tous ceux qui se réclamaient à des degrés divers du mouvement nationaliste, Israël a sapé l'autorité d'hommes ou d'équipes qui auraient pu, le jour venu, lui servir d'interlocuteurs et neutraliser ses plus durs adversaires. Les travaillistes de Shimon Pérès et le Likoud d'Itzhak Shamir n'expriment pas, il est vrai, leur « refus de l'O.L.P. » avec la même force, leurs stratégies s'opposant sur l'essentiel : le sort des territoires. Mais dans la forme, les deux grandes familles politiques israéliennes continuent d'exiger, en préalable à tout dialogue avec la centrale palestinienne, que celle-ci accomplisse avec solennité le double geste exigé par les Etats-Unis depuis 1975 : la reconnaissance de l'Etat d'Israël, la renonciation à toute forme de terrorisme.

* *
*

La reconnaissance de l'Etat juif – de son droit à l'existence et à la paix – est depuis toujours l'une des pierres d'achoppement du conflit israélo-arabe. Israël est un pays en attente de légitimité. Yasser Arafat a bien résumé sur ce point la position ancienne de l'O.L.P. dans une interview au *New York Times* (mars 1984) : « Je n'ai qu'une carte, la reconnaissance d'Israël. Je ne l'abattrai que si j'obtiens quelque chose de substantiel en retour. Je ne suis pas Sadate. Lui s'est suicidé. Je dois être prudent. » Le droit à l'existence et à la sécurité d'Israël fut consacré par la fameuse résolution 242 du Conseil de sécurité de l'O.N.U. (22 novembre 1967), texte rejeté par le monde arabe, mais auquel se référèrent les plans de paix ultérieurs. Il fut implicitement reconnu par le plan arabe de Fès (septembre 1982) qui garantit le droit de vivre en paix à tous les Etats de la région.

Parce qu'elle avait pour raison d'être le droit des Palestiniens à l'autodétermination – donc à un Etat – l'O.L.P. a toujours refusé que le conflit israélo-palestinien fût réduit, comme dans la résolution 242, à un simple problème de réfugiés. Reconnaître la « 242 » est une absurdité, notaient ses responsables. Comment pourrions-nous reconnaître un texte qui ne nous reconnaît pas ? Plus tard, l'O.L.P.

entretint l'ambiguïté en acceptant en bloc toutes les résolutions des Nations unies consacrées au conflit, dont certaines, comme celle assimilant le sionisme au racisme (11 novembre 1975), revenaient à vider la « 242 » de sa substance. Depuis quelques mois, il semble y avoir du nouveau du côté de l'O.L.P. : plusieurs de ses dirigeants ont déclaré que celle-ci avait l'intention de reconnaître l'Etat d'Israël et qu'elle tenait la résolution 242 pour acceptable, quoique insuffisante.

Pareille évolution, si elle se confirmait, supposerait forcément que l'O.L.P. renie les articles de sa Charte nationale impliquant qu'Israël doit être rayé de la carte ou qu'elle substitue à ce texte une nouvelle plateforme. Elle a d'autant plus d'intérêt à le faire que, d'une part, ces postulats nihilistes sont brandis de longue date par Israël comme des arguments massues justifiant son immobilisme diplomatique et que, d'autre part, une telle initiative faciliterait l'ouverture, à terme, d'un dialogue entre elle-même et Washington, inévitable parrain de toute négociation de paix au Proche-Orient.

L'Union soviétique pousse désormais clairement l'O.L.P. à franchir ce pas. Champ de bataille et enjeu stratégique depuis quarante ans, le Proche-Orient n'a pas échappé à l'*aggiornamento* de la diplomatie du Kremlin mis en œuvre par Michaël Gorbatchev. Soucieux de replacer son pays sur un échiquier régional dont il fut, à ses yeux, trop longtemps éloigné, le dirigeant soviétique a publiquement exhorté Yasser Arafat à reconnaître solennellement Israël et à tenir compte de son légitime souci de sécurité. Fervente avocate en 1948 de l'avènement de l'Etat hébreu, l'U.R.S.S. n'a jamais renié, malgré la rupture de 1967, cet engagement de principe initial. Elle sait bien que son retour sur le champ de manœuvre diplomatique proche-oriental passera, tôt ou tard, par une normalisation avec Israël.

Hamadi Essid et Théo Klein – qui s'en étonnera ? – ne voient pas d'un même œil l'évolution en cours. Pour le premier, l'O.L.P. est engagée sans esprit de retour dans la recherche, souvent laborieuse, d'une solution politique impliquant la reconnaissance d'Israël. Arabes et Palestiniens n'ont-ils pas fait l'essentiel du chemin lors du sommet de Fès ? Que leur demander de plus ? Quant au terrorisme, il est surtout devenu un mythe, entretenu à son profit par Israël. Pas d'accord, rétorque le second : l'O.L.P. a, très récemment encore, revendiqué des actes de terrorisme contre Israël. Elle doit, pour gage de sa sincérité, faire savoir au monde, sans la moindre équivoque, son abandon du terrorisme et sa reconnaissance de l'Etat juif afin de désarmer la terrible défiance qu'elle inspire au principal intéressé, le peuple israélien. Certains engagements exigent d'être proclamés haut et clair.

Quoi qu'il en soit, une chose est évidente à tout familier d'Israël :

la « peur géographique » reste une donnée majeure de la psychologie nationale. A droite comme à gauche. N'est-ce pas le travailliste Abba Eban qui disait un jour : « La ligne verte (celle qui marquait les frontières d'avant 1967), c'est la ligne d'Auschwitz » ? Fondée ou non, la remarque reflète un sentiment général. Gardant en mémoire le précédent de la guerre de Six Jours, les promesses non tenues à l'époque par les alliés traditionnels, dont la France gaulliste, le souvenir amer que leur anéantissement physique était encore possible moins d'un quart de siècle après l'Holocauste, les Israéliens tiennent pour entièrement légitime leur revendication de sécurité. L'Apocalypse appartient à leurs préoccupations quotidiennes. leur vieux « complexe de Massada » n'est pas mort, malgré la paix conclue avec l'Egypte. La tentation de l'isolement altier face à un univers hostile demeure vivace. Le spectre d'un monde arabe menaçant vient justifier l'intransigeance spartiate qui brûle le regard et empêche d'engager le pari de la paix. Ce que le poète et chantre du sionisme Haïm Gouri appelle un « désespoir historique ».

On peut déplorer cette exigence sécuritaire, cette hantise du « politicide », produit d'un trop long « refus arabe ». On ne peut pas les ignorer. Elles expliquent pourquoi, en l'état actuel des mentalités, une infime minorité d'Israéliens – 3 % au maximum – accepteraient, au terme d'une négociation de paix, le retour aux frontières d'avant juin 1967. Redonner à leur pays sa « taille de guêpe » d'autrefois serait pour eux une « invite à l'agression ». Ils sont donc favorables à des rectifications de frontières, au demeurant comprises, sinon admises aujourd'hui, par une partie de la communauté internationale. Encore faudrait-il qu'Israël reconnaisse à l'éventuel Etat palestinien un droit égal à sa sécurité. L'O.L.P. dénonce à juste titre la manière dont les sionistes religieux, adeptes d'un néo-messianisme auquel la Bible offre un irréfutable titre de propriété, ont récupéré l'argument sécuritaire, devenu l'alibi de leurs ambitions territoriales.

Peut-on, la paix venue, garantir à Israël une « sécurité sans occupation » ? Ce débat stratégique ne peut être tranché avant l'heure. Le contrôle d'un surcroît de territoire n'est qu'un élément parmi d'autres de la « sécurité politique » d'un Etat où entrent en jeu la force dissuasive, la solidité des institutions, la vigueur de l'économie, la cohésion nationale. Israéliens et Palestiniens devront admettre que la quête de la sécurité totale est une dangereuse illusion. Ce qui importe avant tout, c'est que ce problème, si passionnel, de la sécurité soit posé en termes politiques afin d'être résolu par la négociation.

* *
*

Aujourd'hui, le processus de paix est en panne, faute d'interlocuteurs et de volonté politique. La plus récente tentative – le « plan Shultz » – est tombée aux oubliettes. Pendant de longs mois, il est vrai, la double échéance électorale de novembre, aux Etats-Unis et en Israël, incitait chacun à l'attentisme. La relance de la diplomatie passe-t-elle forcément par la tenue d'une conférence internationale, cheval de bataille de l'O.L.P. et de l'Union soviétique ? Avocat sur ce point de l'orthodoxie arabe, Hamadi Essid y voit une condition *sine qua non*. Faisant quant à lui partiellement siennes les réticences de Jérusalem, Théo Klein souhaite, sous peine d'utopie, qu'Israéliens et Palestiniens cherchent d'abord à s'entendre sur les grandes lignes de leur réconciliation et ne se préoccupent qu'ensuite d'obtenir des grandes puissances la caution internationale qui donnera toute sa solidité à leur accord.

L'*Intifada* oblige Israël et l'O.L.P. à des choix douloureux. Société « transparente » – ce qui est à son honneur – Israël le paie en terme d'« image ». Chaque mois, chaque année nouvelle d'occupation ternit un peu plus le blason de l'Etat hébreu. A terme, les deux composantes essentielles de son identité nationale – le caractère juif de l'Etat et sa nature démocratique – sont en péril. En outre, conserver les territoires, c'est accepter de vivre longtemps dans un état permanent d'avant-guerre et d'isolement régionale et, à un moindre degré, international. On songe à cette interrogation de l'écrivain Saül Friedlander, contemplant le cimetière du mont des Oliviers : « Allons-nous, se demandait-il, devoir, de guerre en guerre, couvrir les collines de Jérusalem de pierres nouvellement taillées ? » A cet égard, les dirigeants de la droite israélienne ont une vue pessimiste de l'Histoire puisqu'ils semblent admettre l'idée d'une guerre à perpétuité. A force d'aveuglement, un danger guette Israël : le glorieux isolement d'un Samson courageux, sûr de son « bon droit », mais suicidaire.

Pour l'O.L.P., le choix n'est pas moins crucial : s'engager enfin à vivre en paix, le jour venu, aux côtés d'un Etat juif. Pendant trop longtemps, les Palestiniens furent les pires ennemis d'eux-mêmes. N'ayant pas plus que l'ensemble des Arabes brillé par leur art de la négociation et du compromis, ils restèrent prisonniers de leurs slogans absolutistes. Cette intransigeance têtue, si elle permit de préserver le « rêve » tenace du « retour à Jaffa » nourri par deux générations d'exilés, fit surtout le jeu de l'adversaire. En se retirant, le roi Hussein a obligé l'O.L.P. à préciser son cap. En lui laissant le champ libre, il lui a abandonné une immense responsabilité. Encore faudrait-il, pour convaincre, que la centrale palestinienne renonce à son traditionnel double langage – modéré pour l'Occident, radical à l'intention de ses troupes – qu'elle abandonne l'équivoque et l'ambiguïté longtemps nécessaires au maintien de son unité de façade et à la survie politique de son chef. L'O.L.P. doit inscrire le destin de son peuple dans les limites du réel.

L'acte même de négocier incarnerait un événement politique et psychologique qui, à lui seul, modifierait, dans les deux camps, bien des réflexes et des comportements. « La grandeur d'Israël, disait Kissinger à propos de Camp David, fut de faire l'improbable. »

Faire à nouveau l'improbable, c'est le défi lancé aux Israéliens comme aux Palestiniens.

Jean-Pierre Langellier.

INTRODUCTION

Ma rencontre avec la Palestine coïncide avec mon entrée dans l'âge adulte par un de ces drames qui marquent l'enfance en y mettant fin. Un jeune instituteur que j'aimais beaucoup, et qui avait été adopté par ma famille, disparut un soir. J'ai vu sur les visages s'inscrire une expression que je déchiffrai sans tout à fait la comprendre : une angoisse triste et résignée et un silence qui m'effraya. Puis circula le mot *Falastine*. Je savais, bien sûr, à cause des mines concernées que prenaient les adultes à l'heure des informations, qu'il se passait là-bas quelque chose de très grave. Un peu comme chez nous quand on parlait de l'*indépendance,* de la *liberté,* mais plus encore parce que revenaient des mots, terrible comme guerre, ou magique comme Jérusalem, *Al Qods*.

J'appris par la suite que ce jeune homme s'en était allé combattre en Palestine. Le silence qui m'effrayait devait durer le temps de sa traversée du pays jusqu'à la Tripolitaine : la Tunisie était alors sous protectorat, et les Tunisiens n'avaient ni passeport ni le droit de se rendre dans le sud, zone militaire.

On parla beaucoup de *Falastine* cette année-là, de volontaires, de leurs déboires, de disparus. Puis un rideau tomba, les cris des Palestiniens, longtemps, ne parvinrent plus à distraire les autres de leur problèmes et de leur propre combat.

Au lycée, j'allais connaître un autre visage de l'occupant : des professeurs français *libéraux* osaient nous dire leur sympathie sur un sujet qu'on n'évoquait qu'entre nous, l'indépendance. Cependant, quand, encouragé par leur discours, je mentionnais la Palestine, des fantômes s'obstinaient à nous séparer. Je me suis rendu compte plus tard que le drame, au cœur du drame palestinien, était la conspiration du silence. Le Palestinien n'aura pas droit à la consolation qu'on accorde aux victimes ; il est enfermé hors de la conscience des hommes.

Parmi tous les peuples en lutte contre l'occupation, aucun ne connut à ce point cette atroce misère d'être oublié. J'ai vécu longtemps ce désespoir de ne pouvoir au moins me plaindre pour les Palestiniens. Jusqu'à ce que, à l'âge de dix-huit ans, je découvre, aux Etats-Unis, des Occidentaux, Juifs de surcroît, qui consacraient leur temps et une énergie farouche à défendre, avec une persévérance d'autant plus admirable qu'elle allait contre le sens de la foule, les droits du peuple palestinien à la dignité et à la justice.

Plus tard, j'ai même rencontré des sionistes tourmentés. Dans le dernier article qu'il a écrit et qu'il m'a confié, Nahum Goldmann[1], toujours sioniste et ayant Israël à cœur, reconnaissait l'injustice infligée aux Palestiniens et prônait, pour eux, un Etat indépendant dans les territoires occupés.

Mais, surtout, mon expérience aux Etats-Unis puis en Europe en tant qu'étudiant, puis journaliste et diplomate représentant le consensus arabe, m'a convaincu que les partis pris partagés depuis longtemps par l'opinion publique occidentale et certains représentants des médias tiennent pour beaucoup à leur manque de connaissance du dossier moyen-oriental, souvent à l'excès d'information et, parfois, à la crainte intellectuelle de ne pas être *du bon côté*.

Il manquait pour contribuer à l'intelligence du problème palestinien et du conflit arabo-israélien, l'ouvrage qui permettrait au lecteur de se faire sa propre opinion à partir des deux points de vue représentant chacune des deux parties en cause, tout en satisfaisant ce besoin d'équilibre qui donne, au lecteur français, une justification *cartésienne* à ses choix. J'ai donc accepté d'être dans ce livre la voix arabe qui interpelle l'Autre et en même temps lui répond.

Il est cependant présomptueux d'espérer le dialogue. D'abord, parce que le dialogue appartient à ceux qui sont physiquement impliqués. Ensuite, parce que je me demande si beaucoup de sionistes sont déjà prêts, surtout en ces temps d'effritement des promesses, à procéder à un examen de conscience salvateur. Or, sans la perception *humaine* de *l'autre* dans la souffrance qu'on lui a infligée, sans la révélation de l'injustice qui a fait du Palestien la victime de l'une des plus insupportables tragédies de l'Histoire, toute réflexion engageant un Juif et un Arabe peut être qualifiée de débat, de polémique, voire de concertation en vue de paver la voie du dialogue, mais le dialogue lui-même reste le but, l'idéal, le début de la phase

1. *Annales politiques*, nº 3, été 1982.

de construction ; il sera donc *au-delà* de la tragédie. Le dialogue est d'abord état d'esprit. Et de cœur. Et, à dire vrai, le sionisme ne me semble pas encore tout à fait dans ces dispositions.

Ensuite, il s'agit de récupérer les mots, de les ramener à leur véritable usage. Le mots sont, dans ce conflit, à la fois dérisoires et explosifs. Ils n'ont plus beaucoup de sens mais gardent intacte leur capacité de perpétuer le sanglant débat.

J'ai toutefois la conviction qu'au-delà de nos engagements respectifs nous tentons, tous les deux, le combat difficile contre les passions, pour atteindre, raisonnablement, le rationnel.

Pour ma part, c'est sûrement plus aisé. Je crois être du côté de la justice parce que je suis au côté de la victime. Je suis surtout *contre l'injustice*. Théo Klein est, lui, du côté des siens. Comme Camus était du côté de sa mère.

Hamadi Essid.

« Unless we understand how this problem was caused, we cannot rightly judge how it should be solved[1]*. »*

Pour faire triompher la justice, il ne suffit pas d'avoir convaincu ses juges : l'important, c'est de convaincre l'adversaire.

De plus en plus nombreux sont, de par le monde, ceux qui se rangent aux côtés du peuple palestinien, victime, depuis la création de l'Etat d'Israël en 1948, d'une des plus terribles injustices de l'Histoire : une multiple spoliation, l'exil de la terre et l'exil de la mémoire des hommes, conséquence d'un projet froidement exécuté d'effacement de la géographie comme de la mémoire.

Une accumulation, désormais appréciable, de résolutions votées par les organisations internationales confirme quelques-uns des droits des Palestiniens et des autres Arabes dans leur procès contre Israël. Ces résolutions alimentent le discours de l'O.L.P., les publications de la Ligue des Etats arabes, les manuels des juristes*...

Israël a, pour sa part, élevé le mépris du droit, le défi à l'opinion publique internationale, la provocation au rang de principes d'action politique et, à court terme, les événements semblent lui donner raison puisqu'ici et là, de Prétoria à Téhéran, cette pratique fait école et inspire des disciples. Yitzhak Shamir a-t-il visé juste en comptant sur la lassitude de cette opinion publique ? Apparemment oui, puisque la tuerie continue avec son lot d'exactions et de bannissements. Si l'on en parle certes encore dans les journaux, à la radio

1. Un porte-parole officiel israélien, in *The Spectator*, 12 mai 1961 : *L'Autre exode,* par Erskine Childers.

* On trouvera les principales résolutions en annexes.

et à la télévision, l'émotion du public s'émousse et on en est réduit à ne plus avoir qu'à comptabiliser chaque jour les nouvelles victimes*.

Il n'en demeure pas moins qu'aujourd'hui avec la révolte des territoires occupés de Gaza, de Cisjordanie et de Jérusalem-est, nous sommes interpellés, par-delà le rideau de fumée qui enveloppe les Palestiniens depuis la création d'Israël. N'oublions pas, cependant, que le problème des territoires occupés est seulement un second volet du problème palestinien, l'un de ses développements, en termes d'Histoire, mais distinct, en termes de droit international, de la question générale de la Palestine.

D'une spoliation, forcément injuste, d'un peuple de sa terre mais qui fut autrefois en partie légalisée par le plan de partage des Nations unies en 1947, on en arrive à une occupation de territoires arabes par la force, bel et bien condamnée celle-ci par l'organisation internationale, en 1967, et aboutissant à une situation de type nettement colonial.

L'opinion publique non arabe et non juive voit son attention sollicitée par le conflit du Moyen-Orient chaque fois qu'un événement sanglant vient éclabousser son écran de télévision. Le reste du temps, elle ne s'y intéresse que modérément : le conflit est lointain, ses conséquences sur la paix mondiale ne sont pas immédiatement perceptibles. Occidental, il ne l'est que dans la mesure où Israël a réussi à faire admettre qu'il représente « le bastion de l'Occident dans cette partie du monde ». Chrétien, que dans la mesure où il oppose une partie de la civilisation dite judéo-chrétienne à l'ennemi traditionnel des croisades et de la colonisation : l'infidèle mahométan.

Longtemps, cependant, Israël a bénéficié dans l'opinion occidentale – en raison des effroyables exactions du génocide et du sentiment de culpabilité né de la découverte des camps de la mort – du romantisme du « retour du Juif errant à la Terre promise », du mythe du kibboutz, du combat du faible contre le fort – et de sa victoire – et du prestige de David contre Goliath...

Mais, aujourd'hui, ce qui lasse, c'est avant tout l'aspect *insoluble*

* Le mardi 4 octobre 1988, une « brève » en page 38 de *Libération* annonçait ainsi les derniers événements dans les territoires occupés sous le titre : *Israël, campagne* : « La campagne électoral pour les législatives du 1er novembre s'est ouverte, dimanche, avec une querelle inédite entre les deux principales formations rivales : le Likoud du Premier ministre Yitzhak Shamir a accusé le parti travailliste de Shimon Pérès d'espionner ses activités. *Par ailleurs*, dans les territoires occupés, dix-huit Palestiniens ont été blessés par balles, lundi, par l'armée israélienne ». Quelques jours plus tôt, le 27 septembre 1988, le même quotidien accordait en page 31 sept lignes à deux Palestiniens tués et soixante-neuf blessés, « alors qu'un troisième succombait à ses blessures reçues il y a quatre jours ».

du conflit. A ce sujet, on ne peut plus pertinente demeure l'analyse de Maxime Rodinson : « Aujourd'hui, l'Occident chrétien projette l'idée négative qu'il s'est faite jadis des Juifs sur les Arabes. Après s'être fixés à une distance exotique, les Juifs ont perdu, aux yeux de l'Occident, tous les traits désagréables (et surtout celui d'être différents) qui leur avaient porté préjudice en Europe. Purifiés par l'éloignement et la renaissance nationale, ils personnifient l'esprit occidental en plein cœur de cette sale et fainéante pourriture pouilleuse qu'est la population du Proche-Orient. Bien entendu, la propagande israélienne et sioniste saisit l'occasion pour approfondir cette conception stéréotypée. Israël, dit-on donc, est le peuple juif. Toute la bonne volonté du monde en faveur des Juifs, de tous les Juifs, est totale[1]. »

Quand il m'arrive de prendre la parole pour donner le point de vue arabe sur cette question, je me trouve le plus souvent devant un public mal, ou insuffisamment, informé, ou bien encore gavé par un excès d'informations contradictoires, ou encore, ce qui est plus fréquent et plus dangereux, engagé dans des partis pris, des confusions, ayant pour l'un ou l'autre des deux camps une sympathie active, ou plus exactement marquant *a priori* une hostilité aux Arabes ou aux Juifs.

Les antisémites se croient à l'aise auprès des Arabes puisqu'ils veulent voir dans ce conflit une guerre pour l'extermination des Juifs à laquelle ils aimeraient pouvoir apporter leur contribution. Les nostalgiques de l'Algérie française, ceux qui ne se sont pas relevés des Croisades, s'emploient, quant à eux, à attiser la haine contre les Arabes et à venger *l'honneur perdu* aux colonies, et cela par Israéliens interposés.

Avant d'être poursuivi en justice par des journalistes juifs français pour antisémitisme, Jean-Marie Le Pen avait proposé à trois d'entre eux* de faire front contre l'ennemi commun : l'Arabe. Ces journalistes ont, bien sûr, répondu à cette offre avec le mépris qu'elle mérite, mais tous les Juifs et tous les Arabes ne sont pas aussi regardants quand ils trouvent des partisans prêts à soutenir leur cause.

Cependant, s'il est quelques Arabes pas encore résolus à faire la différence entre *juif* et *sioniste* (confortés en cela ailleurs par ce que René-Victor Pilhes nomme, par dérision, « la loi Lévy » en allusion à une phrase de B.-H. Lévy : « L'antisémitisme de demain, s'il doit vraiment revenir, sera antisioniste ou ne sera pas[2] »), l'équation :

---

1. Maxime Rodinson, *Israël et le refus arabe,* Seuil, 1968.

* L'un de ces journalistes est Jean Daniel, directeur du *Nouvel Observateur,* qui m'a fait part de cette initiative.

2. Cité dans *l'Hitlérien,* Albin Michel, 1988, p. 45.

« Qui n'est pas avec moi est contre moi » est plus volontiers pratiquée par les amis d'Israël. Elle est le prélude à l'accusation : « ...Et qui est contre moi est nécessairement antisémite. »

Songeons au scandale qu'auraient suscité les propos de l'ambassadeur d'Israël en France arguant, à la télévision française[1], pour accuser, contre toute évidence et tout bon sens, les Palestiniens d'avoir assassiné Abou Jihad, à Tunis en avril 1988, d'une « tradition arabe de l'assassinat », s'ils avaient été tenus, à propos de Juifs, par un ambassadeur arabe...

Le profane a bien de la peine à s'y retrouver quand il tente de comprendre ; et l'Occidental, entre sa nostalgie coloniale et son trouble colonialiste, entre son antisémitisme latent et sa peur de le laisser paraître, préfère se cantonner dans un silence prudent ou se laisser aller à des poussées d'enthousiasme opportuniste.

Jusqu'à ces dernières années, on pouvait facilement compter, en France et dans les autres pays européens, les partisans des droits des Palestiniens. Je les découvre de plus en plus nombreux, particulièrement dans la nouvelle génération, dégagée des séquelles morales de la Deuxième Guerre mondiale, de ses silences, de ses compromissions et de son fond amer de culpabilité. Ce sont ceux-là les vrais amis des Juifs, ceux qui les prennent pour ce qu'ils sont : des hommes comme les autres, leurs semblables, leurs frères. C'est d'ailleurs parmi les Juifs eux-mêmes que l'on trouve un grand nombre de partisans des droits inaliénables du peuple palestinien : même en Israël, l'on en rencontre qui ne tolèrent plus l'insupportable injustice faite à ce peuple. C'est avec ceux-là qu'on doit réfléchir pour construire.

Construire l'avenir, pour ce Proche-Orient meurtri, à partir d'une évaluation réaliste de la situation et dans le respect du droit de tous ceux qui aspirent à y vivre en paix et en sécurité. Mais aussi reconstruire une vieille tradition d'amitié judéo-arabe naguère si créative.

Les Arabes et les partisans de la paix parmi les Israéliens, dans leur désir d'arriver à une solution qui apaiserait les souffrances des Palestiniens pour les uns, ou qui assurerait, pour les autres, la « sécurité d'Israël », s'arrêtent trop souvent à l'évocation des territoires occupés.

Il est donc nécessaire, si l'on veut que le débat se mue en dialogue, d'aller à la racine du problème, d'extirper de soi les ressentiments les plus profondément ancrés et d'en démonter les mécanismes. Une certaine littérature pacifiste occulte souvent, de part et d'autre, les aspects douloureux du conflit par crainte de compromettre le fragile équilibre de ce qui ne représente que les prémices timides de l'ou-

1. TF1, 16 avril 1988.

verture palestino-israélienne. Je crois, au contraire, que l'ambiguïté de la procédure ne pourra assurer la pérennité de la solution, ni même le succès du dialogue.

Ainsi, pour jeter un pavé dans la mare et aller vite au fond des choses, si, comme le stipulent d'ailleurs les résolutions arabes des sommets de Fès, Amman et Alger, je *reconnais* Israël comme une réalité existentielle et prends acte des décisions arabes de *reconnaître* « le droit de tous les peuples de la région à vivre en paix* », c'est-à-dire à l'intérieur de frontières sûres, je n'admets pas pour autant la légitimité de la création de l'Etat d'Israël, fondamentalement injuste pour les Palestiniens, pour qui elle est l'origine et la cause de tant de malheurs.

C'est pour cela que l'expression, devenue rituelle, « solution juste et durable » me choque dans la bouche des Arabes qui la répètent machinalement, tant il est inconcevable que la solution *réaliste*, acceptée par les Arabes, d'un Etat palestinien sur un *cinquième* du territoire palestinien, puisse être ressentie comme juste par un natif de Haïfa qui y a ses racines depuis des millénaires et qui devra de son refuge d'exil à Sabra ou à Yarmouk admettre, le moment venu de la « solution juste et durable » tant espérée, qu'il lui faudra renoncer même au rêve de retrouver un jour sa maison natale, le village de ses parents, la terre de ses ancêtres.

En revanche, l'approche du problème à partir de ses réalités les plus douloureuses me semble seule sincère et porteuse d'espoir. Seul un dépassement de tous les obstacles psychologiques et des causes matérielles, après leur prise en compte, permettra de créer un *momentum* propice à la rémission des offenses, au pardon des humiliations, à la volonté d'oubli et à la réconciliation dans la recherche du projet qui fera dire : « Malgré tout, voilà que nous construisons ensemble. »

Certes, une partie de l'intelligentsia juive d'Israël, des Etats-Unis et d'Europe réclame aussi la paix. Mais elle le fait en des termes tels que je trouve plus de danger dans cette approche qu'il y en aurait à attendre une autre solution, *même* lointaine, mais plus solidement ancrée dans les cœurs. Car, sûrement, la rancœur dans les discours de Bernard-Henri Lévy, d'André Glucksmann, et même d'Amos Oz, pourtant censé représenter l'idéologie des colombes, dresse, à la longue, des barrages plus difficiles à surmonter que ceux qui séparent des fusils.

Car ceux-là, quand ils daignent se pencher sur le conflit, c'est

* Le septième article du projet arabe de paix issu du sommet de Fès stipule l'octroi par le Conseil de sécurité de l'O.N.U. de « garanties de paix à tous les Etats de la région, y compris l'Etat palestinien indépendant ». (Voir Annexes).

d'abord pour fustiger la victime et exalter son bourreau. Et s'il leur arrive d'émettre une quelconque réserve sur tel ou tel dirigeant israélien, que le lecteur n'aille surtout pas s'imaginer qu'ils défendent pour autant les Arabes ! Ou qu'ils ont cessé de placer Israël au-dessus des autres nations : « Sur la terre d'Israël, les bavures signifient plus que des bavures. L'importance des morts ne tient pas à la qualité des victimes, ni à leur quantité, mais à l'identité de celui qui manie l'arme[1]. »

Les morts palestiniens n'ont plus à se plaindre, ils sont victimes d'une armée *di qualita !*

En glissant de la défense d'Israël à une illustration du judaïsme, ceux-là consacrent aussi l'idée d'une guerre de religions, méthode classique et relativement efficace de l'amalgame.

Pour André Glucksmann, le besoin de liberté lui-même n'est pas inhérent à l'homme palestinien car il ne saurait être la manifestation de sa réaction naturelle à l'oppression : « ... L'explication est plus simple. Le jeune Palestinien, né dans les territoires occupés depuis 1967, envie les jeunes Israéliens souverains qui lui font face, donc il se révolte contre eux... pour vivre comme eux. Une démocratie qui colonise sème malgré elle la liberté, et trouve son honneur à céder... » Et Glucksmann ajoute cette phrase, lourde de signification et qu'il me semble avoir déjà entendue quelque part, « ... même si le colonisé, une fois émancipé, rencontre rarement son bonheur[1] ».

Quel dialogue peut-il y avoir avec un homme tel que B.-H. Lévy qui, après avoir, nous dit-on, *gardé le silence*, nous assene cette explication de « la révolte des enfants » dont même l'armée israélienne a fini par admettre le caractère spontané : « Prenez cette nouvelle stratégie palestinienne [...] et qui semble consister à retourner contre nous les grands archétypes de notre histoire. Voilà des gens qui s'entendent de mieux en mieux dans ce genre de petits trafics[2]. »

Dans tous les cas, l'Arabe reste en dehors de l'équation juive et israélienne* (ou pour adopter la logique du *nous* utilisé par les auteurs cités), il n'est *même pas* l'ennemi, il est l'obstacle incontournable devant *le destin d'Israël, la vocation du peuple juif.*

Et quand Amos Oz condescend à envisager la négociation, c'est à partir de ce préalable : l'assurance « qu'il ne tendra pas la main aux représentants d'une civilisation où le père tue sa fille parce qu'elle a couché avec le fils du voisin ». On peut dès lors se résigner à cette

1. André Glucksmann, *Actuel*, mars 1988.
2. Bernard-Henri Lévy, *Jerusalem Post*, cité par *L'Evénement du Jeudi* du 17 mars 1988.
* « Sans même s'interroger sur ce qui est bien, ou non, pour les Arabes, plaide J.-J. Servan-Schreiber, c'est pour l'aventure humaine et spirituelle qu'a engagée le sionisme qu'il faut craindre. » *Le choix des Juifs,* Grasset, 1988.

fatalité que les Palestiniens, dans la confrontation, n'ont d'autre choix que de faire face à la haine aveugle ou à la haine froide. C'est, traduit en termes de négociations, la rencontre du fusil avec la pierre.

Non seulement on ne perçoit pas dans cette approche le moindre intérêt pour la victime palestinienne, ni même la moindre reconnaissance de sa présence autrement que comme contrevenant à la bonne marche du destin naturel et implacable d'Israël, mais encore la tient-on pour coupable de l'altération de l'image, foncièrement pure, d'Israël.

Quel dialogue peut-on envisager à partir de cette attitude ? Il est vrai d'ailleurs que le dialogue n'est pas à l'ordre du jour. Mais quelle paix alors ? Et comment ? Imagine-t-on que, de même qu'Israël s'est établi sur leurs terres, sur leur histoire, sur les décombres de leurs maisons, sur leurs cadavres, avec l'assentiment des Nations unies, mais sans que « le consentement des Arabes ne soit ni réclamé ni obtenu[1] », les Arabes devront, aussi, se voir imposer une paix modelée dans l'intérêt d'Israël, *sans que le consentement des Palestiniens ne soit recherché ou obtenu ?*

Si les bonnes volontés concernées par l'avenir du Proche-Orient ne font pas de la persévérance un principe qui guide leur action, elles ont peu de chance de trouver, dans la versatilité de certains médias, de quoi les soutenir.

A l'image de l'adolescent rossé méthodiquement par les soldats israéliens, diffusée partout dans le monde et révoltant les téléspectateurs tout en les conduisant sans doute à se sentir plus concernés par le sort dramatique de son peuple, se substituèrent quelques semaines plus tard les feux d'artifice de la commémoration du quarantième anniversaire de la création de l'Etat d'Israël ; les orchestres philharmoniques couvrirent les cris des enfants blessés et poursuivis jusque dans les hôpitaux ; les arrivées des notables étrangers occultèrent les départs forcés des indigènes déportés* ; les pages entières de publicité – dans des journaux censés refuser la publicité politique

1. J.-L. Talmon, professeur d'histoire moderne, Université hébraïque, Jérusalem ; réponse à Albert Hourani, *The Observer*, Londres, 10 septembre 1967.

* Quant au terme de *déportation*, précise une note du document publié par la Mission d'enquête internationale dans les territoires occupés par Israël (composée du M.R.A.P., l'Association internationale des juristes démocrates et la Ligue internationale pour les droits et la libération des peuples), il a un sens juridique. Il serait temps de casser une polémique fondée sur un faux débat et une fausse comparaison dont l'effet serait de se donner bonne conscience par rapport aux déportations individuelles de Palestiniens pour les réduire à de simples expulsions alors qu'Israël contrevient gravement ici au droit des personnes. Le texte de l'article 49 de la quatrième Convention de Genève est en effet clair : « Les transferts forcés, en masse ou individuels, ainsi que les déportations de personnes protégées hors du territoire occupé

– expliquèrent *les quarante raisons* [pour Israël] *d'être fier*, en même temps que sur les téléscripteurs des agences de presse crépitaient les noms des dernières victimes de la répression à Jérusalem, à Gaza et en Cisjordanie.

Quarante raisons d'être fier ? Le jour du quarantième anniversaire de sa création, il y avait un million quatre cent mille Palestiniens prisonniers d'Israël. Ce jour-là fit quinze blessés et un mort de plus qui vint s'ajouter aux 184 premières victimes de l'*Intifada*.

En cette année 1988, la célébration de la création d'Israël aura eu quelque chose d'élaboré, un relent d'amertume que ni les animateurs de radio ni les commentateurs ne sont parvenus à camoufler.

Dans le quotidien israélien *Yédiot Aharonot* du 22 avril 1988, Boaz Evron, qui fut membre du groupe Stern, commente ainsi cet anniversaire, sous le titre : *Le jour de l'indépendance, stéréotypes et réalité :*

> « En parcourant un magazine illustré consacré au quarantième anniversaire d'Israël, j'ai été frappé par le fait que ces images aimables et optimistes étaient à peu près identiques à celles qu'on avait publiées à l'occasion du dixième, vingtième et trentième anniversaires. *Comme si rien n'avait changé,* comme si la vie continuait à tourner autour du *rassemblement des exilés,* du désert qui refleurit, et de notre marche vers la paix et le progrès... Ces images nous montrent les visages souriants de personnages photographiés dans le style des anciens calendriers de l'Agence juive, *qui soulevaient déjà le cœur aux jeunes gens que nous étions alors...*
>
> Ces images ne disent rien des places publiques où se rassemblent, pour crier leur haine, des Juifs fanatiques, excités par de faux prophètes. Elles ne disent rien sur les tensions croissantes entre riches et pauvres, religieux et laïcs, Juifs et Arabes, sépharades et ashkénases...
>
> Elles cachent le nombre grandissant de gens qui voient leur avenir bouché, et se disent que les choses ne peuvent continuer longtemps ainsi... »

De fait, ce qui a plus particulièrement marqué cet anniversaire, c'est la découverte, par le monde entier, sous les décombres savamment tassés au fond de la mémoire, d'un peuple que l'on croyait avoir réussi à dissimuler aux autres, comme à la conscience juive

---

dans le territoire de la puissance occupante ou dans celui de tout autre Etat, occupé ou non, sont interdits quel qu'en soit le motif. » Ces déportations touchent le leadership palestinien des territoires occupés et il est intéressant de noter que les gouvernements travaillistes y ont eu recours, au moins autant que la droite israélienne, souvent plus comme s'en vanta Rabin à la Knesset. Depuis le début de l'*Intifada* et en moins d'une année, le nombre de déportations a atteint le nombre de 60. Cette forme de punition est, depuis l'occupation des territoires en 1967, passée dans l'usage courant des autorités israéliennes. Le nombre total des déportés jusqu'en 1988 dépasse 1 200.

elle-même. Médusés, Américains, Européens, et même de jeunes Israéliens parmi les appelés, découvraient l'horreur des camps de réfugiés, la détresse des exilés sur leur propre terre, l'arrogance meurtrière des colons. « Aaron, écrit le journaliste Robert Lacontre, vient d'avoir dix-huit ans. Il parle avec une franchise déconcertante. Il m'explique que lui et tous ses camarades ne comprennent absolument rien à ce qui se passe. Pourquoi cette haine des jeunes Arabes à leur égard ? Le plus grave, c'est qu'il me dit : "C'est la première fois que j'entre dans les territoires occupés, que j'entre dans un camp de réfugiés. Quelle misère ! Comment cela peut-il exister ?" Les jeunes Israéliens ont vécu à quelques mètres de ces camps-taudis qui se cachent derrière des barrières de planches sans imaginer l'humiliation de ces "réfugiés" parqués sur leur propre terre. Les jeunes Arabes ne sont jamais entrés dans un night-club israélien et ont même rarement parcouru un quartier juif où tout est net et bien ordonné[1]. »

Si le mouvement qui s'exprime depuis décembre 1987 n'est, pour les Arabes, qu'un développement – décisif mais prévisible – dans le cheminement dramatique de l'épopée palestinienne, il a été, pour le reste du monde, une explosion révélant une situation que beaucoup avaient, délibérément ou non, décidé d'ignorer ou dont ils croyaient qu'elle pouvait se résoudre d'elle-même s'ils gardaient les yeux fermés suffisamment longtemps.

En revanche, pour les jeunes générations, cela fut une sinistre découverte.

C'est, peut-être, la plus grande victoire du Palestinien, depuis 1947, que celle de cette résurgence dans la mémoire et dans le conscient du Juif et de l'Israélien. Le rideau opaque qui entourait le Palestinien s'est, irréversiblement, déchiré : « Tiens ! peut dire un journaliste de *l'Evénement du Jeudi*, de retour des territoires, relatant les propos d'une jeune Israélienne contre les *Palestiniens* : Il y a quelques mois elle aurait dit les Arabes[2]. »

Aujourd'hui, la victime palestinienne de l'Israélien annule la *victimité* du Juif. Paradoxe salvateur, tragique du point de vue sioniste : si le Palestinien n'existait pas ainsi que, de Golda Meïr à Shamir, on l'a si longtemps répété, la répression l'aurait, depuis, créé, car on ne peut s'opposer à ce qui n'existe pas, on ne peut supprimer ce qui *n'est* pas.

De la même manière, le Palestinien, par sa résistance contre l'Israélien, en reconnaît la présence en tant qu'Israélien et contribue

1. *Figaro-Magazine,* 27 février 1988.
2. *L'Evénement du jeudi,* 24 mars 1988.

à le *poser* historiquement en tant que tel, et comme son égal. En l'incluant dans une échelle de valeurs universelles, il le décharge de ses attributs d'exclusion mais le prive, du même coup, de ses mythes. Ni victime ni élu, le Juif est réintroduit dans la société des peuples, nu. Il peut se contempler dans le miroir de l'autre tel qu'en lui-même. Enfin. N'ayant plus à prouver que le meilleur ne lui est pas étranger, il s'acharne aujourd'hui à prouver qu'il est, aussi, capable du pire.

> « ... Et il est apparu brusquement que, non seulement nous ne sommes pas meilleurs que les autres, mais que nous sommes *bien pires* que les meilleurs d'entre eux... Telle était peut-être la véritable intention de Dieu : faire taire définitivement les *grandes gueules* parmi nous, et nous apprendre que nous ne sommes ni plus *choisis* ni plus vertueux que n'importe qui sur cette terre, et que toutes les créatures sont égales devant lui[1]. »

Tout discours sur Israël est une épée de Damoclès suspendue au dessus de celui qui le tient. Chaque mot sur ce sujet peut être retenu et utilisé contre celui qui le prononce. Chaque critique du gouvernement d'Israël peut être détournée de sa cible et retournée contre celui qui s'en rend coupable. Elle servira de preuve pour établir son antisémitisme, patent ou latent. Aussi le silence est-il à l'ordre du jour chez ceux qui, en France ou ailleurs dans les pays occidentaux, auraient quelques réserves à formuler mais tiennent à se ménager un avenir politique sans accrocs. Quant à ceux qui ont la témérité de faire part de leurs sentiments lorsque le scandale devient évident, comme c'est le cas depuis la révolte des pierres, ils ressentent la nécessité d'avertir, avant de risquer le plus léger reproche, qu'ils sont – attention ! – les amis, à la fidélité indéfectible, d'Israël.

Cette attitude atteint parfois les limites de l'absurde : des hommes qui ont voué leur vie à la lutte pour la libération des peuples, la défense des minorités, des résistants au passé irréprochable, des antifascistes qui ont sacrifié leur liberté dans le combat contre toutes les formes de racisme ont ainsi été, sans vergogne, accusés d'antisémitisme et traînés par des associations spécialisées dans la hiérarchisation de la lutte contre la ségrégation devant les tribunaux parce qu'ils ont eu l'outrecuidance de s'exprimer librement sur le sort des Palestiniens. Vincent Monteil, Jacques Fauvet, Roger Garaudy ont été ainsi l'objet de poursuites par la L.I.C.R.A.

Georges Montaron, directeur de *Témoignage chrétien,* est un cas particulièrement intéressant... Dès 1941, dans la clandestinité, cet hebdomadaire combat le nazisme et aide les Juifs à fuir la persécution en leur fournissant de faux certificats de baptême, de fausses

1. Boaz Evron, *Yédiot Aharonot,* 18 mars 1988.

cartes d'identité et en cachant des enfants. A la Libération, nombreux sont les Juifs qui remercieront « TC » de son action, notamment M. Bleustein-Blanchet, patron de Publicis, qui prend en charge la publicité de l'hebdomadaire. En 1949, « TC » prend position contre le partage de la Palestine en expliquant le combat des Palestiniens contre les sionistes. Nombre de contrats publicitaires sont alors rompus. Quand, en 1981, « TC » condamne très fermement la politique israélienne et en particulier le bombardement de Beyrouth, la L.I.C.R.A. intente au journal et à Georges Montaron un procès pour « antisémistisme ». Après relaxe en 1983 par la cour d'appel, la L.I.C.R.A. se pourvoit en cassation. Le 4 novembre 1987, la cour de cassation rend l'arrêt selon lequel ces écrits ne constituent pas une « provocation à l'antisémitisme » mais « une dénonciation véhémente mais licite de la politique de l'Etat d'Israël ».

En 1982, la L.I.C.R.A. porte plainte contre Roger Garaudy, le pasteur Etienne Mathiot, le père Michel Lelong et Jacques Fauvet à la suite de la parution, dans le journal *Le Monde*, d'une page de publicité intitulée « Après les massacres du Liban, le sens de l'agression israélienne ». Ayant perdu son procès le 4 mars 1983, la L.I.C.R.A. fit appel, puis, déboutée, s'est pourvue en cassation. Son pourvoi fut rejetée en 1987, mais ces échecs successifs, et significatifs, ne tempéreront en rien son acharnement à vouloir encore traîner devant les tribunaux pour « antisémitisme » quiconque se montre un tant soit peu critique à l'égard du gouvernement d'Israël. Serge July lui-même, pourtant peu susceptible d'être soupçonné de sympathies pro-arabes, n'a pas échappé à cet opprobre.

L'accusation d'antisémitisme est devenue une loi occulte que l'on peut brandir à discrétion contre tous ceux que l'on veut priver du droit à la parole.

« ... La plupart des gens sont très perturbés à l'idée de se voir affublés de l'étiquette d'antisémitisme, que le lobby distribue à ceux qui osent critiquer Israël... », s'est plaint Georges Ball, ancien sous-secrétaire d'Etat américain, coupable d'avoir émis quelque réserve concernant Israël qu'il paya de l'accusation de « calomnier les Juifs »... « Ce lobby ne cesse de marteler ce thème devant l'opinion, pour dissuader les gens de dire ce qu'ils pensent[1] ». « L'antisémitisme, commente le Juif américain Léonard Fein, codirecteur du magazine juif *Moment*, quel argument commode pour ceux qui veulent éviter d'analyser les causes et préfèrent rejeter les faits plutôt que de réviser nos interprétations ! Les craintes des Juifs américains ne reposent pas sur un danger qu'ils pourraient encourir, mais sur le

1. P. Findley, *They Dare to Speak out*, Laurence Hill and Co., Conn., 1985.

souci de maintenir *la spécificité juive*... Ils entretiennent un climat dramatique, alimentant le thème de la *survie* et l'image d'un monde divisé entre *eux* et *nous*, en impliquant que nous sommes, dans tous les cas, les persécutés... »

Cette nécessité de l'antisémitisme pour assurer le succès du sionisme est d'ailleurs avouée par quelques-uns de ses dirigeants. Moshe Menuhin cite le discours du président du Congrès juif mondial à Genève, le 23 juillet 1958 : « Le déclin de l'antisémitisme déclaré pourrait constituer un danger pour la survie juive... [Sa] disparition..., bien qu'elle soit bénéfique pour la situation politique et matérielle des communautés juives, a eu des effets négatifs dans la vie intérieure de notre mouvement[1]. »

Pourtant Ben Gourion lui-même, déjà, « prenait soin de distinguer l'antisémitisme de l'antisionisme », témoigne Saul Bellow qui, évoquant par ailleurs « les crises antisionistes » de Bevin, le Premier ministre anglais de l'époque, ajoute : « Il [Ben Gourion] ne croyait pas Bevin antisémite[2]. »

Mais c'était au temps où le sionisme poursuivait allègrement sa courbe ascendante et ne craignait pas l'évidence de ses échecs. Le despotisme n'est jamais aussi dangereux que lorsqu'il atteint ses propres limites. Et le sionisme politique est en train de les enfreindre.

R.-V. Pilhes, qui présentait son dernier roman *L'Hitlérien* au micro de l'émission hebdomadaire de Dominique Souchier[3], a déclaré que l'accusation d'antisémitisme « pendait au nez de tout non-juif qui osait critiquer le gouvernement d'Israël ». L'écrivain s'est montré là bien optimiste en ignorant que, paradoxalement, les Juifs eux-mêmes ne sont pas, non plus, exemptés de cet anathème. Des Juifs aussi peu susceptibles d'avoir trahi leur judéité ou leur judaïsme que le rabbin Elmer Berger[4], Moshe Menuhin ou Alfred Lilienthal[5] furent ainsi traités d'antisémites pour avoir dénoncé le sionisme politique. Cette forme de chantage prend parfois des proportions pathétiques. En novembre 1982, trois rabbins américains ont monté un tribunal à Tewksbury (Massachussetts) où ils ont *excommunié* plusieurs personnalités juives éminentes pour avoir signé un texte condamnant l'invasion israélienne du Liban ;

1. Juif américain, Moshe Menuhin s'est consacré après une expérience en Palestine à la critique du siônisme politique, *The Decadence of Judaism in Our Time,* New York Exposition Press, 1965.
2. Saul Bellow, *To Jerusalem and Back,* Vicking Press, New-York, 1976.
3. France-Inter, 15 mai 1988.
4. Le plus célèbre des Juifs antisionistes américains, président de *American Alternatives to Zionism*, auteur de plusieurs ouvrages sur la question, dont *Memoirs of an Anti-Zionist Jew ; Prophecy, Zionism and the State of Israel.*
5. Juif américain antisioniste, auteur de *The Other Side of the Coin ; There goes the Middle East ; What Price Israel ? ; The Zionist Connection...*

I. Novick, président de l'organisation sioniste des Etats-Unis, ZOA, a déclaré à ce propos : « La critique d'Israël peut être considérée comme une manifestation d'antisémitisme, même quand elle émane de Juifs et d'Israéliens[1]. »

Il est évident que, d'un point de vue sioniste, le pire ennemi n'est pas l'extrémiste ou l'antisémite qui s'avèrent, souvent, des alliés objectifs, mais celui-là qui prône l'amitié judéo-arabe et veut l'extraire du conflit entre Arabes et Israéliens, celui-là qui désire préserver le pérenne et limiter la confrontation dans l'Histoire.

« L'Holocauste nous a exposés à un *comportement irrationnel...* Devons-nous nous condamner à une guerre sans fin avec nos voisins, en imaginant qu'ils voudraient nous faire ce que nous-mêmes voudrions leur faire ? » s'interroge Anne Rolphe, car « quand un Arabe modéré parle de faire la paix, des voix s'élèvent immédiatement pour dénoncer un piège[2]. » De fait, pour ces sionistes-là, seul un comportement monolithique et tribal de la part des Juifs est admis : ce que confirme la réaction officielle israélienne à l'appel des intellectuels juifs pour les droits de l'homme dans les territoires occupés et en Israël, paru dans *Le Monde* du 20 janvier 1988 : « Le judaïsme revendiqué par la plupart des signataires de ce texte constitue, surtout, un antisionisme militant qui se réveille chaque fois qu'il est possible de calomnier Israël[3]. »

Ainsi pourra-t-on rompre les ponts entre Juifs et Arabes et couper tout lien avec ceux qui ne montrent pas pour Israël, donc pour son gouvernement du moment, un soutien inconditionnel.

L'état de belligérance avec les Arabes ne doit pas paraître une contingence de l'Histoire mais une constante essentielle : car comment pourra-t-on garder *le moral des troupes* si on leur laisse imaginer une coexistence possible avec *l'ennemi arabe* ? Comment l'image de l'ennemi présent et éternel résistera-t-elle à toute évocation d'une amitié judéo-arabe possible, comme ce fut souvent le cas dans le passé ?

Aussi fallait-il effacer les traces d'une longue tradition de coexistence, somme toute exceptionnelle, si on la replace dans son contexte historique, en inventant l'argument des Juifs arabes *forcés* à émigrer vers Israël... On indique rarement *qui* les a forcés et *comment*. On oublie volontiers (on s'attache même souvent à démontrer le contraire) que « les Juifs ont vécu en pays d'Islam, et particulièrement dans le monde arabe, mieux que partout ailleurs, qu'ils y ont créé, produit, dans tous les domaines, et que c'est là qu'ils se sont *le*

1. Roberta Strauss Feuerlicht : *The Fate of the Jews,* Times Books, 1983.
2. *Washington Jewish Week,* 16 octobre 1986.
3. *Le Monde*, 22 janvier 1988, communiqué de l'ambassade d'Israël en France.

mieux et le plus librement exprimés... Pendant treize siècles, Arabes et Juifs ont vécu, au Moyen-orient, en Afrique du Nord et en Espagne, dans le temps et dans l'espace, une extraordinaire unité de civilisation, dit André Chouraqui à son *ami arabe*, car les Arabes furent le peuple de la réconciliation par excellence[1]. »

Quant à l'antisémitisme contemporain, c'est « un produit de l'Occident, pas des pays arabes. Il y a eu peu de discrimination contre les Juifs en tant que Juifs mais seulement dans la mesure où ils se sont identifiés aux Israéliens auxquels les Arabes s'opposent pour des raisons politiques et non religieuses », témoigne un autre Juif, Alfred Lilienthal, qui cite le gouverneur militaire de Jérusalem pendant la première guerre israélo-arabe : « Je n'ai jamais découvert parmi les musulmans qui sont la majorité des Arabes de Palestine, de traces de sentiments contre les juifs comparables à l'antisémitisme[2]. »

C'est pour cela que la propagande n'ayant pas, dans la plupart des pays arabes, répondu aux espoirs du sionisme, les groupes terroristes juifs n'hésitèrent pas à avoir recours à la manière forte prônée par le rabbin Klausner. Quand la majorité des Juifs originaires d'Allemangne choisit, après la guerre, de s'établir en U.R.S.S., aux Etats-Unis ou en Europe plutôt qu'en Israël, ce dirigeant sioniste chargé des « personnes déplacées », préconisa qu'« à *ces malades*, il ne fallait pas demander ce qu'il faut faire mais leur *ordonner* ce qu'il faut faire, car ils seront reconnaissants dans les années à venir[3]. »

Leur ordonner ce qu'il faut faire, pour ceux qui se trouvaient bien là où ils étaient, s'est traduit en 1950 en Irak par leur jeter des bombes, les attaquer dans les synagogues, en assassiner quelques-uns pour semer l'effroi parmi eux en leur faisant croire qu'ils étaient victimes de leurs concitoyens arabes et les inciter à émigrer. Ce fut l'opération intitulée « Ali Baba », aujourd'hui reconnue par Israël, et qui fait partie de l'histoire officielle de l'établissement de l'Etat sioniste en Palestine.

Reuben David, Juif irakien émigré aux Etats-Unis, raconte ainsi ces événements :

> « Les efforts des sionistes pour semer la panique parmi les Juifs d'Irak entraient dans la double logique de la pression et de l'attrait simultanés. La pression était constituée par la persécution – réelle ou imaginaire – des Juifs d'Irak, tandis que l'attrait tenait aux proclamations sionistes présentant Israël comme la *patrie* de tous les Juifs.

1. André Chouraqui, *Lettre à un ami arabe*, Mame, 1969.
2. Alfred Lilienthal, *The Other Side of the Coin,* The Devin-Adair Co., 1965.
3. Rapport à la Conférence juive américaine, 2 mai 1948.

Certains avaient certainement pour mission sur place de maintenir la *pression*. Les journaux rapportaient des nouvelles d'attentats à l'explosif dans certains lieux fréquentés par les Juifs, dont une synagogue, attentats qui, du reste, ne semblaient pas faire de victimes ni même de dégâts importants[1]. »

Cependant, devant le peu d'empressement des Juifs irakiens à quitter leur pays, les attentats devinrent plus convaincants. En mars 1951, une bombe fut jetée sur le Centre américain d'information à Bagdad, fréquenté par des étudiants juifs, une autre visant un groupe de passants juifs tuait un enfant et, la même année, une troisième bombe explosant dans la synagogue Shem-Tov faisait trois morts et des dizaines de blessés et décidait quelques récalcitrants de plus à émigrer. Arrivés en Israël, ceux-ci devaient faire une double découverte : les responsables des attentats contre les Juifs, arrêtés et jugés à Bagdad, n'étaient autres que des membres du groupe clandestin sioniste, le *Mouvement*... Leur deuxième découverte fut celle du racisme de l'*establishment* israélien d'origine européenne envers les Juifs arabes, ce qui les amena à descendre dans la rue pour manifester leur révolte contre « la discrimination raciale de l'État juif[2] ». Comme plus tard les émeutes de Wadi Salib en 1959 et les soulèvements de Tel Hanan et Acco, voisine de Haïfa, puis à Béer-Shéva, Dimona, Sdérot, Ofakim, Migdal (« partout où se trouvaient de fortes concentrations de Nord-Africains, le dénominateur commun à toutes ces manifestations : elles étaient organisées par des Nord-Africains unis par un sentiment commun d'injustice, d'inégalité sociale, de discrimination[3] ») allaient révéler ce même racisme contre les Juifs arabes d'Afrique du Nord et être à l'origine de la création du mouvement des Panthères noires.

En 1961, sur instructions de Ménahem Bégin, alors leader du parti Hérout, les associations sionistes se tournèrent vers le Maroc, foyer traditionnel de convivialité judéo-arabe et, par le nombre de sa population juive, manne possible mais réticente à l'émigration vers Israël. Sous le slogan, « Sauvons les Juifs du Maroc », une campagne de diffamation fut lancée aux Etats-Unis afin de créer le climat propice à une émigration forcée et son camouflage médiatique en « sauvetage de communauté persécutée[4] ». Ce pays, dont le roi

1. *Jerusalem Post*, 21 juillet 1964.
2. Dr Joseph B. Schechtman, *Is There Discrimination in Israel ?*, in *Alliance Review*, New York, mars 1952-janvier 1953.
3. Mordechaï Soussan : *Moi juif arabe en Israël*, éd. Encre, Paris, 1985.
4. *Jewish Newsletter*, 20 mars 1961. Voir aussi « Comment les Juifs d'Afrique du Nord ont été amenés à émigrer en Israël » par M. Assiagh (*Yédiot Aharonot*, 8 mai 1969).

Mohamed V avait, sous le protectorat, tenu tête au gouvernement de Vichy pour protéger ses sujets israélites des nazis, fut transformé du coup, par la propagande sioniste, en enfer pour les Juifs « persécutés » et physiquement torturés et qu'il fallait « sauver ».

Aucune forme d'intimidation ne fut épargnée pour inciter les Juifs à émigrer vers Israël. Aucune d'ailleurs ne fut dissimulée. Le directeur du journal du parti Mapaï de Ben Gourion écrivait froidement :

> « Je n'ai pas honte d'avouer que si j'avais le pouvoir, comme j'en ai la volonté, je choisirais un groupe de jeunes gens intelligents, corrects, dévoués à nos idéaux et brûlant du désir d'aider à la rédemption des Juifs, je les enverrais dans ces pays où les Juifs sont absorbés par la satisfaction coupable de soi. La tâche de ces jeunes gens serait de se déguiser en non-Juifs et de harceler les Juifs avec des slogans antisémites, comme "sale Juif", "les Juifs en Palestine". Je garantis que le résultat, des milliers de fois plus satisfaisant que celui obtenu par tous ces émissaires qui prêchent depuis des décennies à des sourds, se traduira par une formidable immigration en Israël[1]. »

Cet encouragement musclé à l'émigration vers Israël est encore en usage aujourd'hui, les pays les plus démocratiques paraissant trouver légitime qu'un Juif, qui veut quitter l'U.R.S.S., soit *obligé* d'émigrer vers Israël et *exclusivement* vers Israël. Il a été question, au début, entre la France, l'U.R.S.S. et Israël, d'un accord en vertu duquel les Juifs soviétiques quittant leur pays transiteraient vers la France d'où ils seraient automatiquement acheminés vers Israël*.

Ainsi, ce qui importe ne semble pas tant de *libérer* les Juifs que de les leurrer pour les diriger vers Israël où ils prendront la place d'un Palestinien. Car c'est là la solution sioniste telle qu'exprimée, depuis longtemps, sans équivoque, et continuellement reprise et rappelée afin qu'il ne soit laissé place à aucun malentendu.

En 1940, Joseph Weitz, président du Fonds national juif écrivait :

> « Il doit être clair qu'il n'y a pas de place pour deux peuples ensemble dans ce pays... La seule solution, c'est Eretz Israël, du moins la partie occidentale d'Israël, sans Arabes. Et il n'y a pas

1. Sharun, rédacteur en chef de *Davar*, in *Kemper*, 11 juillet 1952, New-York, *in* Lilienthal, *The Other Side of the Coin, op. cit.*

* Dans un discours à la Knesset, le 21 octobre 1985, Pérès déclare : « Avant la rencontre Gorbatchev-Mitterrand, j'avais dépêché un émissaire auprès du président français pour lui demander d'évoquer ce problème lors de ses conversations avec le dirigeant soviétique. M. Mitterrand m'a proposé alors que, au cas où l'U.R.S.S. accepterait d'ouvrir ses portes aux Juifs candidats à l'émigration, la France fournisse les moyens de transports nécessaires à leur acheminement direct vers Israël. Lors de mon entretien à l'Elysée, M. Mitterrand a réitéré son offre et suggéré que je la rende publique. » (A.F.P.) *Etudes palestiennes,* printemps 86, n° 19.

d'autre moyen que de transférer ces Arabes vers les pays voisins. Les transférer tous. Pas un village ne doit être laissé, pas une tribu. C'est seulement après ce transfert que le pays sera en mesure d'absorber des millions de nos frères[1]. »

Aujourd'hui, rien n'a changé pour les dirigeants d'Israël, et pendant que, dans les chancelleries, on continue à gloser sur les résolutions de l'O.N.U., les recommandations du Conseil de l'Europe, le plan Shultz, les concessions du plan arabe, Rabin annonce qu'il « prépare les territoires occupés pour la prochaine immigration de Juifs ». Car la thèse du « transfert », c'est-à-dire de l'expulsion des Arabes, est loin d'être totalement exclue de certains milieux israéliens.

« Il ne s'agit pas, dit Amnon Kapeliouk, de quelque propos émanant d'extrémistes de droite aussi déchaînés que le rabbin Méïr Kahane. Le premier à lancer l'idée de vider les territoires occupés de leurs habitants a été le général en retraite Rehavam Zéévi, directeur du Musée historique et ethnographique du pays... La thèse fut ensuite reprise, en public également, par M. Michaël Dekel, vice-ministre de la Défense (appartenant au Likoud) puis par le vice-président de la jeunesse, M. Méïr Cohen Avidov, également membre du Likoud, et par des dirigeants du parti d'extrême-droite Téhiya, tel le professeur Youval Neeman. Selon des sondages, un grand nombre d'Israéliens soutiendraient cette proposition de "transfert" des Palestiniens. Une enquête a révélé que 50,4 % des personnes interrogées s'y montraient favorables[2]. »

Mais ces mesures d'intimidation et de culpabilisation menées en direction des Juifs ne réussissent souvent qu'à les éloigner d'Israël, même s'ils restent disposés à le soutenir de loin. La violence des propos de Shamir contre les Juifs soviétiques qui choisissent d'autres pays d'accueil, les campagnes visant à humilier les Juifs des Etats-Unis ont suscité des réactions exaspérées chez ceux-ci :

« Le moment est venu de dire que, pour les Juifs, l'Amérique est un lieu plus sûr que Jérusalem, écrit le rabbin Jacob Neusner de l'Université Brown, et que s'il y a jamais eu pour eux une terre promise, c'est ici qu'elle se trouve.

Et cependant on voudrait que ces Juifs américains – devenus des Américains juifs – éprouvent un sentiment de culpabilité... L'argument le plus pervers qu'on nous oppose consiste à dire que les Juifs américains doivent venir en Israël parce que leur environnement aux Etats-Unis est trop facile pour que la vie juive puisse s'y épanouir...

1. *Davar,* 29 septembre 1967.
2. *Le Monde diplomatique,* janvier 1988.

> Autrement dit, nous avons le choix : ou bien vivre en ghetto ou bien disparaître...
>
> Dans la diaspora, nous pouvons être ce que nous voulons, quand nous voulons et pour le temps que nous voulons... Pour les Juifs américains – ou plutôt les Américains juifs – le rêve américain est devenu réalité... Je me demande combien d'Israéliens estiment que le *rêve sioniste* s'est réalisé[1]. »

Pour beaucoup, c'est seulement la découverte de victimes juives d'Israël qui les fit réfléchir sur la véritable nature du sionisme politique. En fait, il faut, encore une fois, reconnaître que ce sont le plus souvent des intellectuels israéliens qui constatent des affinités idéologiques et pratiques entre leur Etat et l'Afrique du Sud. Entre les deux régimes, par ailleurs très liés, les différences sont d'ordre purement sémantique. Les deux entretiennent une démocratie formelle, l'un à l'avantage des Blancs, l'autre à celui des Juifs ; les deux pratiquent la discrimination systématique, l'un envers les Noirs, l'autre envers *ses* Noirs, les Palestiniens, mais aussi les Juifs arabes*...

La différence est qu'un régime s'affirme ségrégationniste tandis que l'autre se veut le champion de la démocratie. En somme, comme le dit la formule populaire, Israël « veut le beurre et l'argent du beurre ». On pourrait ajouter que la philosophie d'Israël correspond tout à fait à toutes les nuances du racisme mais que, ce fléau ayant été à l'origine de la tragédie du Juif, il ne saurait, par une sorte de logique « essentialiste », le qualifier aujourd'hui, *ou jamais*, à moins que ce ne soit *par racisme !* Comme si la qualité de victime historique devrait absoudre *à jamais* Israël de toute accusation de faire ses propres victimes.

On n'a pas cessé depuis la résolution 3379 des Nations unies**, en Amérique et en Israël, de protester contre l'« amalgame » dû, *évidemment*, à la « majorité automatique » (c'est-à-dire celle des pays du tiers monde, qui ne mériteraient ni tant d'honneur ni tant de pouvoir, lequel est, au demeurant, purement arithmétique). On peut

---

1. *Washington Post,* 10 mars 1987.

* La presse israélienne a publié plusieurs fois, en 1972, une information selon laquelle le gouvernement israélien a demandé aux rabbins réformés des U.S.A. de ne convertir aucun Noir au judaïsme. La même année, le 6 avril, *Maariv* publie cet avertissement des autorités municipales de Dimona : « Deux familles de Juifs noirs de Dimona sont retournées aux U.S.A., cette semaine... Le silence des familles encore présentes ne devait tromper personne » *Yediot*, du 20 septembre, rapporte le départ de plusieurs groupes de Juifs géorgiens pour cause de discrimination, ceux-ci ayant le même statut que les Juifs orientaux. (Cité par la Ligue israélienne des droits de l'homme et du citoyen, *in* Israël Shahak, *Le racisme de l'Etat d'Israël*, Guy Authier, Paris, 1975.)

** Le 10 novembre 1975, l'Assemblée générale des Nations unies votait la résolution 3379 qui considérait que le « sionisme est une forme de racisme et de discrimination raciale ».

se demander la raison de tant de protestations et attendre des mots un rééchelonnement de leur définition : si l'on arrive à comprendre que les Israéliens soient irrités par l'effet révélateur des mots *racisme* et *discrimination*, il n'y a pas de doute qu'au moins formellement le sionisme correspond à la définition que donnent les dictionnaires de ces termes, lesquels s'appliquent parfaitement à la doctrine explicite présentée par ses inventeurs et premiers disciples, et telle que, surtout, elle est vécue par les Palestiniens.

Qu'est-ce que le racisme, sinon l'exclusion de l'autre, et qu'est-ce que le sionisme sinon l'exclusion de tout ce qui *n'est pas* juif, dans le but de nettoyer la terre de Palestine – où, selon la loi de Dieu, seuls les Juifs doivent vivre – de tous les *non-purs* qui y ont vécu et l'ont travaillée depuis toujours ?

Ce raisonnement d'un autre âge, qui évoque un univers étranger à toutes les révolution humanistes, à toute la civilisation moderne, est le vocabulaire quotidien, *naturel*, d'Israël. Il n'est pas rejeté comme toutes les aberrations qui boursouflent çà et là et scandalisent la raison. Non ! l'Occident s'en accommode et semble accepter l'idée que seul Israël doit secréter ses propres critères et rester en dehors des normes universellement reconnues, sinon partagées.

Qui d'autre, par exemple, qu'un rabbin peut sortir moralement et intellectuellement indemne de propos aussi scandaleusement racistes que ceux qui furent tenus à la télévision française sur une chaîne nationale[1] : « L'appartenance de tout autre que le Juif à la terre d'Israël ne peut être que d'ordre *biologique*. » Le Palestinien qui se réclame de cette terre lui appartient, même s'il y est né et que ses ancêtres y ont vécu depuis des générations, « de la même manière qu'un arbre qui y est planté ». Seul le Juif est donc de cette terre par la loi de Dieu et confirmée par la Bible.

On n'ose imaginer ce que provoquerait semblables propos auprès des ligues bien pensantes et de l'intelligentsia douloureuse, s'ils étaient tenus contre les Israéliens.

L'expression même *Etat juif*, reprise systématiquement par tous les commentateurs, est un exemple de l'adoption conditionnée de dangereux clichés insidieusement susurrés et finalement admis comme des vérités historiques et des évidences morales.

Comment qualifier la fameuse loi dite « du retour » qui, à quelques heures d'intervalle permet de recevoir en grande pompe Ana-

1. *A Bible ouverte,* émission israélite du dimanche matin sur *A2*, présentée par le rabbin Josy Eisenberg.

toli Chtchtaransky, le Russe, ou Iossif Begun, l'Ukrainien, de les *planter* dans une terre qu'ils n'ont jamais connue et d'en *arracher* des Palestiniens qui sont eux, cent fois, nés sur cette terre, pour les déporter définitivement ailleurs, n'importe où, car « tout Juif a le droit d'émigrer en Israël », et seul « un Juif qui vient en Israël et exprime, après son arrivée le désir de s'y établir peut, au cours de son séjour, obtenir un certificat d'émigration[1] » ? Béchara Mikhaïl Hajjal, Palestinien de Taïbeh, a dû, depuis le jour de son mariage il y a quinze ans, quitter les territoires occupés *quarante-cinq fois*, à l'expiration de chaque laissez-passer pour pouvoir en obtenir un autre, qui lui permettait de retourner dans sa ville natale voir sa femme et ses enfants.

Aucune image, cependant, ne peut mieux illustrer l'absurdité de cette loi qu'une photo parue lors de la quatrième guerre arabo-israélienne... Elle montrait deux femmes, l'une tenait une pancarte avec ce texte : « Je suis Juive américaine, je suis née aux U.S.A., Israël n'est pas ma patrie (*homeland*), mais je peux y *retourner*. » L'autre, une Palestinienne, avait sur sa pancarte : « Je suis une Arabe palestinienne. Je suis née à Jérusalem. La Palestine est ma patrie, mais je ne peux pas y retourner. »

> « L'Américaine, commente W. Hollstein, dispose grâce à ses origines juives, du droit d'acquérir la nationalité israélienne, sans avoir le moindre lien avec ce pays, tandis que la Palestinienne née à Jérusalem ne peut, en dépit de ses origines, retourner dans sa patrie. La loi relative au retour autorise tous les immigrés juifs à obtenir la nationalité israélienne, alors qu'elle dénie aux indigènes arabes ce droit en les traitant de citoyens de seconde catégorie. Le "non-juif", c'est-à-dire dans la majorité des cas l'Arabe, est un étranger dans son propre pays, un marginal aux yeux de l'Etat, de la législation, de la bureaucratie, des employeurs, des syndicats et des "concitoyens" juifs[2]. »

* *
*

Israël est membre des Nations unies. Il est même le seul Etat, qui sans être un des cinq permanents du Conseil de sécurité, dispose presque d'un droit de veto par le truchement des Etats-Unis. Israël est cosignataire des conventions internationales et a voté, le 20 novembre 1963, la déclaration proclamant l'élimination de toutes formes de discrimination raciale dont l'article 1 stipule que « toute

1. Loi dite « du retour » votée par la Knesset à l'unanimité, en 1950.
2. Walter Hollstein, *Kein Frieden um Israel*, Promedia, Berlin, 1984.

discrimination entre les êtres humains sur la base de la race, de la couleur ou de l'origine ethnique est une offense à la dignité humaine et doit être condamnée ». La résolution précise que « toute doctrine de discrimination raciale ou de supériorité est scientifiquement fausse, moralement condamnable et socialement injuste et dangereuse ». Les signataires de cette convention se sont déclarés « alarmés par les manifestations de discrimination raciale encore évidentes dans certaines parties du monde, certaines de ces manifestations étant imposées par des gouvernements en usant de moyens législatifs, administratifs et autres. »

En 1965, la Convention internationale pour l'élimination de toutes formes de discrimination raciale devait apporter quelques précisions à la résolution de 1963 : « Discrimination raciale signifiera distinction, exclusion, restriction ou préférence basée sur la race, la couleur, la descendance ou l'origine ethnique ou raciale. »

Il y a quelques années, la politique pratiquée par trois Etats correspondait à cette définition du racisme et de la discrimination raciale : l'Afrique du Sud, la Rhodésie et Israël. L'Afrique du Sud et la Rhodésie furent condamnées pour leur politique d'*apartheid* par l'organisation internationale. Israël continuait à jouir d'une immunité tacite, échappant à toute critique. C'était un Etat exonéré des engagements des autres Etats, plus exactement du respect de ses engagements.

En 1975, l'Assemblée générale des Nations unies vota la résolution considérant « le sionisme comme une forme de racisme », par 72 voix, alors que 35 pays, continuant à ignorer les textes mêmes de la loi israélienne, votaient contre, et que 32 n'osaient se prononcer pour éviter d'être confrontés aux accusations que le délégué permanent d'Israël ne manqua pas de brandir : « Elle [la résolution] est née d'un antisémitisme profond. »

La réaction révélatrice d'Yitzhak Shamir a dû conforter ceux qui avaient voté la résolution.

> « Il est inacceptable que des nations formées de gens qui viennent à peine de descendre de l'arbre se prennent pour les leaders du monde... Comment des êtres si primitifs peuvent-ils avoir leurs propres idées ?... Le coup que nous venons d'essuyer devrait nous convaincre que nous ne sommes pas comme les autres nations[1]. »

Il ne s'agit pas là d'un Afrikaaner qui parle des Zoulous, mais du représentant de tous les mythes de Sion. C'est ainsi que Shamir juge les peuples africains, asiatiques, le tiers monde, les hommes de couleur et les autres non-juifs parmi les sémites. Verwoerd, l'ancien Pre-

1. *Yédiot Aharonot*, 14 novembre 1975.

mier ministre sud-africain, ne s'y est pas trompé qui, en 1961, déclarait :

> « Les Juifs ont pris Israël aux Arabes qui y vivent depuis mille ans. En cela je suis d'accord avec eux : Israël comme l'Afrique du Sud est un Etat d'apartheid[1]. »

Reconnaissons cependant que même Verwoerd, qui n'en pensait sans doute pas moins, n'a jamais osé clamer son mépris de la majorité des nations de manière aussi imagée.

Ce n'est donc pas sans raison que les grands spécialistes du genre, les Afrikaaners, se reconnaissent dans l'Etat israélien :

> « Il y a toujours eu, dit Breyten Breytenbach, en Afrique du Sud, un fort courant antisémite et les dirigeants actuels sont les produits et descendants directs d'idéologues pronazis..., cependant, ils ont tous la plus grande admiration pour ce pays [Israël] qui est devenu le partenaire militaire et politique de Prétoria dans l'alliance des *pays-parias*. Ils s'identifient à lui, en tant que *peuple élu par Dieu* et comme *Etat moderne cerné par un océan d'ennemis*... ce qui justifie à leurs yeux toutes leurs aventures d'agression militaire...[2] »

Ce n'est pas, non plus, sans raison que les deux régimes sont alliés. Le professeur Benjamin Hallami[3], de l'université de Haïfa, note que « la collaboration entre l'Afrique du Sud et Israël est de ces relations par lesquelles on recherche son semblable sur cette terre. Cette alliance, ajoute Hallami, s'est développée dans le sens d'un soutien croissant et indispensable au régime de l'apartheid et pour sa perpétuation[4]. »

La comparaison avec l'Afrique du Sud embarrasse les Israéliens et choque les amis d'Israël. C'est ainsi qu'à la suite d'un reportage de la chaîne américaine de télévision ABC dressant le parallèle entre l'occupation militaire des territoires palestiniens et le régime d'apartheid, le ministère israélien des Affaires étrangères distribua à l'usage de ses diplomates une circulaire intitulée : « Dix raisons en quoi Israël diffère de l'Afrique du Sud ».

De son côté, le comité de solidarité avec la Palestine à San Francisco a publié sa propre liste des dix différences entre les deux régimes. Elle est significative :

> 1. En Afrique du Sud... les trois-quarts des hommes noirs ont été emprisonnés pour violation de la loi sur les "laisser-passer". Plus de

1. *Rand Daily Mail,* 23 novembre 1961.
2. Breyten Breytenbach, *Confessions véridiques d'un terroriste albinos,* Stock, 1984.
3. Auteur de *Les alliances malpropres et les affaires secrètes d'Israël, Ed. Kindler Verlag, Munich 1988.*
4. *Der Spiegel,* n° 12, 1988.

la moitié des Palestiniens l'ont été pour violation de la loi sur la "carte d'identité".

2. Bien qu'Israël comme l'Afrique du Sud pratique l'assignation à résidence et l'interdiction de quitter son village, l'Afrique du Sud n'a pas de camp d'internement ni d'ailleurs de camps de réfugiés. Pour être honnête, Israël n'a pas de Bantoustans.

3. En Afrique du Sud, 87 % de la terre est réservée aux Blancs. En Israël, 92 % est réservée aux Juifs. A Gaza et en Cisjordanie, plus de la moitié des terres ont été prises aux Palestiniens à ce jour.

4. En Afrique du Sud, les couleurs du drapeau de l'*African National Congress* sont interdites. L'ANC a été interdit en 1960. Il est interdit de citer ses dirigeants. La loi israélienne interdit le drapeau palestinien*. Des journaux palestiniens ont été fermés pour avoir publié des interviews de dirigeants de l'O.L.P.

5. La peine de mort est légale en Afrique du Sud, pas en Israël, mais les Palestiniens semblent mourir de toutes les façons sous les coups ou sous la torture...

6. Les Sud-Africains noirs portent sur eux des laisser-passer et sont pris s'ils se trouvent là où ils n'ont pas le droit de se trouver ou s'ils ont oublié leur *pass*. Les Palestiniens ont des cartes d'identité qu'ils doivent montrer à la police ou à l'armée. Une manière de punir un Palestinien consiste à lui confisquer sa carte, ce qui peut mener jusqu'à la déportation et équivaut ainsi à son assignation à résidence.

7. Les ouvriers sud-africains traversent une zone blanche pour aller travailler le jour mais il leur est interdit d'y passer la nuit. Ils doivent retourner le soir dormir dans leur *homeland* ou dans les *townships*. Il est interdit aux Palestiniens qui vont travailler en Israël d'y passer la nuit, ils doivent absolument rentrer tous les soirs en Cisjordanie ou à Gaza.

8. Les Sud-Africains noirs n'ont pas le droit de vote, ceux que l'on appelle les *Coloureds* n'ont qu'une représentativité symbolique et aucun pouvoir réel. Les Palestiniens citoyens d'Israël ont une représentation symbolique, le gouvernement ne dépense rien pour eux et ils n'ont aucun pouvoir réel.

9. L'Afrique du Sud est un Etat de colons où la population indigène dépasse largement en nombre celle des Européens. Ceci était vrai pour la Palestine jusqu'en 1948. Israël est un pays de colons d'où la population indigène a été évincée de sorte qu'aujourd'hui les immigrés dépassent en nombre les Palestiniens.

10. L'Afrique du Sud appelle "apartheid" la répression de la majorité. L'apartheid est fondé sur un système de privilèges attribués à ceux qu'on appelle *Blancs*. Les Sud-Africains d'origine asiatique ou les métis sont des citoyens de seconde classe. Les Noirs ne sont pas considérés citoyens et n'ont aucun droit. Israël appelle "occupation

* Le 3 avril 1988, Ma'mun Jarad, 15 ans, de Tulkarem, a été tué par un soldat israélien, alors qu'il essayait d'accrocher un drapeau palestinien à un poteau.

> militaire" sa répression envers les Palestiniens. Le système israélien fondé sur son idéologie sioniste attribue des privilèges, d'abord aux descendants de Juifs européens, ensuite aux autres Juifs, après ces juifs-là, les derniers et les moins privilégiés sont les Palestiniens citoyens d'Israël. Les autres Palestiniens ne sont pas des citoyens et n'ont aucun droit[1]. »

De fait, le statut international que veulent pour Israël ses dirigeants et ses supporters, jusque-là inconditionnels, est celui d'*irresponsable* dans le sens juridique du terme, celui sur qui la loi ne s'applique pas, non pas l'aliéné mental aux agissements duquel la société met un terme, mais plutôt l'enfant gâté, capricieux, dangereux, qui terrifie sa famille et ameute tout le monde chaque fois qu'on se hasarde à la menacer de réprimande.

Aucun officiel israélien n'a nié les faits reprochés à Israël dans la résolution des Nations unies : tous s'en sont pris à l'Organisation internationale parce que celle-ci et la majorité des peuples qui la composent ont osé juger Israël sur les mêmes critères que ceux que l'on réserve au reste de l'humanité. C'est bien là le handicap à tout dialogue avec les dirigeants israéliens. Pour dialoguer, il faut être égaux ; il faut avoir une logique commune, une même approche de l'éthique et surtout un lexique commun. Israël veut s'arroger le privilège de redéfinir les mots à sa guise.

Comment, après quarante ans d'expérience sioniste, avec toutes les images que nous avons vues du Liban et des territoires occupés, et les nouvelles qui continuent de nous en parvenir, peut-on encore servir le cliché d'Israël, pays démocratique, « seule démocratie de la région » ?

Pourquoi les plus farouches défenseurs des droits de l'homme et de l'égalité entre les peuples, qui ne font aucune concession à propos des Afghans et des Noirs d'Afrique du Sud, sont-ils atteints de cécité lorsqu'il s'agit d'Israël ? Alors qu'il suffit de lire les lois de ce pays et ce qu'écrivent les Israéliens eux-mêmes pour que le parallèle entre Israël et le régime de Prétoria saute aux yeux et que la nature institutionnellement raciste d'Israël s'impose comme une évidence.

En effet, les comportements racistes en Israël ne sont pas le résultat d'une confrontation fortuite entre deux entités ethniques dans une situation conflictuelle : ils sont la conséquence naturelle et inévitable d'une institution d'ordre ségrégationniste. D'où l'impossibilité pour Israël, après quatre décennies d'existence, pays qui n'a pas de frontières définies, de se doter d'une constitution. La dernière tentative des juristes israéliens a produit, en 1987, un projet on

1. Palestine Solidarity Committee, San Francisco in *Jerusalem*, n° 38, juin 1988.

ne peut plus significatif du souci de réunir formellement deux impératifs inconciliables : celui d'apparaître comme un Etat démocratique garant des libertés de tous ses citoyens et celui d'être « l'Etat du peuple juif... fondé sur le droit *éternel* à la souveraineté de ce peuple sur la terre d'Israël ».

En tout état de cause, il ne s'agit là que d'un projet, le troisième, voué sûrement comme ceux de 1949 et 1959 à rencontrer rapidement les contradictions inhérentes à la philosophie de l'Etat juif. « Qui est juif ? » est en effet l'impossible question autour de laquelle tourne tout le débat « qui divise le pays depuis de nombreuses années et qui, écrit le sioniste israélien d'origine russe, Efraïm Sevela, sent le racisme à une lieue. Un racisme blasphématoire et impensable chez les Juifs après l'extermination de six millions de leurs *compatriotes (sic)*[1] ».

Evidemment, ce projet, comme ceux qui l'ont précédé, ne répond pas à cette question mais son principe fondamental autorise les Arabes d'Israël, citoyens porteurs de passeports de l'Etat juif, à se poser des questions et à réagir. Un autre article devrait inquiéter les Juifs qui n'ont pas envie d'émigrer en Israël et qui n'ont aucune difficulé à vivre en France, aux Etats-Unis ou au Maroc : « L'Etat d'Israël est l'Etat du peuple juif. L'indépendance du peuple juif dans sa patrie a pour but de permettre à ses membres, après l'Holocauste et face aux difficultés qu'ils rencontrent dans la diaspora, de revenir dans leur pays pour y vivre dans la dignité et le travail honnête... »

Sans entrer dans le détail de ce troisième projet de constitution où le reste des articles est à l'avenant, il est difficile de ne pas en induire que tout ce qui se pratique aujourd'hui dans les territoires occupés, tout ce que vivent les Arabes d'Israël, citoyens de deuxième classe*, quand ils sont citoyens, toutes les atteintes aux libertés, à la dignité de tous les non-Juifs, est légitime selon la loi et selon la constitution projetée d'Israël.

1. Ephraïm Sevela, *Adieu Israël*, G. Authier, 1976.

* Le 23 juin 1987, les « Arabes israéliens » ont entrepris une grève générale d'une journée qu'ils ont appelée « Journée de l'égalité ». Ce fut un grand succès que seuls de toute la presse en France *Le Monde* mentionna ainsi que *Tribune juive* qui commente ainsi cet événement : « Ce mercredi 23 juin, de nombreux Juifs ont pu constater l'absence des employés, des fonctionnaires ou des travailleurs arabes... Ils ont pu mesurer l'importance de cette force qu'ils ne soupçonnaient peut-être pas et qui n'a cessé de se développer ces dernières années. Le temps est révolu où le gouvernement militaire dictait sa loi et où les partis juifs sionistes s'occupaient des affaires arabes... Les inégalités sensibles entre les collectivités arabe et juive, du fait de l'élévation parallèle du niveau d'éducation, sont devenues plus inacceptables... Il est vrai que les deux populations se sont développées à des rythmes différents et que l'écart s'est

A l'Arabe israélien, le passeport ne donne aucun droit à la *nationalité*, donc aucun droit constitutionnel puisqu'Israël n'est pas la patrie des Israéliens mais celle des Juifs. Au demeurant, l'Arabe d'Israël ne peut pas prétendre automatiquement à la nationalité, il doit prouver qu'il était né sur le territoire palestinien avant la création d'Israël et s'il le prouve, la décision reste soumise à la discrétion du ministre de l'Intérieur ; et s'il ne l'obtient pas, sa condition de *non-citoyen* résident se transmettra à ses enfants qui, dans leur propre pays, ne pourront prétendre à aucun droit. Ce projet fait d'Israël, comme l'explique l'éditorialiste de *Hadashot*, le premier et seul pays au monde qui ne soit pas celui de ses citoyens[1].

Si aucun Arabe israélien n'a participé à la rédaction de ce projet, c'est que non seulement cette Constitution n'a pas été élaborée pour eux, mais qu'elle a été conçue *contre* eux, chacun de ses articles ayant d'ailleurs été soigneusement revu pour servir ce double objectif : garantir les libertés pour le citoyen juif et autoriser *l'abolition* ou la *restriction* de ces mêmes libertés au nom de la *sécurité publique*, ce qui permet de les « utiliser essentiellement contre les Arabes[2] ».

Weizmann disait qu'il voulait d'« un Etat aussi juif que la France est française et la Grande Bretagne britannique » et qu'il le voulait démocratique. Sauf qu'un immigré en France peut devenir français, un non-juif, même citoyen d'Israël, ne peut devenir juif, et un Juif doit prouver qu'il est juif (selon les critères mêmes que les nazis avaient définis !)*. Ce qui d'ailleurs n'est nullement un paradoxe et qui prouve que, dès que l'on se définit par la race, toutes les idéologies se ressemblent et finissent par enfanter les mêmes monstres.

Juge bien placé pour évaluer la philosophie d'Israël, le biographe

---

maintenu... Les diplômés arabes ne trouvent pas de travail correspondant à leurs qualifications. Le nombre des classes dans les écoles est très nettement insuffisant et n'a pas suivi le taux de croissance de la population en âge d'être scolarisée... Les dispensaires de santé publique sont également saturés. Le taux de chômage reste plus élevé que dans la population juive... La Journée de l'égalité, on le sait déjà, ne restera pas une entreprise isolée. Elle consacre plutôt l'image nouvelle de la lutte des citoyens arabes pour leurs droits. » (Agnès Bensimon, *Tribune juive*, n° 979).

1. *Hadashot*, 14 août 1987.
2. *Maariv*, août 1987.

* « L'amère ironie du sort a voulu que les mêmes thèses biologiques et racistes propagées par les nazis servent de base à la définition officielle de la judaïcité au sein de l'Etat d'Israël », écrit Haïm Cohen, juge à la Cour suprême israélienne (*Le Monde*, 12 mars 1966).

de Ben Gourion, reconnaît que « la nécessité de garder une majorité juive en Israël est un principe sioniste qui peut être qualifié de raciste[1] ».

Ce qu'il y a sûrement de plus désolant dans cette situation, c'est l'insulte faite à l'avenir : la haine de l'Arabe et son mépris sont inculqués systématiquement aux jeunes Israéliens, reportant ainsi tout espoir de réconciliation. Un sondage publié dans *Newsweek*, en avril 1986, révèle que 42 % des lycéens interrogés sont d'accord avec le programme de Kahane qui préconise l'expulsion d'un million sept cent mille Arabes vivant sous domination israélienne.

L'incitation au racisme est chose courante dans le vocabulaire officiel. L'Arabe, traité tantôt de « terroriste », tantôt de « moucheron », de « sauterelle[2] » ou d'assassin ne peut être qu'objet de haine ou de mépris et justifier toute la violence qu'il inspire*.

Deux tristes anecdotes relevées dans la presse israélienne résument toute la misère des Palestiniens mais encore plus, j'en suis convaincu, celle des Israéliens.

La première est rapportée dans le quotidien de Tel Aviv *Hadashot* du 6 juin 1988 : S. Cohen est contremaître dans une entreprise de construction. Ce jour-là, il travaillait à Elon Moreh avec deux ouvriers arabes et un Juif.

> « Nous attendions l'arrivée de notre car, quand des colons se sont arrêtés et nous ont demandé : "Que faites-vous là ?" – J'ai répondu que nous attendions la voiture de transport de la compagnie... J'ai vu qu'ils ne me comprenaient pas, et j'ai répété ma réponse en anglais. L'un d'eux m'a sommé (*en anglais*) de quitter les lieux, et il m'a donné un coup de crosse de son fusil... Je suis tombé, et ils m'ont frappé avec une planche de bois en me bourrant de coups de pied. L'un de mes assaillants a dit aux autres : "Tuez-le ! C'est un

---

1. Michael Bar-Zohar, in *Ben Gourion or the Armed Prophet*, Englewood Cliffs, 1967 (trad. française, *Ben Gourion, le prophète armé*).

2. Yitzhak Shamir, *Herald Tribune*, 6 avril 1988.

* En avril 1983, le chef d'état-major sortant de l'armée israélienne a déclaré : « Quand nous aurons colonisé la Cisjordanie, tout ce que les Arabes pourront faire, c'est de se démener comme des cafards drogués dans une bouteille », rapporte le *New York Times* du 14 avril citant les journaux, la radio et la télévision israéliennes. Dans un article de *Haaretz* du 22 mars 1972, M. Livneh, ancien membre du parti travailliste, définit les Palestiniens comme des « ordures cosmopolites » et « des instruments de la barbarie ». Un hebdomadaire religieux, *Erev Shabat*, s'est spécialisé dans les diatribes racistes, antiarabes. Le 20 décembre 1985, on pouvait y lire ces propos du rabbin Azmiélie : « Ceux qui organisent des rencontres entre Juifs et Arabes sont des traitres à la nation juive... Les Arabes ne méritent pas qu'on leur donne de l'instruction. Si nous leur permettions de relever la tête et de sortir de leur condition de porteurs d'eau et de coupeurs de bois, nous aurons des problèmes... » (cité par *Al Hamishmar*, 27 décembre 1986). Tout cela est rarement relevé, sauf par la Ligue israélienne des droits de l'homme et du citoyen.

Arabe !" J'ai crié : "Je suis un Juif !" mais ils ont continué à me tabasser.

Comme les ouvriers arabes approchaient, je les ai suppliés de s'éloigner rapidement. Ils ont appelé Yigal, qui travaillait avec nous. Il est arrivé et leur a dit : "Nous sommes des Juifs !" Ils ont eu un moment d'hésitation dont j'ai profité pour m'enfuir et pour téléphoner à la police de Hébron.

A la vue des policiers, les assaillants m'ont dit : "Frère, nous sommes désolés. *Nous ne savions pas que tu étais juif !"* Je leur ai dit que je n'acceptais pas ces excuses : *à supposer que je sois un Arabe, cela leur donnerait-il le droit de me tuer ?*

Le porte-parole de la police d'Hébron, Mordechaï Barakat, a dit à notre correspondant que ces assaillants n'avaient pas été appréhendés... *"Il n'y avait aucune raison qu'ils le soient. C'était un simple malentendu. Ils ont frappé un homme qu'ils prenaient pour un Arabe !"*

"J'en ai pleuré, non pas des larmes d'enfant, mais des larmes d'homme désespéré", nous a dit Samuel Cohen en nous racontant cette histoire. »

Le même journal, dans son édition du 16 juin, faisait part de ce rapport qui n'a été connu que trois mois après les faits :

« En février 1988, une soixantaine de jeunes de Yérouham étaient convoqués par la *Gadna* (organisation paramilitaire) pour faire leur service national au camp "Ofer", près de Ramallah. L'un d'eux, Yuval Aflalo, 16 ans, a raconté ce qui suit :

"On nous a expliqué qu'à cette base se trouvaient des prisonniers de Judée-Samarie et de Gaza. Un matin, en allant au travail, nous en avons vu trois qui avaient les yeux bandés et les mains et les pieds liés. Nous avons demandé au militaire qui nous accompagnait *si nous pouvions les frapper impunément*. Il a répondu : "Pourquoi pas ?..." Le soir, après dîner, comme les autres regagnaient leurs chambres, nous sommes retournés à cet endroit et j'ai reconnu le prisonnier que j'avais remarqué le matin. Je lui ai arraché le bandeau qu'il avait sur les yeux et lui ai donné un coup en plein visage. Il m'a supplié de ne pas le frapper, mais j'ai pris une matraque et la lui ai lancée à la tête..."

D'après ce garçon, un autre prisonnier s'est alors mis à crier : "La colère m'a pris, j'ai saisi une barre de fer et l'ai tabassé, au point qu'il ne soit plus qu'un tas – flasque – de chair et d'os... J'ai appris depuis qu'on l'avait mis dans le plâtre, et qu'il était toujours à l'hôpital. Pendant que je le frappais, j'éprouvais un plaisir intense. *Si j'avais eu une mitraillette, je les aurais tués...* Non pas qu'ils aient dit ou fait quelque chose contre moi, mais à cause de toute le mal que ces Arabes font à l'Etat..."

Quand ces garçons sont retournés à leur lycée, leur professeur principal s'est plaint auprès du ministère de l'Education et des responsables de la Gadna qu'on ait incité ces élèves à frapper des prisonniers arabes... Le commandant de la Gadna a demandé une enquête. Elle a révélé qu'en effet, au moment où ces garçons étaient dans la base, on y construisait un centre de détention, et qu'un soldat leur avait proposé de leur montrer certains prisonniers. L'un de ces jeunes a dit qu'*un militaire leur avait suggéré de gifler l'un de ces hommes*... Il a été inculpé* et il a été décidé que les jeunes de la Gadna ne seraient plus envoyés dans des bases où se trouvent des prisonniers arabes. »

Mais au fond, sont-ce là des manifestations de haine ou l'expression du désespoir que décrit Ephraïm Sevela dans une page pathétique :

« Et lorsqu'on construit, les murs des nouveaux immeubles ne sont pas montés par des mains juives mais par des mains arabes. En face de la maison où j'habite, un nouvel immeuble en pierre de Jérusalem se construit depuis deux ans déjà. Chaque matin, des Arabes sont amenés sur le chantier, réfugiés palestiniens, habitant dans un camp, quelque part en Samarie...

Quand je lève les yeux, je croise leur regard qui n'est jamais méchant, parfois même souriant, sans peur aucune ni désir de plaire. Ils me regardent, un peu moqueurs, comme des hôtes patients et bien élevés regardent un visiteur de passage qui ne sait pas partir à temps.

Ils sont chez eux, voilà ce que reflète leur regard assuré. Ces murs qu'ils sont en train de monter seront leur propriété, tôt ou tard. La maison dans laquelle je vis, mais que leurs mains ont élevée, sera, elle aussi, à eux. Les immeubles voisins seront occupés par leurs enfants lorsqu'ils quitteront les camps de réfugiés.

Ils me regardent du haut des échafaudages et me sourient sans aucune haine, peut-être même avec une certaine compassion. Mais moi, je n'ai pas envie de sourire. Mon cœur saigne. Les photographies de mes enfants sont épinglées sur des murs qui me glacent le sang, mais, dehors, le soleil brûle à en perdre la raison[1]. »

* *
*

Je me rends volontiers à la logique qui attribue aux Juifs une plus grande responsabilité morale. D'avoir été si souvent la victime de toutes les formes d'exclusion et de violence, d'avoir traversé Inquisition, pogroms et Holocauste, leur donne une perception plus vive de la souffrance et de l'injustice. En cela, oui, les Juifs sont plus cou-

---

* « En fait, commente Israël Shahak, de la Ligue israélienne des droits de l'homme, il a été inculpé pour un autre délit... Personne n'a demandé que les garçons concernés soient traduits devant un tribunal... alors que des enfants palestiniens sont jugés – souvent après avoir été torturés – dès l'âge de 12 ans... »

1. E. Sevela, *op. cit.*

pables, quand ils sont coupables. « Plus vous avez l'expérience de ces choses, disait Toynbee, plus il y a de devoir moral à résister à la tentation de les reproduire[1]. »

Quand des soldats juifs enferment deux Palestiniens dans une pièce, après y avoir jeté une grenade lacrymogène, qu'ils s'assurent que toutes les ouvertures sont bouchées, puis reviennent, deux heures plus tard, retirer les cadavres, ils ont assassiné deux fois leur victime, une fois parce qu'ils l'ont tuée, et une autre parce qu'ils savent. Le Juif qui tue le Palestinien, par là même, se suicide.

Ce double meurtre, froidement exécuté par l'armée, n'est ni *un incident isolé* ni une *bavure*. L'avocate israélienne Félicia Langer nous dit qu'il s'agit là de l'aboutissement logique d'une politique planifiée :

> « J'ai été témoin de quinze années d'occupation israélienne. J'ai assisté durant cette période à la formation d'un type de soldat israélien plein de haine, endoctriné par le racisme, capable de presser sur la détente sans hésitation aucune et de tuer, car il considère que les Palestiniens ou les Arabes ne sont pas des êtres humains. Un véritable processus de déshumanisation des Arabes et plus particulièrement des Palestiniens se poursuit depuis des années et nous assistons aujourd'hui au résultat de cet endoctrinement abject ».

Le 14 avril 1988, la presse citait le deuxième cas, en 48 heures, d'un Palestinien mort des suites d'inhalation de gaz émis par des bombes tirées par les troupes israéliennes à Gaza[2].

Les grenades lacrymogènes, en effet, ne provoquent pas que des larmes. Le directeur de la santé de l'Agence des Nations unies pour les réfugiés (UNRWA) révéla que l'armée israélienne utilise contre les manifestants *des gaz hautement toxiques, qui paralysent les victimes par affaiblissement des muscles,* et que l'un de ces gaz était à l'origine de la mort de quarante Palestiniens, dont dix-huit bébés de moins de six mois, et de dizaines de cas d'avortements[3].

Les avortements provoqués par des armes chimiques acquises – triste ironie – en Allemagne, mais aussi aux Etats-Unis, sont, pour les dirigeants israéliens – qui *en connaissance de cause* en ont maintenu l'utilisation – une assurance sur l'avenir... Soixante avortements, ce sont soixante Palestiniens qui ne verront pas le jour sur

1. Toynbee, *A Study of History.* Oxford University Press, Londres, 1946 à 1961.
2. *Herald Tribune,* 14 avril 1988.
3. *Amnesty International,* Londres 1er juin 1988.

cette terre de Palestine. La société américaine *Transtechnologies* a fini par décider de cesser les livraisons de gaz lacrymogène CS à Israël, estimant qu'il s'en servait comme arme chimique et après avoir, sans résultat, tenté d'attirer l'attention des utilisateurs sur le danger mortel que peut représenter ce produit.

Ainsi, l'âme de Golda Meïr peut-elle reposer en paix, elle qui avouait : « La nuit, je ne peux trouver le sommeil quand je pense au nombre de bébés arabes qui sont en train de naître[1]. »

Ainsi, il ne s'agit pas, dans les territoires, d'une guerre à armes égales, ni d'opérations de police destinées à juguler une révolte. Ce qui inquiète pour l'avenir c'est ce qui, au-delà de la violence, apparaît comme un faisceau d'actions préméditées dont l'objectif est d'effacer par tous les moyens l'identité palestinienne. Lapidée (« car c'est bien de cela qu'il s'agit, n'est-ce pas ? », nous interpelle B.H. Lévy) par des adolescents, l'armée israélienne n'hésitera ni à tuer, ni à gazer (*car c'est bien de cela qu'il s'agit, n'est-ce-pas ?*), ni à enterrer vivant, ni à dynamiter des quartiers entiers, des villages, ni à pratiquer la torture.

> « Les soldats utilisent sur les Palestiniens des matraques d'acier couvertes de plastique. Ils frappent sur les os des joues jusqu'à ce que l'œil éclate. Il y a là un tel degré de précision que, pour cela, ils ont dû recevoir un entraînement spécial[2]. »

Malgré tout, on continue ailleurs, à s'accrocher au mythe de Tsahal pure et dure.

> « Il suffit, écrit André Fontaine, de voir les reportages à la télévision sur la répression à Gaza ou en Cisjordanie pour se convaincre que les jeunes soldats israéliens, contraints, par l'absence de forces de police spécialisées, à essayer de maintenir l'ordre, ne sont pas des SS : ils détestent le travail qu'on leur fait faire, même s'il leur arrive de se laisser aller à des brutalités que la presse de Jérusalem et de Tel-Aviv est la première à dénoncer[3]. »

Dans ces tentatives pathétiques de justification de l'armée israélienne tirant sur des enfants, la presse en France va bien au-delà de ce que la pudeur permet aux journaux sionistes eux-mêmes. *Le Figaro Magazine* qui, ayant admis que « le bilan des deux premiers mois de l'*Intifada* est lourd : soixante-six morts », ajoute aussitôt : « mais il y en a deux cents en trois jours au Carnaval de Rio, des cen-

1. Cité dans toute la presse israélienne, le 25 octobre 1972.
2. *Herald Tribune,* 14 avril 1988.
3. *Le Monde,* 10 février 1988.

taines depuis le début de l'année en Inde, quarante par jour, en France sur les routes ».

Le reporter sollicite ensuite notre indulgence pour le « jeune citoyen soldat de l'armée du peuple qui est entraîné pour défendre la patrie en danger, qui n'a pas d'équipement ni l'entraînement pour mater des révoltes, qui tire sur les jambes des centaines d'assaillants comme il en a reçu l'ordre. *Mais les balles ricochent...*[1] »

Il faudra un Juif sioniste et ardent supporter d'Israël pour exiger que la presse occidentale cesse cette complaisance coupable :

> « Il est un cadeau que peuvent faire à Israël ceux qui croient en lui et en la vision dont il est porteur, réclame A.M. Rosenthal : c'est de *dire la vérité aux Israéliens.* La vérité, c'est que la manière dont leur gouvernement traite les manifestations palestiniennes est une faute tragique, à la fois pour les Palestiniens et pour Israël. Il faudra beaucoup de temps pour la réparer. Si on ne renonce pas publiquement à cette politique de la violence, elle pourrait bien briser non seulement les os des Palestiniens, mais le respect qu'on porte à Israël et qu'il doit se porter à lui-même...
>
> S'il est vrai qu'Israël soit une réalité, il est vrai aussi qu'il est des choses qu'il ne peut se permettre de faire. Il lui est permis d'attaquer un adversaire armé, et même de l'empêcher de nuire en prenant les devants... Mais pas de tirer sur des manifestants, à moins que les pierres ne se transforment en fusils... ou encore d'acculer un garçon dans un coin pour lui écraser les os, en criant aux passants : *"Voilà ce qui vous attend, vous aussi"*[2] ».

De fait, ce qui est pire que la violence, c'est la signification profonde de cette violence, sa justification sioniste. Ainsi Shamir devait-il quelques mois plus tard décréter comme pour répondre aux dernières réserves des soutiens d'Israël : « Les pierres lancées par les manifestants devraient être classées dans la catégorie des armes mortelles[3]. »

Cette violence exprime d'abord la résurgence, dans la tourmente de la conscience israélienne, d'une faute longtemps réprimée : le Palestinien. Il ne s'agit donc pas de mater une révolte mais d'empêcher le Palestiniens *d'être* car *l'énoncé même de son identité* est une agression contre cette *volonté de ne pas savoir,* d'occulter, qui maintenait intacte la superbe israélienne.

« Palestinien » est blasphème, il est anathème. C'est *la tache* que la machine de propagande sioniste a, longtemps, réussi à camoufler.

---

1. *Figaro Magazine,* 27 février 1988.
2. *Herald Tribune,* 7 janvier 1988.
3. *Le Monde,* 2 septembre 1988.

Ce malaise n'a pas échappé à J.-J. Servan-Schreiber qui remarque que, dans ses entretiens avec Shimon Pérès, celui-ci parle, s'agissant des Palestiniens, « *des Arabes en général*[1] ».

> « Chaque fois, ajoute J.-J. Servan-Schreiber, que je prononce le mot "Palestinien", je provoque un raidissement intérieur, un silence. Chaque fois, je suis frappé. Autant il s'est employé à apprendre, à comprendre la nature de la société arabe par tous les moyens : histoire, sociologie, langue, littérature et contacts personnels, autant le mot "Palestinien", qui évoque tant de meurtres et de drames, arrête son esprit. »

La réaction de Shimon Pérès s'explique aisément : elle marque, douloureusement, l'échec d'une entreprise de fossoyeurs de la mémoire que Golda Meïr pouvait, quand l'étoile du sionisme politique étant encore ascendante, clamer haut et fort :

> « Il n'y a jamais rien eu qui s'appelait Palestinien. Ce n'est pas comme s'il y avait, en Palestine, un peuple palestinien qui se considérait comme peuple palestinien et que nous étions venus et que nous les avions jetés dehors et que nous leur avions pris leur pays. *Ils n'existaient pas.*[2] »

Dans cette révolte, ce ne sont pas les pierres qui font mal à Pérès, c'est le fait qu'elles sont jetées par des Palestiniens *qui n'existent pas*. Ou bien qui *ne devraient pas* exister.

En Palestine, les Arabes sont confrontés à deux paradoxes. D'abord, Israël exige une légitimation, y compris de la part de ceux-là mêmes qu'il a dépossédés, exilés et dont il nie jusqu'à l'existence : les Palestiniens. Ensuite, Israël veut être dans la région et dans le monde, non pas un Etat comme les autres, mais une entité différente, un Etat symbole, pour un peuple à la fois phare et juge, *exempt* des devoirs qu'impose la solidarité internationale, et créditeur de toute l'humanité : des Juifs, des Occidentaux en général et même des Arabes. Il est évident que de se mettre formellement *hors* la loi et requérir que cette exonération soit reconnue comme un dû en contrepartie des souffrances infligées aux Juifs par les autres, *tous* les autres, comme un privilège que lui vaut sa nature transcendante, ne peut que décourager les initiatives. « Nous étions convaincus, disait Jabotinsky, de la légitimité absolue de nos actes illégitimes[3]. »

Quand, par exemple, la justification de la répression dans les territoires occupés n'est pas d'ordre politique ou policier mais métaphysique comme le veut le grand rabbin de France, Jo Sitruk : « Le

---

1. J.-J. Servan-Schreiber, *op. cit.*, p. 65.
2. Golda Meïr, *Sunday Times*, 15 juin 1969.
3. V. Jabotinsky, *The Story of the Jewish Legion*, New York, 1945.

Juif a un tel amour de la vie, un respect si grand de l'existence des autres, que le fait de tirer dans une foule, qui heurte profondément notre sensibilité, ne peut être considéré que comme *un acte de légitime défense*[1] », le dialogue ou la confrontation sont forcément biaisés, ils se heurtent à l'autojustification des deux parties qui, seule, définit les règles et les fournit, *a posteriori*, par recours à la révélation qui est, naturellement inacessible à l'autre. Si l'Israélien se fait tuer, c'est l'autre qui est évidemment coupable. S'il tue, le coupable, c'est encore et toujours évidemment l'autre.

> « Dès qu'il s'agit d'Israël, écrit Emmanuel Lévyne, les Juifs de la diaspora, pourtant si intellectualisés et politisés en ce qui concerne les affaires de leur propre pays, perdent tout sens critique et donnent dans le mythe : ils idéalisent les Israéliens et leur Etat et acquiescent d'avance à toutes leurs initiatives et entreprises, à leurs guerres : ils ont raison quoi qu'ils fassent, l'Etat d'Israël est au-dessus de tout, il a un caractère divin, il est la providence du peuple juif et même de l'humanité ; quand sa politique agressive choque le sentiment pacifique traditionnel, on dit que ses voies sont impénétrables, il ne peut commettre d'erreur et faire du mal[2]. »

Aussi Wiesel pourra-t-il dire : *« Les pierres, ça tue aussi »*.

Il est possible de comprendre que l'Occident chrétien accepte naturellement des relations de type schizophrénique avec les Juifs et avec Israël. La conscience, aussi soudaine que tardive, de ses torts a pu le mener à une révision pathétique de l'expression de ces relations et à une attitude d'autojustification et d'autopunition*.

Dans ce genre d'équation, le mythe est dans l'ordre des choses, et le martyrologe ; et la rédemption est d'autant plus aisée qu'elle se

---

1. Entretien avec Henri Tincq, *Le Monde,* 29 décembre 1987.
2. E. Lévyne, lettre à W. Rabi du 24 décembre 1967 in *Judaïsme contre sionisme,* éd. Cujas, 1969.

* « Il arrive, écrit Yaël Lotan (dans *Al Hamishmar,* octobre 1986, cité par *Israël Press Briefs,* 8 décembre), qu'on trouve chez un peuple tout entier des symptômes qui se manifestent plus généralement chez les individus... Dans le cas d'Israël, on peut dire qu'il présente les caractéristiques d'un syndrome psychotique classique... Comment expliquer autrement un comportement où se mêlent curieusement les pleurnicheries et la brutalité ? D'une part, cette nation se considère toujours comme *une minorité persécutée par un monde hostile* (alors qu'elle dispose d'une puissance militaire qui la range aux côtés des grandes puissances) et d'autre part, au cours des quarante dernières années, nous avons accumulé un capital de *confiance en nous qui frise la fatuité...*

... C'est ainsi que la schizophrénie est devenue le fondement idéologique sur lequel repose l'Etat – ce qui alimente inévitablement la crise paradoxale dont souffre ce pays. Il n'est pas besoin d'être psychiatre pour faire un diagnostic dans ce cas, ni d'être prophète pour avancer un pronostic : il suffit d'avoir une paire de bonnes lunettes... »

fait par une autre victime, désignée coupable. Israël sera le martyr de *toute* l'humanité, associant dans la nécessité d'expier pour la *Shoa* les peuples d'Afrique, d'Asie qui sont encore parfois loin de se douter des crimes de l'Occident, ou n'en savent que ce qu'ils ont eu à subir eux-mêmes.

> « On collabore avec l'Etat allemand, disait encore E. Lévine... L'amitié renaît entre Juifs israéliens et Allemands anciens nazis, alors que la politique sioniste crée la haine et l'hostilité entre les peuples sémites, entre les descendants d'Abraham ; ce sont les Arabes innocents du crime de l'antisémitisme occidental qui doivent subir les conséquences et les suites du nazisme[1]. »

C'est là en effet le premier de ces mythes auxquels souscrit l'Occident chrétien avec enthousiasme car il constitue un dédommagement facile et la désignation, à la conscience historique, d'un coupable expiatoire qu'on peut charger de toutes les fautes, sur qui on jettera l'opprobre et qu'on offrira comme bouc émissaire à la vindicte publique. Bouc émissaire mais chargé, cette fois, des péchés *contre* Israël. Ce sera l'Arabe ; l'Arabe qui refuse la paix et fait la guerre à un Etat faible traînant un destin tragique, havre pour les rescapés des camps de la mort, n'aspirant qu'à vivre en paix et en sécurité. Un pays arraché au désert et transformé par le travail de ses enfants en un jardin fertile, une démocratie occidentale que les Arabes sanguinaires jalousent et que les terroristes palestiniens convoitent depuis que, *ex nihilo*, ils ont commencé à exister, dès qu'ils n'ont plus voulu du statut de réfugiés sur leur propre terre.

J'aurais scrupule à offrir ce choix de clichés s'ils ne correspondaient au lot quasi quotidien de tous les spectateurs de toutes les télévisions européennes et américaines et s'ils ne formaient la trame de cette mythologie à laquelle l'Occident souscrit et à la perpétuation de laquelle il participe. Les productions cinématographiques, télévisuelles et littéraires destinées à accréditer ces clichés ont fait l'objet de nombreuses études*. Le racisme anti-arabe véhiculé au cinéma et à la télévision est, le plus souvent, justifié par la défense d'Israël et ne suscite plus la moindre réaction ni chez les spectateurs, ni de la part des organisations spécialisées ou de la plupart des responsables officiels des organisations de défense des droits de l'homme.

---

1. E. Lévyne, *op. cit.*

* Citons à titre d'exemple l'ouvrage de Jack Chahine, *The TV Arab,* (Bowling Green State University, Bowling Green, Ohio 1984). Dans *L'Etoile et le croissant* (Presses de la Cité, 1988) David Shipler consacre un chapitre à l'image de l'Arabe et du Palestinien telle que fabriquée par les manuels scolaires et la littérature enfantine en Israël : « Le manuel d'hébreu, *Les Arabes et l'Islam,* publié par le ministère de

Etre anti-arabe, c'est défendre Israël contre l'Arabe terroriste, car le terroriste est, par définition, arabe ou affilié (métèque en tous genres, arménien *mais* de Beyrouth, japonais *mais* payé par Kadhafi...). Déprécier l'Arabe, c'est paradoxalement prouver que l'on n'est pas antisémite*. Pour l'Occident chrétien, le choix est obligatoire : si on est l'ami des Arabes, on est contre le Juif, le problème des Palestiniens étant *toujours* présenté en termes de conflit *judéo-arabe***.

Mais défendre les droits des Palestiniens, c'est aussi être contre la démocratie (Israël ayant réussi à convaincre qu'il est une démocratie exceptionnelle) ; c'est être contre les valeurs judéo-chrétiennes (Israël ayant réussi à se présenter comme le bastion de l'Occident, baptisé judéo-chrétien, dans la région même où les premiers chrétiens furent les Palestiniens eux-mêmes) ; c'est être contre le faible et pour le plus fort (mais une force brutale et non licite, celle de la violence et du terrorisme) ; c'est aussi, paradoxalement, être contre le *gagnant,* pour le *perdant**** ; c'est être contre la paix qui, elle, est souhaitée par Israël, et pour la guerre que les Arabes ne cessent de mener contre ce petit, pauvre et vaillant pays.

---

l'Education et de la Culture à l'usage des deux cours moyens des écoles religieuses présentent l'Arabe comme autrefois les Indiens d'Amérique l'étaient aux enfants des Etats-Unis, à savoir belliqueux et rapaces. En effet, les thèmes dominants du livre sont la guerre, le vol et la conquête, alors qu'une attention moindre est accordée aux contributions des Arabes à la médecine, à l'astronomie, à la géographie et à l'architecture. Au-dessus d'une photo d'Arabes à dos de chameaux, la légende précise : « Un groupe d'hommes armés, probablement en route pour une razzia... Le bédouin est fier de commettre des vols et éduque ses enfants dans ce sens. »

* Il est significatif que pour se décharger de l'accusation d'antisémitisme lancée par le député socialiste européen Arendt, Le Pen s'en soit pris, en termes typiquement racistes, aux Arabes, sans provoquer pour autant les réactions habituelles des ligues spécialisées.

** A l'occasion de la visite d'Arafat à Strasbourg, toute la campagne montée contre l'O.L.P., l'était, non pas au nom d'Israël, mais au nom des juifs, de tous les juifs. A Strasbourg, des enfants étaient déguisés en tenue des années 40 afin d'accrocher le souvenir du nazisme et de l'Holocauste à la résistance des Palestiniens.

*** « Car Israël a réussi à se donner *deux images différentes,* sinon contradictoires. La première est *l'image Rambo,* celle de la force triomphante, celle d'un type qui tabasse tout le monde autour de lui... et que tout le monde admire ici secrètement. Certains intellectuels ne le font pas ouvertement, mais ils se régalent en regardant en privé des films de violence... La seconde image est *celle de la victime.* C'est là une combinaison parfaite, imparable. Elle permet d'admettre les effusions de sang, les meurtres, la violence, la torture... pourvu qu'on puisse se dire en même temps que si on les admet, c'est à partir de sentiments humanitaires, pour la défense de la victime. Ce genre d'attitude est caractéristique des chefs de file des milieux libéraux et cultivés, dont l'influence est primordiale dans les médias », écrit Noam Chomsky, dans *Al Fajr,* Jérusalem, le 28 février 1986.

Voilà quelques-unes des composantes d'une mythologie qui n'a cessé depuis un demi-siècle de masquer la réalité et de retourner complètement l'Histoire. L'agresseur devient l'agressé ; Goliath devient David ; Sharon se lave les mains après Sabra et Chatila et vient, à la télévision française, prodiguer des leçons pour lutter contre le terrorisme.

* *
*

Qu'est-ce donc que le « terrorisme » ? C'est, d'après le *Robert,* « l'emploi *systématique* de mesures d'exception, de la violence pour atteindre un but politique, prise, conservation, exercice du pouvoir... et spécialement l'ensemble des actes de violence (attentats individuels ou collectifs, destructions) qu'une organisation politique exécute pour impressionner la population et créer un climat d'insécurité ». Le *Robert* ajoute cet exemple : « *Le terrorisme peut être une méthode de gouvernement* » (Jules Romains).

Le chercheur qui se penche sur l'histoire de l'implantation d'Israël en Palestine ou le simple lecteur attentif des journaux ne trouvent-ils pas que cette définition du terrorisme s'applique parfaitement aussi bien à l'Organisation sioniste qu'à son émanation politique, le gouvernement d'Israël ? Ce qui se passe chaque jour dans les territoires occupés nous le rappelle aujourd'hui, mais d'autres faits, aussi meurtriers sinon plus, banalisés par leur répétition, réclament notre attention et devraient nous convaincre que, pour Israël, le terrorisme est véritablement une *méthode de gouvernement,* comme la création d'une zone dite « de sécurité », les incursions incessantes dans le territoire libanais de l'aviation et de l'infanterie israéliennes qui font des victimes par dizaines, femmes, enfants et vieillards principalement, sans parler des maisons dynamitées, des immeubles détruits dans des raids définis pour la presse comme « préventifs contre des bases terroristes ».

Voici comment les Israéliens sont informés de ces raids :

> « L'annonce laconique est toujours formulée de la même façon, commente N.Ben Moshé : des avions de la I.A.F.[1] ont attaqué hier des objectifs terroristes dans la région de Saïda (ou de Tyr), au Liban. Tous les appareils sont rentrés indemnes à leur base, et les pilotes ont atteint les cibles désignées. Pour nous donner des raisons supplémentaires de nous réjouir, le porte-parole précise qu'on apprend que cette attaque a fait un nombre X de morts et de blessés... C'est plus tard seulement qu'on apprend que, parmi ces morts et ces blessés – souvent en majorité – se trouvaient des femmes et des enfants[2]... »

---

1. Forces aériennes d'Israël.
2. *Al Hamishmar,* 12 mai 1987.

Et, dans son style inimitable, Sharon précise clairement le choix d'Israël : « Nous devons agir contre eux, non pas après qu'ils nous ont frappés, mais *toujours* et *partout.* Si je sais qu'ils sont dans un pays quelconque d'Europe, il faut quand même le faire, malgré les difficultés et les limites, pas par une guerre à grande échelle. Non, mais soudain, quelque part, quelqu'un disparaît, là un autre est trouvé mort, ailleurs un troisième est frappé à mort dans un night-club européen[1]. »

Cette ambivalence structurelle du sionisme politique, Arthur Koestler l'appelait déjà « le caractère Dr. Jekyll et Mr. Hyde des dirigeants actuels d'Israël qui, en tant que leaders sionistes prêchent la résistance mais nient, avec indignation, agir contre la loi. Alternativement, ils tolèrent, constatent et pratiquent le terrorisme, selon l'opportunité du moment, en maintenant cependant, avec le plus grand soin, cette fiction de gardiens des vertus civiques et les habitudes d'hypocrisie de l'administration mandataire qu'ils ont, en partie, transportés dans le nouvel Etat[2] ».

C'est pour cela que les Arabes sont désorientés devant l'adoption par l'Occident rationaliste de ce paradoxe produit par la machine de désinformation la plus efficace de ce siècle et qui fait que ceux dont les actes de terrorisme qu'ils n'ont, depuis plus de quarante ans, jamais cessé de mener, d'abord contre les forces mandataires anglaises pourtant responsables de la création même d'Israël, puis contre les civils palestiniens, à travers des organisations redoutables, *Irgoun, Stern, Hagana,* qui, ont, plus tard, constitué l'embryon de l'armée, ceux-là, les Bégin, Sharon, Rabin, Shamir représentent aujourd'hui l'honneur en politique, la morale dans l'action, l'éthique dans le combat...

Décidément, il ne faut pas attendre longtemps pour détourner l'Histoire, ni pour la réécrire. Ni pour *imposer sa* vérité aux autres. Childers rappelle à ce propos que le numéro de *The Economist* du 2 octobre 1948 décrit déjà comme un « incident » le massacre de Deir Yassine perpétré par l'*Irgoun* sous le commandement de Bégin (prix Nobel de la paix). Cet « incident » a fait plus de 250 victimes, les habitants d'un village, femmes, enfants, vieillards, délibérément égorgés puis jetés dans un puits par les *sionistes de l'Irgoun Tsvaï Léoumi*[3].

Dans son livre *La Révolte,* Bégin explique que l'opération Deir Yassine était *une étape dans un plan général,* qu'il en avait informé

1. Sharon, in *Yédiot Aharonot,* 26 mai 1974.
2. Arthur Koestler, *Promise and Fulfilment,* Macmillan and Co, 1949
3. Erskine Childers, « *The Other Exodus* », article cité.

la Hagana et obtenu l'accord de son chef Ben Gourion[1]. Ce dernier oubliera plus tard et dira de Bégin qu'il décèle en lui « une folie meurtrière » et qu'il est de « type totalement hitlérien[2] ».

Weizmann les renverra dos à dos. Parlant du « terrorisme meurtrier » de l'Irgoun de Bégin, il dit qu'il le révolte, ainsi, d'ailleurs, que « les actes de violence *propre* (*sic*) entrepris par la Hagana de Ben Gourion[3] ».

Voilà donc l'aréopage d'hommes d'Etat qui, dans le but de terroriser de plus en plus de Palestiniens et de les inciter à fuir leurs terres et à s'exiler, ne reculent devant aucun bain de sang. Celui de Deir Yassine, dira plus tard Koestler, a été « le facteur psychologique décisif de cet exode ».

Ce bain de sang, pour exemplaire qu'il soit resté dans l'histoire de la tragédie palestinienne, n'est qu'un exemple de la terreur systématique pratiquée depuis 1948 et jusqu'à ce jour contre les populations arabes de Palestine. Moshé Dayan était aux commandes d'un char lors de l'opération contre la population révoltée de Lod en 1948 qui fit, elle aussi, 250 morts. « Les soldats israéliens tiraient sur tout ce qui bougeait, dans la rue et à l'intérieur des maisons... Les corps d'hommes, de femmes et même d'enfants arabes étaient répandus dans les rues, dans le sillage de cette charge brillante et sans pitié[4]. »

Dans les archives des Nations unies, l'Américain Michael Palumbo a retrouvé les rapports des observateurs anglais, français, belges et suédois envoyés en 1948 en Palestine. Ce fut une macabre découverte car ces derniers révélèrent des massacres encore plus atroces que Deir Yassine. Ainsi, la même année, dans le Néguev, le commando L89, composé d'éléments du Stern et de l'Irgoun, raya le village de Douaïma et ses 300 habitants de la carte. Lorsque les observateurs des Nations unies obtinrent enfin l'autorisation de visiter le village, le 8 novembre 1948, ils furent accueillis par une terrible odeur de cadavres calcinés, les décombres des maisons fumaient encore. Toute la population avait été massacrée. Le ministre de l'agriculture, Aaron Zisling, allait dans un sursaut de conscience crier devant le conseil des ministres : « Je suis meurtri dans mon âme, nous , les Juifs, nous sommes conduits comme les nazis, j'en tremble de tout mon être[5]. »

1. M. Bégin, *The Revolt,* (préface de Meïr Kahane) Nash Pub., Los Angeles, 1972.
2. Ben Gourion, lettre à Haïm Gouri, 15 juin 1977.
3. R. Crossmann, *A Nation Reborn,* H. Hamilton, Londres, 1960.
4. K. Bilby du *New York Herald Tribune* cité par Childers, *New Star in the Middle East,* in *The Transformation of Palestine,* Abu-Lughod, ed. Northwestern University Press, 1971.
5. Michael Palumbo, *The Palestinian Catastrophe*, Faber and Faber, 1987.

Cette violence démesurée, cette terreur impitoyable contre qui sont-elles dirigées ? Contre des colons venus de l'étranger voler les terres des Israéliens ? Contre une armée les occupant par la force ?

Il s'agit là tout simplement de l'exécution, de sang-froid, d'un plan méthodique contre des civils indigènes, les Palestiniens, confrontés soudainement à des groupes étrangers, venus d'ailleurs, de Lituanie, de Pologne, d'Allemagne, de Russie, et qui, les armes à la main, évoquant la menace d'autres Deir Yassine*, leur disaient de déguerpir. Sinon...

Mais l'horreur ne passait pas inaperçue de tout le monde. Le comte Bernadotte, envoyé par les Nations unies en 1948 comme médiateur, commençait à en découvrir les proportions gigantesques et à les mentionner dans ses rapports**. Shamir, qui n'avait pas hésité à un certain moment à offrir sa collaboration au Troisième Reich***, comme Herzl offrait au pape la conversion des Juifs, dépêcha quelques éléments du groupe *Stern* dont il était l'un des trois principaux dirigeants, pour l'assassiner le 17 septembre 1948, comme il avait fait assassiner, en 1944 au Caire, lord Moyne, ministre britannique chargé des Affaires du Moyen-Orient.

---

*« La Hagana effectuait des attaques victorieuses sur d'autres fronts. Pris de panique, les Arabes fuyaient en criant : « Deir Yassine ! » M. Bégin, *La Révolte, op. cit.*

** Dans son dernier rapport avant son assassinat, le comte Bernadotte écrivait : « Ce serait insulter les principes de justice élémentaire que le droit de retourner chez eux soit nié à ces innocentes victimes du conflit alors que des immigrants juifs sont acheminés en Palestine ou au moins constituent la menace de remplacer définitivement les réfugiés arabes enracinés dans cette terre depuis des siècles. »

*** Au sujet de la collaboration de Shamir et de son groupe *Léhi* avec le gouvernement hitlérien, lire les révélations irréfutables de Yehochafat Harkabi (*in Décision Fatale,* Tel-Aviv, *cité par le Monde diplomatique,* avril 1986). On sait que ce groupe avait proposé, en janvier 1941, « une coopération entre la nouvelle Allemagne et une nation hébraïque rénovée ainsi que l'établissement de l'Etat historique juif sur une base totalitaire et nationale lié par un traité au Reich allemand ». « Prôner une alliance avec Hitler, avec l'Allemagne nazie » devait être dénoncé par Ben Gourion (Ben Zohar, *Le prophète armé, op. cit.*) comme un « crime impardonnable du point de vue moral ». Depuis, ces faits historiques ont été plusieurs fois confirmés par d'importantes personnalités sionistes, Israël Eldad, ancien dirigeant du *Stern,* dans *Yédiot Aharonot* du 4 février 1983, Eliézer Halévi, dans l'hebdomadaire *Hotam* du 19 août 1983. Le quotidien *Haaretz* du 31 janvier 1983 a publié une lettre retrouvée dans les archives allemandes qui fait part des discussions entre le groupe *Stern,* dont est issu le Léhi, et l'ambassade d'Allemagne à Ankara en 1941 dans laquelle un diplomate allemand rapporte à ses supérieurs, l'engagement du Stern « auprès des mouvements totalitaires en Europe, leur idéologie et leurs structures ».

Dans une lettre de la même année, révélée par la presse israélienne et signée Isaac Yzernitsky (Shamir), on peut lire : « En matière de conception, nous nous identifions à vous. Pourquoi donc ne pas collaborer l'un avec l'autre ? » (traduction d'articles de journaux israéliens, in *The Shahak Papers,* n° 42).

Pourquoi s'étonner qu'avec de tels dirigeants, l'armée mutile, que ses tanks écrasent des voitures civiles avec leurs occupants, qu'elle dynamite des maisons, enterre vivants des adolescents ? Tout cela est dans l'ordre naturel des choses. Ceux qui ont instauré cette philosphie de l'action sioniste, acceptant la violence et l'assassinat comme seuls moyens d'atteindre leur objectif et les justifiant ensuite en chargeant leurs victimes, sont toujours là, pathétiquement incapables de se dégager d'une dynamique qu'ils ont créée et dont ils ne sont plus les maîtres.

> « Ni les lois morales ni la tradition juive ne peuvent disqualifier le terrorisme comme moyen de combat... Nous avons devant nous le commandement de la Thora dont l'autorité dépasse celle de n'importe quelle instance juridique dans le monde et il nous dit : "Nous devons les exterminer tous jusqu'au dernier[1]". »

Voilà ce que proclamait en 1943, Isaac Yzernitsky, devenu plus tard Yitzhak Shamir.

* *
*

Les hommes qui ont élevé une telle violence en système de gouvernement sont happés dans une spirale infernale. De temps à autre, l'un d'entre eux se voit dans les actions de ses compagnons et mesure, un instant, le tragique de sa situation. Ainsi, en 1956, devant le scandale de la désolation des réfugiés à Gaza, Moshé Dayan, soudain lucide, se laisse aller à cette réflexion : « Depuis huit ans, les Arabes sont réduits à vivre dans les camps à Gaza et, sous leurs yeux, nous nous approprions les terres et les villages dans lesquels ont vécu leurs pères et leurs ancêtres ; nous sommes une génération de colons et sans le casque militaire et le canon nous ne pouvons planter un arbre ou construire une maison. »

Et dans *The Jewish Paradox* de Nahum Goldmann ne trouve-t-on pas cette confession de Ben Gourion :

> « Pourquoi devraient-ils [les Arabes] faire la paix ? Si j'étais un leader, je n'accepterais jamais de compromis avec Israël. C'est normal : nous leur avons pris leur pays. Bien sûr, Dieu nous l'a promis mais en quoi ceci les concerne-t-il ? Notre Dieu n'est pas le leur (*sic*). Nous, nous venons d'Israël, c'est vrai, mais cela fait deux mille ans et qu'est-ce que cela pour eux ? Il y a eu l'antisémitisme, les nazis, Hitler, Auschwitz, mais était-ce leur faute ? Ils ne voient qu'une chose : nous sommes venus ici et nous leur avons volé leur pays. Pourquoi devraient-il accepter cela[2] ? »

---

1. Isaac Yzernitsky, 1943, cité par *Al Hadaf*, mars 1988.
2. Gross et Dunlop, NY 1978. Traduction française : *Le Paradoxe juif*, Stock, 1976.

N'est-ce pas le pire des terrorismes, celui-là qui ne doute pas de sa dépravation ? Car ce mot qui fait peur, cette activité rendue synonyme d'Arabe, de Palestinien, de Libanais est pourtant une option *légale* d'Israël. Le kidnapping, la prise d'otages, l'assassinat en sont pratique courante et officielle. Bien sûr, la victime est le plus souvent arabe et ne mérite ni l'émotion de la presse, ni les réactions des organisations de défense des droits de l'homme. Mais elle peut aussi être israélienne.

Le technicien Mordechaï Vanunu, qui avait livré au *Sunday Times** des renseignements sur la centrale nucléaire de Dimona, a été kidnappé en plein Londres, en décembre 1986, attiré dans un avion à destination de Rome où il a été séquestré, drogué puis jeté dans un cargo israélien, avant d'être jugé et condamné.

L'avocate israélienne Félicia Langer dit du gouvernement israélien qu'« il a établi une loi unique au monde l'autorisant à kidnapper des sujets arabes des pays voisins, à les présenter devant les tribunaux militaires et à les faire condamner**. »

Le 21 juin 1972, l'armée israélienne pénétrait dans le territoire libanais et kidnappait cinq officiers syriens et un libanais. Deux résolutions des Nations unies demandant leur libération sont restées sans effet. Mais la leçon profitera à d'autres preneurs d'otages. Des patriotes palestiniens ont été assassinés à Paris, à Amsterdam, à Bruxelles. Des Arabes sont tombés *par erreur* sous les balles des services secrets israéliens. On continue en Europe et en Amérique à détourner le regard. Parfois même on manifeste sa compréhension***. En somme, il ne s'agit que de la revanche de *David* contre le *Goliath arabe, puissant et misérable.*

En 1972, Hamchari et Aboulkheir, représentants de l'O.L.P., sont assassinés, l'un à Paris, l'autre à Nicosie. La même année à Beyrouth, une bombe tue l'écrivain palestinien Ghassan Kanafani, une lettre piégée blesse l'universitaire Anis Sayegh, directeur du Centre de recherches palestinien, une autre défigure Bassam Abou Sharif et

---

* *Sunday Times, Londres,* 5 octobre 1986. Le 18 septembre 1988, le magazine italien *Panorama* révélait les détails du rapport de l'ancien avocat général, Domenico Sica, selon lequel toute cette affaire est un montage du *Mossad* dont Vanunu serait un agent. Cela ne diminuerait en rien la réalité de la capacité nucléaire d'Israël mais indiquerait, tout au plus, sa volonté de la rendre évidente.

** Il s'agit de l'article 2 de la loi modifiant la loi pénale sur les crimes commis à l'étranger. Cette loi adoptée en mars 1962 stipule : « Les tribunaux d'Israël sont compétents pour juger conformément aux lois israéliennes quiconque a commis à l'étranger un fait qui serait considéré comme infraction à la loi, s'il était commis en Israël ou si le fait a porté atteinte – ou si telle était son intention – à l'Etat d'Israël, à sa sécurité, à sa propriété, à son économie ou à ses moyens de transports ou de communications avec d'autres pays. »

*** Il est arrivé, pour être juste que l'on se soit « ému » ou que l'on ait fait part de « regrets ».

lui arrache les doigts. L'année suivante, le poète Kamal Nasser ainsi que deux autres membres de l'O.L.P. sont mitraillés dans leur sommeil par un commando israélien dans le centre de Beyrouth.

En 1988, le gouvernement démocratique d'Israël, membre de l'O.N.U., se réunit pour projeter l'assassinat d'Abou Jihad et le fait exécuter. Des Palestiniens, promoteurs de la croisière pacifiste d'un bateau pour les déportés, sont assassinés dans une voiture piégée à Chypre.

En 1972, la banlieue de Damas est bombardée, le raid fait cent victimes, toutes civiles. Un village de la banlieue de Tunis abritant des cadres de l'O.L.P. est bombardé en 1985 : soixante-huit victimes.

En 1953, le village de Kibya est attaqué la nuit par une unité de l'armée sous le commandement d'Ariel Sharon. Une quarantaine de maisons sont dynamitées, une école rasée et soixante-six civils, hommes, femmes et enfants assassinés. Ceux sur la mémoire desquels le bulldozer de la propagande israélienne n'est pas passé se souviennent peut-être de Kafr Kassem, ce village *israélien* où quarante-sept Israéliens *mais* arabes furent massacrés un soir de décembre 1956, en rentrant chez eux du travail à l'heure d'un couvre-feu décidé en leur absence et dont ils n'étaient pas informés*...

Ajoutons les avions syrien et libyen détournés le 12 décembre 1954 et le 4 février 1986 et forcés à atterrir à Lod, et l'avion de ligne libyen abattu par la chasse israélienne le 21 février 1973 avec ses cent huit victimes civiles et innocentes...

Essayons néanmoins d'aller jusqu'au bout de la réflexion, surmontant même notre répugnance à entrer dans d'odieux calculs, dans l'arithmétique macabre des comparaisons.

Quel rapport trouverons-nous, en nombre, entre tous ces morts, les trente-deux mille victimes de l'invasion du Liban en 1982, lors de l'opération baptisée par les Israéliens « Paix en Galilée », les milliers de morts, victimes des raids routiniers sur les camps palestiniens, les centaines de milliers de réfugiés, aux vies sacrifiées, aux enfances sans joie, aux jeunesses sans espoir, aux foyers détruits, d'une part et, d'autre part, les détournements d'avions évidemment meurtriers et les actions parfois absurdes de la résistance palestinienne, comme celle de l'*Achille Lauro ?*

De fait, il semble que l'on ait adopté l'idée les variables et les

* Les responsables de ce massacre furent jugés et condamnés. La peine maximale a été de 17 ans de prison, ramenée à 14 en appel, puis à 10 par le chef d'état-major de l'armée et à 5 par le président israélien ; elle fut enfin réduite du tiers par la « commission pour la situation des prisonniers ». A sa sortie de prison, en septembre 1960, le lieutenant J. Dahan, premier responsable de ces atrocités, fut nommé officier en charge des affaires arabes à Ramla.

doubles critères : il y a d'un côté un terrorisme respectable qui s'intitule selon les cas : « action préventive », « action punitive », « représailles », voire « contre-terrorisme » ; de l'autre, il y a une résistance à l'occupant qui sera nécessairement intitulée « terrorisme ». Bégin était recherché contre forte récompense comme terroriste après le dynamitage de l'hôtel King David et le massacre de Deir Yassine en avril 1948. I. Yezernitsky, connu depuis sous le nom de Yitzhak Shamir, l'était aussi mais pour « intelligence avec l'ennemi allemand ». Les deux assassins de lord Moyne, que Shamir avait commandités, sont aujourd'hui « héros d'Israël » et leurs dépouilles ont reçu les hommages militaires.

David Hirst parle d'un « terrorisme clandestin qui après la création de l'Etat d'Israël se transforma en un terrorisme d'apparence plus respectable destiné à intimider et à soumettre les Palestiniens et leurs alliés arabes... En comparaison, ajoute-t-il, la violence palestinienne est une réaction à petit échelle facilement qualifiée de *barbare*[1]. »

Le terrorisme israélien s'écrit en majuscules et échappe à tout jugement. La routine des bombes (à napalm, à fragmentation ou implosives, dont l'usage est prohibé par les conventions internationales) larguées sur une population civile que l'ironie du sort qualifie de « réfugiés » et qui fait des victimes, forcément impossibles à trier, est acceptée sans la moindre réserve comme légitime, le communiqué israélien faisant foi de la qualité de *défense,* de *prévention* ou de *rétorsion*.

En revanche, tout acte de violence n'importe où, avant même que l'on en connaisse les causes ou qu'il soit revendiqué, est automatiquement attribué par l'appareil de propagande israélienne au « terrorisme palestinien ». Tactique éprouvée car même si la suite des événements doit en décider autrement, le ver est dans le fruit, les ressentiments s'accumulent, et la réaction, forcément antipalestinienne, se produira selon le schéma prévu.

L'opération Dimona, en 1988, fut, à ce propos, un cadeau inespéré offert à l'armée israélienne, au moment où les médias braquaient leurs feux sur la répression contre les enfants de l'*Intifada.*

Là aussi, en tirant dans le tas, en faisant six morts dont trois Israéliens et huit blessés, Israël s'offrait quelques victimes opportunes dont les dépouilles pleurées par leurs familles pourraient, sinon faire oublier la répression, du moins la justifier en partie en l'incluant dans la « lutte contre le terrorisme ». A courte échéance, ce calcul s'avéra juste et les résultats valurent bien, aux yeux des dirigeants

1. David Hirst, cité par Hadawi, *Bitter Harvest, Palestine 1914-1979*, The Caravan Books, New York, 1979.

israéliens, cette tuerie volontaire, qui « permet à chacun de se retrouver en terrain familier, le Palestinien terroriste d'un côté, le soldat israélien en légitime défense, de l'autre[1]. »

Le Monde en conclut : « Le capital de sympathie engrangé depuis trois mois dans l'opinion publique mondiale par les jeunes révoltés de Cisjordanie et de Gaza vient d'être dilapidé[2]. »

Seule une Israélienne rescapée de l'autobus devait trouver les mots justes :

> « Daisy Sorek, rapporte le correspondant de *Libération,* sortie avec une légère blessure de l'autobus détourné, a choisi : "Les Arabes tuent les Juifs et les Juifs tuent les Arabes, nous ne pourrons jamais tuer tous les Arabes et les Arabes ne pourront jamais nous tuer tous. Il faut trouver une solution pacifique. Après ce que je viens de traverser, j'en suis encore plus convaincue. J'exige de nos dirigeants qu'ils trouvent une solution[3]". »

Les dirigeants resteront évidemment sourds à cet appel. Il leur a suffi d'une minute, le temps que dure l'assaut contre l'autobus, pour écarter les quatre-vingt-trois morts palestiniens de l'*Intifada**, les milliers de blessés, les handicapés à vie, les enfants de neuf à quatorze ans internés et se parer à nouveau du masque de la victime innocente, justifier les violences passées et ménager dans l'avenir une percée pour la terreur officielle de l'armée et des différents services de sécurité et la terreur protégée, tolérée sinon encouragée des colons du Goush Emounim.

L'affaire de Beita est l'exemple le plus significatif et le plus tragique de cette politique d'encouragement à la haine et de couverture par l'Etat du terrorisme anti-arabe. Le 7 avril 1988, le monde apprend que « la fille d'un colon juif a été lapidée à mort ». Une information qui a une autre allure que la mort banale et quotidienne d'enfants palestiniens et relègue comme un détail que deux jeunes Palestiniens ont aussi, dans le même incident, été tués par des civils juifs armés. En Israël, c'est le déchaînement : toute la classe politique n'a plus qu'un mot d'ordre : vengeance. Des députés réclament « l'expulsion de tous les Palestiniens des territoires. » Le ministre des Cultes déclare : « Le village de Beita doit être effacé de la surface du globe. » L'armée israélienne investit le village et détruit à la dynamite quatorze maisons appartenant à des Palestiniens censés avoir participé à l'attaque de l'autobus de lycéens de la colonie Elon Moreh, qui s'est terminée par la « lapidation à mort » de la jeune Tirza Porat.

---

1. Marc Kravetz, *Libération,* 8 mars 1988.
2. *Le Monde,* 9 mars 1988.
3. *Libération,* 8 mars 1988.

* Début novembre, on comptait près de 300 morts, presque un mort chaque jour.

Dans le village où les représailles vont bon train, un jeune Palestinien est abattu. Des centaines d'oliviers sont déracinés par l'armée. Des colons entreprennent des raids sur un grand nombre de villages arabes voisins. La haine se propage comme un incendie, attisée par les appels à la vengeance des députés d'extrême-droite et les menaces des dirigeants israéliens, dont Shimon Pérès qui promet qu'Israël « coupera les mains des meurtriers ». Trois jours plus tard, l'enquête révélera que la mort de la petite Tirza, qui a coûté la vie à trois Palestiniens et fait le malheur de centaines d'autres, était en fait due à une balle tirée par un de ses compagnons, Romam Aldubi, un repris de justice, provocateur fanatique, renié par ses propres parents, premier Juif banni pour six mois des territoires et pourtant légalement armé et déjà condamné (à trois mois de prison !) pour l'assassinat, en 1983, d'un enfant palestinien. L'enquête révélera aussi que les habitants de Beita avaient tout fait pour éviter l'explosion de violence, allant jusqu'à protéger les enfants juifs après la mort des deux jeunes Palestiniens et à transporter eux-mêmes les blessés.

Ces révélations tardives n'empêcheront pas l'armée de justifier le dynamitage des maisons de Beita et l'arrachage des oliviers. Le gouvernement autorisera les colons à user de leurs armes contre les Arabes désarmés, et Mahmoud Ben Shamma, un villageois qui avait tout tenté pour éviter le drame et qui transporta lui-même la jeune fille blessée jusqu'à l'hôpital de Naplouse, sera déporté ainsi que quatorze autres Palestiniens[1].

Yaacov Hasdaï, ancien colonel et religieux pratiquant, tirera la leçon de cet épisode de la vie quotidienne dans les territoires, dans un article du *Jerusalem Post :*

> « ... L'essence de la culture humaine réside dans ces lignes rouges non-dites que vous ne franchissez pas. Si ces lois sont violées, c'est la jungle. Même durant une guerre, les ennemis déclarent un cessez-le-feu pour enterrer les morts. La mort d'une jeune fille aurait dû évoquer l'unité, la participation au sentiment de la perte. Les conflits internes auraient dus être mis de côté, au moins durant les sept jours de deuil. Dans une société cultivée, les ministres ne parlent pas, comme des colporteurs de marché, de raser des villages. Notre problème, à cette étape, ce ne sont pas les Arabes, mais les Juifs. La division du pays, l'absence d'un leadership, la perte de la culture nous

1. « Comme toujours dans ces cas-là, il n'y avait ni inculpation, ni procès, ni jugement : ces hommes furent tout simplement jetés en territoire libanais. Comme toujours, Israël provoqua les objections des Etats-Unis à cette violation des lois internationales que constitue le bannissement des personnes hors de leur pays d'origine ». Anthony Lewis, *Herald Tribune,* 26 avril 1988.

conduisent à un désastre. Si nous ne restaurons pas nos valeurs de base – honneur, comportement décent, responsabilité – et ne renvoyons pas les extrémistes dans leur coin, il ne nous reste plus longtemps. »

Il ne s'agit pas là d'un cas isolé. L'intérêt de cet exemple, c'est qu'il est révélateur de la vie quotidienne d'un Palestinien dans ce qui est devenu l'Ouest sauvage où les indigènes sont tirés comme des lapins par les disciples du rabbin Kahane et sous la protection du shérif. Le commandement en chef de l'armée les rassure que, malgré tout, « la cause majeure » reste « l'agression des Arabes »...

Les assassins de Palestiniens, les colons terroristes, couverts par l'Etat d'Israël, auteurs des raids sur les villages arabes, des attentats à la voiture piégée contre les maires de Ramallah et d'El Bireh*, ceux qui ont essayé de détruire à l'explosif la mosquée Al Aksa à Jérusalem, les soldats responsables de tortures, s'il leur arrive, pour les besoins des médias, de passer en jugement, sont condamnés à des peines symboliques, promptement amnistiés et traités en héros qui mènent bataille pour la reconquête d'Eretz Israël. « Ils sont, dira d'eux Yéchayahou Leibowitz, le fer de lance de l'annexionisme juif, entretenus par l'Etat d'Israël et armés par cet Etat[1]**. »

Ceux-là ont la justice entre les mains et décident seuls des règles à appliquer. Pour les Arabes, jetés arbitrairement dans les geôles de fortune, croupissant dans des camps improvisés en plein désert, c'est « un système dur et arbitraire de justice secrète qui a peu de règles visibles et n'offre à ses victimes aucun recours possible d'appel[2]. »

---

* Y. Nikib, Nathan Nathanson et Hagaï Segal, membres du « commando terroriste juif », ont été remis en liberté après avoir accompli le tiers de leur peine. « Prisonnier », Segal se rendait tous les soirs à Jérusalem... Il a passé les fêtes de Pâque chez lui. Il recevait en prison des visites de sa famille, de rabbins et de membres de la Knesset. « Je ne regrette pas l'attentat commis contre le maire de Ramallah... dira-t-il aux journalistes venus l'attendre à sa sortie de prison. Je ne promets pas de ne pas recommencer ». *Haaretz,* le 5 mai 1986, *Koteret Rashit,* Le 7 juin 1986.

1. *The Jerusalem Post,* n° spécial anniversaire de l'Indépendance d'Israël.

** A la suite de l'autorisation donnée aux colons de tirer à vue, *Le Monde* rapporte que « depuis le début du soulèvement, plusieurs dizaines de Palestiniens ont été tués dans des circonstances non éclaircies, qui ne paraissent pas près de l'être, mais qui ont souvent laissé penser que des colons avaient été à l'œuvre. Les rares colons interpellés ont invariablement invoqué la légitime défense et n'ont pas été inquiétés outre mesure. » Le *Jérusalem Post* tirait récemment la sonnette d'alarme, dénonçant la quasi-impunité ainsi accordée à ces patrouilles de deux « vigiles » auxquelles les autorités confient des armes de guerre. « Paradant sous le prétexte de l'autodéfense, écrivait le journal, des fous de la gâchette, sachant à l'avance que la peine qu'ils risquent, s'il y en a une, sera, au pis, dérisoire, ne réfléchissent guère avant de dégainer et de tuer – tuer les Arabes, bien sûr. » (*Le Monde,* 26 juin 1988.)

2. Adolphe Beth, *Washington Post,* 14 mai 1988.

Les Palestiniens, par l'intermédiaire des Etats arabes puis par le truchement de leur propre organisation, le Mouvement de libération de la Palestine, *Fatah,* et ensuite l'O.L.P., ne cessent de réclamer l'application des résolutions des Nations unies pour qu'il soit mis fin à leur tragique situation d'exilés, de réfugiés ou de colonisés dans leur propre pays occupé. Qui peut leur reprocher, devant le refus d'Israël d'assurer, ne fût-ce qu'en partie, ses responsabilités envers ses victimes, d'avoir recours à la violence pour répondre à une violence autrement plus meurtrière ?

« Que ferions-nous à leur place ? » se demande l'ancien responsable des renseignements militaires israéliens, Yéhochafat Harkabi[1], qui ajoute : « Les chefs de l'Irgoun et du groupe Stern doivent se souvenir, lorsqu'ils parlent de leur héroïsme, que le nombre de leurs morts est, en chiffres absolus et relatifs, très minime par rapport à la longue cohorte des victimes palestiniennes tout au long de leur lutte nationale. »

« Il nous faudrait avoir le courage d'admettre, pouvait-on enfin lire dans un journal israélien[2], que les Palestiniens ont un droit fondamental à se dresser, même les armes à la main, contre un régime et une armée d'occupation. »

C'est cela le droit à la décolonisation que stipule la résolution 2621 des Nations unies et qui « réaffirme le droit des peuples colonisés à lutter par *tous* les moyens nécessaires contre les puissances coloniales qui répriment leurs aspirations à la liberté et à l'indépendance[3]. »

En tout état de cause, l'argument du terrorisme a fait long feu. Sans même tenir compte des raisons qui poussent un peuple ou une communauté à recourir à la violence, il est indubitable, et on peut le regretter pour des raisons morales, que cette violence, à un moment précis de l'émergence d'une résistance contre l'occupant, peut s'imposer comme une nécessité. « Je suis, disait Nehru, pour la non-violence, mais je suis plus pour la liberté par la violence que pour la non-violence sans la liberté[4]. »

Pour les Palestiniens, après vingt ans de silence, couvrant toutes les formes d'injustice, d'humiliation et de violence à l'égard de trois millions de civils, les opérations armées du Fatah et du F.P.L.P en 1965, dont l'une des premières fut un détournement d'avion, ont seules, hélas ! réussi à éveiller sinon la conscience de l'opinion publique internationale, du moins sa curiosité et son intérêt.

---

1. Y. Harkabi, *in Décision fatale, op. cit.*
2. *Hotam,* 7 août 1987.
3. U.N. Yearbook, 1960.
4. Cité par Habib Bourguiba en épigraphe à son livre, *La Tunisie et la France,* Julliard, 1954.

David Shipler relate ainsi une conversation avec un journaliste israélien qui couvre la Cisjordanie pour le journal *Davar* :

> « "Ils n'ont aucun moyen de venir à bout de nous", dit-il des Arabes. Ils disent : "Nous n'avons pas de *Phantoms* (chasseurs à réaction). Donnez-nous des *Phantoms* et demain, nous bombarderons Tel-Aviv comme vous bombardez Beyrouth." Ils n'ont pas d'autre arme. Bombarder un camp comme nous bombardons les camps au Liban, c'est pire que n'importe quel terrorisme. C'est la guerre entre nous et chacun utilise sa meilleure arme. Il n'y a rien de mal à utiliser le terrorisme. Ce qui importe, c'est la cible, le but. Je ne le justifie pas, mais nous aussi, juifs de ce pays, nous avons utilisé le terrorisme. Car c'était du pur terrorisme. Ils [les Arabes] s'en sont servis et ils ont réussi, puisqu'ils y ont gagné d'être connus sur le plan international[1]" »

Cette forme de résistance n'a pas toujours fait, malgré les continuelles provocations d'Israël et des Etats-Unis, l'unanimité au sein de l'O.L.P., en tous les cas dans son expression extrême, c'est-à-dire hors du territoire palestinien et contre des civils et après qu'elle eût atteint son objectif : rappeler l'existence d'un peuple palestinien en quête de justice et révéler, au besoin par la terreur, la terreur qu'il subissait. Il y a bien longtemps que l'O.L.P., et en particulier sa composante la plus importante, le Fatah, est devenue elle-même la cible des extrémistes parmi les Palestiniens qui n'hésitent pas à l'accuser de faiblesse justement depuis qu'avec le reste des Etats arabes, elle préconise la solution politique.

Cependant, c'est bien là que l'O.L.P. devient l'ennemi véritable de l'actuel *establishment* politique d'Israël tant il est vrai que le mythe du terrorisme palestinien (et arabe) sert les intérêts de l'extrémisme israélien. Lesley Hazleton qui a quitté Israël, effrayée par la menace de l'extrême-droite sioniste, explique qu'en 1985 « trois ans après l'invasion du Liban, les Palestiniens devenaient de moins en moins satisfaisants en tant qu'ennemi, l'O.L.P. montrant trop de signes de modération[2] ».

Hazleton nous explique comment Ariel Sharon devait alors pousser à la création d'une relève :

> « ... En se préparant à quitter le Liban [Israël] semblait déterminé à laisser derrière lui autant de ressentiments que possible. Une politique de la main de fer fut entreprise incluant des raids à l'aube sur des villages au cours desquels les hommes étaient réunis, sur la place, pour être interrogés, l'ordre était donné de tirer sur tout ce qui bougeait. Les maisons étaient perquisitionnées armes à la main, des mil-

1. David Shipler, *L'Etoile et le Croissant, op. cit.*
2. Lesley Hazleton, *Jerusalem, Jerusalem,* The Atlantic Monthly Press, New York, 1986.

liers de chiites furent arrêtés sans inculpations, on fit franchir la frontière à des centaines d'entre eux pour les jeter dans des prisons israéliennes, ce qui aboutit en juin 1985 au détournement du vol 847 de la TWA et aux dix-sept jours d'angoisse pour les passagers américains pris en otage. »

L'acharnement à enfermer l'O.L.P. et tous les Palestiniens dans l'étiquette « terroriste », et dont on a vu quelques manifestations dès l'annonce de la visite d'Arafat au Parlement européen en septembre 1988, se poursuit d'une manière d'autant plus pathétique que depuis quelque temps, l'O.L.P. semble vouloir justement procéder à une révision politique qui fera tomber, du coup, toutes les justifications qui ont, jusqu'ici, permis aux Israéliens de poursuivre une politique systématique de terrorisme d'Etat contre les Palestiniens puis contre les Libanais sous la bannière de la lutte contre le terrorisme.

Le résultat calculé du refus américano-israélien, depuis Kissinger, de reconnaître dans l'O.L.P. autre chose qu'une « organisation terroriste », ne pourra qu'offrir des arguments à la marge, encore minoritaire, de Palestiniens qui refusent toute solution politique et qu'on peut toujours blâmer, sans tout à fait cesser de les comprendre, surtout quand ce sont eux qui subissent directement la répression de l'armée israélienne, le terrorisme des colons américano-israéliens du Goush Emounim et qui voient les assassins de civils palestiniens, les incendiaires de la mosquée Al Aksa graciés et les tortionnaires du Shin Beth traités en héros.

« En focalisant l'attention sur les attentats, expression criminelle du nationalisme des faibles, on occulte le nationalisme des puissants ferme les portes à la concertation et à la recherche des solutions acceptables pour tous. Il réduit les relations à de brutaux rapports de force alors que tant de détonateurs sont déjà en place un peu partout sur la planète[1] », écrivait Claude Julien lors de l'hystérie anti-arabe qui a suivi en 1986 les attentats de Paris. Cependant, s'il était alors facile de détourner l'attention de l'opinion publique vers le Palestinien, toutes les fois qu'il s'agit de violence, les Israéliens découvrent que la recette ne peut plus s'appliquer contre les Palestiniens en révolte chez eux et contre l'occupant. L'*Intifada* a effacé le terroriste, révélé le Palestinien, et l'a élevé au rang sublime de résistant.

> « Ce n'est pas du terrorisme, ce ne sont pas des désordres, ce n'est pas de la subversion et ce ne sont pas des émeutes. C'est un peuple qui se lève, écrit l'écrivain israélien Yzhar Smilanski, interpellant la conscience de ses compatriotes. Il faut être bouché pour ne pas le voir. Ce sont les enfants de la réalité que nous avons créée, les

1. Claude Julien, *Le Monde Diplomatique,* octobre 1986, « Le sang des autres ».

enfants de l'occupation, les enfants du non-espoir, la deuxième et la troisième génération du vécu des "territoires". Ce ne sont pas des enfants subvertis par l'extérieur, et ce ne sont pas non plus ceux avec lesquels nous discutions hier. Parfois avec des gants de soie, parfois avec le poing fermé, et parfois avec des leçons de démocratie qui exigeaient d'eux fidélité à la loi et à l'ordre. Sinon...

Ils sont l'herbe du champ en friche, les plantes des camps de réfugiés, la végétation des faubourgs et des villages assiégés. Ils sont nés et ils ont grandi sous l'exploitation, la menace, l'humiliation permanente, selon des degrés divers et dans tout l'éventail de l'indifférence.

Ce ne sont pas les méchants communistes qui ont fait cela, ni des agitateurs démoniaques de l'extérieur. Ce qui se passe devant nos yeux a poussé directement sur le sol de leur réalité, des restrictions et de l'impasse. Les Arabes n'ont pas besoin d'agitateurs pour vouloir manger.

A leur place, aurions-nous fait autre chose ? Et lorsque nous étions le dos au mur, avons-nous fait autre chose ? N'avons-nous pas, nous-mêmes, il y a quarante ans, lié le terrorisme à la diplomatie ?

La force, c'est nous qui la détenons. Mais hier encore, tout Juif savait que le faible détient aussi une force. Et que la force du faible est parfois assez puissante pour transformer la réalité. Le faible invente des moyens de lutte auxquels le fort ne sait pas toujours répondre. Et quiconque ne s'est pas enfermé dans son aveuglement confortable a vu ces jours-ci des enfants et des adolescents, des femmes et des hommes brandir des pierres, des bouteilles et des pneus fumants, à découvert face à une immense armée de métier. Et ils n'ont pas fui, et ils n'ont pas battu en retraite. Et ils n'ont pas disparu même lorsqu'ils ont été noyés de gaz lacrymogènes, bombardés de balles de caoutchouc, et parfois aussi de balles de plomb. Quand ils reculaient, d'autres les remplaçaient.

Soudain la peur paralysante les a quittés. Comme s'ils étaient libérés de l'impuissance et qu'ils avaient appris la force de la volonté. Soudain ils ne reculent plus devant "les forces de l'ordre" et ils ne s'éparpillent plus de tous côtés au spectacle de leur passage et au seul son de leur voix. Et il faut se souvenir : celui qui a goûté au sentiment de sa propre force ne cédera plus, et il continuera de nous lancer d'autres défis, de plus en plus durs. Force contre force.

Aujourd'hui, il n'y a plus d'échappatoire, et il nous faut regarder en face les deux raisons qui nous ont fait arriver devant cette ligne dangereuse qu'il vaudrait mieux ne pas franchir : la première raison est le refus juif prolongé de voir la réalité telle qu'elle est. La deuxième raison est l'éveil d'une jeune génération d'Arabes qui n'a plus peur d'exercer son droit à transformer la réalité.

Et aujourd'hui nous en sommes arrivés au stade où le faible se bat avec des pierres et des bouteilles et des cris et des opinions publiques (ici et dans le monde), contre le fort avec ses rafales et ses camps de détention et ses interdictions d'entrée à la presse, en un affrontement où il n'y a pas de vainqueurs.

Qu'allons-nous faire ? Quelqu'un pense-t-il sérieusement qu'il est possible de disposer de la vie et du destin d'un million et demi d'êtres humains sans leur demander leur avis, comme s'il s'agissait de têtes de bétail et non d'êtres humains ? Accepterions-nous, nous inclinerions-nous face à des décisions concernant notre vie, prises sans nous ? Ne nous révolterions-nous pas ?

Et peut-être que maintenant, enfin, au dernier moment, avant de nous engager dans le plus cruel des affrontements, peut-être maintenant nous reprendrons nos esprits, nous ouvrirons nos yeux, nous prendrons tardivement conscience du fait que deux volontés nationales vivent ici, deux et non pas face à face. Et qu'il est possible de tenter de se lever l'une contre l'autre et de se détruire l'une l'autre, et qu'il est encore possible, tout de suite, de se rencontrer et de se proposer de vivre l'une avec l'autre[1]. »

C'est pourtant sur cette trame d'images, définitivement ancrées dans l'inconscient collectif de l'Occident, d'un peuple pacifique, rescapé de l'Holocauste mais toujours poursuivi par l'adversité et se défendant bravement contre les terrorismes, qu'une politique depuis longtemps planifiée d'expansionnisme a été mise en œuvre, au détriment des Palestiniens puis des autres Arabes de la région, sous le prétexte qu'Israël a besoin d'un « espace de sécurité » entre lui et ses voisins qui l'auraient, depuis le début, accueilli en lui faisant la guerre.

Quelles sont les limites de cet « espace de sécurité » ? Quelles sont les frontières que veulent les sionistes pour Israël ?

Personne, dans l'administration israélienne, ne répondra à cette question. Israël est, en effet, le seul Etat à ne pas avoir de frontières. Un Etat en perpétuelle expansion géographique. Plus exactement « métagéographique ».

* *
*

Alors que les Européens continuaient à croire au souhait exprimé par le sionisme d'un « foyer pour les juifs » en Palestine, Herzl pensait déjà aux frontières qu'il envisageait pour *l'Etat juif :* « La Palestine de David et Salomon ». En d'autres termes, un territoire qui, outre la Palestine du mandat britannique, comprendrait le sud

1. Dossier établi par Noah Hugues, pour le Centre de documentation internationale pour le développement et la libération des peuples, in la revue *Pour la Palestine* n° 21, premier trimestre 1988.

Liban jusqu'à Sidon et Tyr et le sud du fleuve Litani ; en Syrie, les hauteurs du Golan, toute la vallée du Jourdain, la mer Morte, le golfe d'Akaba, en Egypte le Sinaï d'El Arish jusqu'à la Méditerranée. « L'aire géographique de la Palestine devrait être aussi étendue que possible... [elle doit aussi] assurer toutes les ressources hydrauliques qui alimentent déjà le pays, mais aussi leur conservation et leur contrôle à leurs sources[1]. »

« Il est intéressant de noter, commente le rabbin Elmer Berger, que le plan sioniste d'incorporer ces territoires n'avait à l'origine rien à voir avec la sécurité ou avec Dieu[2]. »

A cause des antécédents antisémites du « complot », la thèse de l'expansion planifiée éveille la méfiance des esprits *cartésiens ;* pourtant, l'Histoire écrite par les dirigeants sionistes depuis quarante ans ne demande qu'à être lue et a le mérite de n'avoir laissé aucun doute sur les objectifs véritables d'Israël et ses ambitions territoriales.

Moshé Sharett, dans son *Journal*[3], s'étend longuement sur les projets libanais de Ben Gourion, projets qui sont encore entretenus sans avoir pu, jusqu'ici, se réaliser : la création d'un Etat chrétien. Selon Ben Gourion, écrit Sharett, « il serait seulement nécessaire de trouver un officier, fût-ce un simple major. Nous pourrions gagner sa sympathie ou l'acheter pour l'inciter à se proclamer sauveur des maronites. Alors, l'armée israélienne entrerait au Liban, occuperait le territoire nécessaire et installerait un régime chrétien qui s'allierait à Israël. Les territoires au sud du Litani seraient totalement annexés par Israël et tout irait pour le mieux ». Le 27 février 1954, Sharett rend compte d'une conversation sur le même thème avec Ben Gourion en présence de Dayan et Lavon :

> « La création d'un Etat chrétien est par conséquent un acte naturel. (...) En temps normal, ce serait pratiquement impossible. (...) Mais dans les moments de confusion, de révolution ou de guerre civile, la situation change et même les faibles se proclament héros. C'est peut-être le moment de créer un Etat chrétien dans notre voisinage. Cela signifie que, cette fois, toute l'énergie et tous les moyens doivent être employés dans ce but et que nous devons agir dans toutes les directions pour provoquer un changement radical au Liban[4]. »

1. J.C. Hurewitz, *Diplomacy in the Near and Middle East,* D. Van Nostrand Co, Inc. Princeton N.J. 1956, Tome II.
2. *The Unauthenticity of « Jewish People » Zionism,* Elmer Berger in *Judaism or Zionism,* Eaford & Ajaz, Londres, 1986.
3. Moshé Sharett, *Journal* (huit tomes), éd. Maariv, Tel Aviv, 1978, cité dans *Le Monde diplomatique,* septembre 1982.
4. *Ibidem.*

Et les commentaires de Shamir et Pérès, à l'annonce de la fin de la guerre irako-iranienne en juillet 1988, ne marquent pas tant l'inquiétude que la déception de voir l'échec de l'un de leurs plans. La revue de l'Organisation sioniste mondiale, *Kivounim,* n'avait-elle pas, en février 1982, dévoilé une vaste stratégie de balkanisation et d'éclatement de la région en mini-Etats confessionnels ou ethniques ? L'invasion devait réaliser la première phase au Liban qui servirait de modèle ; la guerre avec l'Iran devait mener au même résultat en Irak. La participation décisive d'Israël à l'affaire de l'Irangate n'est pas fortuite. On pouvait lire dans cette revue :

> « (...) L'éclatement du Liban en cinq provinces constituerait un précédent pour l'ensemble du monde arabe y compris l'Egypte, la Syrie, l'Irak et la péninsule Arabique (...) Le morcellement par la suite de la Syrie et de l'Irak en provinces, sur des bases ethniques et confessionnelles, conformément au modèle libanais constitue, à long terme, sur le front oriental, un objectif prioritaire pour Israël (...) Le morcellement de l'Irak revêt plus d'importance que celui de la Syrie car la supériorité de l'Irak constitue, plus que toute autre, à court terme, une menace pour Israël. Aussi, un conflit syro-irakien ou irano-irakien entraînerait-il un éclatement de l'Irak et son écroulement de l'intérieur avant même qu'il n'ait eu le temps de se préparer à une guerre sur un large front contre nous[1]... »

Non seulement on ne décèle aujourd'hui aucune révision sérieuse de ces visées géographiques chez les dirigeants israéliens, mais tout porte à croire que ceux-ci agissent encore comme si, en gagnant du temps, ils pourraient trouver, de nouveau, la faille qui leur permettrait, d'une manière ou d'une autre, de s'étendre un peu plus. La situation au sud Liban, malgré les accords d'armistice qui, là au moins, définissent les frontières nord d'Israël, est celle d'une occupation militaire *à la carte.* Un corps indigène mercenaire gère le quotidien, Tsahal intervenant pour l'encadrement et les opérations d'envergure. Ou de *prestige.*

Si les Arabes continuent à montrer autant de scepticisme sur les déclarations de paix israéliennes de quelque parti qu'elles émanent, c'est que, alors que les Etats-Unis et l'Europe se préoccupent toujours de la *sécurité menacée* de leur protégé israélien, ils écoutent, eux, avec l'attention qu'aiguise l'expérience, les propos, sans équivoque, des dirigeants sionistes et voient, eux, grignoter jour après jour les terres arabes.

Ce que Ben Gourion préméditait déjà en 1951, il l'expliquait publiquement :

---

1. « Une stratégie pour Israël dans les années 80 », par Oded Yinon, *in* revue *Kivounim,* Jérusalem, 1982.

> « Il faut qu'il soit dit maintenant qu'il [l'Etat d'Israël] a été établi sur *une partie seulement* de la terre d'Israël. Ceux-là mêmes qui ont des doutes sur la restauration de nos frontières historiques, fixées et cristallisées depuis le commencement des temps, pourront difficilement nier les anomalies dans les frontières du nouvel Etat. »

Ce genre de déclarations, qui ne sont pas enfermées dans quelque plan secret mais répétées souvent et publiquement, n'empêchera jamais l'argumentation selon laquelle les Arabes ont toujours été les agresseurs et sont responsables de leurs pertes territoriales. « Ah, entend-on souvent répéter, rien de cela ne serait arrivé s'ils avaient accepté le plan de partition ![1] » Comme si Israël n'avait pas – avant même que la commission de l'O.N.U. pour la Palestine prévue par la résolution des Nations unies n'ait reçu en charge la Palestine des autorités mandataires afin de la remettre progressivement aux dirigeants des deux Etats, juif et arabe, prévus par le plan de partage – envahi une partie des territoires revenant, selon ce plan, aux Palestiniens, et que les guerres d'expansion n'était pas un objectif inhérent à la politique sioniste. Bégin d'ailleurs n'a jamais cessé de clamer ses intentions :

> « Je crois profondément, dit-il au Parlement israélien, le 12 octobre 1955, qu'il faut déclencher des guerres *préventives* contre les Etats arabes sans plus d'hésitation. En, ce faisant, on atteindra deux objectifs : premièrement, la destruction de la puissance arabe, deuxièmement, *l'expansion de notre territoire.* »

Deux discours. Un pour l'opinion publique occidentale, un autre pour nourrir le fanatisme intérieur ; un pour rassurer les consciences somnolentes, un autre pour l'efficacité.

En 1956, ce fut l'invasion de l'Egypte.

Le président américain Eisenhower ne devait pas laisser à Israël le temps de transformer cette action en « guerre préventive » ou en « légitime défense » ! Devant le refus israélien de se conformer à l'ordre de retrait de l'O.N.U., cinq fois réitéré par des résolutions, le président américain menaça Israël de sanctions et fit à la radio, le 20 février 1957, la déclaration suivante :

> « Si nous acceptons le fait que des attaques armées sont un bon moyen pour atteindre le but de l'agresseur, je crains alors que nous n'ayons remonté en sens inverse l'horloge de l'ordre international. Ce serait entériner l'usage de la force comme méthode de règlement des différends internationaux et pour l'obtention d'avantages nationaux. Si les Nations unies admettaient que les différends peuvent être réglés par la force, on aurait détruit le fondement même de l'organisation en même temps que les meilleurs espoirs d'établir un véritable (nouvel) ordre mondial. »

1. Elie Wiesel, *Herald Tribune,* 24 juin 1988.

Ben Gourion s'empressa alors de lui donner une justification métaphysique. Devant le parlement, il évoqua une nouvelle étape dans la *libération* de la terre juive :

> « L'armée n'a pas fait d'effort pour occuper *les territoires ennemis* en Egypte même, elle a limité ses opérations à la *libération* de la région qui va du nord du Sinaï à la pointe de la mer Rouge[1]. »

* *
*

Herzl, en 1886, avait déjà conscience d'une arme qui se révéla de plus en plus essentielle et d'un pouvoir de plus en plus déterminant, les médias, la manipulation psychologique par l'intermédiaire de la presse. Il avait compris que cette puissance possédait ses propres critères et que son efficacité ne tenait aucunement à la morale ou à l'éthique, que la presse avait le pouvoir de rendre juste ce qui ne l'était pas et moral ce qu'on voulait faire apparaître comme tel. La première *offre d'achat* que Herzl fera au sultan Abdel Hamid pour la Palestine devait avoir pour contrepartie l'influence sioniste sur la presse occidentale : « Que le Sultan nous donne ce morceau de terre *(sic)* et nous mettrons en ordre les finances et *influencerons l'opinion publique en sa faveur dans le monde entier* ». Cette opinion publique, il la manipulera par la presse : « Je puis influencer la presse européenne à Londres, Paris, Berlin et Vienne... » Pour obtenir quoi ? « ...Pour que la question arménienne soit abordée dans un esprit plus favorable aux Turcs[2]. »

Les Israéliens ont créé une machine médiatique rodée, efficacement relayée par un réseau sioniste d'autant plus *engagé* qu'il est en sécurité, loin du front, et par des fabricants d'opinion qui croient se racheter envers les Juifs par un soutien inconditionnel à Israël. La vague d'opprobre qui a soulevé en 1967 l'Occident contre le monde arabe, agresseur du petit Etat d'Israël, a connu peu d'équivalents dans l'histoire contemporaine. Aujourd'hui encore, alors que la lumière a été faite sur la genèse de la guerre de 1967 et l'ampleur de sa mobilisation technique, Israël tire profit de la gestuelle égyptienne, du spectacle largement diffusé des réunions arabes, des discours épiques, pour justifier comme simple réaction une invasion des territoires arabes pourtant voulue et longuement préméditée par l'Etat Juif.

---

1. *New York Times,* 2 novembre 1956.
2. T. Herzl, *Diaries,* juin 1896.

Cette guerre déclenchée sur tous les fronts par l'armée israélienne, à un moment où l'Egypte se laissait endormir par les assurances américaines, était, en effet – avouera plus tard le général Hod, commandant les forces aériennes d'Israël – en préparation depuis seize mois.

« Seize mois de planification sont allés dans ces quatre vingt premières minutes [le raid aérien contre l'Egypte, le 5 juin 1967]. Nous avons vécu avec ce plan, nous avons dormi avec ce plan, nous nous sommes nourris de ce plan. Constamment, nous l'améliorions... »

« Aujourd'hui nous savons, écrit Eric Rouleau, et les dirigeants israéliens le reconnaissent, qu'Israël avait attaqué, M. Eshkol l'a admis dans une déclaration faite le 8 juillet, et Moshé Dayan ensuite. M. Shimon Pérès disait qu'il fallait donner à la notion de légitime défense un sens plus large. Pour lui, la fermeture du golfe d'Akaba était une agression caractérisée. Israël avait donc le droit de déclencher le premier l'action militaire. Je trouve cette interprétation extrêmement dangereuse. Tous les jours surgissent des différends, à travers le monde qui, si l'on devait suivre le raisonnement de Shimon Pérès, seraient autant de *casus belli*[1]. »

Avant la guerre, les Israéliens tenaient un discours pour endormir toutes les méfiances y compris celle des Américains. Après quoi, un discours triomphaliste est venu confirmer leur persévérance à vouloir systématiquement atteindre leur projection métagéographique. Dans *Bitter Harvest,* l'auteur a entrepris d'aligner les déclarations des différents dirigeants israéliens *avant* et *après.*

Le 9 novembre 1966, répondant aux accusations arabes d'expansionnisme, le délégué israélien aux Nations unies déclarait devant le comité politique spécial :

« Je voudrais informer le comité de façon catégorique que le gouvernement d'Israël n'a aucune ambition territoriale sur ses voisins... Nous sommes membres des Nations unies. Nous avons signé une charte nous engageant à respecter l'indépendance de chacun d'entre nous mais aussi son intégrité territoriale. Mon gouvernement accepte totalement et sans réserves cette obligation à l'égard des cent vingt autres membres des Nations unies. »

Le 17 juin 1967, Lévi Eschkol déclarait à l'agence UPI : « Une nouvelle réalité politique a été créée au Moyen-Orient, Israël entend garder la partie ancienne de Jérusalem ainsi que la bande de Gaza », se répondant ainsi à lui-même qui, huit jours plus tôt, le jour même de l'attaque contre l'Egypte rassurait les oreilles occidentales : « Nous ne demandons rien d'autre que de vivre tranquillement sur notre territoire *actuel.* »

1. Eric Rouleau, Jean-Francis Held, Jean et Simone Lacouture, *Israël et les Arabes, Le troisième combat*, Seuil, 1967.

Dans le *New York Times* du 19 juin 1967, Abba Eban changeait de registre : « Si l'Assemblée générale [de l'ONU] devait voter par *cent vingt et une* voix contre *une* le retour d'Israël aux lignes d'armistice... Israël refusera de se soumettre à cette décision... »

Toutes ces tergiversations, ce *dribbling* verbal ne sont là que pour troubler l'attention de l'observateur étranger et le détourner d'une ligne politique pourtant, par ailleurs, clairement exprimée par les dirigeants sionistes : n'accepter à aucun prix des frontières définitives, fût-ce contre la paix.

Quand, après l'invasion du Liban, en février 1983, le président Reagan proposa aux Israéliens de retirer leurs troupes en contrepartie de la garantie américaine d'assurer la sécurité de leurs frontières nord, Bégin refusa[1], comme Dayan avait refusé la proposition de garanties américaines après la déclaration de Ben Gourion de s'emparer de Gaza pour « assurer la sécurité des frontières sud ». « Cela mettrait des menottes à notre liberté d'action militaire[2]. » Dans un livre écrit pourtant à la gloire d'Israël, Connor G. O'Brien ne peut qu'admettre que c'est Golda Meïr qui a exposé « Israël à la guerre de 1973 en repoussant l'offre de paix de 1971[3] ».

Voilà qui aide à comprendre ce que peut représenter l'expression « territoire contre la paix » pour cette vieille garde du sionisme politique fidèle aux ambitions de l'utopie herzlienne.

Le plus étonnant est que cette avance systématique et le discours nettement expansionniste qui la sous-tend n'ont pas empêché les justifications sécuritaires d'être prises en charge par les dirigeants américains en particulier, et plus généralement par les Occidentaux qui n'hésitent jamais à les resservir pour expliquer leurs préoccupations et leurs sympathies proisraéliennes*.

Or il est aujourd'hui évident que l'expansion territoriale aura, au contraire, marqué l'effondrement de l'édifice de sécurité classique d'Israël, pays devenu effectivement *fragile* et *menacé,* mais par *l'ennemi désarmé* de l'intérieur ! Même si, par le volume de l'arsenal nucléaire dont il s'est doté, Israël constitue une menace effrayante, non seulement pour ses voisins mais pour ses propres ressortissants et pour la paix dans le monde.

1. *New York Times,* 23 février 1983.
2. *Journal* de Moshé Sharett, *op. cit.*
3. *The Saga of Zionism*, Londres, 1988.

* Le général De Gaulle fut un des rares dirigeants occidentaux proisraéliens à exprimer sa désapprobation et ses craintes (qui devaient s'avérer justifiées) pour l'avenir des territoires occupés : « Israël, ayant attaqué, s'est emparé, en six jours de combat, des objectifs qu'il voulait atteindre. Maintenant, il organise, sur les territoires qu'il a pris, l'occupation qui ne peut aller sans oppression, répression, expulsions et il s'y manifeste contre lui une résistance qu'à son tour il qualifie de terrorisme... » (Conférence de presse du 27 novembre 1967.)

> « L'establishment militaire, disait, déjà après l'invasion du Liban, Matti Peled (dans un appel aux contribuables américains qui, par les taxes, participent au développement de l'arsenal militaire) s'est développé bien au-delà de nos besoins... Je voudrais, pour ma part, demander... pourquoi nous donnez-vous la corde pour nous pendre ? »

On sait qu'Israël est aujourd'hui devenu la sixième (certains analystes disent la quatrième) puissance nucléaire du monde. Le centre nucléaire de Dimona a produit, selon le *Sunday Times*, de 100 à 200 bombes parmi lesquelles on compte des engins thermonucléaires capables de détruire des villes de 100 000 habitants.

Ce formidable potentiel a été rendu possible grâce à l'assistance technique des Etats-Unis, au détournement de l'eau lourde norvégienne et, subsidiairement, au fait qu'Israël, membre des organisations internationales et cosignataire de la charte des Nations unies, a refusé de signer le traité de non-prolifération des armements nucléaires et de soumettre ses installations à un contrôle international.

Dans un commentaire de *Middle East International,* P. Kidinon rappelle que, dans ses dernières années, Moshe Dayan suggérait qu'Israël laisse ouverte l'option nucléaire et avertisse ses voisins qu'il s'en servirait « au cas où les Arabes dépasseraient les lignes rouges. »

Cela n'empêchera pas les amis d'Israël de dénoncer les dangers que fait peser sur sa sécurité tout achat de matériel militaire dans les pays arabes, fût-il, d'évidence, destiné à d'autres conflits. Les affaires des avions AWACS pour l'Arabie saoudite puis des missiles chinois ont suscité une levée de boucliers et permis à Israël d'obtenir encore plus d'aide et de facilités de la part de son allié américain, tout en réitérant des menaces que les Arabes ont toutes les raisons de prendre au sérieux après la destruction, en 1981, de la centrale irakienne de Tamouz*.

Cependant, l'alibi de la « sécurité » d'Israël pour couvrir une politique de justification de la colonisation et de l'expansion territoriale semble avoir fait long feu. Non seulement, comme ses meilleurs amis ne cessent de le lui rappeler, la puissance militaire d'Israël lui assure un rôle offensif dont il risque au demeurant d'être la plus exposée des victimes mais le rôle de zones tampons est devenu obsolète avec les moyens militaires modernes.

> « Croire qu'il est indispensable d'occuper physiquement des territoires, ou des points clés, pour les interdire à l'adversaire est, de plus,

* Comme ils ont toutes les raisons d'être inquiets des développements militaires du satellite israélien lancé le 18 septembre 1988 avec l'aide de la NASA et de l'Agence spatiale européenne, et ce malgré l'insistance de Shimon Pérès sur « les objectifs uniquement civils et technologiques » de cette opération.

une notion périmée. Les innovations de l'électronique, du radar, de la photographie aérienne, de toutes les méthodes de surveillance et de détection permettent de "contrôler" jour par jour, et si l'on veut heure par heure, les points qu'Israël décréterait "neutralisés" sans y être présent. Et les progrès en technique d'intervention militaire, dont Israël a donné de brillants exemples, sont et seront tels qu'une réaction, légitime, peut intervenir dans les minutes qui suivraient le non-respect de la neutralisation en l'un des endroits cruciaux délimités[1]. »

Aujourd'hui, les militaires israéliens « se sentent désemparés et frustrés », écrit Zéev Schiff, chroniqueur militaire de *Haaretz* qui ajoute :

« Nous étions fiers de dire que nous contrôlions la rive occidentale du Jourdain avec 500 hommes, et qu'il en était de même pour Gaza. *Ce sont maintenant des milliers et des milliers de soldats qu'il faut engager dans les territoires, pour y faire un travail de policiers démoralisant* et se trouver face à des femmes et des enfants... Certains de ces soldats ont tendance à se défouler sur les Palestiniens : c'est là un processus qui ruinerait le moral de la meilleure armée du monde... Et quand les soldats racontent ce qu'ils ont vu, leur traumatisme atteint la nation tout entière[2]... »

* *
*

Dans toute réflexion prospective sur le Proche-Orient, la question qui s'impose à l'Arabe devant cette réalité de quatre millions d'Israéliens est : comment envisager de coexister avec cette présence qui se veut étrangère à la région ? S'agira-t-il de coexister avec les Israéliens ou de composer avec le sionisme ?

Le sionisme, qui est une exclusion raciale, religieuse et culturelle du non-juif, peut-il survivre à son autoségrégation ? Peut-il survivre à ses contradictions ? Le sionisme peut-il prétendre à l'humanisme ?

Une réponse sérieuse, c'est-à-dire non politicienne, à cette question exige de se défaire d'abord de la vision superficielle et opportuniste qui associe le « destin juif » à une idéologie politique l'assurant, par cet amalgame, d'être exonéré de toute tentative d'analyse historique objective. Il suffit pour cela de faire l'effort de comprendre le phénomène sioniste du point de vue d'un Palestinien qui le vit – amèrement – depuis plus de soixante ans.

J'ai dit, en guise de préambule, que les Arabes, s'ils se résignent aujourd'hui officiellement à une réalité israélienne et songent à la possibilité de l'inclure dans une dynamique constructive, ne peuvent

1. Jean-Jacques Servan-Schreiber, *Le choix des Juifs, op.cit.*
2. *Newsweek,* 8 février 1988.

pour autant souscrire à la mythologie qui continue à la soutenir, ni, au sujet de la Palestine avant le sionisme, à l'image que cette mythologie a imposée : celle d'une « terre sans peuple ». Une approche plus « culturelle » a bien voulu admettre plus tard que cette terre était habitée, mais seulement (*sic*) depuis quatorze siècles, par des Arabes venus d'Arabie avec l'Islam.

Aussi futile que puisse paraître ce sujet, il faudra bien lui apporter les corrections qu'appellent l'ignorance têtue ou la désinformation cynique. Je dis futile parce qu'il y a des arguments contre lesquels l'évidence ne peut rien. Nier l'existence du peuple palestinien, feindre de croire que les pays arabes étaient des déserts avant leur conquête par les bédouins de « race arabe » qui les ont, en quelques années, entièrement peuplés, soutenir qu'une antériorité de *connaissance* de la Palestine constitue, pour les Juifs, une base juridique et morale pour en évincer les habitants quand bien même ils seraient là *seulement depuis quatorze siècles,* s'appuyer sur l'idée d'un peuple, parti il y a plus de deux mille ans, ayant gardé son identité culturelle et cultuelle, préservé l'homogénéité de sa race et l'ambition constante et partagée de *retourner* à « la terre de ses ancêtres », transformer l'aspiration métaphysique du Juif à une Jérusalem mystique en revendication territoriale exclusive d'une ambition nationaliste ancienne, n'est-ce pas là le bréviaire de la religion sioniste qui paraît, ainsi exposé, *objectivement* anachronique et dérisoire ?

Pourtant, dans les cas mêmes où le discours semble de plus en plus embarrassé par cet argumentaire, l'action sioniste est, elle, là pour confirmer, tragiquement, la permanence des ambitions qu'il sous-tend. S'étant habitués à parler des Juifs en termes de race et de religion, on en arrive à leur opposer les « Arabes » dans les mêmes termes.

Non seulement, cette méprise permet, depuis quatorze siècles, toutes les équivoques que nous connaissons aujourd'hui encore : confusion entre Arabe et musulman, contradiction entre Arabe et chrétien, opposition entre Arabe et Juif, mais encore elle transforme la propagation de l'Islam et de la culture arabe, adoptés par la majorité des populations autochtones des pays aujourd'hui *arabes,* en une invasion de tribus étrangères et *colonisatrices.*

L'espace géoculturel du Proche-Orient et de l'Afrique du Nord existait évidemment avant l'Islam avec ses différentes civilisations et ses différentes religions. Les Juifs y étaient présents, ils étaient arabes en Arabie jusqu'au Yémen, participant de la civilisation arabe dans toutes ses expressions : un des plus grands poètes arabes de la période antéislamique, Samaw'al, était juif. Vers l'ouest jusqu'à la Mauritanie, Phéniciens, Nubiens, Berbères souvent christianisés ou judaïsés, s'ils n'ont pas tous épousé, avec la conquête, la religion musulmane, ont tous été arabisés et forment ce que l'on appelle aujourd'hui le monde arabe, l'arabité étant une appartenance culturelle et linguistique et le sentiment solidaire d'une communauté de civilisation.

En Palestine, les Arabes ont trouvé au VIIe siècle les descendants de toutes les tribus qui, avant les Juifs et après les Juifs ont, de tous temps, été là : Cananéens, Philistins, Hittites...

Ce sont ces mêmes tribus que les Juifs, venus d'Ur, deux mille ans avant Jésus-Christ avaient trouvées sur cette même terre, et les mêmes, arabisées, qui étaient encore là, quand les Juifs, venus d'Allemagne, d'Ukraine, de Russie et d'Amérique sont arrivés, au vingtième siècle, et qu'ils ont voulu chasser, au nom de Dieu, de la Bible, de la Race.

Ces Juifs, aujourd'hui, s'ils ont conservé les mêmes références mythologiques et religieuses, n'appartiennent pas plus à une race pure qu'ils ne forment un peuple dans l'acception moderne du terme. Tous ces ingrédients de l'homogénéité des juifs israéliens ont été ajoutés au fur et à mesure que le sionisme se développait. Herzl lui-même repoussait l'idée de cette unité raciale avec dédain. Parlant de Zangwill, défenseur de la théorie de la race juive commune, il écrivait :

> « Je ne puis [l']accepter, ne serait-ce qu'en regardant les dissemblances physiques entre lui et moi... Nous constituons une unité historique, une nation comportant des diversités anthropologiques. Cela suffit pour créer un Etat juif. Aucune nation ne présente une homogénéité raciale[1]. »

Ce que confirme Harry L. Shapiro dans son *Histoire biologique du peuple juif :* « Aucun anthropologue juif n'est, jusqu'ici, parvenu à prouver que les Juifs actuels descendaient des Hébreux. Encore moins qu'ils avaient *précédé les Arabes en Palestine*[2]. » Maxime Rodinson va plus loin : « L'anthropologie physique tend... à démontrer que les habitants... arabes de la Palestine... ont beaucoup plus de "sang" des anciens Hébreux que la plupart des juifs de la diaspora[3]. »

Résumer en termes simplificateurs plus de quatre millénaires d'Histoire et légitimer les prétentions du sionisme politique par le retour sur *sa terre* d'une tribu qui en fut chassée et qui revient récupérer son bien et se faire justice est un double défi, à la raison et à l'Histoire.

1. Herzl, *Diaries op. cit.*
2. H.L. Shapiro, *Le peuple juif, une histoire biologique,* Genève, 1960.
3. Maxime Rodinson, *Israël fait colonial*, in *Les Temps modernes*, été 1967, numéro hors série.

A l'Histoire, car la plupart des Hébreux avaient quitté la région pour des raisons économiques bien avant la destruction du Temple de Jérusalem tandis que l'expansion et la dispersion du judaïsme commencèrent plus d'un demi-millénaire avant notre ère, prirent une grande extension après les conquêtes d'Alexandre et s'étendirent au monde méditerranéen entier avec la conquête romaine[1].

A la raison, car faire admettre des ambitions territoriales après deux mille ans d'*absence* amènerait, si cette *légitimité* était plus généralement invoquée, à « transformer le monde en un champ de bataille de revendications anachroniques[2] ».

Mais le succès de ce défi prouve à quel point on peut encore *provoquer,* à l'échelle de l'Occident, à peine sorti d'une crise d'amnésie collective, un phénomène de suggestion collective.

On voudrait que Herzl, inventeur du sionisme politique moderne, fût le nouveau prophète du judaïsme triomphant, envoyé pour réaliser ce rêve du « retour du peuple juif vers la terre de ses ancêtres ». Encore un mythe pour un homme au destin pathétique et qui a souffert de la misère que l'Occident, aujourd'hui si complaisant pour les Juifs lointains, réservait à ses masses juives, misère qui a connu au XIXe siècle avec, en France, l'affaire Dreyfus, son expression la plus brutale et la plus éclatante.

Mais, avant d'envisager de faire main basse sur la Palestine en en ignorant les habitants, Herzl, homme de tous les compromis, avait tâté d'autres terrains, moins reluisants, moins servis par la mythologie biblique, comme l'assimilation des Juifs européens, c'est-à-dire *la disparition du judaïsme...* Ne proposa-t-il pas au pape, en 1890, la conversion des juifs ? « Aidez-nous contre les antisémites et je prendrai la tête d'un vaste mouvement pour la libre et honorable conversion des juifs à la foi du Christ. » Son fils Hans, converti au christianisme, se donna la mort en 1893, sur la tombe de sa sœur, elle-même suicidée. Son père avait voulu, en vain, le sauver de la misère d'être juif en Europe au début de ce siècle...

> « Je me demande à moi-même si j'ai le droit de lui rendre la vie si inutilement difficile pour lui, telle qu'elle l'est pour moi et telle qu'elle le sera dans l'avenir dans une mesure croissante. Quand il grandira, j'espère qu'il sera trop fier pour renoncer à sa religion, bien qu'il en ait aussi peu que moi-même. C'est pourquoi nous devons baptiser les enfants juifs tandis qu'ils sont incapables de s'en rendre

1. Jules Isaac, *L'enseignement du mépris,* Paris 1962 cité par Jean Baubérot, *Le tort d'exister des Juifs aux Palestiniens*, Ducros, Bordeaux, 1970.
2. Walter Hol, in *Kein Frieden um Israel, op. cit., Soziologie der Juden,* Berlin, 1970, cité par W. Hollstein, *op.cit.*

compte et tandis qu'ils ne peuvent rien éprouver, ni pour ni contre. Nous devons nous fondre dans le peuple[1]. »

Certes, il ne s'agit pas de faire le procès d'un père juif dans l'Occident antisémite, mais il nous faut déblayer, devant nous, le terrain des mythes qui l'encombrent. Il y a là les symptômes d'une grande misère mais qui va décider de se nourrir d'une autre misère qu'elle suscitera, une identité qui veut s'affirmer par la négation d'une autre identité*. Ce sionisme « n'est que le délire rationalisé, *positif,* d'une interrogation sur l'identité juive », écrit Chemouni qui cite Herzl divaguant sur l'avenir de sa doctrine :

> « ... Je laisserai derrière moi un héritage spirituel. A qui ? A tous les hommes. Je crois que je serai cité parmi les grands bienfaiteurs de l'humanité. Ou bien cette conviction n'est-elle que le début d'une mégalomanie[2] ? »

Qui mieux qu'un Palestinien peut répondre à cette question pour l'Histoire ? Un Palestinien de l'exil ou un Palestinien qui regarde encore, de loin, sa terre désormais interdite et abreuvée du sang des siens...

* *
*

1. André Chouraqui : *Théodore Herzl,* cité par J. Chemouni in *Freud et le sionisme,* Ed. Solin, 1988.

* « Plus que la domination d'un peuple par un autre, c'est de la substitution d'un peuple par un autre qu'il s'agit, ce qui est encore plus scandaleux » rappelait Bourguiba à Londres en 1961. Il ajoute ceci : « Les anciens habitants de Palestine sont aujourd'hui des réfugiés dans ce qu'on pourrait appeler des camps de concentration et dans une situation similaire à celle des Juifs quand ils étaient persécutés et qu'ils enduraient des souffrances qui nous avaient profondément émus. Sur le plan humain, quand il s'agit de souffrance, particulièrement injuste, il n'y a pas de différence, à nos yeux, entre un peuple et un autre. Cette situation est injuste, elle engendre des haines que nous, qui avons souffert des affres de la domination étrangère et de la politique de colonisation, pouvons particulièrement bien comprendre aujourd'hui. Cette situation ne peut durer, et si les Nations unies, dont la Charte est basée sur la liberté et la justice, sont incapables d'être justes dans ce cas, et de trouver une solution équitable qui pourrait mettre fin aux haines et aux rancœurs, il y a de grands risques pour que la situation en Palestine devienne similaire à celle de l'Algérie. Et j'ajoute que si Israël se sent aussi fort aujourd'hui pour aller à l'encontre de tous les principes de justice, avec une totale impunité, la France qui s'était établie en Algérie, il y a cent trente ans, se sentait également très puissante... C'est pourquoi j'affirme que si les Nations unies sont incapables de trouver une solution conforme à ses principes, il y aura certainement des réactions semblables à celles que nous avons vues en Algérie. Et si à un moment pareil, Israël, comme la France, demandait et acceptait des négociations et se montrait disposé à adopter une attitude différente, il serait alors possible de trouver un *modus vivendi* qui garantirait les droits et la justice dans ses relations parmi les peuples habitant la terre de Palestine... »

2. J. Chemouni, *op.cit.*

Quand Herzl, délaissant l'idée d'établir un Etat pour les Juifs en Argentine* songea à s'emparer de la Palestine, il se trouva déjà des Juifs pour se préoccuper du sort des autochtones et parfois en des termes de révolte. Comment peut-on évoquer les idéaux juifs pour leur constuire *un centre* sur les décombres d'un autre peuple ?

Mais Herzl se gardait bien de parler de Palestiniens en Palestine. Bien au contraire, le slogan « Une terre sans peuple pour un peuple sans terre » venait tranquilliser les consciences et faisait de cette entreprise d'émigration un service rendu à la terre, aux Juifs et, pourquoi pas ? un « bienfait pour l'humanité ».

Uri Avnery note que *Der Judenstaat* (« L'Etat juif »), l'essai de Herzl qui est toujours la Bible officielle du sionisme, apporte des réponses à toutes les questions, de *l'habitation du travailleur* à *l'achat de la terre* ou à *l'ouvrier sans expérience.* « Pourtant, ce livre, avant-projet du futur Etat, ne contient pas une seule allusion au fait que la Palestine, désignée comme le pays le plus indiqué pour devenir le futur Etat juif, *était un territoire peuplé d'Arabes, et non un désert*[1]. »

Dans un remarquable article intitulé : « Les clairs-obscurs de l'altérité », Alain Dieckhoff analyse ainsi la perception de l'Arabe palestinien par Herzl :

> « Au chancelier de Prusse Hohenlohe qui s'enquérait de savoir qui étaient les propriétaires des terres convoitées par Herzl, celui-ci répond : *Oh! toute la mixte multitude de l'Orient, des Arabes, des Grecs...*
>
> La réponse, dans sa spontanéité, est éclairante sur la vision que Herzl, en digne fils d'une Europe qui connaissait alors son apogée impérialiste, avait des populations non européennes : elles ne forment qu'une masse grouillante, immense et anonyme d'individus ou, pour être plus précis, d'indigènes.
>
> Les Palestiniens sont donc bien là, mais ils ne sont pas reconnus comme des Autres, car la véritable reconnaissance d'Autrui implique toujours l'affirmation de sa propre identité *et* l'acceptation de sa proximité par rapport à l'Autre. Parce qu'ils ne sont que des indigènes, les Palestiniens sont effacés de la conscience de Herzl : ils deviennent absents.
>
> Cette élision de l'Autre est récurrente dans presque toute la littérature sioniste d'avant 1914, et même ultérieurement, et cela dans

* Herzl, qui se disait « libre penseur » et affirmait : « Notre principe sera que chacun cherche son salut à sa manière », ne croyait pas à la signification religieuse de la Palestine. Cependant, après avoir envisagé (toujours avec le même cynisme en ce qui concerne les habitants de ces contrées) Chypre, l'Ouganda, le Mozambique... c'est la charge mythique seule qui le fait opter pour la Palestine et « la puissante légende ». Il voulait s'en remettre aux savants pour déterminer le lieu idéal pour créer l'Etat juif, « la décision sera prise par notre conseil d'administration ». La Terre promise ? Herzl répond : « Elle est là où nous le pensons ». (*The Complete Diaries of Theodor Herzl.*)

1. Uri Avnery, *in Sionisme ou Sémitisme ?,* collection « les Dossiers arabes », éd. Cujas, Paris.

tous les camps politiques. Entre Ben Gourion qui, alors même qu'il fait état de 600 000 Arabes en Palestine, enchaîne en évoquant "le peu d'Arabes qui y vivent" et Jabotinsky qui appelle les Palestiniens, à l'instar des Papous, une "nation aborigène", il y a une même continuité dans l'omission de l'Autre et dans sa réduction au statut d'indigène[1]. »

Pour les sionistes, l'Arabe était l'Homme invisible. Psychologiquement, *il n'est pas là.* Près d'un siècle plus tard, ce voile jeté sur l'inconscient israélien a peine à se déchirer. Dans *Le Vent jaune,* David Grossmann raconte ainsi sa rencontre avec des petits enfants palestiniens :

« Je commence à distinguer les uns des autres, leurs visages, leurs voix, leurs sourires, leurs caractères , et même la finesse et la beauté de leurs traits. Ce n'est pas facile. Cela exige de moi un investissement d'énergie. Parce que moi aussi je suis entraîné à voir les Arabes à l'envers, avec cette vision brouillée grâce à laquelle il m'est plus facile (à moi seulement ?) d'affronter leur présence réelle, accusatrice, menaçante. Ce mois-ci, il faut que je fasse exactement le contraire : que je pénètre au plus vif de ma crainte et de ma répugnance, et que j'apprenne à regarder en face les Arabes *invisibles,* à affronter cette réalité oubliée ; voir comment, tel un processus de développement photographique, elle monte peu à peu à la surface du bain dans la chambre noire close de mes angoisses et de mes fuites devant la réalité[2]. »

Ahad Haam* tenta vainement d'attirer l'attention de ses compagnons sur le fait que la Palestine n'etait pas un territoire désert. Martin Buber, qui préconisait l'*Ihoud* (unité avec les Arabes), raconte que Max Nordau, un proche disciple de Herzl, apprenant pour la première fois qu'il y avait une population arabe en Palestine, courut vers Herzl en pleurant : « ... Je ne savais pas cela... Mais nous allons commettre une injustice... » R.J. Zwi Werblowsky, doyen de la faculté des lettres de l'Université hébraïque, commente cet incident :

« Il ne peut y avoir de doute que si la réaction de Nordau avait été plus générale, elle aurait sûrement paralysé l'élan du mouvement sioniste. Celui-ci se réfugia, ajoute-t-il, dans une "myopie morale"[3]. »

1. Paru dans la revue *Pardès,* n° 7, éd. J.-C. Lattès, 1988.
2. David Grossmann, *Le Vent jaune, op. cit.*.
* Nom de plume d'Ascher Guinzberg, philosophe et écrivain d'origine russe (1856-1927), fondateur d'un sionisme basé sur la culture et la religion.
3. Cité par I.F. Stone *in New York Review of Books,* 3 août 1967.

Quant à Freud, bien que séduit par « la grande puissance d'un centre juif dans le monde... un point de ralliement pour les idéaux juifs », il explique ainsi ses réserves :

> « J'éprouve certainement de la sympathie avec ses buts, je suis fier de notre université à Jérusalem, et je suis ravi de la prospérité de nos peuplements. Mais d'un autre côté, *je ne pense pas que la Palestine puisse jamais devenir un Etat juif,* ni que les mondes chrétien et islamique soient prêts à ce que leurs lieux saints soient sous responsabilité juive. Il m'aurait paru plus sensé d'établir une patrie juive dans un lieu moins chargé d'Histoire. Mais je sais qu'un tel point de vue rationnel ne pourrait jamais gagner l'enthousiasme des masses et le soutien financier des riches. J'admets, avec tristesse, que le fanatisme sans fondement de notre peuple est en partie à blâmer pour le réveil de la défiance arabe. Je ne peux pas porter de sympathie à la piété fourvoyée qui transforme un morceau d'un mur d'Hérode en une relique nationale et qui offense ainsi les sentiments des natifs[1]. »

Alors qu'en 1880, en Europe, se tramait le projet de s'en emparer, les territoires de l'actuelle Palestine comptaient un peu plus de 400 000 habitants dont moins de 10 000 Juifs vivant en excellente entente avec le reste de la population.

En 1882 arrivaient les premiers immigrés organisés, bientôt suivis d'autres plus nombreux, de Russie et de Roumanie. En 1895, ils étaient 97 000 Européens et les Juifs constituaient déjà 10 % de la population globale. Cinq pour cent de la terre passa entre leurs mains (107 000 dounams) grâce, au départ, au soutien d'Edmond de Rothschild. Ces premiers colons suivirent un processus classique de colonisation, employant des méthodes européennes et utilisant la main-d'œuvre arabe indigène. A partir de 1904, les nouveaux immigrés de la deuxième *alyiah* substituèrent à la colonisation la *judaïsation* de la terre et du travail, institutionnalisant ainsi l'exclusion des Arabes et provoquant du coup une prise de conscience de l'aspect raciste du sionisme. Le nationalisme antisioniste est né, il s'organise même autour d'un journal à Haïfa, *Al Karmal* (« Le Carmel »).

En 1907, le Fonds national juif est constitué en Angleterre avec pour vocation de réunir le financement de la colonisation de la Palestine. Par l'intermédiaire de la Palestine Land Devlopment Company commence l'acquisition des terres et le recensement des ressources naturelles ; paradoxalement, les premiers *kibboutz* sont implantés dans un esprit de repli et d'exclusion. L'acquisition de terres par les émigrés grâce à l'aide des organisations sionistes internationales provoque l'afflux des paysans arabes vers les villes et contribue à leur prolétarisation.

1. J. Chemouni, *op. cit.*

Pendant ce temps, l'Organisation sioniste poursuit ses efforts pour conférer une base légale au fait accompli de son implantation en Palestine. L'occasion allait se présenter en 1917. Après l'effondrement de l'Empire ottoman, la Grande-Bretagne occupe la Palestine et, le 2 novembre, lord Balfour, ministre britannique des Affaires étrangères, fait part à l'Organisation sioniste mondiale de la décision de son gouvernement d'« envisager favorablement l'établissement en Palestine d'un *foyer national pour le peuple juif* ».

En 1920, la Grande-Bretagne est désignée mandataire de la Palestine et l'Organisation sioniste, dont Weizmann devient le président, est associée au mandat par l'article 4 qui lui octroie « le droit de donner son avis à l'administration de la Palestine et de coopérer avec elle dans toutes les questions économiques, sociales et autres, susceptibles d'affecter l'établissement du foyer national juif ».

A l'intérieur de l'entreprise coloniale britannique se développe une autre entreprise avec ses propres institutions indépendantes et exclusives. Tout cela en dehors de la population indigène, les Palestiniens, qui assistent impuissants à l'implantation autour d'eux d'une société parallèle d'émigrés qui, contrairement à l'attitude de mépris, conforme au schéma colonial traditionnel de la première émigration juive européenne, « traitent les Arabes, écrit Ahad Haam en 1891, avec hostilité et violence, ils lèsent sans scrupules leurs droits, les insultent sans raison et vont jusqu'à se vanter de ces actes, et il n'y a personne pour s'opposer à une tendance aussi méprisable et dangereuse ». Ahad Haam voyait déjà se dessiner chez les colons juifs « cette tendance au despotisme qui se manifeste toujours lorsque le serviteur devient le maître ».

La nouvelle vague de l'immigration juive organisée passera au stade de l'effacement pur et simple de cette population autochtone dont la présence sur ses propres terres sera de plus en plus réduite à une appartenance d'« ordre biologique ».

La déclaration Balfour réalisa l'alliance contre les Palestiniens de deux colonialismes dont le plus redoutable voulait les chasser de l'Histoire. Sans prétendre résumer ici le processus de « sionisation » de la Palestine, il importe cependant de permettre à ceux qui participent à la réflexion sur cette question de faire une lecture « en perspective » des origines et du développement du conflit arabo-israélien.

La création de l'Etat juif n'est pas cette exquise légende qui fait de la réalisation du rêve du Juif errant un fruit pur de la foi et de la persévérance ; ce fut surtout une entreprise impitoyable de liquidation d'un peuple présent depuis des millénaires sur la terre de Palestine. Ne l'est-elle pas restée ?

La lecture sioniste de la Déclaration Balfour veut que la Palestine soit la « patrie des Juifs ». « En principe, c'est notre terre », continue à dire Shimon Pérès justifiant « le droit de garder le contrôle sur les Palestiniens[1]. »

En fait, pour inique et arbitraire qu'elle fût, la Déclaration Balfour, si elle déclenchait le processus de la judaïsation de la Palestine, aménageait des réserves sur « le droit des collectivités non juives existant en Palestine » ainsi, d'ailleurs, que « les droits et le statut politique dont les Juifs jouissent dans tout autre pays ». Cependant, à mesure que se développait l'émigration juive européenne et se multipliaient ses droits, la Grande-Bretagne freinait les aspirations des Palestiniens à assurer une autonomie administrative égale et leur propre protection. Pour les Juifs, en revanche, seule la création d'un Etat demeurait la limite.

Cet Etat existait pourtant bien mais *dans l'Etat* comme le signalera plus tard, en 1935, la commission royale britannique ; il était déjà doté d'une organisation armée, la *Hagana,* de troupes d'attaque, le *Palmach,* tolérés par l'administration mandataire, et d'organisations clandestines terroristes, l'*Irgoun* et le *Stern.*

Tous les ingrédients de la révolte et de la confrontation étaient en place. En 1919, la communauté juive s'augmentait de 24 000 immigrés et en 1920 son nombre doublait par l'apport de Russes, Polonais et Ukrainiens porteurs d'une culture étrangère et d'idées hostiles à la population légitime jugée usurpatrice de la *terre de Sion.* En avril 1920 se produisirent à Jérusalem les premiers heurts entre Palestiniens et Juifs immigrés. Ce fut le début de la résistance palestinienne organisée.

En nommant haut commissaire en Palestine un sioniste, sir Herbert Samuel, la Grande-Bretagne confirmait son appui à l'entreprise coloniale sioniste. Samuel entreprit de légiférer les aspirations de l'Agence juive : une loi établissait un quota pour l'immigration de 16 500 Juifs pour la première année. Une autre « autorisait les paysans à ne plus payer de loyer aux propriétaires absents ». Cette loi, sous prétexte de protéger la classe ouvrière agricole arabe, allait en fait permettre aux agents juifs de racheter à vil prix des milliers d'hectares de terrains comprenant des dizaines de villages dont on s'empressera d'évincer les habitants. *La terre cultivée par les sionistes devenait, en effet, juive et inaliénable. Aucun non-juif ne pouvait plus l'acquérir, ni la travailler, ni en hériter.*

Les Palestiniens, chez eux, devenaient des parias, leurs droits se réduisaient jour après jour. Leurs biens passaient aux mains d'étran-

1. J.-J. Servan-Schreiber, *op. cit.*

gers. Puis la commission sioniste exigea que « seuls les Juifs en Palestine aient le droit de porter les armes[1] ».

Entre 1918 et 1948, date de la fin du mandat britannique, les propriétés agricoles juives étaient passées de 2 % de la surface cultivable à 15,67 %. Sur les 13 % acquis, 5,7 % seulement avaient été achetés légalement.

La résistance arabe continuait sur deux fronts. Après les heurts sanglants de Jérusalem en 1920, plusieurs manifestations eurent lieu entre 1936 et 1939, puis une grève générale, qui ne dura pas moins de six mois, fut suivie d'une véritable rébellion. Après les révoltes arabes de 1929 et de 1939, les Anglais, à leur tour confrontés à un double problème qu'ils avaient eux-mêmes créé et qu'ils ne maîtrisaient plus, tentèrent de mettre au point leur politique palestinienne sous forme de Livres blancs, le *Passfield Memorandum* et le *Mac Donald White Paper :*

> « Les Arabes, dit le *Passfield,* qui n'ont jamais reconnu la légalité du mandat qui leur fut imposé sans leur consentement, ne peuvent souscrire à la thèse d'une obligation égale [de la Grande-Bretagne pour les Juifs et les Arabes], les sionistes revendiquent la Palestine sur la base d'une théorie discutable d'ordre historique et biblique que les Arabes refusent, les Arabes, en revanche, ont sur la Palestine un droit de *naissance et de possession ininterrompue.* »

De plus, ce document proposait des restrictions à l'émigration et à l'achat de terres par les colons juifs.

Ces déclarations, tardives pour les Arabes, n'eurent pour résultat que de faire éclater la violence, jusque-là relativement contenue, dans la communauté juive, renforcée de nouveaux éléments radicaux. Les meneurs décidèrent de développer leurs organisations paramilitaires et de passer à l'action directe avec l'objectif pour l'*Irgoun Tsvaï Léoumi* d'« étendre la présence juive aux deux rives du Jourdain », en vue de créer l'*Eretz Israël.*

Les Arabes, se référant au Livre blanc de 1939, exigèrent l'arrêt de l'immigration juive étrangère et réclamèrent l'indépendance de la Palestine sous la direction de ses habitants arabes légitimes. Les sionistes américains réunis en 1942, en présence de Ben Gourion, à l'hôtel Biltmore de New York, adoptèrent un programme qui réclamait « l'établissement d'un Etat juif *dès qu'une majorité israélite aura été atteinte en Palestine* ».

Cet objectif est loin d'être atteint à la veille de la création d'Israël. Le 31 mars 1947, la *General Monthly Review,* publiée par l'administration mandataire, faisait état en Palestine d'une population totale de 1 989 341 habitants dont 589 341 Juifs seulement. Mais cette

1. William Ziff, *The Rape of Palestine,* Longmans, Green and Co, New York, 1938.

minorité juive était militairement et stratégiquement préparée à changer l'histoire et la géographie politique de la Palestine. La Grande-Bretagne, qui fut longtemps la cible du terrorisme juif, en particulier de l'*Irgoun* et du *Stern,* avait néanmoins doté l'Organisation sioniste de l'armement nécessaire à ses futurs plans et avait, politiquement et militairement, neutralisé les Arabes.

Le plan d'action comprenait plusieurs phases. Des actions de terreur et d'intimidation furent entreprises contre des villages palestiniens : une campagne radiodiffusée destinée à pousser les Palestiniens à se faire vacciner contre deux épidémies dont on *craignait* la propagation, le choléra et le typhus*, et la destruction de maisons d'habitation par explosifs, des incendies criminels dans lesquels périrent des familles entières, jusqu'au massacre tristement célèbre de Deir Yassine, le 9 avril 1948.

Une autre phase était intitulée *Opération Matateh* (balai) : des centaines d'hectares de terrains agricoles furent brûlés, des villages détruits, des quartiers de grandes villes dynamités ; des massacres d'hommes, de femmes et d'enfants perpétrés systématiquement laissant toujours des témoins oculaires pour aller raconter à des villages voisins et propager la peur chez d'autres Palestiniens ; des mosquées furent démolies à l'explosif sur des fidèles en prières ; des enregistrements de cris et d'appels de victimes étaient diffusés par des camions équipés de haut-parleurs qui traversaient les villages, incitant, en arabe, les habitants à partir, à « sauver les vies de leurs enfants, les Juifs utilisent des armes nucléaires et des gaz toxiques » ! Ces conseils se terminaient toujours en conjurant les *croyants* « d'avoir pitié pour les femmes et les enfants menacés d'un bain de sang. *Si vous restez, vous aurez amené sur vous le désastre*[1] ».

---

* Collection BBC d'écoutes, British Museum. Dans un article intitulé « The other exodus » (*The Spectator,* Londres, 12 mai 1961), Erskine Childers répond aux affirmations israéliennes selon lesquelles les Palestiniens ont fui en 1948 à l'appel des radios arabes, il révèle après avoir écouté les enregistrements de ces émissions conservées au British Museum, « qu'il n'existe aucun ordre, appel ou même suggestion d'évacuation de la Palestine venant de quelque station de radio arabe que ce soit, tant à l'intérieur qu'à l'extérieur de la Palestine, en 1948 ». Il a, en revanche, trouvé des enregistrements d'appels arabes – et même des ordres catégoriques – exhortant les civils de Palestine à rester sur place. Alors qu'il se trouvait en Israël en 1958, invité par le ministère des Affaires étrangères, il demanda à voir des preuves de l'existence de ces émissions de radios arabes, mais aucune ne lui fut présentée.

« Quoi qu'il en soit, écrit Xavier Baron, on peut remarquer que si les Israéliens, qui ont mené une vaste campagne en Occident au sujet de ces émissions de radios arabes, avaient effectivement entendu des appels exhortant les Palestiniens à fuir, ils n'auraient pas manqué de les enregistrer afin d'appuyer leur thèse sur des faits incontestables. » (Xavier Baron, *Les Palestiniens, un peuple,* éd. Sycomore, 1977.)

1. Ibrahim Abu Lughod (Editor), *Transformation of Palestine,* I. Palestine Studies Beirut, 1972. Cité par A.J. Saleh et W. Mustapha *in Palestine,* Jerusalem Center for Development Studies, Londres.

* *
*

Ceux qui, chaque année, le quinze mai, dans les pays occidentaux, participent aux commémorations de ce que l'on appelle l'*indépendance* d'Israël devraient s'arrêter un instant sur ce que cet événement représente pour les 904 000 Palestiniens du territoire pris en 1948 par les forces sionistes. Plus de 800 000 d'entre eux allaient être chassés de leur village, expulsés de leur pays, aux fins d'assurer la supériorité numérique à la population juive immigrée. Il ne s'agit pas là d'événements enfouis dans des documents classés « secret d'Etat ». Il suffit, pour en savoir plus, de se donner la peine de lire les mémoires des hommes politiques et les œuvres d'historiens juifs ; comme aujourd'hui, il faut, pour se rendre compte de la réalité de la répression dans les territoires occupés, surtout lire la presse israélienne, moins frileuse que la plupart des médias occidentaux*.

On veut souvent faire coïncider la création d'Israël avec la décision des Nations unies recommandant la partition de la Palestine en deux Etats. En fait, le monde avait été mis, le 14 mai 1948, devant le fait accompli de la création d'Israël par une proclamation unilatérale. Deux mois avant la date fixée par l'O.N.U. pour la naissance des deux Etats, Israël avait déjà occupé militairement 77 % du territoire global ainsi qu'une grande partie de Jérusalem, alors que la résolution internationale lui octroyait 56 % du territoire contre 42 % pour la Palestine arabe et faisait des 2 % que représentent Jérusalem et son agglomération, un *corpus separatum*.

---

* D. Shipler reproduit, dans son livre, quelques passages censurés des *Mémoires* d'Yitzhak Rabin sur l'expulsion, en 1949, des habitants de Lod et de Ramleh : « Pendant les combats, nous eûmes pour la première fois à résoudre un pénible problème : le sort des 50 000 habitants de Lod et de Ramleh. Ben Gourion ne savait que faire et, comme à son habitude dans ce genre de situations, il ne dit pas un mot au cours des discussions qui eurent lieu au QG... Nous sommes sortis avec Ben Gourion et Ygal Allon a répété sa question : "Que faire des civils ?" Ben Gourion a fait un geste signifiant que nous devions les évacuer... Nous les avons amenés à pied vers la route de Bet Horon, en pensant que la Légion arabe serait dans l'obligation de s'occuper d'eux. Cette situation lui causerait des problèmes logistiques et du même coup faciliterait la tâche. Psychologiquement, ce fut l'une des décisions les plus difficiles que nous ayons eu à prendre. Nous ne pouvions éviter de faire usage de la force et de tirer en l'air pour obliger les gens de Lod à parcourir la vingtaine de kilomètres qui les séparaient de la Légion. En voyant ce qui se passait, les habitants de Ramleh ont accepté de partir mais ont exigé d'être évacués dans des camions qui les conduisirent jusqu'à Latrun. Les soldats qui prirent part à cette opération – on comptait dans la brigade de jeunes diplômés à qui on avait inculqué des valeurs comme l'internationalisme et la fraternité – eurent du mal à l'accepter. Certains refusèrent d'y participer. Il nous fallut par la suite nous livrer à une propagande intensive pour leur expliquer que nous ne pouvions éviter une action aussi cruelle. » *(L'Etoile et le croissant, op. cit.)*

Le 11 mai 1949, l'Assemblée générale de l'O.N.U. adopte la résolution 273 (III) après avoir pris note de la déclaration de l'Etat d'Israël affirmant qu'« Israël est un Etat épris de paix » et qu'il « accepte sans réserve les obligations de la Charte des Nations unies et s'engage à les honorer »*...

Dès lors, Israël ne respectera plus jamais de résolutions des Nations unies ni, au demeurant, d'aucune autre organisation internationale en ce qui concerne les droits des Palestiniens, les réfugiés, les violations des accords d'armistice, le statut de Jérusalem, les violations des droits de l'homme...

La résolution de l'O.N.U. insistait sur les droits fondamentaux des Arabes de la zone juive, devenus minoritaires. Le premier geste du nouvel Etat fut de les soumettre aux lois d'exception héritées du mandat. Pendant dix-huit ans, ces citoyens du nouvel Etat démocratique d'Israël dépendront d'un commandement militaire aux décisions irrévocables et qui pourra ordonner : détention administrative, expulsion, expropriation, destruction des maisons, confiscation des biens, bannissement... Israël créera des « réserves » pour les Arabes d'Israël expulsés de leurs villages sous le prétexte, aujourd'hui encore en vigueur, « d'aménagement de zones de sécurité ». Ces lieux de rassemblement seront fermés et il sera interdit aux indigènes de les quitter. D'autres Palestiniens seront tout simplement jetés, par milliers, de l'autre côté de la frontière jordanienne.

Le 13 août 1947, *le Jewish Chronicle* publiait les détails d'un vieux plan secret, décidé entre Weizmann et le ministre britannique des Colonies, qui prévoyait « le transfert de la population arabe ». Ce plan était mis à exécution, et de la manière la plus brutale, une entreprise sans précédent de transformation du paysage humain d'un pays se poursuivait.

Nathan Chofski, immigrant sioniste arrivé en 1908 dans le même groupe que Ben Gourion, écrira :

> « Nous les vieux colons juifs qui avons été témoins de cet exode pouvons dire comment c'est arrivé et de quelle manière nous, Juifs, avons forcé les Arabes à quitter les villes et les villages... Voilà un peuple qui vit sur sa propre terre depuis mille trois cents ans *(sic)*. Nous sommes arrivés et nous en avons fait des réfugiés tragiques. Et encore, nous osons les calomnier, les diffamer et salir leur nom. Au lieu d'être profondément honteux de ce que nous avons fait et d'essayer de réparer le mal que nous avons commis en aidant ces malheu-

* Il faut cependant noter que l'Assemblée générale a tenu formellement à lier la création de l'Etat d'Israël à son acceptation des résolutions précédentes de l'Assemblée et de leur application, notamment celles relatives au droit au retour des réfugiés ou à une indemnisation.

reux réfugiés, nous justifions ces actes terribles et nous essayons même de les glorifier[1]. »

Quand les tribus s'accrochaient malgré tout à leur lopin de terre, les autorités militaires dynamitaient leur source d'approvisionnement en eau, comblaient les puits, fermaient les voies de communication, leur interdisaient de vendre le produit de leur récolte. Elles les affamaient.

> « Nous sommes arrivés, écrira plus tard l'écrivain israélien Yizhar Smilansky, résumant la vraie nature de cette colonisation, nous avons mitraillé, nous avons brûlé et dynamité des villages et des maisons, nous avons refoulé et exilé la population. Quel enfer sommes-nous en train de créer ? »

La nouvelle démocratie israélienne expulsait les Arabes tout en récupérant leurs biens grâce à une loi votée en 1950 qui transformait la Commission des propriétés rurales arabes en Commission des propriétés des absents. Ces biens, terrains agricoles et villages entiers, étaient en fait cédés au Fonds national juif. Une autre loi, dite des « absents-présents », permit de réquisitionner arbitrairement ces propriétés de milliers de Palestiniens d'Israël dont des biens religieux *(wakfs)*, des mosquées, des cimetières, et de les vendre à des organismes et à des particuliers juifs. Le ministre des Finances fut autorisé, en 1953 et 1954, par la loi de l'« acquisition des terres », à exproprier les Arabes sans autre forme de procès et sans recours.

Dans le but d'en limiter le développement et de les priver de moyens de communiquer, les villages arabes de Galilée furent étouffés par des ceintures de colonies juives.

Les plans d'expulsion des Arabes trouvaient toujours le législateur prêt à leur apporter l'assistance de la loi : les articles d'exception pour l'exploitation des terres non cultivées, en 1948, suivi de la loi de réquisition des terres en période d'exception, en 1953, et la loi de prescription, en 1958. Tout cet appareil juridique permettait de déposséder les citoyens arabes minoritaires d'Israël, de les priver de leurs moyens de subsistance et ainsi de les contraindre à s'exiler. Parfois, pour éviter les résistances, les autorités militaires occupaient un village aux premières heures du matin, demandaient à ses habitants de quitter leur maison, d'emporter ce qu'il leur fallait pour une ou deux semaines d'absence, puis les ayant entassés dans des camions, allaient les décharger hors des frontières où ils venaient s'ajouter aux réfugiés des camps ou bien dans des ghettos où ils rejoignaient d'autres paysans trompés comme eux. Leurs villages étaient ensuite détruits pour faire place à une nouvelle colonie juive ou remis *clés en main* à de nouveaux immigrés.

---

1. *Jewish Newsletter*, 9 février 1959.

La perception forcément raciale du *danger démographique* arabe est tellement entrée dans les esprits et le discours que personne n'hésite plus à l'avancer comme argument, y compris pour défendre le droit des Palestiniens à un Etat dans les territoires occupés. Il serait fastidieux d'énumérer les lois et dispositions visant à décourager, humilier, contraindre le Palestinien et peu à peu à en éliminer la présence. Quelques-unes pourtant méritent d'être citées qui, adoptées par d'autres régimes, auraient provoqué maints défilés dans les artères des villes européennes de foules démocrates ulcérées : ainsi, il n'existe pas de centres médicaux dans les villages arabes de Galilée ; de nombreux dispensaires ouverts aux Juifs sont interdits aux Arabes.

Ainsi, dans la bande de Gaza, où 65 000 personnes vivent dans moins de 100 km^2, 2 500 colons juifs ont accès à cinq fois plus d'eau d'irrigation que le reste de la population palestinienne et occupent 8 % du territoire[1], selon les dispositions du gouvernement militaire. Le P.N.B. a été en 1986 de 920 shekels par an et par tête d'habitant, contre 9 500 en Israël[2], et le taux de mortalité *infantile* quatre fois supérieur[3].

Ainsi, depuis 1967, plus de trente mille maisons ont été dynamitées pour avoir été soupçonnées d'abriter des « terroristes ». Ainsi, trois villages : Emwas, Yalo et Beit Nouba ont été complètement rasés et sont venus s'ajouter aux 385 villages (sur les 475 qui existaient avant 1948) qui furent complètement détruits. Certaines maisons furent démolies avec leurs occupants à l'intérieur.

Ainsi, d'après *Al Hamishmar* du 5 juin 1981, on peut dire que deux Palestiniens sur trois ont connu la *répression directe**.

Toutes les formes de punition collective sont constamment utilisées : couvre-feu qui peut durer des semaines, arrestations massives, bastonnades collectives, humiliations publiques, vexations de toutes sortes.

Le système d'éducation scolaire et universitaire est soumis à différentes formes d'intimidation : fermeture intempestive des écoles et des universités, harcèlement des étudiants et des professeurs destiné à décourager les jeunes de poursuivre leurs études et affaiblir ainsi la spécificité culturelle palestinienne.

---

1. *Herald Tribune,* 22 décembre 1987.
2. *Yédiot Aharonot,* 15 janvier 1988.
3. Rapport du Dr Méron Benvenisti, Institut West Bank Data Project.

* De 1967 à 1982, 500 000 Palestiniens connurent la prison. Pour l'année 1981 seulement, 49 cas de décès suite à des sévices et tortures furent recensés (chiffres fournis par l'Association internationale des juristes démocrates).

Voici comment se passe la vie quotidienne d'un Palestinien ordinaire dans les territoires occupés et celle d'un Arabe citoyen israélien en Israël, pendant que des centaines de milliers de réfugiés palestiniens croupissent entre deux raids israéliens ou entre deux exodes dans les camps.

S'agit-il là du dévoiement, somme toute contingent, du sionisme ou bien ces manifestations de la violence et de la ségrégation de la part de l'Etat israélien sont-elles inhérentes à une doctrine politique d'exclusion ? Ou alors assistons-nous tout simplement à la poursuite méthodique de la stratégie conçue par Herzl : « Il faudra transporter *secrètement* les indigènes, surtout les pauvres, vers les pays voisins, après qu'ils auront effectué la grosse besogne de la colonisation juive[1]. »

A Shimon Pérès qui écrit qu'une grande leçon pour le peuple juif fut, lors de la Nuit de Cristal, de « décider en âme et conscience que nous n'admettrions jamais, nous, la moindre forme d'intolérance, de persécution, de discrimination raciale », Pierre Vidal-Naquet répond :

> « Il faut le dire honnêtement, dans l'idée même d'un *Etat juif,* il y a l'idée que les non-juifs n'y ont pas leur place et, qui pis est, ne peuvent s'y assimiler, comme un Espagnol ou même un Arabe peuvent tout de même s'assimiler en France[2]. »

En fait, si à travers l'histoire de ce mouvement tourmenté, quelques sionistes, comme Buber, Haam, Magnes, Epstein, Lévyne ont dans leur passion, ou malgré leur passion, considéré que l'essentiel demeurait l'homme, fût-il autre ; si un Juif comme Moshé Menuhin, après une expérience palestinienne, a découvert la contradiction dialectique entre le sionisme et l'humanisme, et a quitté la Palestine pour aller vivre aux Etats-Unis et se vouer à la critique du sionisme (« Le sionisme politique, dira-t-il, fonde sa religion de l'espace vital sur trop d'immoralité, d'inhumanité, de brutalité, d'agressivité »), ce mouvement, qui a été naturellement et continue à être l'allié de toutes les formes d'impérialisme et de colonialisme*, portait en fait en lui les germes de sa propre maladie que révèlent autant ses victoires militaires que ses défaites morales. Cette philosophie de l'exclusion ne peut avoir pour allié que la violence :

> « Instaurer un Etat purement juif ou une hégémonie juive dans la Palestine arabe du vingtième siècle devait conduire inévitablement à

1. Herzl, *Diaries, op. cit.*
2. *Le Monde diplomatique,* juillet 1988.

* A l'O.N.U., Israël a systématiquement voté contre l'indépendance des peuples d'Algérie et de Tunisie. Israël a fourni des armes et des avions à Salazar dans la guerre coloniale contre l'Angola, aidé l'O.A.S. en Algérie, les dictateurs en Amérique latine, Trujillo à Saint-Domingue, Somoza au Nicaragua, Batista à Cuba, fourni en armes Bokassa, la Rodhésie, le Paraguay dirigé par un ancien sympathisant du nazisme.

une situation coloniale, au développement de luttes raciales et finalement à l'affrontement assuré entre les deux peuples[1]. »

Quelques Juifs l'avaient prédit ; parmi ceux-ci, certains croyaient à un foyer en Palestine, ils ont essayé de freiner l'implacable machine sioniste mais il était dans l'ordre des choses que celle-ci continuât jusqu'au bout sa propre logique.

* *
*

Ce n'est pas un paradoxe mais une constatation logique de dire que l'avenir d'Israël est aujourd'hui entre les mains des Palestiniens et des Arabes.

Israël n'est aujourd'hui, malgré sa puissance militaire et son arme atomique, qu'une enclave pour tous ceux qui l'habitent. Dans une certaine mesure, avec les territoires occupés, on ne sait plus qui est prisonnier de l'autre, qui est prisonnier de l'espace et prisonnier du temps. Pour les Juifs, Israël est un ghetto tant qu'il est entouré de voisins hostiles. Il est, pour ses propres ressortissants, pour les Palestiniens, pour les Arabes, une plaie saignante par où s'écoule toute leur énergie et dans laquelle s'épuise toute leur richesse*.

1. Maxime Rodinson : « Israël, fait colonial », in *Les Temps modernes,* été 1967, numéro hors série.

* On peut aisément imaginer ce que pourrait être le développement de la région si les pays arabes n'étaient entraînés, depuis plus de quarante ans, dans des efforts de guerre que leur impose la présence en leur sein d'un Etat belligérant, mais on oublie souvent dans le triomphalisme des titres sur les « premières » israéliennes, bombe atomique, satellite, avion Lavi, au prix payé par les Israéliens eux-mêmes pour entretenir cette réputation. Dans un livre interdit pendant plus de dix-sept ans, *Personne ne nous survivra : histoire de la bombe atomique israélienne,* Ami Doron et Elie Teiber décrivent le gouffre économique que représente cette course à l'armement : « Israël est en train de faire de la région entre Métoulla et Eilat un vaste dépôt d'armements, et, ce faisant, il s'avance vers une banqueroute économique totale. La situation économique du pays est en effet catastrophique. On licencie des enseignants, on ferme des écoles, le nombre des heures de cours est réduit, et on prépare une génération d'ignorants car le niveau médiocre de l'éducation se répercutera sur celui des maîtres dans la prochaine décennie. Le secteur médical public est en plein déclin, et bientôt tout traitement spécialisé apparaîtra comme un luxe, réservé aux riches et aux privilégiés. L'agriculture est en train de s'effondrer. Les kibboutzim croulent sous les dettes, et les moshavim tombent les uns après les autres aux mains de syndics de faillite. Dans le même temps, les personnes âgées et les retraités vivent sous la menace d'une réduction de leur pension, et l'extension du secteur de pauvreté favorise la criminalité, d'autant plus que des restrictions ont été imposées au budget de la police. Les

C'est un Etat artificiel vivant sur une économie artificielle, tributaire de la sympathie et de l'enthousiasme de l'administration et des Juifs américains. Pour maintenir active cette sympathie, Israël est poussé à garder intact le mythe de sa fragilité, de la peur de ses voisins, de sa précarité, de sa sécurité menacée. Pour garder vivace cet enthousiasme, Israël est amené à fournir constamment aux sionistes du monde entier des gages de fierté grâce aux « actions d'éclat » de son armée et du Mossad.

Certains Israéliens s'accommodent de cette situation, et ils ne sont pas rares. La majorité pense qu'Israël aura raison des Palestiniens et des Arabes ; elle était jusque-là confortée par des sionistes d'Europe et des Etats-Unis, rassurés sur la vie de leurs propres enfants, et qui attisent, de loin, impunément, les haines.

Nombreux sont, néanmoins, ceux qui se rendent à cette évidence qu'Israël ne peut survivre dans un espace géographique et de civilisation où il provoque et maintient l'hostilité comme un investissement.

Partout déjà, des Juifs commencent à voir en Israël le cimetière de ces valeurs juives, de cette *morale* qui a égaré vers la Palestine des immigrés par milliers. Ces valeurs nous y croyons malgré ceux qui, parmi les Juifs, prêchent que « le judaïsme, c'est la non-tolérance[1] ». L'argument politique d'un Israël qui serait, dans la région, le bastion de *la civilisation occidentale,* le représentant des *valeurs judéo-chrétiennes* a fait long feu. La majorité des Israéliens est d'origine plus proche de la culture arabo-islamique que de l'Occident, et l'archevêque palestinien de Jérusalem est là pour rappeler que le christianisme est né en Palestine et peut tout de même difficilement être, lui aussi, récupéré par Israël.

Certes, l'idée d'un Etat démocratique et laïque est considérée, aujourd'hui, comme une utopie. Elle ne le sera peut-être plus demain comme elle ne semblait pas l'être, il y a plus de soixante ans, à des Arabes ni à quelques Juifs sionistes soucieux d'une émigration *morale.*

Quarante ans après son établissement, Israël, malgré tout l'engagement des Etats-Unis, la sympathie de l'Europe, le soutien matériel des Juifs non israéliens, est plus que jamais loin d'avoir comblé les

jeunes, excédés, sont de plus en plus nombreux à vouloir quitter le pays, tandis que le taux d'immigration diminue... Mais il est un « Moloch » dont les besoins sont toujours satisfaits, comme s'il appartenait à une autre planète : c'est le secteur militaire. Et c'est ainsi que, lentement mais sûrement, Israël va passer du statut d'un Etat qui dispose d'une bombe, à celui d'un Etat au service d'une bombe. » (*Maariv,* 22 mars 1987.)

1. Jo Sitruk, grand rabbin de France. *Le Monde,* 29 décembre 1987.

espoirs de ceux qui rêvaient *d'un pays comme les autres.* Encore moins de ceux qui voulaient un pays *meilleur que les autres.*

Avec la politique de ses dirigeants, Israël porte en soi les instruments de sa propre annulation. Annulation morale d'abord*, car un peuple réuni par un appel d'ordre moral ne peut longtemps s'affirmer par l'exclusion physique d'un autre peuple. Mais aussi annulation physique car, quel que soit le terrain conquis par Israël, il contiendra toujours de plus en plus d'opprimés, sera peuplé d'exclus, de révoltés, donc d'ennemis et se heurtera toujours à tous ces exilés, ces déportés, hommes, femmes, enfants qui attendent aux frontières l'heure de la justice pour eux et pour les leurs.

Plus Israël gagne du terrain, plus il perd ses moyens.

> « Il a fallu, relève l'historien Shlomo Avinéri, moins de cinq jours à *Tsahal* pour conquérir en 1967 la rive occidentale [du Jourdain] et Gaza... En 1987-1988, cette même armée, beaucoup plus puissante, est incapable de rétablir l'ordre face à des jeunes gens qui lui jettent des pierres. *Pour les Juifs israéliens, le Grand Israël signifie non pas un plus, mais un moins en matière de sécurité*[1]. »

Dans une confrontation historique de cet ordre, le temps est l'ennemi implacable du plus fort. Celui-là songe au repos qui le récompensera enfin de ses victoires. La vie du désespéré ne sert qu'à être donnée. Des milliers de vies qui se donnent pour une cause rappellent aux Israéliens que quarante ans de guerres et de victoires n'ont abouti qu'à ce piètre résultat : la promesse d'autres guerres et la peur qu'une défaite ne soit fatale.

Malgré les feux d'artifice du quarantième anniversaire de la création d'Israël et quoi qu'il ait été écrit dans les numéros spéciaux des revues de luxe, Israël est en état d'effritement social et de décrépitude morale. Pour chaque *refusnik* dont l'arrivée à l'aéroport de Lod met le monde en extase, des dizaines de jeunes Israéliens, effrayés par l'impasse à laquelle ils sont confrontés, et de vieux Israéliens, désespérés par la perte de leurs illusions, quittent, définitivement, « la terre promise » dès qu'ils le peuvent, par le même aéroport de

* Les auteurs de l'article du *Newsweek* sur « la crise d'identité des nouveaux enfants de Sion » parlent des jeunes Israéliens attirés par les partis d'extrême-droite et qui admirent Sharon et le rabbin Kahane. Ils citent le professeur de sociologie R. Kahane qui attribue cette radicalisation de la jeunesse au « divorce de plus en plus perceptible entre la dure réalité et les promesses utopiques des pères fondateurs, pour qui Israël devait être la *lumière des Nations* et le générateur d'un *homme nouveau.* » « Au lieu de développer leur sensibilité en ce qui concerne les relations interraciales, ajoute un autre sociologue, Moshé Halbertal, on leur présente leur société comme un modèle de vertu... et ils considèrent les Arabes comme des barbares. » *Newsweek,* J. Young et M.J. Kubic, 14 avril 1986.

1. Cité par Abba Eban, *New York Times,* 25 février 1988.

Lod. La délégation soviétique venue en 1987 s'occuper des biens soviétiques en Israël a été bien vite submergée de demandes de visas de la part d'immigrants juifs qui souhaitent revenir en U.R.S.S. à titre définitif, ou pour une durée de temps limitée. Fin juillet 1988, la mission a dû louer un local supplémentaire pour recevoir les quelque cent cinquante personnes qui, quotidiennement, demandaient à la rencontrer.

Quatre vingt-dix pour cent des Juifs soviétiques autorisés à émigrer choisissent, malgré toutes les manœuvres de coercition que pratique l'Etat *démocratique* d'Israël pour les attirer, une autre destination au grand désespoir d'Yitzhak Shamir.

> « Aharon [le directeur général de la présidence du Conseil] qui voit en cela une tragédie *pour le peuple juif,* aurait pu, commente *Le Monde,* tout aussi bien parler d'échec ou d'humiliation : si les enfants chéris de la diaspora soviétique, qui compte peut-être deux millions de personnes et représente ainsi la dernière chance d'un nouvel et massif afflux d'émigrés, cèdent si facilement aux sirènes de l'opulente Amérique, c'est effectivement à désespérer du sionisme[1]... »

Quel avenir autre que la violence et la souffrance Israël offre-t-il à ses enfants ? Qu'a-t-il offert à ceux qui, fuyant la Russie ou l'Ukraine, venus rejoindre le *paradis perdu,* se retrouvent dans un pays replié sur lui-même, enfermé dans ses contradictions, survivant d'expédients, de charité, alimenté par les faux espoirs, la haine, la violence, pratiquant la ségrégation raciale, les divisions sociales, la séparation culturelle, ashkénaze contre sépharade, sabra contre émigré, Juif contre Arabe ?

Où est donc cette race exemplaire ? Où sont ces hommes qui veulent montrer au reste de l'humanité la voie juste, lui apprendre la morale* ? Mais ces soldats qui chassent le Palestinien en hélicoptère et l'abattent comme une bête sauvage et ceux qui cherchent les blessés dans les hôpitaux pour les achever[2] ? Et ces colons qui se vengent sur un Arabe de la mort d'une jeune fille qu'un des leurs avait tuée, qui déportent un Palestinien coupable d'avoir protégé un groupe d'enfants juifs, qui dynamitent douze maisons d'un village qui a donné asile à des enfants de ce même groupe ?

Israël est-il un pays comme les autres, habité par des hommes

1 *Le Monde,* 21 juin 1988.

* *Le Monde,* 27 avril 1988, le rabbin Sitruk lors de la manifestation de soutien à Israël au Zénith, le 25 avril : « Nous sommes ceux qui doivent enseigner au monde l'éthique et la morale. »

2. Cité par Amnesty International ainsi que plusieurs cas de blessés empêchés de recevoir des soins et de personnel hospitalier maltraité.

comme les autres ? Ce n'est pas l'avis de certains Juifs sionistes vivant en Israël et revenus de ce mirage.

> « Tu as inventé un pays qui n'a pas existé, et tu es surpris parce qu'il ne correspond pas à tes fantasmes. C'est toi-même qui est à blâmer et non pas Israël... Ce qui est triste cependant, c'est que non seulement Israël n'a pas été à la mesure de tes rêves mais qu'il est scandaleusement au dessous de l'acceptable[1]. »

L'échec d'un projet, qui aussi contestable que fût sa légitimité, aurait pu être transformé en expérience positive de solidarité humaine, ne peut laisser la région indifférente. Les conséquences d'un effondrement brutal d'espérances soutenues par la haine peuvent être cataclysmiques, surtout si l'on songe à l'arsenal nucléaire dont disposent des hommes qui, comme Shamir ou Sharon, ont fait la preuve qu'ils n'hésiteraient pas, un instant, à déclencher le pire.

Pourtant, aussi bien parmi les Juifs que parmi les Arabes, il y en eut pour envisager cette émigration juive étrangère en Palestine sans malveillance et Arafat, parmi les Arabes, n'a pas été le premier à regretter qu'il en fût autrement.

> « Si l'émigration des Juifs en Palestine avait eu pour but de leur permettre de vivre à nos côtés, jouissant des mêmes droits et assumant les mêmes devoirs, nous leur aurions ouvert nos portes, dans la mesure des capacités d'absorption de notre pays. Il en fut ainsi pour des milliers de Circassiens et d'Arméniens qui continuent à ce jour à vivre avec nous en citoyens et en frères. Mais que le but de cette émigration soit de nous priver de notre patrie, de disperser notre peuple et de faire de nous des citoyens de deuxième classe, voilà ce que personne ne peut objectivement nous demander d'accepter ou de nous y soumettre[2]. »

Ce n'est pas là un discours d'opportunité, l'hospitalité *a posteriori* des occasions manquées*. Les Arabes, émus par la situation des Juifs en Europe n'avaient pas, au début du siècle déjà, hésité à considérer les possibilités d'ouvrir la Palestine à l'immigration d'un peuple considéré comme proche et opprimé. C'était dans la tradition de la région ; l'histoire du Moyen-Orient est une histoire d'hospitalité qu'ont connue tous les persécutés, les sans patrie. Les Arméniens, pourchassés et exilés ont trouvé, naturellement, en Irak, en Syrie, au Liban et en Palestine, refuge et respect de leur dignité, comme les Juifs fuyant l'Inquisition et, bien avant eux, les chrétiens fuyant Byzance.

---

1. E. Sevela, *Adieu Israël, op. cit.*
2. Discours à l'Assemblée générale des Nations unies, 13 novembre 1974.

* Le Dr. Khalidi et Hajj Amin Al Husseini, respectivement maire et mufti de Jérusalem, n'avaient-ils pas, avant même la création de l'Etat d'Israël, appelé à la constitution d'un Etat démocratique représentatif où Juifs et Arabes jouiraient de droits égaux ?

Loin d'offrir une image idyllique de la situation des minorités dans le monde arabe, il s'agit, pour bien comprendre les événements, de replacer ces rapports entre communautés dans le contexte de l'époque. Aussi bien, « trait caractéristique de l'antisémitisme européen moderne, le racisme était totalement absent du monde islamique. A l'origine, les juifs et les chrétiens qui vivaient en Arabie étaient perçus comme appartenant à la communauté arabe. Judaïsme et christianisme étaient deux religions que l'on pouvait embrasser ou abandonner, mais aucunement un caractère racial inhérent et permanent », constate B. Lewis, qui ajoute : « L'introduction, dans cette région du monde, de l'antisémitisme moderne fut en grande partie l'œuvre de maîtres à penser européens et de leurs émules locales, lesquelles s'appuyèrent aussi bien sur les autorités religieuses que sur des instances officielles[1]. »

Pour comprendre la frustration des Arabes, il suffit de comparer les discours enflammés des dirigeants israéliens et leurs menaces d'extermination des Palestiniens, aux termes de la célèbre lettre de l'émir Fayçal à Félix Frankfurter en 1919 :

> « Les Arabes et les Juifs, les deux principales branches de la famille sémitique, s'entendent parfaitement. J'espère qu'après les débats de la Conférence de la paix qui s'inspireront du principe des nationalités et du droit des peuples à disposer d'eux-mêmes, chaque nation avancera progressivement vers la réalisation de son idéal. Les Arabes ne sont pas envieux, ils ne veulent pas gêner l'effort des Juifs sionistes et entendent user de procédés loyaux à leur égard, et ceux-ci ont dit aux nationalistes arabes qu'ils ne désiraient pas non plus empiéter sur leurs droits propres... »

Ces termes généreux et sincères sont repris dans le préambule des accords signés entre l'émir Fayçal et Haïm Weizmann. Cependant là où ils sont confondants de naïveté politique, c'est qu'ils se fondent sur les engagements de Weizmann de ne pas « empiéter sur les droits propres des habitants de la région ». Weizmann n'avait-il pas déclaré en mai 1918 à Jérusalem :

> « Toutes les craintes manifestées, ouvertement ou non, par les Arabes, qu'ils seront chassés du sol où ils sont présentement établis, reposent sur une erreur ou sur des calomnies répandues par nos ennemis. »

L'encre de ces accords à peine sèche, Weizmann avouait ses objectifs véritables : « Une domination juive dès que le nombre d'émigrés leur aura assuré la majorité numérique. »

1. Bernard Lewis, *Sémites et antisémites,* Fayard, 1987.

Cependant, sans même citer les Juifs antisionistes et ceux opposés à l'émigration, parmi ceux-là mêmes qui prônaient la fondation d'un foyer juif en Palestine, beaucoup ne cesseront jamais de s'accrocher à un sionisme « moral », au respect des droits des Palestiniens.

Ceux-là qui ont choisi de s'installer en Israël et de combattre les passions majoritaires ne peuvent être accusés d'antisémitisme par les sionistes qui préfèrent mener leur combat contre les Arabes à partir de la rue des Saints-Pères. Pourtant il suffit de lire Ahad Haam où, aujourd'hui encore, le professeur Leibowitz* pour se rendre compte que, s'il est déjà plus aisé de parler du conflit arabo-israélien avec des Juifs qu'avec des non Juifs, ce sera sûrement parmi des sionistes d'Israël qu'émergera l'interlocuteur honnête et efficace et qui n'aura à craindre ni d'être accusé d'antisémitisme, ni d'opportunisme. Celui-là amorcera avec le Palestinien la révision essentielle qui permettra enfin aux peuples de cette région de vivre en paix et de construire ensemble un avenir.

Pourquoi désespérer si, à côté des discours des B.H. Lévy et des Claude Lanzmann, nous parvient la voix autrement plus autorisée de Leibowitz décrivant, sans complexes, la réalité qu'il vit tous les jours sur place et ne pas hésiter à la juger avec les mots qu'elle appelle :

> « ...Depuis 1967, l'Etat d'Israël a cessé d'être l'Etat de la nation juive pour devenir l'instrument d'une domination militaire sur un autre peuple. Ce qu'on appelle le "Grand Israël", n'est pas, et ne pourra jamais être l'Etat de la nation juive. L'actuel Etat d'Israël n'est pas davantage une démocratie, du fait qu'il comprend un million et demi d'êtres humains à qui il dénie tous les droits civiques et politiques...
>
> Un tel Etat ne peut se maintenir que par les méthodes du terrorisme juif. Et nous en sommes arrivés à un point où un ex-président de la Cour suprême admet comme légitime l'usage de la torture dans les interrogatoires de prisonniers palestiniens** ; où l'armée israé-

* Professeur de chimie et de neurophysiologie à l'Université de Jérusalem depuis 1934, philosophe et talmudiste, principal rédacteur de l'*Encyclopaedia Hébraïca* , Y. Leibowitz est un des maîtres à penser d'Israël. Il ne cesse depuis 1967 de dénoncer par des articles, des entretiens, des conférences « le cancer de l'occupation » et de demander la restitution aux Palestiniens de tous les territoires occupés.

** La commission Landau chargée d'enquêter sur les pratiques du Shin Beth a dû reconnaître que « la torture physique et psychologique était systématiquement utilisée depuis seize ans par les services secrets qui, pendant seize ans, n'ont cessé de témoigner sous serment du contraire devant les tribunaux. Ce faisant, la commission reconnaissait que les Palestiniens, condamnés par milliers à des peines de prison, l'étaient systématiquement sur la foi d'aveux obtenus par la torture ». Ce bel exemple de la démocratie, cheval de bataille des inconditionnels de l'« Etat hébreu », est significatif de la contradiction dialectique entre le sionisme politique et l'Etat de droit, entre le *vouloir paraître* une *démocratie occidentale* et la nécessité d'assumer une nature néces-

lienne, équipée des armements américains les plus sophistiqués, tue chaque jour un Palestinien, pour la plupart des adolescents, deux cents depuis décembre – ou leur brise les os, tente d'en enterrer vivants...

L'Etat d'Israël est devenu un objet de haine et de mépris dans le monde et la communauté juive de l'étranger, elle-même, commence à avoir honte de lui. Selon le langage châtié de l'ancien président de la Cour suprême, il est permis d'utiliser des "pressions physiques modérées" dans l'interrogatoire des suspects... J'en déduis qu'il convient de faire une distinction entre les purs nazis et les nazis "modérés" : les premiers envoyant les gens dans les chambres à gaz tandis que les seconds se contentent de les enterrer vivants... N'est-ce pas là la marque d'un Etat fasciste[1]? »

* *
*

sairement conflictuelle. Réunir la commission Landau répond à l'une de ces ambitions, la nature véritable du régime tracera les limites de la prétention démocratique.

La commission Landau ayant reconnu la réalité irréfutable de la torture organisée, décide, non pas de la stigmatiser, encore moins d'y mettre fin mais, en quelque sorte, de l'institutionnaliser en traçant les frontières de la torture légale. D'abord la commission *explique :* « Aucun, parmi les cadres supérieurs des services secrets qui ont témoigné devant nous, n'était en mesure d'expliquer le moment précis où l'agent chargé des interrogatoires a commencé à agir ainsi. Le système d'extorsion d'aveux par la violence est, en quelque sorte, né de lui-même et les personnes chargées des interrogatoires ont été happées, elles y ont glissé naturellement. » Ensuite, la commission Landau *absout :* « Nous sommes convaincus qu'il n'est pas possible de mener les interrogatoires des personnes suspectées d'activité terroristes sans utiliser des moyens de pression. »

Puis la commission Landau *entérine :* « Ces méthodes sont légales et les aveux ainsi obtenus sont recevables par les tribunaux. » Enfin, la commission Landau *codifie :* « Si les moyens de pression psychologique et de ruse recommandés pour éviter les excès échouent, il devient inévitable d'user de moyens de pression physique modérée. Il convient donc de donner aux enquêteurs des directives sur ce qui est permis et ce qui est interdit. Ces directives font l'objet d'une partie – secrète – du rapport. »

« Le rapport Landau a été reçu par le Shin Beth avec un énorme soupir de soulagement, commente le *Jerusalem Post*... Maintenant, il peut reprendre les affaires. » Ce qu'il s'empressa de faire. La première utilisation légale de moyens de pression physique allait entraîner la mort d'un jeune Palestinien, Awad Hamdan. Cette mort sous la torture allait être légalement expliquée devant le tribunal par une suite de variations comme pour narguer les « idéalistes ». Awad serait « décédé des suites d'une pneumonie », aura « succombé à une crise cardiaque », été « mordu par un serpent » et « piqué par un insecte rare ».

1. Réponse du professeur Leibowitz au professeur Zeidenholf au sujet de son utilisation des termes « fascisme » et « nazisme » à propos de la politique israélienne dans les territoires occupés.

Israël existe. Je serais tenté de dire : des dizaines de milliers de victimes l'ont rencontré. Cela suffit déjà pour ne pas nier cette réalité. Mais Israël est aussi une fiction, un pays en attente de légitimité et qui redoute que cette légitimité annule sa raison d'être. Israël est une réalité militaire et une fiction économique. Une réalité politique soutenue par un ensemble de mythes. Un Etat d'Orient qui se veut d'Occident. Un Etat reconnu par l'Occident et qui, pour beaucoup de Juifs, pour une partie de ses habitants et pour ses voisins, est une imposture. Un Etat qui ne reconnaît pas une grande partie de ses propres ressortissants et étend sa nationalité à quelques millions d'étrangers. Israël est un projet doté d'une formidable capacité de nuire, inquiet pour sa propre existence. Pour les Arabes, Israël existe mais *n'est* pas. Car à la question : « Qu'est-ce qu'Israël ? », l'Arabe répond : « C'est la Palestine occupée », et il ressent l'injustice, et il voit l'horreur, le sang, les cadavres et les hordes d'exilés et de réfugiés hagards et qui ne comprennent toujours pas pourquoi tout cela leur est arrivé.

Israël est un ensemble inextricable de contradictions et dans une certaine mesure, le rabbin intégriste Kahane n'a pas tort de déclarer qu'« Israël doit choisir entre le sionisme et la démocratie ». Israël doit aussi choisir entre la paix et l'interminable *guerre de religion* qu'il a engagée, il y a près d'un demi-siècle, contre le monde arabe.

Aujourd'hui, aucun signe annonciateur n'est émis par les dirigeants de l'*Etat juif* permettant de croire à une prise de conscience d'une réalité au demeurant autrement plus menaçante pour les Israéliens qu'elle ne l'est pour les Arabes.

> « Les Arabes, dit Abba Eban qui pratiqua lui aussi, naguère, le jusqu'au-boutisme, ont conservé – malgré les victoires militaires d'Israël – leur supériorité démographique, territoriale, leur prédominance en matières premières et en argent, la prépondérance que leur assuraient leurs souverainetés multiples et leur pouvoir de refus... Depuis 1967, rien ne les a obligés à se soumettre, dans leurs esprits et leurs actions, aux demandes et aux intérêts unilatéraux d'Israël. Alors que nous entrons dans notre cinquième décennie d'existence, nous restons confrontés au fait que nos propres problèmes ne peuvent être résolus sans l'accord et la coopération des Arabes[1]. »

Dans ce catalogue des armes arabes, Abba Eban omet les plus importantes : le temps et l'attachement véritable à une terre dont ces hommes sont l'émanation spirituelle, historique et aussi – oui, monsieur le rabbin Eisenberg, biologique. Pendant que de Paris, de Londres et de New-York, des sionistes clament leur attachement à la terre de Palestine et payent le choix d'être ailleurs, des Palestiniens,

1. *Le Monde diplomatique,* juillet 1988.

à travers les camps et dans l'exil, se languissent de leur terre natale et frappent à sa porte en pleurant !

Pourtant ce sont ceux-là et avec eux tous les Arabes qui s'élèvent pour réclamer une paix conforme aux résolutions prises, quoique souvent sans eux par les Nations unies, à la déclaration européenne de Venise et au « propre certificat de naissance » d'Israël[1].

Pour dépasser la polémique, essayons d'évacuer quelques-uns des clichés qui étayent généralement le discours attentiste et qui ne servent qu'à faire dévier la réflexion.

Pourquoi, dit-on, les Arabes n'ont-ils pas accepté, en son temps, le plan de partition des Nations unies quand, se plaint le romancier Elie Wiesel, « les Israéliens les *imploraient* de rester ? (...) Si l'offre de paix de 1948 avait été acceptée, Jaffa et Lod seraient aujourd'hui palestiniennes[2]. »

Nous avons déjà évoqué ce problème. Il s'agit là d'un cas typique de falsification de l'Histoire qui alimente l'intransigeance et qui ne devrait plus avoir cours. Il est parfaitement connu maintenant, nous l'avons vu, que, quatre mois et demi avant la date prévue pour l'application de la résolution de partage, les forces israéliennes, qui avaient déjà provoqué par la terreur le déplacement de plus de trois cent mille Palestiniens, avaient aussi occupé une large partie des territoires prévus pour la Palestine arabe.

Un autre cliché, Elisabeth Badinter l'a repris dans l'émission *7 sur 7*[3] quand elle a conjuré les journalistes « pour l'amour du Ciel ! » de ne plus évoquer Israël au sujet de Sabra et Chatila maintenant que « les Palestiniens s'entretuent ». L'idée fut reprise, quelques jours plus tard, après l'évacuation de Beyrouth par les troupes d'Arafat.

> « Ce que n'avaient pas réussi complètement à faire Israël, ni les miliciens chrétiens libanais, ni la milice chiite puissamment aidée par la Syrie, ce sont donc des Palestiniens, eux aussi fortement aidés par Damas, qui l'ont fait : mettre fin à toute présence palestinienne dans la capitale libanaise[4]. »

A ces analyses simplificatrices il ne peut y avoir qu'une réponse simple. Ce n'est là ni le début ni la fin des bouleversements sanglants dans la région. En 1982, quand la population arabe du Sud-Liban est venue, chassée par l'invasion israélienne, s'additionner au sous-prolétariat palestinien des camps de la banlieue sud de Beyrouth, il

1. *Ibidem.* Abba Eban définissant la résolution de partition.
2. *Herald Tribune,* 24 juin 1988.
3. TF1, le 26 juin 1988.
4. *Le Monde,* 9 juin 1988.

était dans l'ordre naturel des choses et dans l'ordre calculé des stratégies israéliennes que cela explose. Quand éclate, après quarante ans d'exil, de privations et d'humiliations, le désespoir des Palestiniens, un moment tiraillés entre le réalisme et l'intransigeance, cela aussi fait partie de l'évolution douloureuse de toute action de libération. Elisabeth Badinter, si elle poussait la réflexion plus loin, s'apercevrait alors qu'à l'origine des balles qui atteignent les Palestiniens et les Libanais, quand ils s'entretuent, il n'y a pas que le doigt qui appuie sur la gâchette, mais d'abord la volonté délibérée de transformer des hommes, dont on détruit le passé sur lequel ils se reposaient et l'avenir qu'ils rêvaient, en *desperados*.

> « L'histoire moderne, rappelle Eric Rouleau, n'a connu aucun peuple du monde arabe et peut-être du monde entier qui ait été malmené et déçu comme les Palestiniens[1]. »

Il y a là une partie de la réponse à ceux qui avancent la non reconnaissance formelle de l'Etat d'Israël par l'O.L.P. comme la pierre sur laquelle achoppe la solution du problème du Moyen-Orient, et exigent de la centrale palestinienne qu'elle dénonce les articles de sa charte relatifs à la « libération de *toute* la Palestine » dans ses « frontières du mandat britannique[2] ». En somme, ceux-là voudraient voir inversés les rôles et les responsabilités. Ils exigent de la victime qu'elle reconnaisse la légitimité de son agresseur alors même que l'agression est en cours. L'exilé, le déporté, l'opprimé, pour pouvoir revendiquer leur propre légitimité sur la Palestine, doivent d'abord justifier, en quelque sorte, celui-là même qui les en a évincés et qui continue à leur dénier tout droit sur leur propre terre.

C'est de ce point de vue qu'il faut comprendre que le chef de l'O.L.P. résiste, fût-ce en contrepartie d'une reconnaissance de l'O.L.P. par les Etats-Unis, à une décision qui, d'un Palestinien, réclamerait un formidable mouvement contre soi, contre la logique de l'Histoire ou sa morale, et un engagement qui n'est pas seulement de l'ordre du courage politique.

Cependant, il ne s'agit pas d'attribuer à un *blocage psychologique* le refus des Palestiniens d'être les premiers à déclencher l'irréversible. La pratique d'Israël prouve que sa tactique a toujours été d'obtenir, contre de fausses promesses, des vraies concessions et sa stratégie de ne pas se laisser arrêter, dans l'accomplissement de ses desseins expansionnistes, par des considérations d'ordre contractuel. Le retour du Sinaï à l'Egypte n'a fait que confirmer la règle. Non

1 *Le Monde,* 9 et 12 janvier 1973, « Les Palestiniens au purgatoire. »
2. Voir en annexes la charte de l'O.L.P.

seulement Israël a obtenu la neutralisation de l'Egypte et l'ouverture d'une brèche dans le front arabe mais les accords de Camp David, dont Bégin s'est efforcé de dénoncer toute la partie reconnaissant certains droits aux Palestiniens, servent de prétexte pour refuser la recherche d'une solution passant par une conférence internationale.

Tant de fois victime de sa crédulité, depuis les accords Fayçal-Weizmann jusqu'à Camp David, l'Arabe est devenu prudent même s'il reste, malgré toutes ses déceptions, le seul, aujourd'hui comme hier, à offrir une chance à la paix.

En 1947, les Arabes, par la voix du représentant du Liban aux Nations unies, proposaient déjà, avant même la résolution de partition et alors que les forces sionistes étaient en guerre contre les Palestiniens, un plan de paix sous la forme d'un projet de résolution de compromis[1]. Le 9 septembre 1982, les Arabes proposaient le dernier en date des plans de paix reconnaissant *de facto* tous les Etats de la région y compris un Etat palestinien dans les territoires occupés. Entre ces deux propositions arabes, d'innombrables solutions de paix ont été proposées et de multiples résolutions votées par les Nations unies. Toutes furent refusées ou ignorées par Israël.

La commission de conciliation établie en mai 1949 par la résolution 194 de l'Assemblée générale des Nations unies n'avait-elle pas obtenu l'accord de quatre pays arabes : l'Egypte, la Jordanie, la Syrie et le Liban, sur les frontières de 1947 comme « base de discussion des questions territoriales » ? Ces accords connus sous la dénomination de « Protocoles de Lausanne » furent rejetés par Israël.

En 1967, le 23 novembre, une résolution était votée par le Conseil de sécurité de l'O.N.U., la désormais célèbre 242* garantissant à Israël « le droit à l'existence » et lui assurant « la sécurité des frontières » dont la *précarité* avait constitué jusque-là, et constitue encore, la justification de toutes les aventures militaires et terroristes de l'Etat juif. Inspirés de cette résolution, d'autres plans de paix ont été proposés, notamment par les Etats-Unis (plan Rogers), les Nations unies (plan Jarring) et l'Organisation de l'unité africaine (plan Senghor). Tous se sont heurtés à l'intransigeance israélienne et à son refus de se retirer des territoires occupés. Moshé Dayan aimait alors à répéter, dans l'euphorie de la victoire : « Je préfère Sharm el Sheikh sans la paix, à la paix sans Sharm el Sheikh. »

Est-il besoin de rappeler qu'il ne s'agit pas là de l'ensemble de la question palestinienne, ni de l'annexion des territoires octroyés, par

1. *UN Yearbook,* 1947-1948.
* Voir annexes.

la résolution de « partition », à l'Etat arabe de Palestine, ni même du problème des réfugiés et de leurs droits au retour ou à une compensation, toutes questions qui ont fait l'objet de résolutions internationales dédaignées par Israël ? Il est seulement question de territoires envahis par la force en 1967 et dont l'occupation illégale a été condamnée par l'organisation internationale qui ne cesse d'en exiger l'évacuation.

On sait, depuis, l'interprétation faite par Israël de la résolution 242, pour laquelle il avait pourtant voté. Arguant que l'absence de *the* ou *all* précédant *occupied territories,* implique qu'il ne s'agit pas de l'*ensemble des territoires,* Israël n'acceptera d'appliquer cette résolution ni dans une interprétation, ni d'ailleurs dans l'autre.

L'inanité de cet ergotage est révélatrice de l'approche israélienne des accords signés et des résolutions votées. Cyrus Vance et Joseph Sisco, respectivement secrétaire et sous-secrétaire d'Etat à l'époque de la rédaction de la 242, ont mis fin à ces tergiversations par un communiqué qui précisait encore une fois que, même pour ces protecteurs inconditionnels d'Israël que sont les Américains, il s'agissait bien, dans l'esprit et l'intention de la résolution, de *tous les territoires*[1], donc de Jérusalem-Est dont les Etats-Unis n'ont, au demeurant, jamais reconnu l'annexion. Il ne pouvait en être autrement de la part des Nations unies dont la charte, ratifiée par Israël, interdit « l'acquisition par une nation de territoires appartenant à une autre par la force des armes ».

Résumant l'approche israélienne de la paix, Léopold Sédar Senghor, alors président du Sénégal, concluait ainsi la tentative africaine de médiation :

> « Nous avions la possibilité d'arriver à une paix juste et durable qui aurait permis à l'Etat israélien d'obtenir la reconnaissance juridique de ses voisins arabes. A la seule condition qu'Israël se déclare prêt à renoncer à l'annexion des territoires occupés... Malheureusement, Israël n'a jamais voulu donner une telle déclaration. Ce refus est la cause de la guerre du 6 octobre 1973. »

Il ne s'agit donc plus, pour les Arabes, d'obtenir une nouvelle condamnation contre Israël, ni une résolution de plus confirmant les droits du peuple palestinien sur la Cisjordanie, Gaza et Jérusalem, des Syriens sur le Golan ou des Libanais sur la bande occupée du Liban sud et baptisée par les Israéliens *zone de sécurité.* Il ne s'agit pas non plus de réunion autour d'une table de négociations avec des Israéliens, car, contrairement à l'idée reçue, tout cela a déjà eu lieu

1. *Herald Tribune,* 21 mars 1988.

et plus d'une fois, en dehors même des négociations de Camp David.

Différents accords d'armistice furent, en effet, signés en 1949 entre Israël, la Syrie, l'Egypte et le Liban prévoyant la création de zones frontalières démilitarisées où ne devaient rester que les habitants arabes protégés par une police locale. Ces accords, qui assuraient à Israël cette *garantie de sécurité* dont il n'a cessé de faire son cheval de bataille, furent immédiatement violés par l'occupation *militaire* des zones *démilitarisées,* la déportation par l'armée israélienne de leurs habitants et le remplacement de ceux-ci par des colons juifs.

Israël ne conçoit sa présence dans les organisations internationales et sa ratification des conventions et accords que comme un moyen supplémentaire d'asseoir sa légitimité parmi les nations ou un organe de plus pour clamer sa propagande. Ses dirigeants ne se sentent pas engagés pour autant à respecter la légalité, ni tenus de se soumettre aux décisions internationales.

Depuis 1948, l'histoire des rapports d'Israël avec l'O.N.U. est une suite de violations de la charte de cette organisation. Depuis le 6 décembre 1961, date de la ratification de la IVe Convention de Genève sur la protection des personnes civiles en temps de guerre, c'est une violation permanente de tous les principes de la dite convention. Quant au respect des droits de l'homme, un nombre considérable de résolutions ont été votées condamnant Israël pour le « pouvoir de terreur » qu'il exerce sur les Palestiniens des territoires occupés, lui octroyant ainsi le triste privilège de partager, avec l'Afrique du Sud, le record des condamnations de la part de l'organisation internationale.

Toutes ces raisons ne sont pas les seules pour expliquer la défiance des Palestiniens et la prudence des Arabes. Il y a, à la tête d'Israël, des personnages dangereux, pour eux-mêmes, pour les Juifs et pour la paix. Qu'ils s'appellent Shamir, Rabin, Sharon, ils traînent une histoire de terreur et de violence à une échelle peu commune. Certains d'entre eux, tel Sharon, ont été reconnus par leurs pairs comme des criminels de guerre, responsables de massacre de milliers d'innocents. Il serait vain d'attendre d'un gouvernement ainsi composé qu'il freine le cycle de la violence comme il se doit lorsque la classe politique entend préparer son opinion publique à un virage vers la paix. Bien au contraire, l'affaire de Beita l'a montré, le gouvernement nourrit de sa haine les Israéliens, il attise les passions, refuse la réalité lorsqu'elle ne correspond pas à ses desseins répressifs et cherche à créer, pour lui-même, l'irréversible qui l'engagera plus loin encore dans la violence.

Quant à Pérès, les Arabes sont loin d'être dupes de son image de colombe voyageuse, qui connaissent la duplicité de son discours et la fragilité de son assise politique. N'est-ce pas lui qui déclara qu'« aucun organe responsable n'accepterait la demande de la résolution des Nations unies de démanteler les colonies dans les territoires occupés » ?

* *
*

Est-ce à dire que les voies de la paix sont bloquées, qu'il faut se rendre au désespoir et à ce qu'il engendre naturellement : l'interminable cycle de violence et de répression ?

Aujourd'hui, la muraille que forment les dirigeants d'Israël et contre laquelle viennent se briser les revendications des Palestiniens et leur révolte ainsi que les propositions arabes de paix semble décourager beaucoup de bonnes volontés.

> « Yasser Arafat (...) dit que la politique de l'O.L.P., c'est "la terre contre la paix", rappelle Anthony Lewis qui détaille le blocage israélien, mais quand les Arabes ont avancé dans une direction, le gouvernement israélien se déplace dans une autre...
>
> Le Premier ministe Ytzhak Shamir rejette le principe de "la terre contre la paix". Il rejette la proposition de conférence internationale. Il rejette la résolution 242 comme le reste du monde la comprend, arguant qu'Israël s'y est conformé par le retrait du Sinaï (tous ceux qui ont été impliqués par son adoption disent qu'elle s'applique à *tous* les territoires occupés)... M. Shamir a développé ses objections... au calendrier du plan de paix du secrétaire d'Etat George Shultz... Mais tout cela est hors de propos dans la mesure où Shamir refuse tout autre retrait des territoires occupés. Cela repousserait tout simplement le sujet hors de la table des négociations[1]. »

C'est pour cela qu'aussi bien en Europe qu'aux Etats-Unis, la lassitude se fait de nouveau sentir et, de nouveau, s'installe l'impression paralysante qu'il s'agit là d'un problème insoluble et qu'il faut *donner du temps au temps* ou, ainsi que l'entend l'Administration américaine, ne rien entreprendre qui n'ait obtenu l'agrément préalable d'Israël.

Or « ne rien faire ne peut qu'aggraver la situation actuelle. L'immobilisme ne peut que susciter frustrations et désespoirs parmi la population arabe, encourager donc les durcissements et les actes de violence. Du côté juif, l'utilisation de l'armée et de la police contre des civils corrode la fibre morale de ceux qui détiennent la force et enlève toute justification morale à la société qui contraint ses jeunes

1. *Herald Tribune,* 28 mars 1988.

à utiliser cette force », mettent en garde les amis les plus proches d'Israël[1].

Mais de toute évidence, l'ivresse de la conquête trouble la vision des dirigeants de l'Etat sioniste et les empêche de rien déceler au-delà de l'événement et de son traitement immédiat. Si aujourd'hui, pourtant, d'anciens partisans de « la main de fer » en Israël et aux Etats-Unis reviennent à une évaluation plus raisonnable de la situation et prônent la paix négociée, ce n'est souvent pas, hélas ! par une conscience soudaine de l'injustice faite aux Palestiniens mais bien parce qu'ils sentent que l'arrogance de leurs gouvernements est une forme de suicide et qu'ils veulent éviter d'être entraînés dans la chute.

C'est pour cela que s'impose de plus en plus en Israël, en Amérique et en Europe, chez les Juifs et les non-Juifs, la nécessité d'agir, et vite, pour régler le problème palestinien, c'est-à-dire, pour certains, régler le problème israélien.

> « Je reconnais le droit démocratique des Juifs israéliens de provoquer leur suicide national. Cependant je ferai tout mon possible pour les avertir, écrit l'ancien chef des renseignements militaires, le général israélien Y. Harkabi, qui prévient ceux qui préconisent l'expulsion des Palestiniens de leur patrie pour mettre un terme définitif au conflit... que la conséquence inévitable en serait *l'expulsion d'Israël du Proche Orient*[2]. »

De fait, c'est tout l'avenir de la région qui est en jeu et ce n'est sûrement pas employer une figure de style que de dire : l'avenir de la paix dans le monde. La fin du conflit du Golfe, qui semble chagriner Shimon Pérès, est un succès pour l'O.N.U. et un stimulant pour ceux qui prônent une solution négociée pour le Proche-Orient sur la base des résolutions de l'organisation internationale et sous son égide.

Dans la longue liste des occasions manquées, celle-ci risque d'être la dernière. En Israël, la haine entretenue finit par se nourrir d'elle-même ; chez les Palestiniens, la victoire de la pierre contre le fusil nourrit l'espoir, restaure la dignité et radicalise, chez les jeunes, une résistance moins encline au compromis que chez les aînés.

Le plus difficile cependant n'est pas tant de s'asseoir autour de la table de négociations que de créer le climat propice au dialogue, la volonté de réussir la paix. Quand les Israéliens qui rencontrent des membres de l'O.L.P. sont traduits devant les tribunaux et

1. Rabbi Hirsh, secrétaire exécutif pour l'Union mondiale pour le judaïsme libéral, in *Bulletin de la communauté israélite libérale de Genève* (GIL), 29 janvier 1988.
2. Yéhochafat Harkabi, *op. cit.*

condamnés à des peines de prison*, quand des Palestiniens, comme Moubarak Awad, qui prône la non-violence jusqu'à s'opposer à la révolte des pierres, *sont déportés de leur pays natal,* quand le Congrès juif européen parle, d'un côté, de « dialogue israélo-arabe » et proteste, de l'autre, contre l'invitation faite à Arafat de s'adresser au Parlement européen[1], on croit retrouver toutes les manifestations du processus colonial classique. Mais sans doute peut-on, dans cette outrance même, déceler les prémices d'une solution qui inquiète les uns et éveille l'espoir chez d'autres. Indubitablement il y a un événement en gestation. Malgré et peut-être à cause de ce qui semble être une impasse.

Quant aux Arabes, il est évident aujourd'hui que la solution durable prévaut, dans leur camp, sur la solution juste. Les sommets d'Amman et Alger prouvent que le plan de Fès n'était pas une proposition tactique mais l'aboutissement d'un processus de réflexion politique. S'il ne s'agit toujours pas, par « la reconnaissance des frontières sûres de tous les Etats de la région », de légitimer l'implantation d'Israël sur le territoire arabe de Palestine, il y a là, cependant, la reconnaissance d'une réalité israélienne qui, jusqu'ici, a constitué un obstacle à la réalisation des aspirations nationales du peuple palestinien et au développement de la paix et de la prospérité de la région.

> « Les Arabes ont opté depuis longtemps pour une solution pacifique, disait en février 1988 le roi Hussein de Jordanie. La question n'est plus celle de l'existence d'Israël, mais celle de la nature de cet Etat[2]. »

« Si l'on considère que pour les Arabes, il y a une quarantaine d'années, Israël était encore un pays arabe, destiné comme tous les pays de la région à l'indépendance, à l'autodétermination et que, d'un jour à l'autre, ce pays est devenu un pays étranger[3] », on peut imaginer la formidable évolution politique qu'a exigé d'eux l'élaboration de ce plan de paix. Il marque une contribution décisive dans la recherche d'une solution au conflit arabo-israélien. Pour l'heure, la partie israélienne n'a rien à proposer.

Les maximalistes en Israël, c'est-à-dire aujourd'hui la majorité,

---

* Quatre pacifistes israéliens, Latif Dori, Yaël Lotan, Réuven Kaminer et Eliezer Feil ont été condamnés à 18 mois de prison avec sursis pour avoir rencontré des émissaires de l'O.L.P. en Roumanie.

1. Voir *Le Monde* des 15 et 17-18 juillet et du 12, 13 et 14 septembre 1988, communiqués signés T. Klein et H. Essid.
2. *Der Spiegel*, 1er février 1988.
3. *Israël et les Arabes : le troisième combat, op. cit.*

semblent déduire du cheminement arabe jusqu'à la proposition de paix, qu'il s'agit d'une résignation au *fait accompli :* puisque le plan arabe n'envisage que les territoires occupés en 1967 comme espace pour l'établissement d'un Etat palestinien, avec le temps, les Arabes se feront aussi à l'occupation de la Cisjordanie, de Gaza et à l'annexion de Jérusalem... C'est ce que l'on peut déceler dans le discours israélien et comprendre de la poursuite de la politique de colonisation. Le projet de déportation d'une partie, ou de la totalité, des habitants des territoires n'est pas une idée suggérée seulement par quelques illuminés, il est aussi proposé par des responsables militaires et même par des députés. Les dirigeants actuels du pays ne les contredisent pas, bien au contraire, ils rassurent les plus fanatiques d'entre eux que telle demeure la vocation sioniste : s'étendre pour réaliser *Eretz Israël,* peut-être même bien au-delà des territoires occupés.

Cela s'avèrerait un calcul aussi dangereux qu'absurde, et les sionistes les plus soucieux de l'avenir d'Israël ne s'y sont pas tous laissé entraîner qui ont compris que la situation aujourd'hui n'est ni celle de 1947 ni celle de 1967 et qu'il ne s'agit pas, de la part des Arabes, de l'admission du *fait accompli* israélien (qu'ils continuent à juger, comme en 1947, « illégal, immoral et contraire à la charte de l'O.N.U. »[1]) mais d'un ralliement à la loi définie, même dans son iniquité, par des résolutions des Nations unies, afin de mettre rapidement un terme à la tragédie des Palestiniens et d'accélérer le processus de paix dans un région meurtrie par les guerres et dont le développement est paralysé par la menace et l'expectative.

Aussi le plan arabe, fondé sur l'ensemble des résolutions des Nations unies et particulièrement la 242 et la 338, qui exigent « le retrait des forces armées des territoires occupés » en 1967 – y compris donc de la Jéusalem arabe et des territoires du Golan – en même temps qu'elles affirment « la reconnaissance de la souveraineté, de l'intégrité territoriale et de l'indépendance politique de chaque Etat de la région et leur droit de vivre en paix à l'intérieur de frontières sûres et reconnues, à l'abri des menaces de l'action de force[2] », représente-t-il le pas ultime que les Arabes feront dans le compromis.

Depuis l'adoption du plan de Fès, les Arabes n'ont cessé de prôner la convocation, par le Conseil de sécurité des Nations unies,

1. *UN Yearbook* 1947-1948. Les représentants de l'Arabie saoudite, du Yémen, d'Irak et de Syrie dénoncent en ces termes le plan de partition.
2. Résolution 2799 (XXVI du 13 décembre 1971 critiquant la politique sioniste au Moyen-Orient et la non-application par Israël des résolutions de l'O.N.U.)

d'une conférence internationale à laquelle seraient conviés les membres permanents, dont les deux grandes puissances, Etats-Unis et Union soviétique, ainsi que toutes les parties concernées, afin de tenter, sous l'égide de l'organisation internationale, et sur les bases de *toutes* ses résolutions, d'apporter au conflit arabo-israélien et, partant, aux problèmes de la région et à la cause palestinienne, une solution sinon juste du moins réaliste, durable et nécessaire.

La conception arabe de cette conférence est clairement définie, elle exprime une volonté *unanime* de paix négociée, elle exige *l'arbitrage* des grandes puissances et la *garantie* des Nations unies.

Quand les Israéliens tolèrent l'idée d'une conférence internationale ou en confisquent le projet, comme le fait Pérès depuis quelques années, il ne s'agit, pour eux, que d'un forum international conduisant à des négociations bilatérales avec la Jordanie et excluant toutes les autres parties : la Syrie, le Liban et surtout l'O.L.P.

Selon cette version, la communauté internationale, représentée par les Nations unies, ne serait ni le garant des solutions prises à cette réunion, ni même le témoin, elle se limiterait à les bénir et à en laisser l'exécution à la discrétion des Israéliens.

Pour les Arabes, il s'agit là d'une perversion du principe de la conférence internationale. « C'est, dit Chedli Klibi, le secrétaire général de la Ligue arabe, une façon de la vider de son contenu. Si vous demandez une conférence internationale, c'est pour qu'Israël ne soit pas tenté de diviser les pays arabes en négociant séparément avec chacun d'eux. Quand on est dans un cadre international, c'est la loi internationale qui prévaut. C'est cela principalement que Pérès veut éviter, parce que la loi internationale fait obligation à Israël d'évacuer les territoires occupés[1]. » En tout cas, cela ne fera que confirmer les Arabes dans leur méfiance et les affermir dans leur volonté de l'exiger comme condition *sine qua non*. Parmi les Arabes, les premiers concernés, les Palestiniens, doivent être légitimement représentés par l'O.L.P. Cela semble aller de soi pour tout le monde car « exiger un règlement du conflit sans l'O.L.P. équivaut à ne pas chercher de règlement du tout[2] » sauf pour Israël et les Etats-Unis, indissociables dans la responsabilité du conflit et son prolongement.

A ceux-là qui pensaient pouvoir *contourner* les Palestiniens, le roi de Jordanie a retiré les derniers alibis, en rompant les « liens légaux et administratifs » avec le territoire occupé de Cisjordanie. Israël n'a plus d'alternative : il doit régler le problème avec les Palestiniens dans la rue ou, autour de la table de négociations, avec ceux qu'ils ont choisis comme représentants uniques et légitimes.

---

1. *L'Evénement du Jeudi,* 5 février 1987.
2. Y. Harkabi, article cité.

De plus en plus d'Israéliens soucieux de paix, ainsi que des Américains, juifs ou non, conscients de leur pouvoir d'imposer un règlement, en appellent au gouvernement des Etats-Unis pour qu'il intervienne de manière plus décisive auprès de Tel Aviv.

> « La solution est entre les mains des Américains, dit A.B. Yéhoshua, romancier israélien et professeur de lettres à l'université de Haïfa. L'Amérique doit dire aux Israéliens de ne pas garder les territoires. L'Amérique aurait pu stopper l'implantation des colonies depuis vingt ans si elle l'avait voulu. Mais elle n'était ni pour ni contre. Elle ne voulait pas de conflit avec Israël. Si les Etats-Unis voulaient vraiment la paix, ils pourraient user de pression contre Israël. Ils doivent dire qu'ils ne laisseront pas Israël garder les territoires[1]. »

Cette constatation d'un intellectuel israélien explique, *a fortiori*, le peu de confiance que les Arabes accordent aux initiatives américaines. Convaincus que Washington pourrait instaurer la paix dans la région en exigeant l'application par Tel Aviv des résolutions des Nations unies, ils constatent, au contraire, son soutien au défi israélien permanent à la légalité internationale.

Dans le même temps que Washington exprime son désaccord formel sur les méthodes de répression et le déni des droits des Palestiniens des territoires occupés, le président Reagan signe ave Shamir qui venait de rejeter le plan Shultz, un nouvel accord renforçant les liens économiques, militaires et de renseignements entre les deux pays[2]. Le journaliste William Pfaff du *Los Angeles Times* en conclut que « les Américains portent en conséquence une responsabilité dans cette politique d'annexion territoriale et de répression... et que continuer sur cette voie ne relève pas simplement de l'hypocrisie mais d'une abdication de sa responsabilité morale[3] ».

L'ancien sénateur arabo-américain James Abou Rizk dresse, dans un passionnant face à face entre deux Américains, l'un Juif, l'autre Arabe, un bilan sans concession de la contribution des Etats-Unis à l'effort de guerre israélien :

> « A la fin de l'année fiscale 1987, le gouvernement américain prélevant l'argent du contribuable aura versé 40 milliards de dollars (39 716 700 000) à Israël depuis sa fondation, en 1948. La plus grande part de cet argent commença à couler vers la fin des années 60 et atteint aujourd'hui des sommes records de plus de trois milliards par an – plus de huit millions de dollars chaque jour de l'an-

1. Entretien avec Kurt Ruderman, *Herald Tribune,* 7 mars 1988.
2. *Memorandum of Agreement* conclu pour 5 ans, le 21 avril 1988, de manière à lier la prochaine administration américaine.
3. *Herald Tribune,* 26 avril 1988.

née. Pendant l'année fiscale 1987, l'aide directe à Israël représente 22 % de l'aide globale américaine à l'étranger. (...) Non seulement le montant s'accroît chaque année mais, depuis 1985, il a été converti en subvention, ne rendant plus nécessaire un prétendu remboursement par Israël. Le chiffre de 39 milliards est une estimation modeste qui n'inclut pas les importants dons individuels, exonérés d'impôts, envoyés chaque année en grande quantité en Israël et les acomptes qui viennent grossir encore les subventions. Ce système d'avances permet à Israël de gagner l'intérêt sur la somme jusqu'à ce qu'elle soit utilisée, tandis que les Etats-Unis doivent en payer l'intérêt parce qu'il s'agit d'emprunts.

« Les Etats-Unis devraient sans tarder, ajoute Abou Rizk, utiliser cette influence financière et morale sur Israël pour l'amener à un arrangement avec les Palestiniens et ses voisins arabes. Or, au lieu de prendre l'initiative d'amener Israël à un règlement, le gouvernement américain procède à l'ajustement de sa propre politique pour répondre aux *desiderata* d'Israël[1]. »

Pour l'année 1989, le président Reagan a demandé au Congrès de porter à 3,6 milliards de dollars l'aide à Israël, « un chiffre, écrit Donald Neff dans le mensuel anglais *Middle East International* du 14 mai 1988, qui représente une augmentation de 1,8 milliard de dollars soit, à peu de chose près, le coût de la répression de l'*Intifada* ».

Cette aide n'est d'ailleurs pas sans soulever des réserves, même parmi les Israéliens, dont quelques-uns s'avouent embarrassés par la contrepartie qu'en échange l'Amérique attend d'Israël, c'est-à-dire les services qu'elle attend d'un Etat vassal ».

« Si les Juifs nous paient pour avoir un refuge en cas de besoin dans un avenir hypothétique, commente le quotidien hébreu *Al Hamishmar,* les Américains le font pour conserver un porte-avions de quatre millions d'habitants, d'une valeur stratégique exceptionnelle[2]. »

« A Washington, ils savent, ajoute B. Michael dans *Haaretz,* qu'ils peuvent tout demander à ce petit homme de main ambitieux qu'ils ont entretenu au bord de la Méditerranée, et qu'il fera n'importe quoi. Et ils ont raison. Il ne s'agit ni d'*aide à un ami,* ni même de don naïf mais d'un signe de ce fameux génie israélien dont les affaires Pollard* et Vanunu sont d'autres manifestations. »

1. J. Abou Rizk et H. Bookbinder, *Through Different Eyes,* Adler and Adler Publishers, 1987.
2. 29 avril 1986.
* En novembre 1985, un juif américain ultra-sioniste, analyste à l'US Navy, est arrêté avec sur lui 60 documents *top secret.* Il reconnaît travailler pour Israël et en avoir touché 50 000 dollars. Après une enquête qui prouve que Pollard travaille en collaboration avec deux diplomates israéliens, sous les ordres de Rafi Eytan, ancien collaborateur de S. Pérès à la Défense, le Département d'Etat classe l'affaire.

Car les Etats-Unis peuvent aussi exiger d'Israël le rôle d'intermédiaire et d'exécutant des basses œuvres, et les scandales qui, de temps à autre, éclatent devant une opinion publique américaine pour un temps encore indulgente, font craindre que le pire reste encore enfoui dans le secret des dossiers du Pentagone, de la CIA, du Mossad et de l'armée israélienne. Israël n'est-il pas le relais par lequel les Etats-Unis contournent l'embargo sur l'Afrique du Sud ? L'« Irangate » ne confirme-t-il pas cette alliance perverse entre Washington et Tel-Aviv ?

> « ... Depuis les années 60, Israël a, de plus en plus servi d'auxiliaire à la CIA et, grâce à ses agents, les Etats-Unis ont pu pénétrer plus facilement dans les pays d'Afrique noire... Quand les Etats-Unis ont voulu vendre des armes à la Rhodésie, à l'Afrique du Sud, au Chili, à l'Argentine ou au Guatemala et que le Congrès s'y est opposé, ils l'ont fait par l'intermédiaire d'Israël[1]. »

Dans cet équilibre du chantage, qui de ces deux complices *tient* l'autre, Israël ou les Etats-Unis ?

De fait, il y a lieu de se demander si les Etats-Unis ne soutiennent pas si fortement Israël dans la voie de l'intransigeance pour mieux maintenir une situation conflictuelle.

> « Un règlement politique permettrait, en effet, à Israël de s'intégrer dans la région... Mais ce n'est pas ce que veulent les U.S.A. Ils ne souhaitent pas voir Israël devenir une sorte de Suisse ou de Luxembourg, sans ambition particulière... Ce qu'ils veulent, c'est qu'il reste une nouvelle Sparte, moderne sur le plan technologique, fortement militarisée : un Etat-paria qui dépende d'eux pour sa survie et soit, de ce fait, disposé à remplir les missions qu'on lui confie en menaçant les nations dites "radicales", au Moyen-Orient et ailleurs dans le monde[2]. »

L'affaire du refus par Washington, sous la pression du lobby juif, d'un marché d'équipement militaire pour l'Arabie saoudite, semble avoir fait réfléchir quelques Américains sur le prix de l'engagement de leur gouvernement auprès d'Israël : les Etats-Unis ont en effet récemment perdu le *marché du siècle* et soixante-quinze mille emplois sur quinze ans. Craignant que cela ne retourne l'opinion contre son pays, Rabin s'est empressé de déclarer que le gouvernement hébreu ne s'opposerait pas à d'autres ventes d'armes à des pays arabes, donnant en quelque sorte le feu vert au Congrès et révé-

1. Noam Chomsky, dans une interview in *Arab Worl Review,* cité par *Eurabia,* nº 212, février 1987.
2. Noam Chomsky, *Al Fajr,* Jérusalem, 28 novembre 1986.

lant ainsi le poids de Tel-Aviv sur la décision de Washington. Ce genre de relations a fait dire à George Mac Govern qu'en ce qui concerne l'alliance exclusive avec Israël son pays devrait se souvenir de la mise en garde de George Washington rappelant dans son dernier discours qu'« il est néfaste dans la conduite d'une politique étrangère d'entretenir une hostilité persistante contre une nation comme de manifester une complaisance excessive à l'égard d'une autre[1] ».

Cette *complaisance* confirme aux Arabes, s'il en était besoin, que les liens de l'administration américaine avec Tel Aviv sa soumission aux diktats du lobby pro-israélien, ou son refus d'aiguiller la politique d'Israël dans le sens de la paix rendent peu crédible un rôle de médiateur pour les Etats-Unis au Proche-Orient.

Il n'est pas exclu par ailleurs que cette influence indéniable du lobby juif américain explique les avances soviétiques faites, à un moment on ne peut moins opportun, au gouvernement de Tel-Aviv. Dans son entreprise de séduction de l'administration et de l'opinion publique américaines, Gorbatchev a sûrement compris la capacité de l'AIPAC (*American Israel Public Affairs Committee* – organe du lobby sioniste aux Etats-Unis) à freiner l'élan américain et s'est employé à l'attendrir par une ouverture vers Israël.

> « Ironie qui n'échappe pas aux observateurs israéliens, commente la correspondante du *Figaro* à Jérusalem après la visite de Shamir à Budapest, tout ce ballet prédiplomatique se déroule alors que le bouleversement palestinien continue dans les territoires occupés. La solidarité anti-impérialiste n'est que ce qu'elle était[2]. »

C'est notamment pour cela que la présence de l'Europe dans tout projet de solution au conflit du Proche-Orient est, aujourd'hui plus que jamais, souhaitable. D'abord, parce qu'il y a un chapitre exceptionnel de l'histoire de la Méditerranée à écrire, et que l'Europe, voisine, au moment où elle se construit, est bien placée pour en être l'auteur. L'intervention du ministre allemand des Affaires étrangères dans le conflit du Golfe est un exemple du rôle que peut jouer l'Europe et montre qu'elle n'entend pas se laisser écarter des décisions stratégiques.

Puis parce que l'Europe a, en 1980 et sur l'impulsion de la France, proposé avec la déclaration de Venise, un projet aussi courageux que raisonnable qui aurait pu déclencher un processus de paix au Proche-Orient s'il avait été suivi d'une action diplomatique

1. Interview in *Arab American Affairs,* hiver 1985-1986.
2. Stéphane Marchand, *Le Figaro*, 18 septembre 1988.

et politique solidaire et dynamique auprès de toutes les parties du conflit. « L'Europe, regrette l'ancien général israélien Matti Peled, a cédé à l'insistance des Etats-Unis à présenter la question du Moyen-Orient comme une *affaire de grandes personnes* et les Européens ont cru à tort que les Américains étaient les seuls à pouvoir servir de médiateurs[1]. »

Ensuite parce qu'entre l'Europe, le monde arabe et le monde arabo-musulman, il y a une communauté de civilisation, une longue histoire partagée autour de la Méditerranée qui devraient rendre cette proximité propice à une meilleure écoute de l'autre et une intervention plus fraternelle et plus efficace dans l'allègement des souffrances.

Enfin parce que, comme l'admet l'ancien ministre français des Affaires étrangères, Claude Cheysson, « la responsabilité des Occidentaux dans le drame palestinien est grande. »

> « Ils ont, en effet, été à l'origine du problème juif. Ils ont extorqué une terre qui ne leur appartenait pas et l'ont donnée à des étrangers auxquels elle n'appartenait pas et, en 1948, les Occidentaux, qui étaient las des guerres, ont eu la faiblesse de traiter du problème israélien par la création d'un Etat, et de prétendre qu'on pouvait donner comme seul avenir à un peuple palestinien, la naissance, la vie et la mort dans les camps de réfugiés... »

Peut-être doit-on ajouter à toutes ces raisons que la sécurité de l'Europe dépend, aussi, de la solution du problème arabo-israélien et que l'alternative qui la guette est ou bien de subir les retombées d'une conflagration au Moyen-Orient ou bien d'agir avec plus de conviction selon les options qu'elle aura choisies pour la recherche de la paix. Sans se soucier des deux Grands.

Quand les Arabes déclarent souscrire à la politique de la France au Moyen-Orient, ils se réfèrent toujours au général De Gaulle. Lorsqu'en 1967 Israël envahit les territoires arabes et prit la vieille ville de Jérusalem, celui-ci a en effet, et par deux fois, défini une ligne pour la France qui sous-tend depuis la politique de tous les gouvernements qui lui ont succédé. Dans sa réponse à une lettre de Ben Gourion, il confirma les propos de sa conférence de presse du 27 novembre 1967, dressant le bilan du passé et proposant, pour l'avenir, des solutions qui demeurent, aujourd'hui encore, aussi justes :

> « Les terres initialement reconnues à votre Etat par les puissances sont considérées par les Arabes comme leur bien, que ceux-ci, au milieu desquels s'installait Israël, sont, de leur côté, fiers et respectables, que la France éprouve à leur égard une amitié ancienne et natu-

1. M. Peled, *Middle East International,* 26 septembre 1986.

relle, et qu'ils méritent eux aussi de se développer en dépit de tous les obstacles que leur opposent la nature, les graves et humiliants retards qu'ils ont souvent subis depuis des siècles du fait de leurs occupants successifs, enfin leur propre dispersion.

« Certes, je ne conteste aucunement que le fâcheux blocus du golfe d'Akaba était unilatéralement dommageable à votre pays et je ne méconnais pas que celui-ci eût lieu de de se sentir menacé étant donné la tension où était plongée la région palestinienne par suite des flots d'invectives prodiguées à l'encontre d'Israël en même temps que du sort lamentable des Arabes réfugiés en Jordanie ou relégués à Gaza. Mais je demeure convaincu que, en passant outre aux avertissements donnés en temps voulu à votre gouvernement par celui de la République française, en entamant les hostilités, en prenant par la force des armes possession de Jérusalem et de maints territoires jordaniens, égyptiens et syriens, en y pratiquant la répression et les expulsions qui sont inévitablement les conséquences d'une occupation dont tout indique qu'elle tend à l'annexion, en affirmant devant le monde que le règlement du conflit ne peut être réalisé que sur la base des conquêtes acquises et non pas à condition que celles-ci soient évacuées, Israël dépasse les bornes de la modération nécessaire.

« Je le regrette d'autant plus que, moyennant le retrait de ses forces, il apparaît qu'une solution comportant la reconnaissance de votre Etat par ses voisins, des garanties de sécurité de part et d'autre des frontières qui pourraient être précisées par arbitrage international, un sort digne et équitable assuré aux réfugiés et aux minorités, la libre navigation pour tous dans le golfe d'Akaba et le canal de Suez, serait aujourd'hui possible dans le cadre des Nations unies, solution à laquelle on sait que la France est éventuellement disposée à concourir non seulement sur le plan politique mais encore sur le terrain[1]. »

Quand, en 1988, François Mitterrand a été réélu président de la République, les observateurs arabes ont espéré que ce deuxième mandat permettrait au chef de l'Etat français, après que le premier eut défini les options *politiques*, de jouer enfin, dans la région, le rôle *historique* que laissait présager son discours sans ambiguïtés devant le Parlement israélien. Le capital affectif dont dispose la France dans le monde arabe ainsi que l'amitié que témoignent les Israéliens à son président pourraient faire de ce pays l'axe d'une initiative européenne pour la paix au Proche-Orient. La France, en réactivant les principes de la déclaration de Venise, réchaufferait l'enthousiasme

1. Lettre du général De Gaulle du 30 décembre 1967, en réponse à celle datée du 6 décembre 1967, adressée par Ben Gourion.

des Européens pour leurs engagements. Il s'agit certes de la paix mais il y va aussi de l'intérêt de l'Europe.*

Il nous faut cependant éviter d'ajouter un mythe à tous ceux qui déforment l'histoire de ce conflit. Pour indispensable qu'elle soit, la conférence internationale, aujourd'hui chance ultime pour un règlement négocié, n'en est pas pour autant suffisante.

Si la conférence internationale peut définir le cadre juridique d'une cohabitation (et s'en porter garante) entre Arabes (musulmans et chrétiens) et Juifs d'Israël, ce n'est pas elle qui pourra faire qu'Israël devienne *de* la région. « Sûrement nous avons le droit de demander à notre nouveau voisin de nous prouver qu'il est un bon voisin avant de l'accepter comme membre de la communauté[1] », disait le général Naguib, premier président égyptien, reprenant ainsi, à quelques décennies d'intervalle ce que Buber révélait des inquiétudes arabes devant les premiers immigrants juifs :

> « Lorsque nous sommes retournés en Palestine, la question décisive fut : voulez-vous venir ici comme un ami, un frère, un membre de la communauté des peuples du Proche-Orient ou comme les représentants du colonialisme et de l'impérialisme ? »

Pour l'heure, les Arabes n'ont connu d'Israël que le « bastion colonial » au cœur du monde arabe ainsi que la violence, le terrorisme et la guerre que le sionisme fait subir à la région depuis plus d'un demi-siècle et qui sont l'expression naturelle d'une philosophie de l'Etat fondée sur l'autoségrégation raciale et l'exclusion. « La majorité des Juifs a préféré apprendre d'Hitler que de nous, écrit Buber, Hitler a montré que l'Histoire ne suit pas la voie de l'esprit mais celle du pouvoir et que lorsqu'un peuple est assez fort, il peut tuer en toute impunité[2]. »

Aujourd'hui, l'Etat juif est là et il correspond tout à fait à ce

---

* En recevant le président israélien, Haïm Herzog, le 17 octobre 1988, le président Mitterrand a confirmé son attachement à la Conférence de paix « réunissant l'ensemble des parties prenantes de la région directement intéressées par le conflit ». Il évoqua « la garantie des grandes puissances, dont la caution peut être utile » et « le droit des Palestiniens à vivre dans une patrie, sur une terre qu'ils estiment être la leur et d'y édifier les structures de l'Etat qui leur conviendraient ». Ce disant, le président Mitterrand s'affirme encore une fois à plusieurs coudées d'avance sur le discours frileux de la classe politique et, tout en rappelant son attachement à Israël, il se trouve, sur les propositions de solution au conflit du Moyen-Orient, en complète identité de vues avec les Arabes y compris en ce qui concerne « le droit de *tous* les Etats de la région à vivre en paix dans des frontières sûres et reconnues ».

1. Mohammed Naguib, *Egypt's Destiny,* Londres, Gollacz, 1955.
2. Martin Buber, *Jewish Newsletter,* 2 juin 1958.

qu'appréhendaient plusieurs Juifs éminents d'un Etat fondé sur la race et la religion, ceux qui, comme Einstein et Freud ainsi que des sionistes immigrés en Palestine, ont prévu la tragédie d'Israël *victorieux* des Arabes et qui ont préconisé l'alternative de l'*Ihoud* à l'exclusion et à l'*égoïsme sacré*. Ceux-là, parmi les sionistes, avaient compris que la paix ne pouvait se faire en se tournant le dos. Ils crurent, comme Buber et Magnes, pouvoir animer un courant idéaliste et ont essayé, depuis les débuts de la colonisation, d'assurer une charpente morale à un édifice essentiellement amoral. Ils ont au moins compris que la conscience d'Israël dépendait des Arabes. Que les Arabes *sont* la conscience de Sion.

> « Il y a une question qui a plus de poids que toutes les autres réunies. C'est la question de nos relations avec les Arabes. Nos aspirations nationales dépendent de sa juste solution, elle a été simplement oubliée par les sionistes et pratiquement aucune référence n'y est faite, sous son aspect véritable, dans la littérature sioniste », avait dit, dès 1907, le Dr Epstein[1].

Ces idéalistes durent rapidement déchanter. Le problème, dans leur approche humaniste, n'était pas que celle-ci s'opposait à l'ambition des colonisateurs, mais qu'elle était en conflit avec la logique implacable de la philosophie sioniste.

> « Face à l'exigence d'un *Etat juif,* racontera plus tard Buber, notre petit cercle opta pour un Etat binational ou une fédération du Proche-Orient dans laquelle le nouvel Etat devait entrer comme membre à part entière. Cette exigence, née de la croyance que des formes de vie nouvelles et supérieures entre peuples étaient possibles, ne s'est pas imposée dans l'opinion publique[2]. »

Et Ahad Haam, devant le développement de la haine contre les Arabes, préfigurant la tragédie qu'allait vivre le peuple palestinien, s'écriait désespéré :

> « Est-ce là le rêve du retour à Sion... que nous venions aujourd'hui maculer cette terre du sang innocent ? Si c'est cela le Messie, je ne voudrais pas assister à sa venue. »

Il y eut, ainsi, tout le long du cheminement tragique de la colonisation sioniste de la Palestine, des esprits torturés par le conflit entre une passion nostalgique pour cette terre et un besoin de justice incompatibles. Uri Avnéry avait, lui, rêvé d'une alliance sémite entre Palestiniens et Juifs et fondé, en 1958, l'Action sémite. Et depuis l'*Intifada,* il ne se passe pas une semaine sans que d'autres Juifs déchirés n'apportent leur contribution à la recherche de la paix en

1. Yitzhak Epstein (1862-1943), sioniste de la première heure, émigré en Palestine, in *Israel and the Arab World,* Aharon Cohen, Ed. Funk and Wagnalls, 1970.
2. Martin Buber, *Une terre et deux peuples,* éd. Lieu commun, 1983.

proposant des projets de solutions fondés sur la reconnaissance des droits des Palestiniens à l'autodétermination.

Dans un article pour le *Washington Post* et *Al-Qods,* un jeune professeur juif américain de l'Université de Maryland, Jerome M. Segal, fondateur du *Jewish Committee for Israeli-Palestinian Peace,* suggère aux Palestiniens de ne plus attendre et de publier à l'instar des Israéliens, en 1947, une déclaration d'indépendance unilatérale annonçant l'existence de l'Etat de Palestine puis de demander la reconnaissance de ce nouvel Etat et son admission aux Nations unies. Avec l'*Intifada* « pour la première fois, dit Segal, les Palestiniens sont entrés dans l'Histoire comme agents de leur propre destin[1] ».

Le 7 août 1988, un document révélé par la télévision israélienne, saisi au Centre d'études arabes à Jérusalem, semblant correspondre au plan évoqué d'un gouvernement en exil et de déclaration d'un Etat palestinien, suscitait, auprès du gouvernement israélien, des réactions dont la violence nous permet d'imaginer ce que pourrait être la réponse de Shamir quand l'O.L.P. aura pris la décision de déclarer l'indépendance de l'Etat palestinien sur les territoires occupés.

La question a souvent été posée à Yasser Arafat et aux dirigeants palestiniens : « Pourquoi pas un gouvernement en exil ? » Jusqu'ici, la centrale palestinienne semble avoir attendu, avant d'en arriver là, une réaction américaine au projet de conférence internationale, c'est-à-dire au projet de solution négociée et définitive. Mais il n'est peut-être plus lointain ce jour où, répondant à l'appel de son peuple, elle mettra tous les Etats membres des Nations unies devant leurs responsabilités internationales en déclarant indépendant l'Etat de Palestine prévu par le plan de partage de 1947.

L'O.L.P. a, pour ce faire, d'énormes atouts. Elle est membre de la Ligue des Etats arabes, elle a un statut d'observateur aux Nations unies et, dans la plupart des organisations internationales, elle est reconnue par la majorité des nations comme unique représentant du peuple palestinien, elle a surtout la légitimité populaire que lui apporte le soutien de tous les Palestiniens.

Cependant, au-delà des solutions juridiques, il faut surtout rêver des solutions utopiques, celles que la réalité écarte et que l'Histoire finit par imposer parce qu'elles vont dans le sens de l'homme.

En 1947, à la veille de la résolution consommant la blessure de la Terre sainte, le représentant du Liban auprès des Nations unies, parlant au nom de tous les pays arabes présents, adressa une requête à la conscience des nations :

1. *Herald Tribune,* 27 mai 1988.

« Les Etats arabes sont en mesure de soumettre les principes généraux qui devraient servir de base pour une formule de compromis :

Principe numéro un : un Etat fédéral indépendant sera édifié en Palestine au plus tard le 1er août 1948.

Principe numéro deux : le gouvernement de cet Etat sera constitué sur une base fédérale et comprendra un gouvernement fédéral et des gouvernements cantonaux juif et arabe.

Principe numéro trois : la délimitation de ces cantons sera faite en vue de laisser aussi peu de minorités juive et arabe dans chaque canton.

Principe numéro quatre : la population de Palestine élira au suffrage universel direct une Assemblée constituante qui rédigera le texte de la future constitution de l'Etat fédéral de Palestine. L'Assemblée constituante comprendra tous les éléments de la population proportionnellement au nombre des citoyens respectifs.

Principe numéro cinq : l'Assemblée constituante, en définissant les pouvoirs de l'Etat fédéral de Palestine, aussi bien que les pouvoirs des organes judiciaire et législatif, en définissant les pouvoirs du gouvernement cantonal, et en définissant les relations entre le gouvernement cantonal et l'Etat fédéral, s'inspirera de la Constitution des Etats-Unis d'Amérique aussi bien que de celle de chacun des Etats des Etats-Unis d'Amérique.

Principe numéro six : entre autres provisions nécessaires et essentielles, la constitution devra statuer sur la protection des Lieux saints, la liberté d'accès, de visite et de culte, conformément au *statu quo* ainsi que sur le respect des droits des établissements religieux de toutes nationalités qui sont présentement en Palestine. »

Le représentant du Liban insista sur le fait que « les Arabes étaient ouverts à toute suggestion ou proposition des autres délégations qui pourraient aider à concilier les points de vue des Arabes et des Juifs[1] ».

Que de drames, que de victimes, que de temps perdu, et peut-être l'irréversible, auraient pu être évités si ces Juifs-ci avaient alors écouté ces Arabes-là.

Le représentant américain s'y opposa. Celui de l'Union soviétique s'empressa de mettre son refus aux voix. Ainsi fut consacré ce qui allait être pour les Palestiniens et pour la Palestine, la déchirure, et pour les sionistes, le début d'une amère victoire.

1. C'est seulement le 3 juillet 1988 qu'un Juif idéaliste, Yéhudi Menuhin, fils de Moshé Ménuhin, faisant écho quarante et un ans plus tard à ce plan arabe, proposera la solution « d'un Etat fédéral en Terre sainte » (*Herald Tribune,* 4 juillet 1988).

« Un peuple ne s'épanouit que lorsqu'il produit son territoire en y imprimant ses mythes. »

Cité, d'après le roman de Fawzi Mellah,
Elissa, la reine vagabonde, Seuil,
par Tahar Ben Jelloun,
Le Monde, 22 juillet 1988

Je me lance dans l'aventure de ce livre plein de contradictions, d'affrontements et d'espoir. Angoissé mais résolu.

Assis sur mon balcon, face au mont Sion, dans la couleur et l'odeur des arbres et des fleurs de Jérusalem, je m'interroge sur ma capacité à faire partager au lecteur l'amour de cette terre et de cette ville qui est au cœur de chaque Juif conscient de son identité.

Tout à l'heure, je descendrai par les ruelles en escalier du quartier de Yémin Moshé et j'irai rejoindre, par la porte de Jaffa, le souk du roi David.

Là, je reprendrai avec mon ami Zyad K. une conversation toujours interrompue, toujours reprise, à travers laquelle nous cherchons, l'un et l'autre, à mieux nous comprendre et, surtout, à nous faire comprendre l'un de l'autre.

Zyad est un Arabe de Jérusalem, d'une famille installée dans cette ville depuis longtemps.

Un jour que Moshé Dayan tentait de marchander l'achat d'une robe bédouine particulièrement belle et d'ancienne fabrication, Zyad avait interrompu ce marchandage en lui disant : « Soyez raisonnable, finalement qu'allez-vous me donner : de l'argent. Moi, ce que je vous vends, c'est de la culture ! »

Cette anecdote m'avait attiré chez Zyad. Depuis, à travers cette amitié et ces longues conversations, j'ai pu mesurer son intelligence, la finesse de ses analyses politiques, mais aussi les blocages psychologiques et l'extraordinaire importance qu'il attache au respect de sa dignité.

> « Attention, m'avait-il dit au cours de l'un de nos premiers entretiens, si vous respectez ma dignité, je vous offrirai la plus large hospitalité. Je serai prêt à tout partager avec vous. Mais si j'ai le sentiment que, d'une manière ou d'une autre, vous portez atteinte à ma dignité, je me vengerai. Tôt ou tard, peu importe, mais seule la vengeance lavera cet affront. »

Il m'avait alors raconté que, quelques jours auparavant, un jeune homme était entré dans un café arabe au fond duquel un vieil homme fumait son narguilé. Le jeune homme s'était approché et lui avait lancé : « Vous êtes bien un tel, n'est-ce-pas ? Je suis le petit-fils d'un tel. Rappelez-vous. » Et il l'avait froidement abattu. L'affront était vieux de trente ou quarante ans.

Zyad m'a dit aussi :

> « Avec Bégin, nous n'arriverons à rien. Il a constamment devant les yeux les six millions de morts de la Shoa. Je le comprends. Si j'avais vécu ce qu'il a vécu, je serais sans doute comme lui. Mais nous, Palestiniens, nous sommes innocents de ce crime. »
>
> « Par contre – avait-il ajouté – le jour où Moshé Dayan disparaîtra, vous ne serez pas les seuls à le pleurer. »

Après la mort de Dayan, il m'a raconté que son père, accompagné de l'un de ses jeunes frères, s'étaient rendus à son enterrement à Nahalal.

Zyad est conscient de ce que la présence juive a apporté aux Arabes de Palestine. Mais il ne veut pas d'un pouvoir juif et d'une administration juive imposée aux Arabes. Cependant, il refuse toute nouvelle séparation. Il m'a dit :

> « Quand tu viens dans la vieille ville, tu es mon hôte. Quand je viendrai dans la ville nouvelle, je serai ton hôte. »

Jusqu'à présent, c'est moi qui suis venu vers lui. Mais, je le sais, un jour, il viendra vers moi.

Et c'est en pensant à lui – à lui aussi – que j'écris ces lignes pour faire comprendre mon attachement et la présence du peuple auquel j'appartiens au cœur même de Jérusalem, capitale de la mémoire et de l'espoir d'Israël.

* *
*

Je suis né, il y a bien longtemps, à Paris, au coin de la rue d'Hauteville et de la rue Chabrol. Mon père était né dans les mêmes lieux, quarante-deux ans auparavant.

Mon grand-père y avait emménagé après avoir quitté l'Alsace après l'annexion de celle-ci par les Allemands lors de la désastreuse guerre de 1870-1871.

Comme tous les Alsaciens, il s'était installé dans la proximité de la gare de l'Est, mais pas trop loin non plus du neuvième arrondissement où étaient regroupées quelques synagogues.

Mon arrière-grand-père avait été grand rabbin de Colmar. D'une très stricte orthodoxie, il était réputé pour son éloquence et son savoir. Il n'a cependant jamais pu être grand rabbin de France parce qu'il se refusait à prier dans une synagogue où on jouait de l'orgue le shabbat et où un chœur mixte chantait. Les membres du Consistoire de l'époque tenaient plus à l'orgue et aux voix féminines qu'à l'orthodoxie de leur chef spirituel. Ils ont changé depuis. La vie moderne offre tant de distractions qu'il leur a paru possible, maintenant, de renoncer à celles-là.

Mon grand-père, porteur de cette tradition, a donc créé, avec quelques amis, une synagogue indépendante au 10 de la rue Cadet, au fond d'une cour, dans des locaux occupés auparavant par une vaste menuiserie. Les hommes en bas, les femmes en haut. Une stricte observance dans le respect d'un équilibre entre une vie spirituelle et familiale entièrement dominée par le calendrier des obligations *(mitzvot)* de la Tora et une vie professionnelle et civile largement ouverte sur la société environnante. Un difficile équilibre proposé par le fameux rabbin Samson Raphaël Hirsch, qui avait créé une importante communauté orthodoxe à Francfort-sur-le-Main, à la fin du XIXe siècle.

Nous allions tous les samedis et jours de fête à la synagogue et tous les Quatorze-Juillet et Onze-Novembre, nous assistions, gais et contents, au défilé de l'armée française. J'ai été ainsi élevé (comme tous mes cousins) dans les récits de la guerre de 14-18, mais aussi dans la lecture de la Tora et l'art de la *Hazanout* (la liturgie).

Mon père était médecin, comme son père l'avait été avant lui. Il exerçait sa profession plus comme un sacerdoce que comme une source de revenus. Nous vivions modestement, mais le docteur Klein était connu et respecté dans le quartier et il pinçait volontiers les joues de nombreux bambins qu'il avait aidé à mettre au monde.

Mon père s'était battu, après la mort de ses parents, pour conserver la location de l'appartement où lui et ses frères étaient nés. Les autres membres de la famille s'étaient tous installés dans le même quartier. Les garçons allaient à l'école communale de la rue des Petits-Hôtels et les filles à celle de la rue Chabrol. Par un arrangement tacite jamais remis en cause, les Klein n'allaient pas à l'école le samedi, pour respecter le repos prescrit par la Tora.

C'est peut-être le lieu ici de remarquer que, curieusement, les juifs de France n'avaient pas tiré de l'affaire Dreyfus les mêmes conclusions que Théodore Herzl. Ils avaient souffert de cette période. Le nez de mon père portait la trace d'un coup donné par un des antidreyfusards forcenés du Fort-Chabrol (situé en face de chez nous).

Mais ils avaient, somme toute, triomphé avec les forces de progrès, les vrais républicains, ceux qui représentaient la vraie France, celle qui les avait émancipés et qui apportait au monde les droits de l'homme, la liberté, l'égalité et la fraternité.

La famille votait radical-socialiste.

Ainsi, la rue Cadet illustrait-elle l'accord curieux mais possible entre notre orthodoxie et la laïcité républicaine. Le Grand-Orient de France siégeait au 16 de la rue Cadet et la synagogue de « la Stricte Observance » était installée au 10 de cette rue populaire. Nos rituels contradictoires ne troublaient guère les marchandes de quatre saisons qui emplissaient de leurs appels joyeux et racoleurs l'espace laissé libre par nos prières et les invocations maçonniques.

Tels Janus, nous avions donc deux visages tournés l'un vers la ville et l'autre vers le foyer. Nous vibrions à *la Marseillaise* et au *Chant du Départ* comme au récit de l'entrée du grand prêtre dans le Saint des Saints, le jour de Kippour.

Nous étions juifs – profondément juifs – et français – solennellement français – avec cependant un regard et une nostalgie tournés vers la Terre sainte et Jérusalem.

Dans la pièce centrale de l'appartement, accroché au mur donnant vers l'est, il y avait un tableau. Il représentait une vue de Jérusalem. Une Jérusalem imaginaire, céleste mais bien présente. Les deux triangles inversés du bouclier de David étaient gardés par les lions de Juda et surmontés d'un soleil. Un mot y brillait de ses quatre lettres hébraïques : *Mizrah* (l'Est).

Sous ce tableau, s'alignaient des petits troncs dans lesquels on jetait des pièces de monnaie et parmi ces troncs, celui bleu et blanc du Kéren Kayémeth LéIsraël, le Fonds pour la mise en valeur de la terre d'Israël.

Au moment de la prière, nous nous tournions ves cette Jérusalem dont nous rappelions, trois fois par jour dans nos prières, que l'Eternel la rebâtirait, y rétablirait sa résidence et y rassemblerait les dispersés d'Israël.

Ma famille ne croyait pas au sionisme. Seul Dieu et le Messie ramèneraient le peuple juif sur sa terre. Mais déjà dans ma génération, quelques voix discordantes se faisaient entendre. Certains pensaient qu'il fallait aider l'Eternel à se décider et accélérer, au besoin, l'arrivée du Messie en préparant sur place son accueil.

Jérusalem ne devait pas seulement vivre dans notre cœur mais nous devions y rejoindre ceux qui ne l'avaient jamais quittée et la rebâtir, nous-mêmes, dans sa splendeur d'antan.

Enfant, j'avais une *Histoire sainte*, un beau livre écrit par le rabbin Arthur Weill, un bon juif alsacien qui a fini sa carrière comme rabbin de Bâle en Suisse. Dans ce livre, une image me fascinait : le tombeau de « Rachel notre mère ».

Ce bâtiment tout nu, sans un arbre autour, surmonté d'une simple coupole blanche, évoquait pour moi un paysage inconnu mais proche. Car, au-delà de l'Alsace et de la Suisse où vivaient mes grands-parents maternels ; au-delà de ces patois qui, mêlés d'alsacien et de suisse-allemand, plongeaient, l'un et l'autre, dans un judéo-allemand qui colorait souvent la conversation de mes parents, cette image me renvoyait vers la source mystérieuse d'une nostalgie à peine consciente mais inépuisable.

Pour des raisons de santé un peu obscures, j'avais été envoyé pendant quelques années en Suisse. A Davos d'abord, puis dans une maison d'enfants juifs à Celerina près de Saint-Moritz. J'allais à l'école locale et, entre 7 et 9 ans, je ne parlais que le suisse-allemand des Grisons et j'oubliais le français.

Revenu à Paris, déphasé dans mes études, mon père se laissa tenter par le projet d'un Maître extraordinaire – âgé à l'époque de moins de trente ans – qui voulait créer un lycée juif. Le premier et le seul, alors, en France.

C'était l'école Maïmonide. Et le Maître – auquel je ne rendrai jamais assez l'hommage qu'il mérite – s'appelle Marcus Cohn. Il réside, aujourd'hui, et depuis longtemps, à Jérusalem.

Dans cette école, j'ai rencontré le peuple juif.

Venus de Pologne, de Russie, de Hongrie, du Maroc, de Tunisie, plus tard d'Allemagne et d'Autriche mais aussi, pour l'un d'entre eux, de Palestine, les élèves de l'école Maïmonide, au milieu desquels j'étais l'un des très rares « israélites français », m'apprenaient à mieux connaître ce peuple auquel j'appartenais, à en mesurer la diversité mais aussi à en découvrir l'unité.

L'enseignement des matières du programme ordinaire des lycées était assuré en grande partie par des élèves de l'Ecole normale supérieure toute proche ; l'enseignement des matières juives par de jeunes rabbins et par notre directeur, homme de culture, j'allais écrire excessive, capable d'enseigner le Talmud et le grec, les mathématiques et la grammaire hébraïque, les sciences naturelles comme les finesses du sanscrit ou du chaldéen.

A l'école Maïmonide, religieux et non religieux pouvaient vivre côte à côte et l'enseignement prodigué privilégiait la connaissance et l'explication sans imposer aucune contrainte. C'est ainsi qu'à travers les livres de la Bible, lus et traduits, mais surtout à travers les discussions des rabbins du Talmud, j'entrais, lentement, dans une sorte de reconstruction de la vie de mes ancêtres sur cette terre que nous nommions alors la Palestine (en hébreu : *Eretz-Israël*, le pays d'Israël).

Ma conscience juive s'élargissait. Au-delà- du rite et de l'Histoire, je prenais insensiblement conscience de la continuité, de la diversité et de l'unité du *Clal Israël*, la communauté des juifs.

La guerre et surtout l'occupation allemande devaient bien sûr élargir tragiquement cette prise de conscience. Je fus soudain confronté à la précarité de ma qualité de Français aux yeux du gouvernement de l'époque. Je disposais des quatre ou cinq générations françaises qui m'autorisaient à poursuivre mes études puisque ma famille était française depuis que les juifs avaient été admis comme citoyens. Mais je devais en justifier comme d'un privilège qui me désolidarisait, dès lors, des autres juifs. Brusquement, mon histoire, que j'avais vécue dans le cadre de l'histoire de France, s'en séparait. J'en étais chassé.

Les récits de guerre de mon père et de mes oncles, ceux de mes cousins plus âgés, mobilisés en 1939, prenaient un caractère dérisoire. Moi-même, appelé aux Chantiers de jeunesse, qui remplaçaient alors le service militaire, je ne pouvais chanter avec les autres *Maréchal, nous voilà*.

Dans le même temps que je me voyais rejeté et exclu, un appel me venait de ceux qui refusaient la Révolution nationale et s'engageaient dans la Résistance.

Les premiers mots de provençal que j'ai appris m'ont été soufflés par des camarades de Nîmes et de Montpellier qui, dans la dernière strophe de l'hymne au Maréchal, avaient glissé les mots : « Va te faïre figa » (traduction incertaine mais évidente : va te faire foutre), ce qui donnait aux derniers mots de l'hymne une signification à laquelle je pouvais de bon cœur adhérer.

Appelé à participer aux activités d'un réseau de résistance juive chargé de « planquer » – c'est-à-dire de mettre en sécurité sous une fausse identité – les enfants ou de les faire passer en Suisse (les plus jeunes), ou en Espagne (les plus âgés), je comprenais mieux la nécessité d'un combat pour une terre où le peuple juif pourrait être chez lui. La découverte du désastre de la Shoa devait me renforcer dans cette conviction.

Elu, plus tard, à la tête de l'Union des étudiants juifs de France, parce que je n'appartenais ni à l'aile communiste, ni à l'aile militante sioniste, je dois avouer que j'ai vécu les années précédant et accompagnant la naissance de l'Etat juif plus en spectateur qu'en acteur.

* *
*

En 1958, pour la première fois, je traversai la Méditerranée pour atterrir, vers cinq heures du matin, en avril, dans les senteurs de fleurs d'orangers, près de Tel-Aviv.

Je découvrais une terre qui était, je le sentais, profondément mienne, et des paysages qui, d'emblée, m'étaient familiers.

Je remontais avec émotion la vieille route qui menait à Jérusalem bordée des traces d'une guerre qui avait été rude. Du haut d'un bâtiment de Notre-Dame de France – l'Histoire a de ces détours curieux – j'aperçus, pour la première fois, enfouie sous ses murailles, la vieille ville de Jérusalem et la foule bigarrée qui se pressait à la porte de Damas, si proche et pourtant inaccessible.

Je me dirigeai vers la porte Mandelbaum – seul passage entre la Jérusalem arabe et la Jérusalem juive – pour entendre, sur son balcon, une femme juive marocaine menacer, en français, son fils indiscipliné d'affreuses et hypothétiques représailles où les soldats jordaniens, en faction à quelques mètres, jouaient le rôle de pères fouettards.

Je connaissais tous les visages que je croisais dans les rues. J'imaginais toutes les vies vécues par ces hommes et ces femmes parlant quarante langues différentes. Je découvrais, grâce à eux, un hébreu vivant, sorti des livres de prières et d'étude. Je décidais d'apprendre à le parler comme eux. Comme la langue de notre fraternité redécouverte.

Je prenais toute une série d'engagements personnels et professionnels pour me lier à ce pays retrouvé. Chaque année, deux ou trois fois, je « montais » en Israël pour en « redescendre » huit ou quinze jours plus tard.

Je louais, à Jaffa, pour accueillir la famille pendant les vacances, un appartement dans un immeuble appartenant au gouvernement espagnol. Cet immeuble – qui portait le nom, flatteur pour moi, de Casanova – avait accueilli jadis les pèlerins catholiques. Chateaubriand et Lamartine et tant d'autres m'avaient précédé dans cette haute bâtisse surplombant le port, face au fameux rocher d'Andromède*.

J'ai longtemps prétendu que c'était là – sur la terrasse de mon appartement ouverte sur la mer – que Bonaparte avait lancé son appel aux Juifs, leur offrant de venir rejoindre son armée encore conquérante pour rebâtir « l'antique royaume d'Israël ». Avant d'aller perdre son temps , une partie de ses troupes et ses rêves moyens-orientaux sous les murs de Saint-Jean-d'Acre.

Chaque fois que nous arrivions à Jaffa, nous allions le soir dîner chez Younès, un Arabe israélien, où nous retrouvions nos amis, vite prévenus de notre présence. le *houmous* et la *téhina,* le *taboulé* et le *boury* (un poisson) nous plongeaient dans cet Orient coloré où la paix paraissait si naturelle alors qu'à tout moment la violence pouvait, à nouveau, surgir.

* Andromède : fille de Céphée, roi d'Ethiopie, et de Cassiopée – changée en constellation après sa mort – avait été, sur ordre de Poséïdon, attachée à ce rocher pour y être mangée par un monstre marin. Persée, monté sur le fameux Pégase, l'enleva pour l'épouser. La légende est muette sur leur bonheur conjugal.

Mon hébreu progressait. Je me lançai dans la préparation d'un examen d'équivalence afin de m'inscrire au barreau d'Israël. Mon intégration était symbolisée par le fait que les Israéliens ne me demandaient plus : « Quand es-tu arrivé ? » mais : « Quand es-tu rentré ? »

J'étais israélien en Israël et français en France. Heureux d'un équilibre qui me permettait de vivre en harmonie ces deux fidélités héritées de l'histoire de ma famille et de les faire cohabiter en moi comme la preuve, chaque jour renouvelée, que la fidélité à son identité, même lorsqu'elle est multiple, ouvre la voie à la connaissance et au respect de l'Autre.

En m'assumant pour ce que je suis, en m'ancrant au cœur même de ce que je suis, je peux m'ouvrir à l'universel.

* *
*

La guerre de Six Jours allait bouleverser cet univers paisible.

Quelques semaines avant qu'elle n'éclate, j'avais été à Djerba. A peine installé à l'hôtel Ulysse, j'avais reçu un appel téléphonique du secrétaire de la communauté juive de cette île. Sur le fondement d'une information mal transmise, il croyait que j'étais le président du Consistoire de Paris. Je démentis cette information mais acceptai volontiers d'aller rencontrer le président et les dignitaires de cette communauté juive, dont la tradition rapporte qu'elle était installée sur cette île depuis la destruction du Premier Temple et bien avant l'arrivée des conquérants arabes.

Des juifs simples et dignes, vivant dans leur quartier, ne parlant, pour la plupart, que l'arabe ; artisans ou petits commerçants dans le souk de l'agglomération principale. Les synagogues étaient nombreuses et la communauté possédait même une imprimerie tenue par un vieil homme chez lequel j'ai pu acheter un *Zohar* (livre de la Cabbale), venant du centre de l'Europe.

Ils étaient habillés comme tous les habitants de l'île, sauf que le bas de leur culotte, juste au dessous du genou, s'ornait d'un galon noir. Les Arabes affirmaient que ce galon était imposé aux Juifs pour les distinguer des musulmans. Les Juifs, eux, le revendiquaient en mémoire de la destruction du Premier Temple de Jérusalem et, donc, comme la marque de leur attachement ancestral au Dieu d'Israël et à Jérusalem.

Au cœur de l'île de Djerba, se trouve la fameuse synagogue de la Ghriba, où chaque année, entre la Pâque et la Pentecôte juives, se réunissaient toutes les communautés juives de cette partie de l'Afrique du Nord.

Comme j'interrogeais plusieurs Arabes sur les lieux à visiter sur l'île de Djerba, ils me désignaient chaque fois la synagogue de la Ghriba qu'ils m'indiquaient comme le monument le plus important de leur île.

Une grande partie des Juifs de Djerba avait déjà quitté l'île pour Tunis mais aussi pour la France et pour Israël. Les enfants de ceux qui restaient fréquentaient une école où l'enseignement était donné, en grande partie, en hébreu. Je ne pouvais d'ailleurs m'entretenir avec les anciens de la communauté que grâce à leurs enfants qui parlaient l'hébreu ou le français. Ils ne se plaignaient d'aucune hostilité. Ils avaient derrière eux des siècles de vie commune avec leurs voisins arabes. Cependant, ils portaient en eux la crainte permanente de violences populaires auxquelles les autorités locales ou nationales ne parviendraient pas à faire face. Même leur confiance en Bourguiba, alors au faîte de son pouvoir et de sa gloire, ne pouvait vaincre cette crainte.

Quelques jours après mon retour de Djerba, vers la mi-mai, éclatait la crise provoquée par la menace de Nasser de fermer le détroit d'Akaba et aggravée par le refus, hypocritement exprimé par la France et l'Angleterre, d'exécuter les garanties données neuf ans plus tôt à Ben Gourion pour l'inciter à évacuer le Sinaï, conquis pendant la fulgurante campagne de Suez.

Une à une, les communautés juives se mobilisèrent, alertées par une propagande arabe déchaînée, appelant inlassablement au rejet des Juifs à la mer. Pour une sorte de Palestine *Jüdenrein*. C'est pendant ces semaines d'anxiété, dans la deuxième semaine de mai, que les Juifs de la diaspora ont découvert leur relation, souvent encore insoupçonnée, à Israël. Ce n'était pas la raison, mais un impérieux mouvement de l'âme qui, brusquement, leur faisait ressentir que leur vie serait définitivement perturbée sinon privée de sens si Israël – ce nouvel Israël ressuscité dix-neuf ans auparavant – devait disparaître.

Il est difficile de rendre compte de l'amplitude et de la profondeur de ce mouvement qui, à de rares exceptions près, saisit alors tous les Juifs, y compris ceux qui, au-delà du « Rideau de fer » et plus particulièrement en Russie soviétique, avaient cru pouvoir ou devoir dissoudre leur identité juive dans le matérialisme dialectique.

Devant le danger qui menaçait Israël, face aux slogans de haine que toutes les radios arabes du Moyen-Orient diffusaient sans relâche, tous les Juifs se sentaient, soudain, « sionistes ».

Et depuis, la plupart d'entre eux le sont restés.

Secrétaire général du Comité de coordination des organisations juives de France qui influença si peu la politique du général de

Gaulle mais qui mobilisa toute la communauté juive, grâce en particulier à l'activité généreuse d'Edmond de Rothschild*, je partis pour Israël le matin même où éclatait la guerre de Six jours, accompagnant une délégation de parlementaires français et de responsables communautaires.

Après une journée d'attente à Athènes, nous arrivons le mardi soir à Tel-Aviv et le jeudi matin, nous sommes avec Teddy Kollek, Shimon Pérès et le « Vieux », Ben Gourion, au pied du Mur des Lamentations.

Puis-je m'arrêter un instant sur cette journée du jeudi 8 juin 1967...

Le matin, notre double délégation avait été conduite au quartier général de Tsahal pour la région Centre. Le général Ouzi Narkiss commandait cette région : il figure aux côtés de Moshé Dayan sur la célèbre photo de leur arrivée au Mur des Lamentations.

Teddy Kollek, élu quelques temps auparavant maire de Jérusalem, était également présent.

Nous nous connaissions bien. Je le prends à part pour lui exprimer, d'une manière un peu simpliste, mon désir de me rendre utile. Il me répond, avec sa franchise habituelle, parfois un peu trop brutale :

> « Si tu étais venu t'installer dans ce pays il y a cinq ou six ans, je saurais exactement ce que je pourrais te proposer de faire. »

J'avalai cette amicale couleuvre.

Entre-temps, Ben Gourion était arrivé, accompagné, entre autre, de Shimon Pérès. Aussitôt, nous sommes embarqués dans un cortège d'automobiles qui contourne les murs de la vieille ville par la porte de Damas et la route de Jéricho, puis remonte vers la porte des Détritus. De là, à pied, protégés par des soldats, longeant quelques ruelles puis, franchissant une petite porte, nous descendons un escalier étroit et tortueux menant vers un couloir coincé entre les maisons voisines et le haut mur, mystérieux et singulier.

Vers ce Mur, toutes les générations qui nous avaient précédés, depuis la destruction du Deuxième Temple de Jérusalem, avaient tourné leurs plaintes mélancoliques et leur espérance.

Sur une table en bois blanc étaient disposés quelques châles de prières. Chacun d'entre nous, dans le silence, s'avance alors vers le Mur pour le toucher. Un geste que, de génération en génération, nous avions rêvé d'accomplir.

A mon tour, je m'approche du Mur, attendant des larmes qui ne coulent pas.

---

* Le petit-fils du baron de Rothschild, qui œuvra, au siècle dernier et au début du nôtre, en faveur des premières colonies agricoles et des pionniers d'Israël.

Au moment d'effleurer le Mur, alors que mes doigts commencent de caresser la pierre, j'ai l'impression que ma main est saisie par une autre main fraternelle qui, traversant le Mur et les siècles, me lie irrévocablement au passé de mon peuple.

Quelque chose m'est transmis par cette poignée de main, imaginaire sans doute, mais ressentie physiquement avec une douce vigueur. Je dois prendre le relais.

Si j'ai accepté, *hic et nunc,* ici et maintenant, de participer à la rédaction de ce livre, je pense que c'est à cause de cette poignée de main. Je n'épuiserai sans doute jamais la charge de questionnement et de responsabilités qu'elle m'a, ce jour-là, imposée.

* *
*

Abraham avait acquis d'Ephron la caverne de Mahpéla.

Aux portes de la ville, devant les anciens de la tribu cananéenne de Het – et dont Ephron était un dignitaire – la transaction avait été conclue moyennant le prix de quatre cents shekels d'argent ayant cours marchand et payés comptant.

Abraham avait enterré Sarah dans cette caverne. C'est là aussi que sont inhumés Abraham, Isaac et Jacob. Léa, une des femmes de Jacob y est enterrée auprès de Rébecca, l'épouse d'Isaac. Des fondateurs du peuple hébreu – devenu le peuple juif – seule Rachel n'est pas enterrée dans cette caverne.

De sa tombe isolée, sur la route millénaire qui mène de Hébron à Jérusalem – de la sépulture des Patriarches vers la capitale éternelle – Rachel, la mère du peuple, témoigne de la continuité de sa présence sur cette terre.

Quelles que soient les thèses qui s'affrontent, quelle que soit l'ignorance profonde ou volontaire de certaines exégètes politiques, on ne peut arracher à l'histoire de cette terre son passé marqué en profondeur par la présence du peuple hébreu. Et quels que soient l'importance et le respect qu'il convient d'accorder à la Jérusalem chrétienne, il est impossible d'occulter le fait que l'attachement de la chrétienté à la Terre sainte repose sur les seules origines juives du christianisme. Tous les actes célébrés dans les Evangiles et accomplis sur la terre de la Palestine l'ont été par des Juifs.

Bien que je sois très loin de connaître toutes les sources d'inspiration de l'Islam, il ne me paraît pas exagéré d'affirmer que l'une des sources – et non la moindre – qui ont inspiré Mahomet était juive : la Bible. D'où – là encore – l'importance relative de Jérusalem pour les musulmans en général et parmi eux, en particulier, les Arabes.

Aussi, lorsque je parle de la Palestine, et que je défends les droits du peuple juif sur sa terre historique Eretz Israël, je me sens en droit de réclamer de mes interlocuteurs la reconnaissance de cette présence et de ce lien historique.

Mais dès lors que je me réfère à la Tora, qui est le récit fondamental de mon lien avec cette terre, j'apprends que c'est ensemble qu'Isaac et Ismaël ont porté dans la caverne de Mahpéla, le corps de leur père Abraham.

> « Ismaël, rangé parmi les enfants d'Abraham – nous dit, dans son commentaire édité en 1845, S. Cahen – est traité avec plus de distinction que les enfants des concubines ; la circoncision qu'il a subie établit déjà cette distinction. Il est probable qu'il a toujours existé des relations entre les descendants d'Ismaël et ceux de Jacob et que ces relations ont été utiles à Moïse, lorsqu'il a ramené en Arabie la colonie établie en Egypte*. »

Rien donc ne laissait présager, dans les livres de Moïse, un conflit fatal entre les descendants d'Isaac et de Jacob et ceux d'Ismaël. Abraham est l'ancêtre commun, dans le respect duquel, Arabes et Juifs, nous pouvons nous retrouver. Si, au-delà d'Abraham, l'histoire des descendants d'Ismaël et de ceux d'Isaac diverge, la Bible ne nous signale, en effet, aucun conflit majeur entre eux.

Les Philistins – qui ont donné leur nom à la Palestine – ne sont pas les descendants d'Ismaël, pas plus que les Egyptiens, ou d'autres peuples sémitiques de la région – descendants, peut-être, de Kétoura, la dernière femme d'Abraham – et qui n'ont été islamisés que par la conquête arabe.

Hébron, la ville où se trouve la caverne de Mahpéla, illustre admirablement, bien que dans la déchirure, l'histoire commune des Juifs et des Arabes. Cette caverne – dont le nom signifie : la caverne double – a été l'objet, au gré de la fortune des armes, d'appropriations qui illustrent à quel point les Juifs ont été les victimes d'une véritable expulsion de l'Histoire.

Voici ce qu'écrit Salomon Munk, dans son livre *Palestine. Description géographique historique et archéologique,* paru en 1865 chez Firmin-Didot (page 58) :

> « Pendant les croisades, Hébron était un évêché, et portait le nom de Saint-Abraham, en l'honneur du patriarche qui y avait demeuré. Benjamin de Tudèle dit que l'Eglise de Saint-Abraham, bâtie sur le tombeau des patriarches, avait été une synagogue, sous la domination musulmane. Maintenant, il y a là une mosquée, appelée Mesjed-Al-Khalil, en l'honneur d'Abraham, que les musulmans surnomment Al-Khalil ou l'Ami (de Dieu). »

---

* La Bible, traduction nouvelle, Pentateuque, tome 1, *Genèse,* deuxième édition par S. Cahen, Paris.

Pendant longtemps, les musulmans en ont interdit l'accès aux Juifs mais, depuis 1967, les uns et les autres viennent y prier en alternance, restituant ainsi au nom de ce lieu sa vraie signification : la double caverne.

C'est au contraire à propos des jumeaux – dont Rébecca était enceinte : Esaü et Jacob – qu'ils nous est dit :

> « Deux peuples sont dans ton ventre et de tes entrailles se sépareront deux nations : une de ces nations sera plus forte que l'autre, le plus grand servira le moindre*. »

La littérature rabbinique a largement assimilé Esaü – appelé aussi Edom – à Rome et le conflit entre Edom et Israël à celui qui oppose judaïsme et christianisme.

Ce n'est pas ici le lieu d'écrire l'histoire des relations entre Juifs et Arabes. Entre le judaïsme et l'Islam. Mais je ne peux m'empêcher de me référer à la période espagnole et à tous ces témoignages qui nous restent de cet âge d'or au cours duquel Juifs et Arabes ont, pour une part, fécondé l'Europe. N'est-ce pas, en effet, à travers les philosophes arabes et les savants juifs que la philosophie grecque – celle d'Aristote en particulier – est parvenue en Europe, et plus particulièrement dans le sud de la France ?

N'est-ce pas aussi Mohammed V, le sultan du Maroc, le père du roi Hassan II, qui, dans la tristesse des années 40, a refusé de voir appliquer dans son pays des mesures discriminatoires demandées par le gouvernement de Vichy ?

Certes, il y a eu dans les pays de l'Islam des conversions forcées, et le statut de *dhimmis,* s'il assurait une certaine protection lorsque le pouvoir du monarque, du prince ou du cheikh était assez fort, n'était pas celui de la liberté et de l'égalité. Sans doute pas non plus, le plus souvent, celui de la fraternité.

Cependant, je le perçois dans le récit de mes amis originaires d'Afrique du Nord, une certaine estime, un certain plaisir de vivre ensemble régnaient au moins dans les relations quotidiennes.

Les Arabes toléraient les Juifs comme ils toléraient les chrétiens : comme des résidents protégés, jamais comme des égaux. Même les Etats arabes les plus laïcisés maintiennent une différence. C'est une constatation et non pas un reproche.

Je déplore d'autant plus cette situation qu'elle se reproduit – à un niveau cependant infiniment plus restreint – en Israël, où les Arabes israéliens, bien que citoyens de plein droit, ne jouissent pas d'une totale égalité de traitement.

---

* *Genèse,* chapitre 25, verset 23. Traduction par S. Cahen, *op. cit.*

L'entente, la paix entre ces deux peuples nés d'un même père, sémites l'un et l'autre, n'est pas impossible. Chaque fois qu'au cours de l'Histoire elle s'est réalisée, même imparfaitement, ce fut à leur bénéfice commun.

Voilà pourquoi les premiers sionistes ont, avec naïveté peut-être, mais sûrement avec une immense sincérité, souhaité identifier leur combat à celui des Arabes qui, à la fin du siècle dernier et au début du XXe siècle, commençaient à lutter pour leurs droits nationaux.

Il n'est pas inutile, il est même grandement nécessaire, de rétablir une vérité trop méconnue aujourd'hui, aussi bien par les Juifs que par les Arabes.

* *
*

Le retour vers la terre d'Israël ne s'est pas réalisé contre ou même, comme certains le prétendent, dans l'ignorance des Arabes. Le souci de l'entente et de la coexistence habitait au contraire la plupart des hommes qui ont soutenu et mené l'action de rétablissement des juifs en Palestine. De surcroît, il faut situer leur attitude dans l'ambiance coloniale de l'époque pour en mesurer plus justement la valeur humaine.

Le 1er janvier 1899, le baron Edmond de Rothschild demandait aux fermiers qu'il avait installés dans ses premiers établissements agricoles de se montrer attentifs dans leur comportement avec les ouvriers agricoles arabes :

> « Je souhaite que vous aidiez vos frères, les ouvriers agricoles, en les employant dans les vignobles, dès que vous en avez la possibilité. Souvenez-vous qu'il faut toujours s'aider les uns les autres. Souvenez-vous que vous aussi, autrefois, vous avez été des pauvres. »

C'est Asher Ginsberg, plus connu sous le nom de Ahad Haam, qui écrit, dès 1891, dans un article intitulé « La vérité sur Eretz Israël (La Palestine) » :

> « Nous sommes habitués à croire, à l'étranger, que les Arabes sont tous des sauvages venus du désert, quelque chose qui ressemblerait à un âne ; qu'ils ne voient ni ne comprennent rien de ce qui se fait autour d'eux. C'est là une grave erreur*.
>
> L'Arabe, ainsi que tous les autres fils de Sem, se distingue par une intelligence très vive et par beaucoup de ruse. Toutes les villes de Syrie et de Palestine sont pleines de marchands arabes qui savent très

---

* On peut se demander s'il ne subsiste pas quelques traces de cette erreur, dans le comportement de certains dirigeants politiques actuels, à l'Est comme à l'Ouest.

bien exploiter les masses, suivre leur mentalité, et leur proposer ce qui est susceptible de les attirer exactement, comme cela se fait en Europe.

Les Arabes voient et comprennent ce que nous faisons, et surtout ceux d'entre eux qui vivent en ville. Ils se taisent néanmoins et font semblant de n'avoir rien vu et ce, tant qu'il ne leur semble pas que ce que nous faisons puisse être dangereux pour leur avenir.

Les paysans arabes se réjouissent de la création d'une colonie hébraïque dans leur environnement. De la sorte, ils y reçoivent de bons salaires pour leur travail. Ils s'y enrichissent ainsi davantage d'année en année. L'expérience le prouve.

D'autre part, les grands propriétaires fonciers sont contents de notre venue du fait que nous payons richement pour nos achats de terre, laquelle ne consiste fort souvent qu'en pierrailles et sable.

Les sommes que nous leur payons, ils n'en rêvaient même pas auparavant. Mais si, un jour, le développement de notre présence en Palestine devait en arriver au point de refouler un tant soit peu le peuple vivant au pays, il ne faut pas croire que celui-ci se laisserait faire. »

C'est encore Ahad Haam qui devait soutenir, au début des années 20, la thèse d'une même patrie pour deux peuples. Pour lui, à la Déclaration Balfour, promettant un foyer national juif, il fallait un pendant arabe : « Deux foyers nationaux dans un même pays », afin de satisfaire deux revendications également légitimes.

Il faut être attentif à ce qu'il écrit alors, et qui mérite de retenir notre vigilante attention, aujourd'hui :

« Non, les nouveaux venus ne sont, en effet, pas des étrangers dans le pays. Ils sont les descendants de ceux qui en étaient maîtres dans le passé : ils reviennent s'y installer et c'est comme s'ils y étaient nés. Il ne s'agit pas seulement de ceux qui viennent s'installer en tant qu'individus, mais aussi de toute la collectivité en tant que peuple, car il est revenu et a introduit dans ce pays une grande part de ses ressources nationales en hommes, en biens, en institutions culturelles, etc. Voilà donc son foyer national et il a le droit de faire prospérer et de perfectionner ce foyer dans la mesure de ses possibilités. »

Car il ajoute, et nous voilà au cœur du problème :

« Mais ce droit historique n'élimine pas pour autant le droit des autres habitants du pays qui ont en leur faveur le droit réel d'y être installés et d'y avoir travaillé pendant des générations.

Pour eux aussi, ce pays est leur foyer national actuel et eux aussi peuvent développer leurs ressources nationales dans la mesure de leurs possibilités. »

Et Ahad Haam conclut, dans un sens qui paraîtra aujourd'hui révolutionnaire, mais qui est porteur à la fois d'espoir et de réalisme :

> « Cette situation fait de la Palestine un territoire commun à deux peuples différents qui essayent chacun de construire son foyer national... Les foyers nationaux de deux peuples différents dans un même pays ne peuvent exiger plus que la liberté nationale pour chacun d'entre eux en ce qui concerne ses affaires internes. Quant à la gestion des affaires communes, elle doit se faire ensemble, par tous les propriétaires, à la condition que les relations entre eux et leur situation culturelle le permettent. »

Mais à côté de ce penseur original, par ailleurs novateur de la langue hébraïque, d'autres voix s'élevaient. Certains préconisaient, dans l'esprit de l'époque, une sorte de paternalisme libéral. D'autres, allant beaucoup plus loin, mettaient en garde contre le danger de l'indifférence.

Moshé Smilanski, écrivain de langue hébraïque, installé en Palestine depuis 1891, écrivait :

> « Les sionistes respectaient les Arabes en tant qu'êtres humains et les regardaient comme des cousins éloignés, quoiqu'un peu arriérés et inefficaces. Il n'y avait certainement aucune haine de leur part. Mais comme ils étaient totalement absorbés dans leur propre mouvement national, ils ne se rendaient pas compte que leurs cousins connaissaient aussi un renouveau et ils semblaient parfois leur dénier ce droit. »

C'est le même Smilanski qui, en 1914, publiait un article sous le titre : « Nous leur sommes restés étrangers ».

Cet article, je le reproduis en entier, car il éclaire l'un des aspects essentiels du conflit, qui est le repli sur soi des deux peuples, leur imperméabilité l'un à l'autre. Deux peuples à la reconquête de leur place et de leur dignité dans l'histoire du monde, et qui ont manqué, ou auxquels on a fait manquer le rendez-vous de la fraternité :

> « Après trente années, nous, dont le sang et la race sont proches du sang et de la race des Arabes, nous leur sommes restés étrangers, alors que leurs ennemis, qui attendent à tout instant leur défaite pour en tirer profit, ont su les attirer et pénétrer dans leur vie, jusque dans leur plus profonde intimité.
>
> Nous leur avons été étrangers, à eux et à leur détresse, pendant les jours difficiles d'esclavage et de despotisme, et nous leur sommes restés étrangers, à eux et à leur allégresse, lorsqu'a brillé pour eux le soleil de la liberté. Dans le mouvement de libération des Arabes, il y a sans aucun doute beaucoup de malveillance, beaucoup de mensonges et beaucoup de haine envers leurs voisins.
>
> Mais il y a aussi beaucoup de beauté et de poésie et la vivacité d'un peuple sain et fort qui s'éveille à une vie nouvelle. Et nous n'avons pas su comprendre cette beauté et cette poésie et de la sorte, nous

n'avons pas pu trouver la clef qui eût pu nous ouvrir le cœur de ce peuple. Nous n'avons rien su de ce mouvement qui se formait dans notre voisinage, ni à sa naissance, ni au début de son développement, ni plus tard. Nous sommes restés étrangers à ses chefs, à ses dirigeants et notre attitude indifférente à revêtu aux yeux des Arabes et de leurs chefs une apparence d'aversion et d'hostilité.

Or, jusqu'à présent, ni nos dirigeants ni nous-mêmes ne connaissons quelque voie que ce soit qui nous conduisent vers le mouvement arabe.

Qui sait, peut-être ce chemin existe-t-il ? Peut-être existe-t-il un point de contact unissant ces deux peuples qui s'éveillent à une vie nouvelle, ces deux peuples qui furent voisins dans le passé et qui, en fin de compte, le seront dans le futur. Et ne dites pas qu'il n'y a pas de point de contact et de possibilité d'union entre le faible et l'agresseur.

Les Arabes, certes, sont endurcis par le sentiment de puissance et par le plus grand nombre. Quant à nous, nous sommes à cet égard doublement faibles. Pourtant, dans certains domaines, c'est nous qui sommes forts et eux faibles, et ces domaines-là sont nombreux.

De toute façon, au cours des trente années que nous sommes à nouveau présents dans le pays [c'est-à-dire depuis les années 1880], ce ne sont pas eux qui nous ont ignorés, c'est nous qui les avons ignorés ; ce ne sont pas eux qui nous ont tourné le dos, c'est nous qui l'avons fait... Objectivement, notre travail colonisateur a grandement bénéficié à nos voisins. Une grande partie de l'énorme capital que nous avons investi dans le pays a passé dans leurs mains et nous avons largement contribué à l'amélioration de leur vie culturelle et économique.

Sans aucun doute, le peuple juif a, dans une large mesure, ouvert le chemin, même indirectement, au mouvement arabe.

Mais tout cela leur a été donné par la force des choses, c'est-à-dire que ce n'est pas tant le fait que ce soit nous qui leur avons donné quoi que ce soit, mais bien que ce sont eux qui ont pris ce qu'ils ont pris.

Quoi qu'il en soit, telle est la pensée des Arabes et nous n'avons absolument rien fait pour corriger cette opinion. »

La même année, Smilanski remarquait : « La terre de notre espérance n'est qu'un petit coin au milieu des amples pays dans lesquels le peuple arabe est, de par son nombre, le facteur décisif. » Et il concluait à la possibilité « de relations de compréhension et de confiance dans le cadre d'un programme articulé autour des idées suivantes :

Premièrement : connaître convenablement la langue et la littérature arabes.

Deuxièmement : se rapprocher du mouvement arabe, en connaître les objectifs et les dirigeants, créer entre dirigeants juifs et arabes des relations d'entente.

> *Troisièmement :* pénétrer dans toutes les institutions internes du pouvoir, dans la mesure où la loi le permet, pour prendre sa part de responsabilité au sein de la collectivité.
> *Quatrièmement :* s'efforcer que tout le travail sur les terres juives soit réalisé par des mains juives, mais sans repousser pour autant toute possibilité d'embauche pour un non juif. »

Et il ajoutait : « Nos voisins doivent trouver dans toutes nos colonies agricoles une attitude empreinte de l'esprit de justice, d'honnêteté, d'entraide et de coopération. La porte de nos médecins, de nos pharmaciens et de nos écoles doit leur être ouverte. »

On voit, ainsi, se dessiner parmi les intellectuels sionistes les fondements d'une politique qui tend à conjuguer les efforts des « nationalistes » juifs avec ceux, naissants, de quelques intellectuels arabes. Cependant, l'une de ces premières manifestations nationalistes a sans doute été celle d'un Arabe chrétien, Néguib Azoury, fondateur du journal *Al Carmel* de Haïfa, qui, dans un pamphlet publié à Paris en 1905, écrivait :

> « Deux phénomènes importants de même nature mais contradictoires, auxquels personne n'a jusqu'ici pris garde, sont actuellement en gestation dans la Turquie asiatique : l'éveil de la nation arabe et les patients efforts des juifs visant à reconstituer, sur une grande échelle, l'ancien royaume d'Israël. Ces deux mouvements sont condamnés à se battre sans répit jusqu'à ce que l'un d'eux l'emporte. Le destin du monde entier dépendra de l'issue de ce combat qui oppose deux peuples représentant deux principes contradictoires. »

Ce libelle devait susciter la réaction d'un autre Arabe chrétien, Farid Kassab, qui considérait Azoury comme un bigot ayant subi l'influence des jésuites et d'Edouard Drumont, dont les œuvres – violemment antisémites – avaient été largement diffusées au Proche-Orient, à travers le réseau des missions françaises chrétiennes.

Toutefois, la politique sioniste d'achat des terres devait provoquer des réactions hostiles et des controverses. Les sionistes avaient créé le Fonds national juif – Kéren Kayémeth LeIsraël –, dont la mission était d'acheter des terres, de les bonifier pour leur mise en culture et de les louer à bail pour quarante-neuf ans à des individus ou à des collectivités capables de les exploiter. La superficie louée devait correspondre exactement à la capacité de mise en œuvre du ou des futurs exploitants agricoles. Il s'agissait de lutter, avant tout, contre la création d'une classe de propriétaires fonciers : la terre devait rester la propriété de la collectivité et les surfaces affermées, adaptées à la capacité de travail de l'exploitant.

Ces terres ont été achetées dans leur quasi-totalité à des gros propriétaires arabes, sans attaches réelles avec ces terres, qu'ils avaient pu acquérir grâce à une réforme du Code foncier ottoman, intervenue en 1858. Cette réforme avait entraîné la dépossession des terres des mains des petits paysans qui les occupaient, car ils étaient incapables de payer, en espèces, les frais d'enregistrement et les taxes fiscales exigées par l'administration ottomane pour délivrer les certificats de propriété. Considérées, dès lors, comme en deshérence, ces terres avaient été confisquées pour être ensuite revendues à de gros propriétaires résidant le plus souvent au Liban ou en Egypte.

Une autre disposition du Code foncier ottoman, permettant la confiscation des terres laissées incultes pendant trois ans, devait encore accroître la surface des terres vendues à ces mêmes propriétaires, au bénéfice de l'administration ottomane, toujours en quête d'argent. Ainsi, la riche famille arabe chrétienne des Soursok, installée à Beyrouth, vendit-elle au Fonds national juif deux cent trente mille dounams (1 dounam = 10 ares) de terre, dans la vallée de Jezréel.

Récemment, un important avocat libanais me disait, à propos de ces vingt-trois mille hectares, que les sionistes en auraient chassé les habitants arabes et n'auraient pas mis ces terres en valeur. Cette assertion, qui fait partie, à n'en pas douter, des mythes alimentés par une certaine propagande arabe, est totalement fausse.

En l'occurrence, je ne mets pas en doute la bonne foi de mon interlocuteur, mais celle-ci ne supplée pas toujours la nécessité d'une information exacte.

Je lis, en effet, dans un livre de A. Granovsky, *Les problèmes de la terre en Palestine**, les lignes suivantes (page 31) :

> « En acquérant des terrains, le Fonds national juif veille à ce que la population agricole arabe ne subisse de ce fait aucun préjudice. Le plus souvent, il achète aux gros propriétaires fonciers arabes qui ne s'occupent point de culture.
>
> Au surplus, le Fonds national juif prend des mesures pour dédommager les fermiers arabes fixés sur les terres des riches *effendis***.
>
> C'est ainsi, par exemple, qu'ayant acquis un grand terrain dans la vallée de Jezréel (Esdrelon), le Fonds national juif en a abandonné une partie aux fermiers arabes et leur a donné le droit de l'acquérir dans un certain délai à des conditions favorables. »

N'est-ce pas encore Smilanski qui écrit, en exigeant la justice pour les paysans dépossédés : « Nous ne devons pas acheter de terres que les effendis ont arrachées aux paysans sous nos propres yeux. Nous ne devons en aucun cas acquérir des villages et des cimetières, même

---

* Publié par les Editions Rieder en 1928, dans la collection « Les Cahiers internationaux ».

** Gros propriétaires fonciers.

s'ils appartiennent aux terres acquises. Les maisons, les cimetières et les terrains doivent être laissés aux paysans, même au cas où nous avons payé pour eux aux effendis. » Et il concluait : « Des terres que nous achetons, nous devons laisser un tiers aux Arabes spoliés, leur donner la possibilité d'en payer le prix en plusieurs années et leur permettre de consolider le tiers en question en introduisant dans leur travail un système suffisamment rationnel pour qu'ils puissent en vivre. »

Ce problème du rachat des terres, par les Juifs, ne peut pas être compris, si l'on ne prend pas en compte l'état de ces terres, vendues à prix d'or par les effendis. « Avant la guerre de 1914-1918, la Palestine se trouvait dans un état de nudité, de stérilité, où l'avait réduite l'armée romaine de Titus, en 70, et les autres invasions qui se succédèrent au cours des siècles*. »

L'intérêt des effendis, heureux des remarquables plus-values qu'ils réalisent, s'oppose à celui des paysans, exploitant avec des moyens encore rudimentaires quelques pièces de terre perdues, souvent, au milieu de marais pestilentiels. Ceci ne devait nullement empêcher, par la suite, ces mêmes effendis, de susciter les révoltes sanglantes contre les Juifs, accusant les sionistes d'accaparer les terres, celles-là mêmes qu'ils leur avaient vendues...

* *
*

Pour leur part, certains dirigeants sionistes tentent d'établir des liens avec le nationalisme arabe naissant.

Ce nationalisme se développe, à la fois, à partir d'une renaissance culturelle et littéraire, éclose surtout au Levant, mais aussi à un certain degré, en Egypte. Cette renaissance est marquée par la découverte du nationalisme romantique et des mouvements de libération nationale qui sont nés et se développent, alors, en Europe.

Les missions chrétiennes, européennes et américaines, en créant des institutions éducatives et en implantant les moyens techniques (imprimeries et éditions, publications) apportent, à leur tour, à cette renaissance, une forte contribution. L'idée nationale pénètre le monde arabe et va s'adosser, et parfois se substituer, à l'idée de la Communauté islamique – la *Oumma* – qui fondait naguère le loyalisme envers l'Empire ottoman et, plus particulièrement, envers le sultan, en sa qualité de calife, de commandeur des croyants.

La révolte des Jeunes-Turcs, en 1908, encourage les jeunes natio-

---

* Revue *Catholicité*, « Situation d'Israël », fascicule 11, janvier 1948, page 178.

nalistes arabes, qui espèrent pouvoir inscrire leur action dans la mise en œuvre du programme du comité « Union et progrès ». Mais ce programme est rapidement abandonné par les nouveaux dirigeants turcs qui, loin de favoriser une décentralisation au sein du vaste Empire ottoman, renforcent à l'excès la centralisation administrative et éliminent peu à peu de leur administration les Arabes, pour les remplacer par des Turcs.

Dès lors, le mouvement nationaliste arabe attend, de la dissolution de l'Empire ottoman, l'avènement d'une entité arabe indépendante. De petits clubs, diverses associations se créent dans la première décennie du XXe siècle : la Ligue de la patrie arabe, en 1904, à Paris, le Parti de la décentralisation, au Caire en 1912, et, la même année à Beyrouth, le Comité de la réforme.

En 1914, Ali Al Masri fonde le Pacte arabe, qui compte, parmi ses membres, de jeunes officiers. Déjà, en 1911, à Paris, la Société des jeunes Arabes avait été créée, avec, à sa tête, un Syrien et un Palestinien. C'est cette société qui, bien que clandestine, organise à Paris, en 1913, une conférence, généralement considérée comme décisive dans le développement du nationalisme arabe. Au cours de cette conférence, la question sioniste n'est pratiquement pas évoquée. Toutefois, Ahmed Dabara et Ahmed Moukhtar Bayhoum déclarent, à cette occasion, qu'à leur avis il y a assez de place en Palestine pour Juifs et Arabes.

Le recrutement de tous ces mouvements – dont certains membres vont jouer plus tard un rôle important dans de futurs gouvernements arabes – est très limité. Ils comprennent une centaine de membres et quelques centaines de sympathisants. Ils ne sont pas en mesure de provoquer un soulèvement populaire, car leur influence est trop limitée.

La Première Guerre mondiale modifiera l'équilibre des forces, lorsqu'elle mettra en évidence la prépondérance des Alliés, et donc la nécessité de rechercher, auprès d'eux, les appuis nécessaires.

Dans le même temps que le professeur Weizmann multiplie ses efforts auprès du gouvernement anglais, Hussein Ben Ali, le chérif de la Mecque* négocie avec le haut commissaire au Caire, sir Henry Mac Mahon. Avant de se lancer dans l'aventure insurrectionnelle, vers laquelle les Britanniques le poussent, il souhaite obtenir leur soutien en faveur de l'établissement d'un Etat arabe, ou d'une Confédération d'Etats arabes indépendants, dans les pays du Croissant fertile, et dans la péninsule Arabique.

Par une lettre que sir Mac Mahon adresse au roi Hussein, le gou-

* L'arrière grand-père du roi Hussein de Jordanie.

vernement de Londres s'engage, en effet, à apporter son appui et celui de la France, ou, à tous le moins, fait en sorte que Hussein Ben Ali en soit persuadé. Dès 1916, le mouvement insurrectionnel est lancé. L'émir Fayçal est à sa tête. Ses maigres troupes se joignent aux forces alliées, commandées par le général britannique Allenby. Elles avancent à travers la Transjordanie et la Syrie, pour pénétrer, en 1918, à Damas, où Fayçal établit son quartier général et met en place l'ébauche d'une administration arabe.

Entre-temps, le 2 novembre 1917, la Déclaration Balfour est publiée : le gouvernement anglais garantit aux Juifs un foyer national en Palestine. Cette déclaration semble bien accueillie par les cercles nationalistes arabes, qui y voient l'aube d'une époque nouvelle et une concrétisation du principe d'autodétermination.

A La Mecque, le journal du roi du Hedjaz, Hussein, souhaite cordialement la bienvenue aux Juifs, si longtemps exilés, à « ces fils originaires du pays, dont leurs frères arabes devraient profiter matériellement aussi bien que spirituellement ».

Quant à l'émir Fayçal, il déclare :

> « Pas un seul Arabe véritable ne peut nourrir de soupçons à l'égard du nationalisme juif ou en être effrayé... Nous luttons pour la liberté arabe et nous nous en montrerions indignes si nous ne disions aux Juifs, comme je le fais : Soyez les bienvenus, de retour à la maison. »

Deux orateurs arabes participent au meeting, organisé par les sionistes britanniques le 2 décembre 1917, à Covent Garden. Ils y sont accueillis par une chaude ovation.

Juifs et Arabes, libérés de la lourde présence turque, mettent, dès lors, leur confiance dans ce qu'ils espèrent être la générosité des démocraties anglaise et française, ainsi que dans les principes défendus par W. Wilson, le président des Etats-Unis, récemment entrés, à leur tour, dans la guerre...

La première rencontre entre l'émir Fayçal et le professeur Weizmann, près d'Akaba, en mai 1918, se déroule dans cet esprit et avec cet espoir. On a beaucoup dit et écrit que Thomas Edward Lawrence – le fameux Lawrence d'Arabie – archéologue, mais, avant tout, agent de l'Intelligence Service et du Bureau arabe britannique, avait favorisé cette rencontre.

Certes, les Britanniques ont joué un rôle majeur dans tous les événements qui se sont déroulés au Proche et au Moyen-Orient, pendant la guerre de 1914-1918. Leurs interventions, surveillées de très près par les Français, étaient souvent empreintes d'une volontaire ambiguïté. Organisées ou non par Lawrence d'Arabie, le but de la rencontre et de la négociation, qui se poursuit dans le cadre de la Conférence de la paix à Versailles, entre l'émir Fayçal et le professeur Weizmann est, clairement, d'établir les fondements d'une coopération entre les deux mouvements nationalistes, l'arabe et le juif.

Il s'agit d'unir leurs efforts, pour faire aboutir les revendications des deux mouvements nationalistes auprès des puissances alliées victorieuses. Le but commun est de voir réaliser les objectifs de chacun de ces deux mouvements sur les territoires détachés de l'Empire ottoman, vaincu et moribond.

Toutefois, dans le partage des dépouilles de la Sublime Porte, les intérêts de ces deux mouvements n'étaient pas seuls en cause. Les accords Sykes-Picot (1915-1916) avaient tenté de définir les limites des zones d'intérêt ou de souveraineté de la France et de la Grande-Bretagne, au Proche et au Moyen-Orient. Dans une lettre en date du 16 mai 1916, adressée à Paul Cambon*, sir Edward Grey, titulaire du Foreign Office, définissait, cartes à l'appui, les zones d'intervention et de prépondérance de chacune des deux grandes puissances. La France, comme la Grande-Bretagne, « reconnaissait » et « protégerait un Etat arabe indépendant ou une confédération d'Etats arabes » et « s'interdirait d'acquérir ou de laisser acquérir par une tierce puissance des possessions territoriales dans la péninsule Arabique ».

Connaissant l'âpreté des diplomates français et anglais dans la défense de ce qu'ils considèrent comme leurs intérêts nationaux, ainsi que la vigilante méfiance des militaires à l'égard de tout ce qui limite leur présence ou leur liberté de manœuvre sur le terrain, les deux parties signataires de l'accord Fayçal-Weizmann sont conscientes de leur intérêt d'apparaître unies, pour faire aboutir leurs revendications.

Au-delà des antagonismes entre les deux puissances alliées, la présence des Etats-Unis rassure ceux qui aspirent à la reconnaissance de leurs droits nationaux. Le président Wilson apparaît comme le défenseur des droits des petits peuples face aux grandes puissances. La voie semble donc ouverte aux peuples qui veulent prendre leur destin en main.

Mais les Juifs et les Arabes sont faibles : ils n'ont ni armée ni structure politique, sociale ou économique. Leurs moyens financiers apparaissent limités : le pétrole n'est pas encore roi. Aussi, « prenant en considération la parenté de race et les liens anciens existant entre les Arabes et le peuple juif », l'émir Fayçal et le professeur Weizmann comprennent « que le plus sûr moyen de travailler à la réalisation de leurs aspirations nationales réciproques est d'établir la plus étroite collaboration possible, dans le développement de l'Etat arabe et de la Palestine ».

* Ambassadeur de France à Londres.

L'idée même du « National Home for the Jewish People » se réfère à une notion bien vague en droit international public. Elle va prendre, dans l'accord Fayçal-Weizmann, sa véritable signification. Bien sûr, on ne parle pas d'un Etat juif, mais de la Palestine, c'est-à-dire, pour le professeur Weizmann, d'Eretz-Israël. Mais la relation entre les deux entités qui vont être créées est bien celle qui existe normalement entre deux Etats. Dans un désir d'« entente et d'une bonne volonté réciproque », il est convenu que l'Etat arabe et la Palestine désigneront et maintiendront « dans les territoires de l'autre Etat des représentants arabes et juifs », dûment accrédités (*article 1*).

Ainsi les deux parties sont-elles arrivées à la conviction qu'il n'y a pas d'incompatibilité entre leurs mouvements nationaux respectifs, dès lors qu'ils pouvaient, par la complémentarité de leurs moyens et de leurs talents, faciliter et renforcer leur développement réciproque, et donc l'indépendance de chacun.

En signant cet accord, l'émir Fayçal reconnaît que le mouvement sioniste n'est pas un mouvement impérialiste ou colonialiste, mais un vrai mouvement de libération nationale : le mouvement du retour du peuple juif sur sa terre historique. Quant au professeur Weizmann et à l'Organisation sioniste ils reconnaissent et justifient le mouvement national arabe, et le favorisent, en lui apportant le soutien et l'assistance dont il pouvait avoir besoin dans les domaines financiers et économiques. Les deux signataires manifestent, par la négociation et la signature de cet accord qu'au-delà des délibérations et des décisions des grandes puissances, qui ont pouvoir d'imposer leurs volontés, l'avenir de leurs deux mouvements dépend d'une bonne entente et d'une large collaboration entre eux.

Ainsi, au lendemain de la Première Guerre mondiale, dans l'euphorie de la Conférence de la paix, appelée à consacrer le droit des peuples à disposer d'eux-mêmes, et à reconnaître, en conséquence, les droits nationaux de nombreux peuples, soumis jusqu'alors à l'hégémonie des grands empires d'Europe centrale et du Proche et Moyen-Orient, l'harmonisation des aspirations nationales juives et arabes avait-elle trouvé son expression politique.

Il est, dès lors, permis d'interroger la suite des événements, en se posant constamment la question de savoir ce qui aurait pu être réalisé si cet accord Fayçal-Weizmann avait été mis en œuvre, et donc de mesurer l'ampleur des drames, créés par cette occasion perdue.

Cet accord reste important, car les principes qu'il énonce demeurent encore valables, même si les circonstances et l'environnement géopolitique sont aujourd'hui différents.

L'émir Fayçal, au moment d'apposer sa signature, avait ajouté à la main, et en arabe, une sorte de condition suspensive, soumettant l'entrée en vigueur de l'accord à la création de l'Etat arabe ou de la Confédération des Etats arabes. Le professeur Weizmann avait-il, ou non, attaché de l'importance à cet addendum de dernière minute ? Peu importe, puisque, aussi bien, l'accord lui-même ne pouvait être exécuté qu'à la double condition de la mise en œuvre des promesses faites aux Juifs et aux Arabes. Or la réalisation de ces doubles promesses s'est rapidement heurtée aux rivalités qui opposaient la France et l'Angleterre. Ces deux pays avaient subi et gagné la guerre ensemble, avec, il est vrai, l'intervention déterminante des Etats-Unis d'Amérique.

La Russie tsariste avait disparu dans la tourmente révolutionnaire et les bolcheviks n'étaient plus en mesure d'intervenir dans les affaires du monde autrement qu'à travers quelques tentatives révolutionnaires en Europe centrale et plus tard, avec plus de succès, en Chine.

Les pays du Levant étaient offerts aux convoitises des Alliés victorieux qui entendaient bien avoir leur part des dépouilles de l'Empire ottoman.

La France était la protectrice des Lieux saints et de la chrétienté latine, en vertu d'un traité signé en 1535 par François Ier avec Soliman 1er le Magnifique. Ce traité avait été renouvelé, en dernier lieu, par Napoléon, en 1802. Paris avait également accordé sa protection aux maronites du Liban et obtenu pour eux une sorte d'autonomie dont elle était la garante. Dans ces conditions, la France n'entendait pas laisser le champ libre, dans cette région du monde, à l'Angleterre qui la contrôlait déjà en grande partie par sa mainmise sur le canal de Suez et sa forte présence en Egypte. Pour la France, il n'était sans doute pas question de laisser se créer un grand Etat arabe du Levant, de surcroît sous la domination de la famille hachémite, considérée comme totalement inféodée aux intérêts britanniques et, d'ailleurs, contrôlée par les agents de cette puissance, alliée dans la guerre mais néanmoins concurrente et dangereusement ambitieuse.

Les accords Sykes-Picot avaient, en 1916, accordé à la France la possession de la côte syro-libanaise et une partie de la Cilicie, au sud-est de l'Anatolie turque ; ils lui avaient reconnu en outre une sphère d'influence sur le hinterland syrien et sur la province de Mossoul, en Mésopotamie, ainsi qu'une participation dans l'administration internationale de la Palestine.

Les événements évoluant cependant plus vite que les accords, ces engagements devaient être rapidement remis en cause et, en novembre 1918, Georges Clemenceau, alors chef du gouvernement français, et Lloyd George, Premier ministre du Royaume-Uni, parvenaient à un nouvel accord. Les Français abandonnaient le contrôle de Mossoul aux Britanniques, moyennant une part de 25 % dans les ressources pétrolières de cette région ; ils acceptaient le mandat britannique sur la Palestine mais ils obtenaient celui sur la Syrie et le Liban. Dès le mois de novembre 1919, les troupes françaises relevaient les troupes britanniques le long de la côte syrienne, sans cependant mettre en cause l'autorité de l'émir Fayçal sur le hinterland syrien.

Cependant, la création d'un royaume de la Grande-Syrie et l'acceptation par l'émir Fayçal de la couronne, symbole d'un pouvoir indépendant, ainsi que son refus d'accepter le mandat de la France, devaient conduire à l'intervention militaire du général Gouraud. Cette intervention mit fin prématurément au rêve de l'Etat arabe du Croissant fertile. Elle mettait à bas, du même coup, toute possibilité d'application de l'accord Fayçal-Weizmann, c'est-à-dire à l'autre rêve, celui d'une paisible et fraternelle coexistence et collaboration entre deux Etats du Levant où auraient pu s'épanouir les hommes et les cultures, le génie créateur et les forces de production des deux peuples, juif et arabe, retrouvant autour d'une frontière dont ils devaient ensemble tracer les limites, les élans d'une fraternité lointaine mais pas totalement abolie.

Ce rêve commun, l'émir Fayçal l'avait encore confirmé dans une lettre qu'il écrivait le 3 mars 1919 au professeur Felix Frankfurter, juge à la Cour suprême des Etats-Unis, à la suite d'un entretien qu'ils avaient eu, en présence de l'incontournable Lawrence. Il écrivait en effet, pour rassurer les sionistes :

> « Nous travaillons ensemble pour un Proche-Orient réformé et revivifié et nos deux mouvements se complètent l'un l'autre... Il y a de la place en Syrie pour nous deux. »

Certains ont prétendu par la suite que le texte des accords Fayçal-Weizmann constituait un faux. D'autres ont affirmé que Fayçal avait été trompé et manipulé par T.E. Lawrence. Mais les faits demeurent et les déclarations nombreuses et répétées des intéressés témoignent de la réalité des écrits et de la sincérité des intentions qu'ils exprimaient.

Cette sincérité des engagements de l'émir Fayçal, mais aussi le lien qui existait, à juste titre, dans son esprit, entre ses engagements et les promesses faites par l'Angleterre, mais aussi par la France, apparaissent clairement, l'une et l'autre, dans cet extrait du journal *Times*, paru à Londres en date du 12 décembre 1918, et publié sous le double titre :

JUIFS ET ARABES EN SYRIE
L'ÉMIR FAYÇAL ENVISAGE UN BRILLANT AVENIR

> « L'émir Fayçal, dans une déclaration faite hier à un représentant de l'Agence Reuter, a dit que toute personne parlant l'arabe sera reconnaissante envers le gouvernement français pour sa détermina-

tion – telle qu'exprimée par M. Clemenceau, au Comité central syrien – d'assurer à la Syrie qu'elle pourra développer sa propre civilisation et sa liberté. »

En ce qui concerne les aspirations sionistes concernant la Palestine, l'émir déclarait :

> « Les deux branches principales de la famille sémite, Arabes et Juifs, se comprennent l'une l'autre, et je souhaite qu'au résultat d'échanges d'idées à la Conférence de la paix, qui seront guidés par les idéaux d'autodétermination et de nationalité, chaque nation fera des progrès déterminés en vue de la réalisation de ses aspirations. Les Arabes ne sont pas jaloux des juifs sionistes et ils sont décidés à être loyaux (*to give them fair play*), et les juifs sionistes ont assuré les nationalistes arabes de leur intention de veiller, eux aussi, à une parfaite loyauté dans leurs territoires respectifs. L'intrigue turque en Palestine a créé de la jalousie entre les colons juifs et les paysans locaux. Mais la compréhension mutuelle des buts des Arabes et des juifs va immédiatement effacer la dernière trace de cette précédente amertume qui, en vérité, avait déjà pratiquement disparue avant même la guerre, laquelle, par l'action du Comité révolutionnaire arabe secret, a, en Syrie et ailleurs, jeté les bases du succès militaire arabe des dernières années. »

Peut-être est-ce le mérite particulier de la famille hachémite d'avoir su à la fois donner une impulsion décisive au mouvement nationaliste arabe et de l'avoir accompagné d'un esprit d'ouverture et de fraternité envers le peuple juif et d'avoir ainsi manifesté un sens aigu des réalités et des potentialités de chacun des deux peuples.

* *
*

Cette histoire d'une espérance tragiquement effacée porte témoignage de ce que, hors des pressions et des intérêts des pays tiers, la volonté nationale et le rêve d'indépendance de chacun des peuples juif et arabe ont pu se rencontrer et tenter de s'unir dans le respect de leur différence. Ce témoignage demeure mais est-il valable encore aujourd'hui ?

Rappelons ici quelques unes des dispositions de cet accord Fayçal-Weizmann.

Les frontières définitives entre l'Etat arabe et la Palestine ne pouvaient être fixées, avant que ne s'achève la Conférence de la paix, et leur tracé devait être arrêté « immédiatement après » par « une commission nommée à la suite d'un accord entre les deux parties » (*article 2*).

Toute mesure devait être prise « en vue de garantir pleinement l'exécution et l'application pratique » de la Déclaration Balfour (*article 3*), ainsi que toute mesure nécessaire pour « encourager et stimuler l'immigration des Juifs en Palestine sur une large échelle, et pour établir, dans les plus brefs délais, les immigrants juifs sur le territoire » (*article 4*).

Ainsi était clairement reconnue la légitimité du retour des Juifs sur la terre ancestrale et leur prédominance sur l'ensemble du territoire de la Palestine. Ce territoire, à l'époque, couvrait non seulement les territoires à l'ouest du Jourdan, c'est-à-dire le territoire actuel d'Israël, plus la Cisjordanie et Gaza, mais aussi, toute la rive orientale, c'est-à-dire un territoire beaucoup plus vaste, celui de l'actuelle Jordanie.

« La protection des droits des paysans et des fermiers arabes » devait être assurée et, ce qui manifeste la volonté d'une collaboration effective, les paysans et les fermiers arabes devaient être « aidés, à l'avenir, en ce qui concerne le développement économique » (*article 4*).

Aucune discrimination religieuse ne devait s'exercer, et chacun devait être assuré « du libre exercice des droits civils et politiques » (*article 5*).

Les Arabes reconnaissaient, sans doute, aux Juifs quelque avance dans les domaines de la technique et de l'économie, et c'est pourquoi il était également prévu (*article 7*) que l'Organisation sioniste enverrait « une commission d'experts chargée de dresser un tableau d'ensemble des possibilités économiques du pays ». Cette commission devait, en outre, être mise « à la disposition de l'Etat arabe » pour qu'elle étende son enquête « aux possibilités économiques » de cet Etat, et définisse, dans un rapport, « dans quelles conditions, le meilleur développement pourra être atteint ».

Enfin, l'Etat arabe souhaitait le concours de l'Organisation, afin d'obtenir les moyens indispensables, en vue du développement de ses ressources naturelles et de ses possibilités économiques (*article 7*).

Alors que nous sommes, soixante-dix ans après la signature de cet accord, les témoins impuissants d'un conflit qui se renouvelle sans cesse, dans la violence et dans un inépuisable refus de reconnaissance réciproque, il est à la fois triste, mais aussi encourageant, de constater que deux dirigeants courageux et lucides avaient su, alors, dégager les conditions et les moyens d'une vie commune qui, même réduite aujourd'hui aux Israéliens et aux Palestiniens, demeure la seule issue honorable, la seule voie vers la paix.

L'émir Fayçal et le professeur Weizmann déclaraient (*article 8*) « agir en complet accord et en parfaite harmonie » sur toutes les questions « apportées devant la Conférence de la paix ».

Sans doute avaient-ils déjà compris que s'il est utile, et même souvent nécessaire, de faire garantir par les grandes puissances les accords passés entre les Etats plus faibles, ceux-ci ne peuvent, cependant, assurer la défense de leurs intérêts et bâtir leur collaboration que sur des accords passés directement entre eux. Les grandes puissances promettent souvent la sécurité et ne l'assurent que rarement. Il est rare qu'elles soient capables de promouvoir l'harmonie.

* *
*

Faute de pouvoir revenir à la case départ, où en sommes-nous, aujourd'hui ?

La situation géopolitique a profondément évolué.

Le Liban a gagné son indépendance. Mais celle-ci est mise en doute et singulièrement en péril par le voisin syrien qui s'épuise dans une volonté de conquête et d'annexion qui n'ose pas s'affirmer au grand jour.

La Syrie est devenue un Etat arabe indépendant vivant, sous la forte autorité d'une sorte de Bismarck, moderne et levantin, qui n'aura pas réellement réussi à réunifier les forces et les ethnies divisées de son pays.

La Jordanie – anciennement Transjordanie – est aussi un Etat arabe indépendant. Son roi est le dernier descendant régnant de la famille hachémite. La Jordanie a été créée en 1921 par l'Angleterre pour payer la deuxième partie de sa dette à l'égard de la famille hachémite, en installant sur le trône de cet Etat – créé artificiellement sur une partie du territoire de la Palestine (la rive orientale du Jourdain) – Abdallah, le frère de Fayçal et le deuxième fils de Hussein Ben Ali. La population de la Jordanie est dans sa majorité palestinienne mais l'autorité du roi et son pouvoir sont garantis par une armée, formée à l'origine par les Anglais et toujours contrôlée par les tribus bédouines proches de la famille royale.

Le roi Hussein assure une certaine stabilité à cet Etat par une gestion politique équilibrée, mais sans autre perspective à long terme que la survie du pouvoir de sa dynastie. La Syrie a été parfois tentée d'intervenir en Jordanie ; elle y a renoncé, notamment par crainte d'une riposte israélienne. Il serait présomptueux de vouloir commenter, ici et maintenant, l'abandon proclamé par le roi Hussein, de son intérêt pour la Cisjordanie. « *Scripta manent* » – et d'abord la Constitution incluant la Cisjordanie dans le territoire de la Jordanie, il vaut mieux ne pas s'y risquer.

L'Irak, riche de ses ressources pétrolières, mais épuisé par une longue guerre, reste de surcroît confronté à des problèmes internes, à raison notamment d'une présence kurde non négligeable et d'une population chiite importante.

Le rêve d'un grand Etat arabe du Croissant fertile existe sans doute encore. Il est vraisemblable qu'il anime, de loin en loin, certaines initiatives stratégiques du président Assad. Les nationalistes locaux ou régionaux tendent cependant à prendre le pas sur le nationalisme arabe. La *Oumma* demeure une référence pour la mobilisation des masses et les discours des dirigeants. On ne fait cependant appel à elle que lorsqu'il s'agit de combattre ou de mobiliser contre Israël.

S'agissant des relations interarabes, ce sont finalement les intérêts de chaque Etat, ou plus précisément les intérêts de ceux qui sont à la tête de chaque Etat, qui prédominent. Le Croissant est surtout fertile en conflits ; ceux-ci proviennent, pour une grande part, de l'hétérogénéité des populations.

A force de participer au sein de l'O.N.U. aux grandes cérémonies anti-impérialistes, les Arabes oublient qu'ils ont été, parmi les peuples colonisateurs et impérialistes, ceux qui ont le mieux réussi. Partis de la péninsule Arabique et armés de leur foi en Mahomet, leur prophète, sincèrement persuadés que Dieu leur ordonnait de répandre Sa parole et Sa vérité, ils ont conquis, militairement et politiquement, des populations et des territoires auxquels ils ont offert leur religion mais imposé leur domination politique, leur langue, leur culture et leur éthique. Partout où ils se sont installés, les populations locales non arabes ont été totalement assimilées ou demeurent dominées.

Le Proche et le Moyen-Orient sont ainsi couverts de populations diverses qui, soit ne se reconnaissent pas comme arabes, alors même qu'elles ont adopté la religion de l'Islam et la langue de leur conquérant, soit adhèrent à d'autres religions, notamment chrétienne, mais se prétendent arabes, souvent par fierté ou, parfois, dans l'espoir de mieux assurer leur sécurité.

A ce jour, aucun des pays arabes du Proche et du Moyen-Orient n'a instauré un régime de pleine démocratie et les droits des minoritaires restent souvent incertains.

Les Druzes ont conquis, *de facto,* au Liban une certaine autonomie ; ils sont en Israël des citoyens de plein droit.

Les Circassiens, qui ne constituent pas une population indigène mais sont relativement nombreux au Liban, en Syrie, en Israël et en Jordanie, tentent de maintenir une forme d'identité propre.

Les Kurdes, dont le territoire est divisé entre la Turquie, l'Iran, et l'Irak, luttent sans cesse en faveur d'une réelle indépendance. Chacun des pays qui les contrôle variant la forme et la violence de ses interventions en fonction de ses intérêts propres, mais sans jamais reconnaître un droit national quelconque à cette population.

Les chrétiens sont maintenus partout dans des limites très strictes, même si liberté leur est laissée de s'enrichir et s'ils rendent de nombreux services à l'ensemble de la population. Leur rôle politique est limité, sauf au Liban. Le président de la République doit y être non seulement chrétien, mais plus précisément maronite, entouré cependant par un cabinet ministériel, qui, lorsqu'il existe, lui enlève toute réelle liberté d'action et qui, s'il n'existe pas, le prive de toute possibilité d'exercer ses fonctions*.

L'instabilité des relations interarabes, aggravée par cette variété de populations, explique sans doute, au moins pour partie, pourquoi l'installation d'une forte concentration juive, et qui plus est, d'un Etat juif indépendant ait pu être considérée par les Arabes nationalistes comme un dangereux précédent. D'autant plus qu'elle pouvait être, par contre, appréciée par les populations non-arabes comme un gage, indirect mais important, de protection et de sécurité.

Tous ces éléments exercent un impact psychologique certain, dont un pouvoir autoritaire peut user, et donc abuser à son gré. Dans ces conditions, on peut légitimement se poser la question de savoir *si ce n'est pas l'évolution vers une véritable démocratie des Etats Arabes qui conditionnera finalement la pacification du Proche-Orient* et lui permettra d'accéder à des formes de coexistence et de collaboration telles que celles qui se sont, lentement, et à travers tant de conflits sanglants, établies en Europe occidentale.

* *
*

L'Histoire est une grande école de patience. Elle n'a pas accéléré sa marche malgré la formidable rapidité des moyens modernes de communication. Les idées n'avancent pas à la vitesse de la lumière ou même du son et les mœurs n'évoluent pas aussi rapidement que ces instruments et ces machines que la vie moderne met à notre dis-

* Certaines appréciations risquent de paraître hors de l'actualité. Au moment de leur lecture, l'auteur prie le lecteur de l'excuser pour la modestie de ses moyens de divination.

position et qui sont déjà obsolètes alors que nous avons à peine pris l'habitude de nous en servir.

Les Juifs et les Arabes ont, les uns et les autres, une longue histoire, une large et profonde expérience de la vie. Mais ils n'ont eu accès à la vie politique indépendante que depuis quelques décennies. Ils ont consacré plus d'effort et d'intelligence, à ce jour, à développer leurs forces armées et les hommes qui les commandent, que leur diplomatie et les hommes qui la conduisent.

S'il faut quelques mois ou peut-être quelques années pour former un solide corps de troupe, sans doute faut-il un siècle – ou peut-être deux – pour forger une tradition diplomatique capable de générosité d'esprit, d'humilité intelligente, de curiosité prospective et patiente, de simplicité courtoise dans la parole et d'objectivité pédagogique dans les écrits. La politique étrangère est un art d'imagination. Les réalistes sont toujours en retard d'une guerre ou d'une initiative. Seuls ceux qui sont prêts à prendre en compte les intérêts légitimes de l'autre partie peuvent défendre utilement les égoïsmes de leur propre camp.

Il faut finalement beaucoup de courage et de confiance en soi pour ne pas s'en remettre à la guerre du soin de résoudre les conflits dont la raison seule ne peut venir à bout et il faut aux peuples une longue attente jusqu'à ce que se lève, parmi eux, la personnalité qui, parfois contre toute vraisemblance, saura trouver l'idée, le geste ou la parole capable d'apaiser l'inextricable conflit et même, peut-être, de le résoudre.

Il faut aussi que les autres peuples, non directement concernés par le conflit, sachent se garder d'interventions intempestives et conservent en mémoire leurs propres turpitudes et les longues et difficiles périodes de leur propre mûrissement, avant de formuler leurs critiques, pour ne point parler de leurs exigences.

De Gaulle a écrit qu'il était jadis allé vers l'Orient compliqué avec des idées simples.

Espérons que l'Occident ne viendra pas avec trop d'idées simples compliquer encore les conflits de l'Orient.

* *
*

Et le sionisme, ce mot chargé de tant de phantasmes, c'est quoi ?

Le terme « sionisme » naît il y a un peu moins d'un siècle, lorsque, le 1er avril 1890, Nathan Birnbaum l'utilise pour la première fois, dans les colonnes de son journal *Selbstemanzipation*.

Si Nathan Birnbaum éprouve, alors, le besoin de forger un nouveau terme pour le substituer à ceux employés jusque-là, (*Hibbat*

Sion, amour de Sion, "palestinophilie"), c'est que le multiséculaire attachement des juifs à leur terre ancestrale commence à s'exprimer de manière novatrice. Depuis près de trente ans, en effet, l'idée du retour à Sion avait cessé d'être uniquement le vœu exprimé, trois fois par jour, dans la liturgie des synagogues. A la grande stupéfaction, aussi bien des théoriciens de la fusion absolue des juifs avec leurs concitoyens non juifs que des rabbins attendant immuablement l'arrivée du Messie, des hommes affirmaient que l'ère moderne devait s'accompagner de la renaissance, sur son sol, d'un peuple juif un peu partout contesté et trop souvent meurtri.

Que le terme ait été forgé à Vienne, en Autriche, ne peut nous surprendre. La capitale de l'Empire austro-hongrois était le vivier intellectuel du judaïsme européen. S'y côtoyaient les juifs de Galicie, au yiddish pittoresque, les bourgeois ayant pignon sur le Prater, aussi bien que des barons séfaradis ou des intellectuels en quête de mécènes.

A Vienne, encore, Wilhelm Marr a forgé un autre terme qui a joué un grand rôle dans le développement du sionisme : celui d'« antisémitisme », utilisé pour désigner les nouvelles formes d'hostilité envers les Juifs.

Sans remonter au projet imaginé par le prince de Ligne, l'un des esprits les plus fins de l'époque des Lumières, celui de l'établissement d'un Etat juif en Asie mineure, la première moitié du dix-neuvième siècle est fertile en utopies protosionistes.

Un ancien consul des Etats-Unis à Tunis, Mordehaï M. Noah, rédige, vers 1825, un appel invitant les juifs d'Europe orientale à venir s'établir dans une île située non loin des chutes du Niagara. Le chef des décembristes russes, le colonel Pestel, se montre favorable à la création d'un Etat juif.

Les antiques spéculations millénaristes, un temps calmées par le tragique échec du mouvement sabbatéen, continuaient à agiter souterrainement les communautés juives des Balkans pour atteindre leur apogée dans les années 30 du XIXe siècle. Ce mouvement sabbatéen est celui qui, dans les années 1665-1666, avait affecté l'ensemble des communautés juives en Orient, en Asie, en Europe et jusqu'aux Antilles où vivaient des familles marranes, et les avait mobilisées en vue du retour sur la terre de Palestine.

Mais voilà qu'à la seule attente de l'envoyé du Messie se substitue, petit à petit, l'idée que l'intervention humaine peut changer le cours de l'Histoire. L'exemple du relatif succès des interventions auprès des chancelleries de sir Moses Montefiore et d'Adolphe Crémieux en faveur de leurs coreligionnaires en apporte la preuve.

Cette idée – révolutionnaire pour le monde juif – un rabbin de Semlin, une petite localité proche de Belgrade, a été le premier à l'exprimer dans une brochure, *Minhat Yéhouda* (l'Offrande de Juda), parue en 1845.

Vivant au cœur de la poudrière balkanique, où la question des nationalités se combine avec la non moins épineuse question d'Orient, Yéhouda Alkalaï (1798-1878) a été le précurseur du sionisme moderne et a inspiré, sans nul doute, Herzl, dont le père et le grand-père étaient originaires de Semlin et fréquentaient la synagogue d'Alkalaï.

Partisan d'une immigration graduée en Palestine et de l'achat systématique de terres par le biais d'un consortium établi sur « le modèle des compagnies d'assurance et des compagnies de chemins de fer », Alkalaï souhaitait la création d'une Assemblée des anciens, sorte de Constituante *more judaico,* chargée de préparer le « début de la rédemption ». Celle-ci, dorénavant, ne se confondait plus avec l'annonce de l'arrivée du Messie, mais prenait la forme d'un processus historique volontaire.

A la même époque, à l'autre extrémité de l'Europe, dans la province alors allemande de Posnanie, un rabbin, Zwi Hirsch Kalisher (1795-1874), se fait l'avocat d'une même conception novatrice de la rédemption dont il gomme les aspects surnaturels car « la rédemption d'Israël viendra par degrés successifs et les rayons de la délivrance brilleront graduellement ».

Auteur d'une brochure, *Drichat Sion,* (la Quête de Sion), parue en 1862 et rééditée plusieurs fois, Kalisher a été le premier à traduire en termes hébraïques les théories du Risorgimento et des autres mouvements de libération nationale en Europe :

> « Pourquoi les habitants de l'Italie et d'autres pays sacrifient-ils leur vie pour le pays de leurs ancêtres, tandis que, nous, nous ne faisons rien, comme si nous étions des hommes dénués de force et de courage ?
>
> Sommes-nous inférieurs à tous les autres peuples, qui n'hésitent pas à risquer leur vie ou leur fortune lorsque l'amour de leur terre ou de leur nation se trouve en jeu ?
>
> Inspirons-nous de l'exemple des Italiens, des Polonais et des Hongrois, qui donnèrent leur vie et leurs biens dans la lutte pour l'indépendance nationale, alors que nous, les enfants d'Israël, qui avons reçu en héritage la plus glorieuse et la plus sainte des terres, nous restons abattus et silencieux. Nous devrions avoir honte de nous ! »

Par une sorte de hasard providentiel, la brochure de Kalisher paraît en même temps qu'un ouvrage de Moïse Hess (1812-1875). Celui-ci, né dans une famille juive fortement enracinée dans la tradition et surnommé par Karl Marx « mon rabbin communiste », a connu un itinéraire sinueux. Père fondateur de la social-démocratie allemande, il commence par publier une brochure, *Naissance de l'argent,* plus virulente que la célèbre *Question juive* de *Marx,* et collabore à la *Gazette rhénane.*

Plus tard, obligé, à raison de ses options politiques, de s'exiler à Paris, il s'engage dans « les combats spirituels qui se livrent à l'intérieur du judaïsme et qui opposent le peuple juif aux peuples civilisés au milieu desquels il vit et avec lesquels, pourtant, il ne peut pas vivre en harmonie, malgré deux mille ans de lutte et de vie communes. »

C'est alors qu'il publie *Rome et Jérusalem. La nouvelle question des nationalités,* un livre remarquable et précurseur du sionisme politique. Dans ce livre – écrit en pleine époque romantique et avec l'exaltation qui convenait à cette époque – Hess soutient que les juifs demeureront toujours des étrangers parmi les nations. Celles-ci peuvent être conduites, par un sentiment d'humanité et de justice, à les émanciper, mais elles ne les respecteront jamais tant qu'ils feront de l'adage « *Ubi bene, ibi patria* » leur règle de conduite et qu'ils la placeront au-dessus de leurs grands souvenirs nationaux. Il se peut, écrit-il, que le fanatisme religieux cesse de provoquer la haine des juifs dans les pays les plus avancés du point de vue culturel ; mais en dépit des Lumières et de l'éducation, le juif en exil, qui nie sa nationalité, ne gagnera jamais le respect des nations au milieu desquelles il habite. Prolétaires de l'humanité, les juifs doivent s'émanciper en restaurant leur nationalité. Victimes, au même titre que les ouvriers, de la naissance d'une société industrielle impitoyable et inhumaine, ils doivent construire, à Jérusalem, une société socialiste, calquée sur le modèle, cher à Louis Blanc, des coopératives ouvrières.

Ces écrits expriment, au plan des idées, ce que le baron Edmond de Rothschild et sir Moses Montefiore, de même que Charles Netter, au nom de l'Alliance israélite universelle, aident à réaliser sur le terrain.

La seule réplique à une situation toujours incertaine, dans une Europe enflammée par le nationalisme, est le retour à la terre ancestrale et la reconstruction d'un avenir sur cette terre, la Palestine, terre des juifs par excellence.

La Russie tsariste était, au dix-neuvième siècle, la « prison des peuples ». Il y sévissait un antijudaïsme farouche. Relégués, à de rares exceptions près, dans la « Zone de résidence » et soumis à des lois discriminatoires, les Juifs russes étaient, pour la plupart, des parias misérables. Ils constituaient ces *Luftmenschen,* ces « hommes vivants de l'air » qui peuplent les romans de Mendele Moiher Sforim, de Péretz ou de Sholem Aleihem, les grands classiques de la littérature yiddisch.

La bénédiction imaginée par Sholem Aleihem, « que Dieu garde le tsar... loin de nous », ne laisse que très imparfaitement imaginer la misère du judaïsme russo-polonais, une misère aggravée par les pogroms qui ravagent la Russie méridionale, en 1881-1882, et qui provoquent une émigration massive vers l'Europe occidentale et le Nouveau Monde.

Le procureur du Saint-Synode, Pobiédonotsev, n'avait pas caché l'avenir plutôt sombre réservé aux Juifs : « Un tiers se convertira, un tiers sera massacré, un tiers émigrera. »

C'est dans ce contexte dramatique qu'un médecin juif d'Odessa, Léo Pinsker (1821-1891), publie en 1882, à Berlin, son ouvrage *Autoémancipation*. Il s'y livre à un diagnostic sans complaisance de la judéophobie, maladie à ses yeux incurable car « même les dieux ne sauraient lutter contre la superstition ». Pinsker dressait un tableau très sévère de l'état du judaïsme contemporain :

> « Le juif est considéré par les vivants comme un mort, par les autochtones comme un étranger, par les indigènes sédentaires comme un clochard, par les gens aisés comme un mendiant, par les pauvres gens comme un exploiteur millionnaire, par les patriotes comme un apatride et par toutes les classes comme un concurrent qu'on déteste. »

Selon Pinsker, le seul remède réside dans l'autoémancipation des juifs et leur rassemblement dans un pays, sur lequel il n'avait pas de religion précise :

> « Gardons nous tout d'abord d'une illusion : celle de croire restaurer l'antique Judée... Ce n'est pas la Terre sainte qui doit être le but actuel de nos efforts, mais une terre à nous. »

Bien que nullement sioniste au sens strict du terme, Pinsker a exercé cependant une influence considérable sur les différents groupuscules palestinophiles russes, regroupés dans le mouvement des *Hovevé Sion* (les Amants de Sion), dont les plus convaincus par son analyse, mais attachés au rêve millénaire du retour à Sion, ont fondé des colonies agricoles en Palestine, à Zikhron Yaacov, Rosh-Pina et Hadéra. Ces pionniers, appelés *Bilouime**, après des débuts difficiles, ont ensuite bénéficié de l'aide du baron Edmond de Rothschild, le *Nadiv* (le bienfaiteur).

Le congrès des « Amants de Sion » réunit à Katowice, en 1884, marque une date importante dans l'histoire du mouvement palestinophile. Malgré l'inexistence de structures militantes efficaces, les *Hovevé Sion* gagnent à leur cause de nombreux jeunes intellectuels, parmi lesquels Ahad Haam, que nous avons déjà cité, et dont le recueil d'articles « La vérité sur Eretz Israël » fait alors sensation.

---

* En référence à Bilou, contraction de Beth Yaacov Léhou Vénelha = « Maison de Jacob, venez, marchons. »

Il y critique, en termes non voilés, la dépendance des colonies à l'égard du baron de Rothschild et l'embourgeoisement progressif des membres qui, à la moindre difficulté financière, affirmaient : « *Habaron yéshalem !* » (« le baron payera »).

Dès lors, l'idée d'un mouvement de libération nationale est née ; elle a connu un début de réalisation, même si l'aide financière qui la soutient est loin d'être inspirée par cet idéal politique.

* *
*

Théodore Herzl va donner à ce mouvement sa réelle dimension.

Avant de devenir le prophète d'un peuple, ce journaliste viennois avait acquis quelque notoriété comme feuilletoniste à la *Neue Freie Presse,* le prestigieux journal dirigé par Moritz Benedikt. La moindre ligne écrite par Herzl était religieusement disséquée par les habitués des cafés viennois. Pour imaginer ce que Herzl représentait, il suffit de relire *Le monde d'hier,* où Stefan Zweig évoque le choc que lui causa la recension plutôt flatteuse faite par Herzl de son premier recueil de vers : c'était la consécration.

Quelle n'est pas la stupeur des lecteurs habituels de Herzl lorsqu'ils découvrent, en février 1896, une brochure publiée à trois mille exemplaires chez Reitenstein, *Der Juden Stadt, Versuch einer moderner Lösung der Juden Frage* (L'Etat juif. Essai de solution moderne de la question juive).

Ce livre ne pèche pas par excès d'originalité : tout avait déjà été dit, parfois infiniment mieux, par Pinsker, et mieux encore, par Hess, bien meilleur connaisseur de la tradition juive. Mais c'est précisément cette méconnaissance profonde du judaïsme qui permet à Herzl de développer, de manière plus radicale que ses prédécesseurs, la nécessité de bâtir un Etat où viendraient s'installer ceux que la société rejetait comme des parias. La démarche de Herzl est typique de l'attitude du juif émancipé qui a goûté aux vertus de l'intégration dans le cadre de l'Etat-nation moderne. Le sionisme politique, tel qu'il le définit, est la transposition de l'idéal révolutionnaire de 1789, du niveau des individus, devenus les égaux de leurs concitoyens, à celui d'un peuple juif devenu l'égal des autres nations. Doté des mêmes outils : une armée, une diplomatie, un gouvernement. A ses yeux, l'immigration et la fondation de colonies agricoles ne constituent pas une base politique sérieuse. Il affirme qu'il faut préalablement négocier avec la Sublime Porte qui domine, alors, les pays du Levant, et avec les grandes puissances qui bénéficient de privilèges exprimés dans des accords internationaux dénommés Capitulations.

Le but de ces démarches : obtenir l'octroi d'une charte garantissant au peuple juif un Etat indépendant ou, à tout le moins, semi-autonome.

Cette vision était révolutionnaire. Ce que Herzl proposait à ses « coreligionnaires » n'était point la reconstruction, en d'autres lieux, des bourgades juives d'Europe orientale, mais une normalisation radicale de l'existence juive. Elle visait moins le judaïsme en tant que tel que l'identité politique des individus juifs qui devaient cesser d'être un agrégat de groupes désunis, pour devenir une nation, sur le modèles des nations européennes. Herzl se souciait peu du caractère « juif » du futur Etat. Avec lui, le mouvement sioniste quitte le monde exaltant du romantisme, pour entrer dans celui de la *Realpolitik,* dans l'histoire de son temps. L'initiative de Herzl met en branle un formidable mouvement dont les 197 délégués au premier Congrès sioniste, réunis à Bâle le 29 août 1897, ne sont peut-être pas entièrement conscients. Les participants adoptent un programme qui constituera, jusqu'à la création de l'Etat d'Israël, la charte fondamentale de l'Organisation sioniste mondiale. Celle-ci n'a été modifiée, depuis, que deux fois, en 1951 et en 1968.

Le rêve de Herzl apparaissait à ce point démesuré et fou qu'il ne pouvait que susciter l'exaltation des masses juives en perpétuelle ébullition intellectuelle. Il satisfaisait aussi bien les rêveurs des bourgades juives d'Europe orientale que les rabbins des mellahs marocains, de la Hara de Tunis ou du Haret-al Yahoud du Caire : ils avaient appris chez Maïmonide que le Messie viendrait lorsque « Israël sera débarrassé du joug des nations ».

Ceux qui affirment que le sionisme politique a été une affaire ashkhénaze oublient trop souvent que les Juifs d'Algérie, de Tunisie et d'Egypte étaient représentés, dès les premiers Congrès sionistes, et qu'ils n'avaient pas, eux non plus, oublié leur rêve du retour à Sion.

Une fois créée, l'Organisation sioniste, dont les ramifications s'étendaient, dès 1898, jusqu'aux îles Fidji, Herzl n'a eu de cesse de mettre en œuvre son programme en négociant – ou croyant négocier – avec la Sublime Porte, et en multipliant les démarches auprès des chefs d'Etats. Il se rend en Palestine, en 1899, pour y rencontrer l'empereur d'Allemagne, Guillaume II. Il l'attend sur la route de Jaffa à Jérusalem, à l'entrée de l'école de Mikvé Israël*, et tente d'obtenir son intercession auprès du sultan. Démarche sans lendemain.

Herzl avait clairement indiqué que le futur Etat juif devait être

* Créée par l'Alliance israélite universelle en 1870, pour initier les jeunes juifs de Palestine à l'agriculture.

situé en Palestine. Il avait compris que, seule, la référence à Sion permettrait de mobiliser la plus grande partie du peuple juif. Après la disparition de Herzl, l'Organisation sioniste connaît quelques difficultés au plan de ses structures et de ses dirigeants. Mais l'essentiel va se réaliser sur le terrain, grâce à la deuxième alya, celle des *Haloutzim,* (les pionniers). Des milliers d'immigrants arrivent en Palestine ; ils créeront des structures communautaires agricoles nouvelles : les kibboutzim.

Peu à peu, le mouvement sioniste se diversifie selon une tendance très forte dans les communautés juives qui veut que, dès lors que l'on est d'accord sur l'essentiel, il devient urgent et important de se différencier sur tout le reste...

* *
*

Nombre de ces militants, venant pour la plupart de Russie ou de la partie de la Pologne sous contrôle tsariste, sont marqués par les mouvements révolutionnaires qui s'y sont développés dans la clandestinité. Ces mouvements ont exercé une forte attraction sur beaucoup de jeunes juifs, désireux de se libérer du ghetto, et souvent, aussi, d'une certaine contrainte religieuse. Beaucoup ont rejoint ces mouvements et vont tenter, plus tard, de se fondre dans l'utopie communiste. D'autres veulent reconstruire leur patrie juive dans l'esprit révolutionnaire.

Certains voient dans la Palestine avant tout un centre culturel, tels Ahad Haam et, plus tard, le philosophe Martin Buber ; d'autres veulent reconstruire, en Palestine, une société juive rééquilibrée, en vue de l'édification d'un Etat. Pour cela, il faut une base productive. Les *haloutzim,* malgré le niveau d'étude ou de formation de beaucoup d'entre eux, veulent s'adonner à l'agriculture et, plus généralement, au travail manuel. Il s'agit de remettre sur sa base une pyramide sociale inversée dans la diaspora : le travail juif devient le but suprême et s'oppose à l'exploitation d'une main d'œuvre locale bon marché.

Deux théoriciens du courant sioniste socialiste, Nahman Syrkin, socialiste idéaliste, et Ber Borohov, sioniste marxiste, ont été à l'origine des kibboutzim et de la Histadrout. Ce courant devait attirer à lui les meilleurs éléments de la Seconde Alya (immigration), Ben Gourion, Ben Zwi, Moshé Sharett, etc. Un autre mouvement, celui-là non marxiste, *Hapoël Hatsaïr,* dont l'idéologue était Aharon David Gordon, se déclarait lui aussi partisan de la régénération par le travail manuel.

Le travaillisme israélien naîtra de la fusion de ces deux courants ;

il suscitera la naissance du jeune Etat d'Israël, veillera sur ses premières années et modèlera la structure très particulière de la société israélienne.

A l'opposé de l'idéologie, des objectifs et aussi des méthodes des sionistes-socialistes, Vladimir Jabotinsky a élaboré les théories révisionnistes et a combattu, pour elles, avec une bouillonnante éloquence. Bien curieux personnage que ce fils d'une bonne famille d'Odessa dont l'intérêt pour le judaïsme ne s'éveille que fort tard, alors qu'il promet d'être l'un des meilleurs critiques littéraires russes de son époque.

Profondément marqué par les théoriciens du Risorgimento italien, il se fait le chantre de l'égotisme national. Il va jusqu'à prétendre qu'il « n'existe pas au monde de valeurs plus hautes que la Nation et la Patrie. Il n'existe pas dans l'univers de divinité à laquelle il convienne de sacrifier ces deux trésors sans prix ». Persuadé, en outre, qu'il « n'existe rien au monde d'aussi impressionnant que la capacité d'une masse d'hommes à agir et à sentir, à certains moments, comme une entité unique, au même rythme, animée d'une seule volonté », et marquant ainsi la différence qui peut exister « entre une multitude, une foule et une nation », Jabotinsky définissait le sionisme par cette formule :

> « Le but du sionisme est de créer un Etat juif. Son territoire : les deux rives du Jourdain. Le système : la colonisation de masse. La solution du problème financier : un emprunt national. »

Il soulignait, cependant, que ces quatre principes ne pouvaient être appliqués sans une approbation internationale. Refusant de temporiser comme le faisaient le professeur Weizmann, Ben Gourion et l'Organisation sioniste, Jabotinsky s'oppose à eux, surtout sur la conception mais aussi sur la tactique et rompt avec les instances officielles du sionisme. Toutefois, il leur abandonne volontiers la gestion quotidienne des affaires pour lesquelles il ne se sent aucune aptitude ou vocation.

Si les sionistes-socialistes et les révisionnistes constituaient – et constituent encore aujourd'hui – les deux partis sionistes les plus importants, il ne faudrait pas oublier le poids d'autres courants tels que celui incarné par le sionisme religieux et le mouvement Mizrahi, fondé en 1903, à l'instigation du rabbin Raines. Contrairement aux cercles orthodoxes qui assimilaient le sionisme à une tentative impie de hâter la « fin des temps », le parti Mizrahi s'efforce de concilier la foi religieuse et l'esprit national et d'édifier « le foyer national du peuple juif en Palestine, conformément aux lois écrites et traditionnelles ».

Le sionisme religieux doit beaucoup à la personnalité charismatique du grand rabbin Abraham Isaac Kook (1865-1935), le premier à vouloir combler, de manière radicale, le fossé entre le judaïsme religieux et le nationalisme juif moderne. Comme l'indique Shlomo Avineri, dans un language qui, ironiquement, rappelle la théorie hegélienne de la ruse de la raison, selon laquelle, d'un point de vue philosophique, « ce n'est point la motivation subjective mais le résultat historique objectif qui importe », le rabbin Kook soulignait le caractère éminement religieux de l'action menée par les pionniers laïcs :

> « S'opposer au nationalisme juif, même en paroles, et dénigrer ses valeurs, n'est pas permis car l'esprit de Dieu et l'esprit d'Israël sont identiques. Il leur reste à manœuvrer le mieux possible pour dévoiler la lumière et la sainteté implicite dans notre esprit national, les éléments divins qui se trouvent à sa source. Les laïcs seront alors obligés de comprendre qu'ils se trouvent immergés et enracinés dans la vie de Dieu et qu'ils baignent dans la sainteté radieuse venant d'en haut. »

* *
*

Pendant toute cette période qui va des Bilouime à la guerre de 1914-1918 et à la Déclaration Balfour, l'immigration juive en Palestine n'a jamais cessé : vingt-trois mille en 1882, les juifs sont quatre-vingt cinq mille en 1914. Jérusalem est alors la plus grande ville de Palestine, et sur ses soixante mille habitants, quarante mille sont juifs, les autres chrétiens (de diverses origines) ou musulmans.

Dans les autres villes, telles que Jaffa, Haïfa, Safed et Tibériade, les juifs sont minoritaires mais des implantations agricoles se développent et naissent de nouvelles agglomérations : Tel-Aviv, Petah-Tikva, Réhovot, et plus d'une quarantaine de villages agricoles, collectifs ou non, du nord de la Galilée supérieure jusqu'aux confins du Néguev.

Un homme doit être, ici, évoqué : Arthur Ruppin. Il a joué un rôle primordial dans l'installation pacifique des immigrés, le rachat des terres détenues par les grands propriétaires fonciers arabes et l'élaboration d'une politique de réhabilitation du sol. Il a veillé à préserver les intérêts des paysans (les fellahs) arabes, et à les faire bénéficier des technologies nouvelles mises en œuvre par les haloutzim.

La société juive en Palestine se modifie peu à peu. Aux vieilles familles juives – essentiellement sépharades – qui demeuraient, depuis des générations, principalement à Jérusalem, à Tibériade et à Safed, viennent se greffer des juifs ashkénazes, bien différents. L'hébreu renaît et devient la langue commune, rendant ainsi aux Juifs la fierté de leur vaste et ancienne culture.

Les Turcs sont encore là. Mais voilà qu'avec la guerre l'Empire ottoman s'effrite. Les Anglais et les Français, décidés à mettre fin à l'hégémonie turque dans les pays du Levant, commencent à prendre en considération le mouvement sioniste. Le 2 novembre 1917, le gouvernement de Sa Très Gracieuse Majesté reconnaît le droit du peuple juif à posséder un foyer national. Bientôt approuvée par les puissances alliées, cette déclaration fait l'effet d'une bombe dans le monde juif et suscite des manifestations de rue, jusque dans la Russie lointaine, alors en proie à une autre révolution.

Les sionistes sont convaincus que la naissance de l'Etat juif est une affaire de quelques mois et que Herzl avait vu juste en situant la réalisation de son utopie, exprimée dans son livre *Altneuland* (Ancien et Nouveau Pays) dès 1923, dans le futur Etat juif.

* *
*

Les Anglais se sont avérés incapables de mener, à bon terme, le projet d'un Etat arabe, ou d'une Confédération d'Etats arabes indépendants. Incapables, aussi, de réaliser la promesse contenue dans la Déclaration Balfour.

La France et l'Angleterre avaient gagné la guerre ; leurs gouvernements le proclamaient, leurs opinions publiques le croyaient. En réalité, l'une comme l'autre avaient cessé d'être des grandes puissances. Elles en exerçaient encore les pouvoirs apparents, sous la forme notamment des mandats que la Société des nations leur avait confiés. Mais elles ne maîtrisaient plus les forces qu'elles étaient censées dominer et n'étaient pas encore disposées – ou préparées – à le reconnaître.

L'Angleterre, de renoncements en lâchetés, allait faire de la Palestine cette terre disputée entre deux peuples, trompés dans leur espérance et dans leur confiance. Rapidement, une certaine classe dirigeante, autour du Mufti de Jérusalem, devait tenter de récupérer, à son profit, les sentiments de frustration et de crainte qu'elle instillait, dans une population pauvre, et qu'elle privait de tout moyen de développement. Les atermoiements anglais ont, peut-être, été la cause mais, sûrement, l'occasion des émeutes qui ont ensanglanté la terre de Palestine, successivement en 1921, 1929 et 1936. Les émeutiers, tous les témoins de l'époque le rappellent, s'attaquent alors aux vieux et aux familles installées depuis des générations en Palestine. Femmes et enfants compris, des familles entières sont livrées, sans défense, à de véritables bandes organisées. Les Anglais ne bougent pas, et les « sionistes », ceux qui ont créé les kibboutzim et les moshavim (les villages coopératifs) sont trop loin pour intervenir à temps. A eux, parce qu'ils ont su organiser leur défense, les Arabes ne s'attaquent pas.

Plutôt que de faire face, les Anglais cherchent leur salut dans une fuite politique. Dès 1922, ils abandonnent la rive orientale du Jourdain au roi Abdallah, croyant ainsi apaiser la colère arabe, en lui accordant ce territoire d'une superficie de loin supérieure à celle de la rive occidentale. En 1939, ils publient un Livre blanc, qui marque leur volonté d'abandonner les engagements de la Déclaration Balfour, qui sont pourtant à la base du mandat international qui leur a été confié. Le Livre blanc prévoit, en effet, la création d'un Etat arabe, dans lequel une représentation politique congrue sera concédée à une population juive à laquelle toute croissance, par le biais de l'immigration, sera, de surcroît, interdite.

Ce tragique revirement de la politique britannique provoque une radicalisation graduelle du mouvement sioniste, convaincu désormais, que la réalisation de ses objectifs dépendra de la capacité d'existence du Yishouv, c'est-à-dire de la seule capacité de résistance et de combat de la collectivité des Juifs installés et travaillant sur la terre de Palestine.

Pendant toute cette époque, le rôle joué par le professeur Weizmann demeure déterminant ; il s'efforce d'opérer la synthèse entre le sionisme politique défini par Herzl, le sionisme culturel voulu par Ahad Haam, et le sionisme réalisateur mis en œuvre sous l'impulsion de David Ben Gourion. Président, sans Etat, d'un peuple sans terre, le professeur Weizmann, réussit le tour de force d'obtenir pour les siens – contre la volonté d'une puissance coloniale, la Grande-Bretagne, régulièrement investie d'un mandat par une organisation internationale – *et* l'indépendance, *et* le droit de posséder une terre.

L'indépendance d'Israël s'inscrit dans le phénomène de la décolonisation à un double titre. La fin du mandat britannique sur la Palestine est, d'une part, l'un des multiples signes du retrait des puissances coloniales de leurs zones traditionnelles d'influence ; ici, le Levant. Elle permet, d'autre part, à deux peuples, le peuple juif et le peuple arabe palestinien, d'accéder à l'indépendance sur un territoire partagé entre eux.

Il s'agit de la mise en application de nouvelles règles internationales codifiées par la Charte fondatrice de l'O.N.U. Le partage de la Palestine, décidé à Flushing Meadows, en 1947, s'inspire des principes adoptés à San Francisco relatifs à la progressive émancipation des peuples encore sous tutelle. Ce qui doit se passer en Palestine, en 1947-1948, n'est pas différent, par nature, de ce qui se passe à la même époque, au Liban et en Syrie, ex-territoires sous mandat international : celui de la France.

La fin de la mise sous tutelle de la Palestine devait entraîner la naissance d'un Etat arabe et d'un Etat juif. Nous examinerons ultérieurement pourquoi l'Etat arabe n'a pas été créé. Notons ici que la fin du mandat britannique a eu pour conséquence la naissance de structures étatiques et territoriales juives, fondées sur l'établissement d'une société démocratique, multiconfessionnelle et multipartite, un système toujours en place quarante ans après, sans interruption aucune. Ce phénomène est unique dans l'histoire des pays ayant accédé à l'indépendance après 1945.

De ce point de vue, mais uniquement de ce point de vue, l'histoire du sionisme n'est pas comparable à celle des autres mouvements de libération nationale. Elle en diffère, en effet, par tout ce qui a trait à la liberté des hommes et au respect de la vie humaine : il n'est pas inutile de le rappeler ici (malgré les très regrettables morts de l'*Intifada*).

Cette victoire de la tolérance et de la démocratie tient peut-être au fait que le sionisme marque l'irruption de la modernité dans le monde juif.

Certes, je ne parle ici que du sionisme politique, alors qu'il faudrait peut-être aussi évoquer le cas, encore trop méconnu, du sionisme d'inspiration religieuse des masses juives sépharades. La naissance de l'Etat juif ne peut, en effet, être interprétée en fonction des seuls critères en cours dans la rationalité politique occidentale. Elle représente aussi la concrétisation des aspirations millénaristes et messianiques de communautés juives profondément traditionnelles, pour lesquelles le vocabulaire du sionisme politique n'avait pas grande signification.

Pour ces communautés, 1948 signifiait, avant tout, la matérialisation du plan divin de rédemption de l'humanité et d'Israël, tel que préfiguré dans les écrits prophétiques et talmudiques.

Le retour à Sion, c'est-à-dire en Palestine, incarnait, pour ces communautés juives, la trame même de leur destin et de leur vocation. L'expression, enfin réalisée, du vœu, chaque jour répété dans la liturgie : le retour « maintenant et de nos jours » de la maison d'Israël à Sion.

N'est-ce pas vers cette Sion que s'étaient dirigés, avant eux, parmi beaucoup d'autres, et malgré tous les périls, en 1165, Maïmonide, son père et son frère, et en 1259, le grand Yéhiel de Paris, connu également sous le nom de sire Vives, qui avait dirigé la très importante école talmudique de Paris et participé à la grande controverse sur le Talmud, tenue en 1240, devant le roi Saint-Louis ?

* *
*

La renaissance des structures étatiques juives se déroule, cependant, dans un climat propice aux erreurs et aux dérives de toutes sortes.

Le monde juif vient de connaître une catastrophe hallucinante dont il sort tragiquement transfiguré, en quelques années, plus qu'il ne l'avait été depuis dix-neuf siècles. Sa branche européenne a sombré dans la Shoa ; sa branche méditerranéenne et moyen-orientale va être bouleversée par l'émergence des nationalismes arabes, hostiles, à l'époque, au maintien de la présence de minorités non musulmanes en leur sein.

Dansl'histoire juive, il y avait déjà eu une période radicalement désastreuse : celle qui va de l'expulsion d'Espagne en 1492, aux massacres gigantesques commis par Chmelniecki, en 1648, en Pologne et en Ukraine. Elle avait provoqué la résurgence, au sein des communautés juives, de tendances apocalyptiques et millénaristes, ayant culminé, comme nous l'avons déjà rappelé, dans l'aventure de Shabbtaï Zwi.

L'histoire du peuple juif, dans ces siècles de dispersion, avait – y compris sous le choc de la Révolution française – connu d'autres manifestations similaires, toutes axées sur l'idée d'un providentiel et soudain retour à Sion. Elles sombrèrent dans la tristesse et le désarroi.

Le fait que le sionisme politique ait réussi, là où ses prédécesseurs ont échoué, et qu'il ait su concilier la libération nationale et la démocratie, tient, sans doute, à l'alliance réussie d'une conscience aiguë d'une identité multiséculaire et d'une perception, non moins vive, de la modernité.

Avant d'être une théorie de la redéfinition des rapports entre juifs et non juifs, le sionisme représente une révolution intérieure au sein du monde juif, un bouleversement radical de son univers conceptuel et de sa nature profonde. Il veut libérer les Juifs de leur condition de peuple soumis à la volonté des autres et rendre à chaque Juif sa dignité d'homme libre.

Il faudra encore longtemps pour mesurer le changement fondamental intervenu dans l'existence juive depuis 1897. On ne saurait, sous peine de s'abuser, le réduire à l'extermination industrialisée de six millions de juifs, car contrairement à une opinion largement répandue et qu'une certaine propagande tend, chaque jour, à renforcer, il n'y a pas de lien de cause à effet entre la Shoa et la décision de l'O.N.U. de créer l'Etat juif.

Je l'affirme, ici, avec la plus profonde conviction : l'Etat juif a pu naître parce que, le 28 janvier 1790, la France révolutionnaire a déclaré les juifs égaux en droit et en devoirs à leur concitoyens non juifs. L'exportation de ce message révolutionnaire a provoqué un réveil des nationalités. L'émancipation des individus s'est nécessairement complétée par l'émancipation des collectivités auxquelles ils appartiennent.

Bien qu'ayant mis quelques décennies à surgir au sein du peuple juif sous sa forme politique moderne, le sionisme était la seule réponse dynamique que le judaïsme pouvait opposer à ceux qui souhaitaient sa dilution dans le cadre des sociétés industrielles, bourgeoises ou socialistes.

La grandeur et la réelle signification de l'existence de l'Etat d'Israël tient peut-être au fait qu'il a permis aux nations de reconnaître la sagacité de l'avis exprimé par Jean-Jacques Rousseau :

> « Je ne croirais jamais avoir bien entendu les raisons des juifs, qu'ils n'aient un Etat libre, des écoles, des universités où ils puissent parler et discuter sans risque : alors, seulement, nous pourrons savoir ce qu'ils ont à dire. »

Selon une certaine propagande, que je me bornerai à qualifier d'inintelligente, pour éviter de parler de mauvaise foi, l'Etat d'Israël serait sorti des délibérations de l'O.N.U. comme la déesse Athéna du cerveau de Zeus, tout armée et tenant dans sa main une Victoire ailée. Partis des camps de la mort, les survivants auraient été transportés en Israël, d'où ils auraient chassé les populations autochtones, pour occuper leurs maisons, cultiver leurs champs, envoyer leurs enfants dans les écoles et universités construites par les Arabes, et leurs malades dans les hôpitaux dont les malades arabes auraient été évacués...

Bien que le bon sens soit, dit-on, la chose au monde la mieux partagée, et que l'homme moderne soit assez bien prévenu contre l'ignorance et l'absurdité, cette fable doit être – hélas – encore et toujours combattue.

Je le ferai, ici, tout d'abord, en me référant au témoignage d'un prêtre catholique, Marcel Leroux, des pères de Sion*. Quatre mois environ avant la proclamation de l'Etat juif, et à peine deux mois après le vote de l'O.N.U., consacrant le partage de la Palestine, il publiait un article concernant l'état dans lequel se trouvait la Palestine, au début de l'année 1948** :

> « Non seulement on ne peut blâmer les juifs de vouloir reconstituer, sur la vieille terre que Dieu leur avait donnée, la patrie juive, mais il faut encore admirer les réalisations qu'en trente ans ils y ont opérées. Avant la guerre de 1914-1918, la Palestine se trouvait dans l'état de nudité, de stérilité, où l'avait réduite l'armée romaine de

* Ordre missionnaire créé, à l'origine, pour la conversion des juifs au catholicisme.
** In *Catholicité, op. cit.*, p. 178 et 179.

Titus, en 70, et les autres invasions qui se succédèrent au cours des siècles. Le seul attrait de la Palestine était sa lumière, ses sites merveilleux et les grands souvenirs de l'Ancien et du Nouveau Testament. La Palestine était un pays mort, comme l'hébreu était une langue morte. Vaste cimetière des ruines les plus vénérables, elle n'attirait plus que les pèlerins et les archéologues.

Or, en trente ans, la Palestine est redevenue vivante, une vie débordante de jeunesse, d'activités, d'enthousiasme. Ce ne sont plus seulement des pèlerins qui circulent en Palestine, à pied, à dos d'âne ou en de méchantes carrioles, ce sont des travailleurs, des hommes d'affaires, des administrateurs qui circulent en train et en automobiles de toutes sortes ; ce ne sont plus seulement de rares et pauvres villages perdus dans les vallées ou juchés à flanc de coteau, ce sont des villes, des colonies entières qui ont surgi du sol ; ce sont aussi des champs rendus aux cultures, ce sont des marais assainis, ce sont des forêts plantées et déjà touffues, ce sont des routes créées, des établissements industriels, agricoles, commerciaux qui recouvrent la vieille terre de Samuel et de David, et je ne parle pas des écoles ni de l'Université hébraïque de Jérusalem. C'est, enfin, une langue redevenue vivante, universelle et officielle. On ne peut que renvoyer aux publications et aux livres spéciaux, pour obtenir une vision complète des réalisations nombreuses, intelligentes, puissantes et durables, créées en trente années, par l'enthousiaste activité de juifs jeunes et libres.

Assurément, il est loisible de critiquer certaines des méthodes par lesquelles les juifs ont réussi à s'assurer en Palestine une situation économique, sociale et même politique, dont on entrevoit la solidité et qu'aucune force humaine n'est désormais, semble-t-il, en mesure de contrecarrer, encore moins d'anéantir. Car si jamais la pensée venait aux Arabes, ou à d'autres, d'éliminer les Juifs de Palestine, ce ne serait qu'après avoir versé la dernière goutte de sang du dernier Juif qu'ils y parviendraient.

Il est donc infiniment plus raisonnable d'être beau joueur et d'admirer, non seulement, les réalisations obtenues en un temps si court, mais encore les ressources étonnantes d'un peuple qui, anémié par dix-huit siècles d'ostracisme, retrouve au grand air de la liberté, une activité créatrice et une fécondité débordante. »

Oui, la vérité est incontournable ! L'Etat juif n'est pas né d'une décision de l'O.N.U., si juste soit-elle. Il est né parce que, depuis des décennies, il se bâtissait dans les kiboutzim, dans les moshavim, dans l'industrie naissante créée par quelques entrepreneurs vigoureux. Il a pu naître, enfin, parce que, dès 1920, Ben Gourion et ses amis, avaient créé la Histadrout, la grande centrale syndicale. Cette centrale, très tôt, prit des initiatives au-delà du champ d'action traditionnel des syndicats. Pour mieux défendre les travailleurs, elle leur a offert des possibilités d'emplois. Utilisant les cotisations de ses membres dans une société d'investissements dénommée « la Société des Travailleurs », la Histadrout a créé, notamment dans la région de Haïfa, les premières industries lourdes. Elle a aussi suscité et soutenu les coopératives ouvrières qui assurent les transports publics dans tout Israël.

C'est encore la Histadrout qui a créé la Koupat-Holime, la Caisse de maladie, offerte à tous les travailleurs et même aux professions libérales : l'assurance maladie, les soins gratuits dans les dispensaires ou dans les hôpitaux, la visite à domicile des médecins conventionnés. Une gamme complète de services, équivalents et même, par certains aspects, plus complets que ceux offerts, par exemple, en France, par la Sécurité sociale.

Enfin, la Histadrout a organisé dans chaque agglomération des centres culturels et de loisirs, destinés aux jeunes, des bibliothèques, et elle a créé sa propre maison d'édition et son propre journal.

Tous ces services sont offerts à la libre adhésion de chacun – y compris des travailleurs arabes. La Histadrout a été, dès l'origine, organisée sur un mode très démocratique, ses dirigeants sont élus, tous les quatre ans, par l'ensemble des adhérents, et la plupart des partis politiques y sont représentés.

Au sein de la Histadrout, se sont organisés les groupes de défense de la Hagana et du Palmah : ces troupes d'élite ont permis au jeune Etat, a peine proclamé, de résister à la coalition des Etats arabes, venus lui signifier par les armes, au printemps 1948, leur refus d'appliquer la résolution des Nations unies, recommandant la création d'un Etat juif et d'un Etat arabe sur le territoire de la Palestine, à l'ouest du Jourdain.

* * *

Le développement de la présence juive en Palestine ne s'est nullement fait au détriment des Arabes. Au contraire.

Je l'ai rappelé, les terres ont été achetées à des propriétaires arabes qui les vendaient à prix d'or. D'après certaines estimations, le prix de l'acre *(dounam)* pouvait atteindre jusqu'à 1 000/1 100 dollars, alors qu'à la même époque, la même surface, mais dans l'Etat d'Iowa, aux Etats-Unis, terre infiniment plus fertile, se vendait, suivant les données américaines, environ 110 dollars...

Le rapport de la Commission royale sur la Palestine, présidée par lord Peel, publié en 1937, précise à ce sujet :

> « L'argument arabe, suivant lequel les Juifs avaient obtenu une trop large proportion de terres ne peut pas être maintenu. La plus grande partie des terres portant aujourd'hui des orangers consistait en dunes de sable ou en marécages ou étaient incultes, lorsqu'elles ont été achetées. A l'époque, au moins des premières ventes, il y avait

peu d'évidence que les propriétaires possédaient ou les ressources, ou la formation nécessaire pour réhabiliter cette terre. »

A propos de ces ventes de terres, de la qualité ou de l'identité des vendeurs, comme aussi des conséquences de ces ventes pour les paysans arabes, je voudrais citer quelques extrait du livre *Le Conflit judéo-arabe,* paru chez François Maspéro, en 1961, et dû à A.R. Abdel Kader, esprit libre fortement teinté de culture marxiste, et qui confirme largement, parmi beaucoup d'autres auteurs, que les ventes de terres ont été effectuées par les riches propriétaires, qu'il appelle « les féodaux ».

Il écrit, entre autres, (page 103) :

> « Le "Grand Mufti" était le chef incontesté du nationalisme palestinien antijuif. Il venait d'une famille féodale dont les terres avaient été vendues aux juifs dès les premiers jours du Mandat. »

Il avait, quelques pages auparavant, précisé (page 90) :

> « Une grande partie des paysans arabes, expulsés par les propriétaires féodaux des terres vendues aux juifs, trouvaient du travail dans les diverses entreprises juives des villes manquant de main d'œuvre. Les salaires versés par les employeurs juifs aux travailleurs arabes, quoique inférieurs aux salaires des ouvriers juifs, étaient de loin supérieurs à ceux versés par les employeurs arabes à leurs ouvriers arabes. Le développement de la Palestine était tel que des ouvriers agricoles venaient des pays arabes voisins pour travailler en Palestine chez les employeurs juifs. »

Abdel Kader indique les salaires versés à l'époque aux ouvriers arabes palestiniens et non palestiniens par les employeurs juifs, et il note :

> « La différence de paie entre la Palestine juive et tous les autres pays arabes était telle qu'elle provoquait une immigration des pays voisins vers la Palestine, à laquelle les autorités anglaises, terrorisées, décidèrent de mettre un terme.
>
> L'essor économique et social de la Palestine juive et le comportement des Juifs, en général, envers les Arabes, à cette époque, provoquait non seulement l'afflux des travailleurs pauvres des pays arabes vers la Palestine, mais aussi celui des produits agricoles.
>
> Les paysans libanais, syriens et jordaniens ne vendaient plus leurs produits alimentaires, œufs, légumes et fruits, à Beyrouth, Damas et Amman, où ils étaient littéralement volés par les grossistes et intermédiaires, mais les transportaient eux-mêmes, à dos d'âne ou en camion, jusqu'en Palestine où les acheteurs juifs étaient plus honnêtes et payaient mieux.
>
> De ces contacts, dictés par les lois économiques, devaient obligatoirement naître des rapports sociologiques entre Juifs et Arabes. Mais cela aurait ruiné les bases de la domination britannique dans

tout le Proche-Orient, comme celle des féodalités liées à elle. Pour l'Angleterre, le conflit judéo-arabe était une nécessité impérieuse. »

Cette conclusion abrupte d'Abdel Kader trouve quelque fondement dans la politique menée par la puissance mandataire ; elle disposait du droit de vendre les terres d'Etat, souvent incultes, marécageuses ou pierreuses, mais refusait de les vendre à des Juifs, malgré les termes de la charte du mandat, dont l'article 11 prévoyait :

> « L'Administration de la Palestine... prendra l'initiative d'un système foncier approprié aux besoins du pays, prenant en considération, entre autres, l'avantage qu'il y aurait à promouvoir le rapide établissement sur les terres et leur mise en culture intensive.
>
> L'Administration prendra avec l'Agence juive mentionnée à l'article 4*, les mesures en vue [...] de développer toutes les ressources naturelles de la région, dans la mesure où ces matières ne sont pas directement entreprises par l'Administration. »

La population juive, qui représentait, suivant les périodes, entre un quart et un tiers de la population totale de la Palestine, du fait des activités qu'elle développait, procurait à l'administration mandataire 70 % de ses recettes. Elle ne profitait que, pour sa part beaucoup plus modeste, des services publics couvrant les besoins de l'ensemble de la population.

Bien sûr, la présence juive et l'intense activité économique qu'elle provoquait bouleversaient les coutumes, mais aussi les hiérarchies locales bien implantées.

Revenons au livre d'Abdel Kader (page 102 et 103) :

> « Les Juifs et les Arabes formaient deux sociétés distinctes qui se côtoyaient physiquement et s'influençaient mutuellement. Mais l'influence juive était, de loin, la plus forte, parce que, de loin, la plus avancée... La société arabe se distinguait des pays voisins par sa faiblesse numérique, sa pauvreté générale et, surtout, par la présence d'une minorité juive en perpétuel développement et d'un dynamisme exceptionnel. La présence de la minorité juive et les buts avoués de son développement faussaient entièrement l'évolution, plus ou moins normale, qu'aurait suivie le développement économique, social et politique des populations arabes de Palestine, sous la domination britannique... Les producteurs individuels arabes prospéraient et leur niveau de vie s'élevait, du fait que les acheteurs ou employeurs juifs payaient mieux et plus régulièrement.
>
> Mais, par contre, les exploitants arabes, propriétaires terriens ou commerçants en gros, se trouvaient acculés à la faillite, face aux méthodes plus modernes, plus rationnelles, plus humaines, des juifs.

---

* Cet article conférait à l'Agence juive le statut d'organe de droit public chargé d'assister la puissance mandataire, pour la mise en œuvre du « National Home ». L'Agence juive émanait de l'Organisation sioniste mondiale.

Seule une minorité de commerçants et de propriétaires terriens arabes, en particulier parmi les chrétiens, adoptaient les méthodes rationnelles des Juifs et réussissaient tout comme eux. »

Peut-être suis-je en train de céder à une déformation professionnelle : l'avocat que je suis connaît la faiblesse des témoignages recueillis sous le choc de l'émotion ou après une longue période d'oubli. Mais il mesure aussi leur indéniable valeur lorsqu'ils ont été écrits comme la relation de ce qui a été vu ou entendu par des hommes dont le métier ou la vocation est d'aller voir, de tenter de comprendre et de relater ensuite, avec un grand souci d'impartialité.

Bien sûr, ils peuvent avoir été influencés par leur milieu, par leur idéologie, par leur sympathie ou par leur aversion, souvent spontanées ou, encore, par leurs préjugés, et le lecteur voudra bien tenir compte, et de la date des écrits, et de l'origine, et de la profession de ceux dont j'appelle le témoignage.

André Falk, sans doute journaliste, dans un livre intitulé *Israël, terre deux fois promise**, écrit (pages 175-176) :

« Maintenant que s'est exaspéré un conflit affectif dans lequel la caste des Husseini (*Note de l'auteur : il s'agit du grand Mufti.*) a trouvé la justification de son existence politique, peut-on mettre en balance l'intérêt des deux causes ?

Humainement, certes, c'est l'Arabe qui, depuis la grande dépossession des réfugiés, devrait émouvoir la solidarité la plus agissante.

Mais socialement, quel est donc le bilan de la Ligue arabe ? Quel signe de renouveau montre les héritiers de la grande indolence ?

"Où sont leurs œuvres, leur message au monde, demandait le comte Sforza. Nous ne voyons que du sommeil et des champs en friche." »

André Falk précise :

« Les héritiers des Philistins et des Amalécites ne brillent pas par l'énergie. Leur sérénité répugne à l'utilitarisme ; disettes et caprices des saisons les trouvent passifs. Cette léthargie fataliste, leurs maîtres la jugent bien commode, et il s'est trouvé trop de dilettantes pour en célébrer les vertus pittoresques.

Les amateurs de style crasseux devraient s'approcher, voir de plus près les enfants aveugles et couverts de mouches, qui grattent leurs croûtes d'un ongle sale. Le voyageur pressé s'attendrit fugitivement et passe. L'Anglais, bien lavé, se détourne et invoque, aisément insoucieux, quelques sentences de Kipling. Le nouvel Hébreu, lui, est venu vivre parmi ces gosses contagieux et, parfois, s'est occupé de les guérir.

Si l'on tient un certain progrès économique pour un critère

---

* Paru en 1954, dans la collection « Esprit, frontières ouvertes ».

valable, la cause est vite entendue. Sous le Mandat, les pasteurs faméliques de Transjordanie, engagés dans les raffineries de Haïfa ou les usines de la mer Morte, gagnaient quatre fois plus que le fellah égyptien, huit fois plus que le manœuvre de l'Irak Petroleum Company. L'exploitation des grands domaines arabes était en avance d'un demi-siècle sur les régions voisines, le revenu moyen était le plus élevé de tout l'Islam. Le mouvement continu des travailleurs arabes, jusqu'en 1948, vers le pôle d'attraction palestinien, restera une migration sans équivalent dans tout le Moyen-Orient. »

Après avoir rappelé que dans certains pays arabes « paradis du choléra », les maladies chroniques touchent la plus grande partie de la population, qu'un « demi pour-cent des propriétaires accaparent 45 % du sol cultivable », et qu'en Irak, à cette époque, « la moyenne de vie est de 27 ans », André Falk note :

« En Palestine, la mortalité infantile est tombée des deux tiers. La force organisatrice, insérée dans le chaos du Moyen-Orient par l'effort sioniste, l'exemple de culture moderne, l'effort d'irrigation, tout cela profitait aux laboureurs indigènes, et c'est bien ce qui alarmait les féodaux. Par leur seul contact, les colons ébranlaient toute la société arabe la plus pétrifiée, la plus incohérente et rétrograde qui soit. Autant qu'une guerre de race ou de religion, le conflit palestinien fut une lutte de classes. »

Avant d'aborder, à travers les témoignages recueillis, l'attitude des Arabes palestiniens et celle des dirigeants sionistes sur le problème essentiel de la coexistence, rappelons quelques données statistiques.

Au début du mandat britannique, la situation démographique de la population arabe en Palestine ne diffère pas de celle des pays voisins : mortalité infantile élevée, due essentiellement à la malaria et à diverses épidémies. A titre d'exemple, en 1927-1929, 41 % des enfants musulmans mourraient avant l'âge de 5 ans.

L'amélioration des conditions sanitaires, notamment dans les zones à prédominance juive, s'est traduite par une diminution du taux de mortalité infantile et un allongement de l'âge moyen de vie. Le taux de mortalité musulman passe de 30 ‰, en 1924-1928, à 21 ‰ en 1939-1941. Pour les mêmes périodes, l'espérance de vie moyenne du musulman passe de 37 à 47 ans. Le taux de fécondité musulman moyen passe de 6,1 enfants par femme, en 1927-1929, à 7,6 en 1939-1941, et 8,1 en 1942-1943, alors que la guerre sévissait.

Le premier recensement effectué en 1922 donnait, pour la Palestine, une population totale de 752 000 habitants, dont 589 117 musulmans, 83 790 juifs, 71 464 chrétiens et 7 617 druzes. De 1922 à 1947, la population non juive passe de 668 258 à 1 319 434, se répartissant entre : 1 157 423 musulmans, 146 162 chrétiens et 15 859 d'autres religions.

Cela correspond à une augmentation de 75,2 % de la population arabe, alors que la population égyptienne, pour la même période, n'augmente que de 25 %.

Cette augmentation est surtout sensible dans les zones à prédominance juive : la population arabe augmente de 216 % à Haïfa, 134 % à Jaffa et 90 % à Jérusalem, alors que l'augmentation n'était que de 42 % à Naplouse, 40 % à Djenine et 32 % à Bethléem.

Comme le notait le très officiel *Survey of Palestine* de 1946 :

> *« The Arabs of Palestine, during the last decades, have been in an almost unique demographic position. These improvement is particularly noticeable in those subdistricts of the coast plains, which have been the main jewish immigrations areas. »*

Cette croissance démographique est due, pour l'essentiel, à une croissance naturelle, provoquée par la baisse de la mortalité infantile et l'augmentation du taux de fécondité.

Cependant, il faut aussi faire intervenir, dans la croissance démographique arabe – et ceci n'est pas sans importance –, le poids de l'immigration arabe en Palestine ; les immigrants étaient attirés par les meilleures conditions de vie, dues à la présence juive. Selon les statistiques officielles britanniques, entre 1922 et 1942, 20015 musulmans, 15645 arabes chrétiens et 336 autres émigrèrent en Palestine. Il convient d'ajouter à ces chiffres une évaluation raisonnable de l'immigration clandestine, en provenance surtout de Syrie, d'Egypte et d'Irak, qui se chiffre facilement entre 100000 et même, peut-être, 300000 personnes.

* *
*

L'effort des pionniers juifs et la force d'entraînement qu'il représentait obligeaient l'administration mandataire à sortir quelque peu de son flegme. Grâce aux recettes fiscales accrues, la Palestine est passée, en quelques décennies, du Moyen Age au monde moderne.

Les effets de cette évolution ont été certainement traumatisants pour une population qui vivait depuis des lustres sous la domination de quelques grandes et puissantes familles, et qui avait connu une lourde présence du pouvoir ottoman.

Cette population, très religieuse, ne s'était jamais révoltée contre ce pouvoir lointain, car le sultan, en sa qualité de calife, exerçait également un pouvoir spirituel qu'aucun fidèle musulman ne pouvait contester.

Les grandes familles palestiniennes se partageaient, elles, le pouvoir local, se soutenant ou se combattant au gré de rivalités dont l'histoire serait trop longue à écrire.

Il ne paraît pas sérieusement contestable qu'il n'existait, alors, aucune identité palestinienne.

Lorsque naît le sentiment nationaliste et qu'il commence à s'exprimer, c'est au nom de la nation arabe que se lèvent les premiers combattants. Pour la Grande Syrie, qui devait unifier les pays du Croissant fertile. Pas pour une nation palestinienne.

L'arrivée des immigrants juifs et la manifestation de leur nationalisme à travers l'Organisation sioniste va mobiliser les forces nationalistes palestiniennes, autour d'une identité dont il n'est pas sûr, encore aujourd'hui, qu'elle soit profondément ressentie par toutes les couches de la population dont l'incontestable patriotisme est souvent plus local que national.

Après la Première Guerre mondiale, la création de la Société des nations et la liquidation de l'Empire ottoman, le choix s'offrait au nationalisme palestinien, soit de suivre la voie tracée par l'émir Fayçal, dans son accord avec le professeur Weizmann, soit celle suggérée par Néguib Azoury, en 1905 : soit le combat côte à côte du nationalisme arabe et du sionisme, en vue de l'indépendance de chacun, suivi d'un développement en commun de leurs pays ; soit la lutte entre ces deux mouvements « jusqu'à ce que l'un d'eux l'emporte ».

L'échec des initiatives prises par l'émir Fayçal était dû à une modification de la répartition des intérêts et des zones d'influence, entre la France et l'Angleterre.

Le nationalisme arabe, sans doute trop faible pour se confronter à la fois à la France et à l'Angleterre, faute d'une réelle base populaire, fera supporter aux sionistes sa profonde déconvenue. Sous l'impulsion de dirigeants, dont les intérêts immédiats et personnels seront ainsi mieux servis, ils décident de lancer les populations palestiniennes à l'assaut des sionistes.

Je fais appel, sur ce point, au témoignage de Pierre Bonnardi, auteur de nombreux livres de voyages et d'enquêtes. Il publie un ouvrage intitulé *Le Retour à Jérusalem** dans lequel il relate une visite chez Moussa Chazim Pacha El Hussein, président du Comité islamo-chrétien (pages 69 à 94) :

> « Ce Comité, qui siège au Caire, a des succursales en Syrie et en Palestine. L'une de ses succursales est à Jérusalem, mais l'étiquette n'est pas celle de la maison mère. Syro-palestinien est devenu islamo-chrétien...
>
> Syro-palestinien indique le but suprême**.
>
> Islamo-chrétien dénonce le dessein immédiat : guerre aux juifs. »

---

* Paru en 1927, dans la collection « L'invitation au voyage », chez André Delpeuch.
** La Grande Syrie englobant les pays du Croissant Fertile.

Bonnardi se fait accompagner de Georges Suarez, « l'un de nos rares spécialistes de politique étrangère », et d'un fonctionnaire de l'Organisation sioniste, chargé des relations avec les Arabes, M. Kalvaresky, « un ami de Moussa Chazim Pacha ».
Bonnardi présente son hôte :

> « Moussa Chazim Pacha est un El Hussein, et les Hussein furent et sont de grande tente. Il gouverna, au temps des Turcs, Safed, la ville bleu lavande, qui peut, en se penchant sur sa colline, voir le soleil se coucher dans le lac de Tibériade.
>
> Il gouverna aussi Jaffa. Enfin, il fut maire de Jérusalem jusqu'en 1920. Cette année-là, les Arabes tentèrent un petit pogrom. Les juifs, pour une fois, se défendirent. Il y eut non point massacre mais bataille... Les Anglais, qui détestent les complications, fendirent l'oreille au pacha. Pour employer ses loisirs forcés, aujourd'hui, il préside aux destinées du Comité islamo-chrétien de Jérusalem. »

Bonnardi et Georges Suarez sont accueillis avec toute la suavité et la courtoisie orientales. Ils se présentent comme « deux écrivains français », curieux de connaître l'opinion de leur hôte sur deux sujets : les mandats (l'anglais sur la Palestine et le français sur la Syrie) et le sionisme. Bonnardi avait tenu à préciser qu'il pensait se trouver face à « un adversaire des Juifs et un ennemi des Français ».

> « Moussa Chazim a peu de choses a nous apprendre sur la question des mandats. On connaît la thèse : l'unité syrienne pour les deux pays, puisque la Palestine est la Syrie du sud. Un gouvernement arabe, conseillé et non commandé par la ou les puissances mandataires. Le président du Comité islamo-chrétien nous récite le catéchisme syro-palestinien. Connu ! Nous lui demandons de passer au sionisme.
>
> Ses premières paroles sont vagues et pleines de je ne sais quelle contrainte.
>
> "Bonne intelligence... il faudra voir... je ne demande pas mieux..."
>
> Nous cherchons à dégager de ce puits de courtoisie une vérité moins aimablement vêtue. Nous insistons. Alors Moussa Chazim regarde ses deux fauves avec étonnement et engage une conversation en arabe avec M. Kalvaresky. Il revient à nous :
>
> "Excusez-moi, dit-il, j'avais cru comprendre que vous étiez juifs. Vous ne l'êtes donc pas ?
>
> – Ni l'un, ni l'autre."
>
> Alors la conversation prend un ton plus vigoureux. Kalvaresky, qui sert d'interprète entre le français des uns et l'arabe de Moussa Chazim Pacha, ne manque pas de stoïcisme, car il est aussi juif et sioniste.
>
> Le dialogue se fait vif :
>
> "Estimez-vous que les Juifs sont un élément de prospérité pour des régions que les Arabes avaient abandonnées ?

– Les Juifs ne sont pas des agriculteurs, mais des commerçants.

– Pacha, ne cherchez pas la tangente, s'il vous plaît. Vous nous avez promis des réponses nettes. Cultivateurs ou non, mettent-ils en valeur les terres que les Arabes négligeaient ?

– Parbleu ! Avec les capitaux dont disposent les Juifs, les Arabes auraient fait cent fois mieux.

– Donc, les Juifs ont apporté des moyens de travail dont vous reconnaissez l'efficacité."

Oh ! Oh ! Ce n'est pas là une manière de conversation à l'orientale. Moussa Chazim Pacha s'agite. »

Il va converser avec Kalvaresky, puis il revient vers les deux Français. « Oui, les Juifs auraient pu arriver ici, comme des cousins. Nous le sommes par Abraham, notre aïeul commun. » « Il y a de bons Juifs », dit-il et il rappelle : « Lorsque j'étais gouverneur de Jaffa, c'est moi qui ai installé l'Ecole d'agriculture de Mikvé Israël. » « Ah ! qu'ils étaient gentils et souples, les Juifs d'autrefois. » Mais ceux d'aujourd'hui « se croient tout permis ». « S'ils ont de l'argent et des machines, qu'ils s'installent et se mettent au travail. Qu'ils sachent cependant qu'ils sont chez nous, les Arabes, et qu'ils ne seront jamais chez eux. » Il fustige une phrase de Haïm Weizmann, qui aurait dit : « Les Hébreux entreront en Palestine, comme les Anglais entrent à Londres. » Il s'insurge contre les révisionnistes, « des fous qui veulent nous tuer », il insiste : « Les Juifs ne sont pas des agriculteurs, ils sont commerçants, et encore, s'ils l'étaient ! A la vérité, ils nous inondent de bolchéviks dangereux. »

Cette longue diatribe est interrompue par l'arrivée de Saïd Bey, ancien ministre des Affaires étrangères de Fayçal, alors roi de Syrie.

« Une demi-journée », précise Saïd Bey.

Saïd Bey parle un excellent français. Bonnardi et Georges Suarez en profitent pour reprendre, avec lui, sans interprète, la conversation interrompue :

« "Que pensez-vous de l'avenir du sionisme ?"

La réponse jaillit comme une balle.

"La faillite !"

M. Kalvaresky a traduit lui aussi, en se tordant, comme si des tenailles rougies à blanc l'avaient saisi au ventre.

"La faillite ?"

Moussa Chazim Pacha jouit de la souffrance de son cher ami...

Et d'une voix un peu méprisante :

"Si je vous posais la même question ?

– Je (Bonnardi) réponds : Excellence, si vous me proposiez de parier, je parierais pour le sionisme."

Kalvaresky sourit... Le pacha et le bey, pour un peu, hausseraient les épaules, mais les Orientaux sont si polis !

Je reprends donc et je pousse un peu plus.

"Et je parierais sur les Arabes, eux-mêmes, Excellence. Le colonel Kish, délégué de l'Exécutif sioniste, nous a dit ce matin :

"Pour réussir, je compte plus sur l'amitié des Arabes que sur la force armée ou l'autorité anglaise."

– On ne m'a jamais tenu de propos de ce genre", réplique le pacha.

Saïd Bey a toujours son sourire féroce.

"Les Arabes ne sauraient être les amis d'envahisseurs sans scrupules."

Pour le coup, c'est nous qui protestons.

"Eh ! Quoi ! Saïd Bey ! Les juifs ne vivent que sur les terres que vous leur avez vendues. Il ne fallait point les leur vendre.

– Si j'avais de l'argent, j'achèterais Paris et Londres, crie Saïd Bey, cela ne ferait de moi, ni un citoyen anglais, ni un citoyen français. Les Juifs n'ont qu'à travailler et à se soumettre à nos lois..."

Nous sommes tous debout. La conversation prend un tour qui n'est pas de règle entre des chefs de partis et des voyageurs qui voudraient enregistrer seulement des opinions. »

Pierre Bonnardi et Georges Suarez avaient-ils un préjugé favorable aux sionistes ? C'est possible. Mais les paroles qu'ils mettent dans la bouche de leurs interlocuteurs arabes ne sont certainement pas inventées.

A peu de choses près, nous allons les retrouver, dans le livre d'Albert Londres, le grand journaliste disparu en 1932. Il publie, chez Albin Michel, en 1930, un livre intitulé *Le Juif errant est arrivé.*

Voici le témoignage que j'en tire (pages 259 et suiv.) :

« Plus la situation des Juifs s'affirmait en Palestine, plus les privilèges féodaux des chefs arabes se trouvaient menacés. Les temps étaient venus d'arrêter l'invasion juive. Il fallait, pour cela, exciter les *fellahs* (les serfs), que les juifs, dans l'ordinaire de la vie, ne gênaient pas outre mesure. Des fausses nouvelles avaient déjà commencé de travailler. Comme au Moyen Age, on commençait d'accuser les juifs de véhiculer d'ignobles maladies. Le bruit courut qu'ils donnaient des bonbons et des fruits empoisonnés aux enfants musulmans. N'entendait-on pas dire qu'ils s'attaquaient aux femmes voilées ? Mais les preuves manquaient. Le fanatisme religieux serait seul capable de soulever la masse.

L'heure sonnait. Les batteries étaient prêtes. Le grand Mufti, très gracieux jeune homme, entra en scène. Des tracts imprimés à la hâte furent envoyés aux imams des villages. Les imams les lurent aux fellahs, rassemblés. Il y était dit que le drapeau sioniste, devant le Mur, était le signal de l'attaque, par les Juifs, des lieux saints musulmans. Le Mur, d'abord, n'était-il pas l'un de ces saints lieux ?

A ce Mur, Mahomet avait attaché Burak, son cheval, avant de le chevaucher pour monter au ciel. Le temps pressait. Les Juifs allaient détruire les mosquées d'Omar et d'Al-Aqsa. Des cartes postales truquées montrant le drapeau sioniste au sommet d'Omar passaient de main en main. Les chefs religieux adjuraient le Coran : "Toi, la loi de nos pères, toi que nous avons juré de défendre, indique nous notre devoir !" Il n'en fallait pas autant. »

Albert Londres raconte ensuite les événements douloureux qui se sont déroulés à Jérusalem, à Tibériade et à Safed. Je n'en retiendrai que le dernier épisode conté (pages 276, 277) :

« Et le grand rabbin Ismaël Cohen ?

Trois mois auparavant, me promenant dans le ghetto de Safed, j'avais rendu visite au vieillard. Depuis dix ans, il n'avait pu toucher de son pied le raide escalier de son nid de pierre. Quatre-vingt quatre ans d'âge, une fière tête, un fameux savant du Talmud.

Ils l'ont égorgé aussi !

Je repris le chemin de sa maison. Je gravis l'escalier. La porte n'était plus fermée. Sur le divan où naguère il était assis pour me recevoir, des loques ensanglantées traînaient. Une mare de sang séché, comme une glace vue de dos qui se serait brisée là, tachait le carrelage. Au mur, l'empreinte de ses doigts sanglants.

"Monsieur le grand rabbin, lui avais-je dit, à cette même place, permettez que mon ami Rouquayrol fasse un croquis de vous.

– Chers visiteurs, avait-il répondu, la loi de Moïse le défend, mais Ismaël Cohen ne voit plus clair, il n'en saura certainement rien !"

Et il nous avait tendu sa main blanche.

Sa main est là, aujourd'hui, sur le mur, toute rouge !

C'est ce qu'on appelle un mouvement national ! »

Albert Londres, lui aussi, veut interroger et entendre les Arabes : rendez-vous est pris avec une dizaine d'entre eux : cinq Arabes musulmans, dont le président du Comité islamo-chrétien de Jaffa, trois Arabes catholiques, deux Arabes orthodoxes.

Un des Arabes catholiques, francophone, est venu chercher Albert Londres à son hôtel, et le conduit au lieu du rendez-vous. « L'atmosphère est chargée d'électricité », note Albert Londres qui, aussitôt lance le débat.

« "Que disent les Arabes ?" Le cheikh Monafar, l'un des Arabes musulmans, prend la parole au nom des autres. Il parle net :

"Le pays de Palestine est un pays arabe ; les Arabes étaient dans ce pays bien des années avant les Juifs."

Les neuf autres approuvent par des murmures.

"Les Juifs, au cours de l'Histoire, ont occupé accidentellement quelques coins de la Palestine, mais jamais toute ! Pendant leur règne, qu'ont-ils créé ? Ils n'ont rien laissé comme civilisation. Comme marque de leur domination, que voit-on ? Une mosaïque ! Les Romains les ont chassés. Ils sont partis. Le pays n'a rien gardé d'eux. Voilà pour le très vieux passé.

Cinq cent soixante ans plus tard, l'Islam triomphait. Nos pères reprenaient la terre et la rendait à leur ancienne nationalité. Depuis lors, nous étions chez nous.

– Chez les Turcs ?

– Enfin, nous étions presque entre nous. Voilà jusqu'à la Grande Guerre. Pendant la guerre, les nations se sont réveillées, l'arabe comme les autres. Nous avons demandé, à travers les mers, à faire revivre notre ancien royaume. Nous reçûmes, à ce sujet, des promesses de l'Angleterre et de la France.

– A plusieurs reprises, lance un des dix.

– Sous les Turcs..."

Me voyant sans doute sourire :

"Sous les Turcs, nous étions durement menés, mais nous avions des représentants au Parlement, des ministres dans le Cabinet de Constantinople. Cependant, nous ne cessions, chaque jour, de réclamer une plus grande liberté. La langue officielle était l'arabe. Eh bien ! malgré le lien religieux nous unissant aux Turcs, l'amour de la liberté nous a poussés contre les Turcs. Nous nous sommes joints aux Alliés dans l'espoir d'une indépendance complète. Les Alliés gagnent la bataille. Dans cette bataille, notre sang a coulé. Le grand royaume arabe apparaît à nos yeux. Soudain, tout s'évanouit. Nous ne restons qu'avec un rêve. Jadis, nous n'étions qu'une unité : Syrie, Palestine, Mésopotamie...

– Cela est une autre question.

– Admettons. Nous sommes sept cent mille, ici, n'est-ce-pas ? On peut dire, je crois, que nous formons un foyer national. Comme récompense, lord Balfour nous envoie les juifs pour y former également un foyer national. Un foyer national dans un autre foyer national, c'est la guerre !"

L'assemblée approuve bruyamment.

"Vous ne voulez pas des Juifs ?

– Erreur ! Nous ne voulons pas de foyer national juif. Vous savez qu'il est trois espèces de Juifs, en Palestine : les vieux Juifs religieux, qui viennent ici pour mourir...

– Vous les y avez aidés !

– Ce n'est pas nous qui avons commencé les massacres !

– Pas nous ! crient les dix musulmans.

– Le premier tué de cette série fut un Arabe, Sidi Akaché, égorgé dans le quartier Sheikh Zorah, à Jérusalem, par un Juif.

– Quelle date ?"

Ils cherchent et disent le 26 août. Les événements ont commencé le 23. Peut-être se trompent-ils de chiffre ! Le calme se rétablit. Monafar, le cheikh, reprend :

"Ensuite, les Juifs d'avant 1919, les Juifs du baron. Ils ont acheté la terre, ils font de l'agriculture, non de la politique. Enfin, les Juifs de lord Balfour, les sionistes. Nous n'avons rien à dire contre les pieux Juifs, ni contre les Juifs du baron. Ceux-là peuvent vivre en paix chez nous ! (*Orient ! Voilà que tu ne sais déjà plus que ce sont justement les pieux Juifs que tu as massacrés !*) Mais les autres, la guerre est déclarée.

– Que leur reprochez vous ?"

De nouveau les voix s'élèvent ensemble.

"D'être un 'ramassis' de tout ce que l'Europe ne veut pas ! De vouloir nous chasser !... De nous traiter en indigènes !... Voyons, le monde ignore-t-il qu'il y a sept cent mille Arabes ici ?... Si vous voulez faire ce que vous avez fait en Amérique, ne vous gênez pas, tuez-nous, comme vous avez tué les Indiens et installez-vous !... Nous accusons l'Angleterre ! Nous accusons la France !...

– Des faits !

– Premièrement, nous reprochons aux Juifs de nous ruiner. Exemple : la municipalité de Tel-Aviv, par suite de dépenses princières, était endettée de 105 000 livres. Le gouvernement palestinien a payé cette dette avec l'argent du Trésor, et ce Trésor, c'est nous qui l'alimentons par l'impôt.

Autre exemple : la Palestine est tout en travaux. On ne la reconnaît plus. Nous n'éprouvions nullement le besoin de cette transformation.

A quoi bon l'électricité ? A quoi bon ces routes ? On fait des routes pour donner à manger aux ouvriers juifs. L'ouvrier juif travaille huit heures. L'ouvrier arabe douze heures. L'ouvrier juif est payé deux fois plus que l'ouvrier arabe. Le gouvernement que nous subissons n'est pas un gouvernement, mais une association de bienfaisance pour étrangers.

Deuxièmement, nous leur reprochons de nous brimer. Les lois du pays sont faites par un Anglais, un Juif, Monsieur Bentwich. Ces lois sont contre l'Arabe, et pour le Juif. Pour le même délit : deux livres d'amende au Juif, trois mois de prison à l'Arabe.

Troisièmement, nous leur reprochons de nous pousser hors de chez nous. Le pays s'appelle Palestine, ils l'ont baptisé Eretz Israël (Terre d'Israël) !

La seule langue était l'arabe, ils ont fait accepter l'hébreu à égalité. Ils achètent nos meilleures terres *(Pourquoi les leur vendent-ils ?)*. Ils disent : "Si vous n'êtes pas contents, prenez les os de vos prophètes et allez-vous en." »

A la place du Juif errant, alors, l'Arabe errant ?

"Messieurs, quelles conditions posez-vous pour ne plus égorger les Juifs ?"

Tumulte ! Ils n'ont pas égorgé les Juifs ! Non. Du moins, si je comprends bien, ils ne les ont pas égorgés pour les égorger, mais seulement pour attirer l'attention sur le sort fait aux Arabes.

"Nos conditions, reprend le cheikh, les voici :

1°) Suppression de la déclaration Balfour, telle qu'elle est rédigée et telle qu'elle est appliquée.

2°) Election au suffrage universel et formation d'un gouvernement arabe.

3°) Limitation de l'immigration juive.

4°) Suppression des lois favorisant les Juifs et leurs industries.

– Croyez-vous que les cinquante-deux nations signataires de la Déclaration Balfour puissent revenir sur leur parole ?

– Ce n'est pas notre affaire !"

En effet, comme nation, il semble ne vouloir connaître que la cinquante-troisième et la cinquante-quatrième : l'arabe et la juive !

"Messieurs, j'ai vu vos deux chefs à Jérusalem : le Grand Mufti et Raghed bey El Nashashibi. J'ai demandé au grand mufti : "Les massacres cesseront-ils ?" Le Grand Mufti, dont la jeunesse n'est pas imprudente, a frappé dans ses mains. Nous étions sur sa terrasse. La mosqué d'Omar nous servait de toile de fond. Le soir s'emparait du mont des Oliviers. Tout semblait apaisé autour de nous. A son appel, des serviteurs accoururent. Ce descendant du Prophète demanda du papier. Je lui prêtais un crayon. Il me répondit par écrit : voici ce document. Et je lus :

"On ne doit pas espérer une amélioration réelle et continue en Palestine, une sécurité constante, un calme général, des relations bienveillantes entre les habitants du pays : 1°) si on ne délaisse pas la politique injuste, contraire à la nature des choses, que renferme la Déclaration Balfour, politique exigeant l'asservissement de la majorité à la minorité ; 2°) si l'on ne suit pas un régime de justice et d'équité. Ce régime consiste dans la formation d'un Etat représentatif, démocratique que dirigeront tous les Palestiniens, Arabes et Juifs. En proportion de leur nombre respectif."

"Etes-vous d'accord avec votre Grand Mufti ?

– Oui !

– Ensuite, Messieurs, j'ai quitté le vieux Jérusalem... Je gagnais la mairie. Raghed bey El Nashashibi me reçut. Raghed bey, qui est un preux, avait encore plus de franchise dans le regard que trois mois auparavant :

– Eh bien, Monsieur le Maire, fis-je. Etes-vous payé ? Au prix du sang, m'aviez-vous dit en mai dernier ; le sang est versé !"

Raghed bey me regarda étonné. Il me dit que tant que la Déclaration Balfour existerait, rien ne serait terminé, et que dès que les troupes anglaises partiraient, tout recommencerait."

" Etes-vous d'accord avec le maire de Jérusalem ?

– Oui !

– Voyons ! dis-je encore à votre chef, vous ne pouvez cependant pas tuer tous les Juifs. Ils sont cent cinquante mille ; il vous faudrait trop de temps !

– Mais non ! fit-il d'une voix très douce, deux jours !

– Soixante quinze mille par jour ?

– Mais oui !"

Je demandais aux dix s'ils étaient d'accord avec Raghed bey ?

"D'accord !

– Alors, Messieurs, quand les troupes anglaises reprendront le bateau, faites-moi l'amitié de me télégraphier. Je crois que vous présumez de vos forces. Les nouveaux Juifs ne se laisseront pas saigner.

Je suis même certain qu'ils vous donneront du fil à retordre. Ce sera une rude bataille. Voici mon adresse. N'oubliez-pas de me prévenir. Je reviendrai vous voir travailler. A bientôt !" »

* *
*

J'ai tenu à donner ce long témoignage d'Albert Londres, journaliste et grand reporter, dont l'effort d'objectivité ne peut être mis en doute. Son témoignage est largement confirmé par celui d'Edouard Helsey, un autre journaliste français, ami d'Albert Londres. Edouard Helsey a consacré deux ouvrages à la Palestine, *L'An dernier à Jérusalem** et *Orages sur Sion***.

Edouard Helsey a rencontré le Mufti de Jérusalem, après les massacres de 1929. Il a aussi rencontré le président du Comité islamo-chrétien, peut-être le même que celui que Bonnardi et Georges Suarez ont interrogé.

Les réponses reçues sont toujours les mêmes. Les Anglais ont fait des promesses au roi Hussein Ibn Ali, pour obtenir son aide contre les Turcs. Les Anglais avaient besoin de l'aide des Arabes. Ces derniers les ont aidés à chasser les Turcs. Alors, les Anglais ont offert la Palestine aux Juifs. Les Arabes ont protesté. En réponse, les Anglais ont offert de créer une assemblée représentative, composée de huit musulmans, deux chrétiens, deux juifs et dix Anglais.

> « "Nous avons repoussé cette insultante raillerie, précisent les interlocuteurs d'Edouard Helsey, et nous avons compris, alors, que la déclaration Balfour et la politique qui en ressort n'avaient qu'un but : faire opprimer un million d'Arabes, par quatre cent mille Juifs, avec le concours et sous le contrôle d'un petit noyau d'Anglais."
>
> Se plaindre à la Société des nations, quelle naïveté ! "Nous n'avions qu'une chance de salut : attirer par un éclat l'attention du monde civilisé." En quelques mots, le mufti et le président du Comité islamo-chrétien tentent ainsi de justifier le recours aux émeutes et aux massacres qu'elles ont provoqués.
>
> "Mais enfin, ne sauriez-vous donc vivre en bon voisinage avec les Juifs ? interroge Helsey.
>
> – Nous le pouvions jadis. Jamais nous ne leur avions fait de mal. Mais le chauvinisme sioniste a tout changé. Les sionistes veulent assurer leur complète hégémonie sur la terre de nos ancêtres. Pour eux, la Palestine est juive, comme l'Angleterre est anglaise. Ils empiètent chaque jour davantage sur nos droits. Laissons-les se développer, nous serons subjugués. Déjà ils gouvernent en fait. C'est sous leur inspiration directe que sont élaborés tous ces règlements. Ces

* Paru en 1930 aux Editions de France.
** Paru en 1939 chez le même éditeur.

gens-là sont insatiables. Rien ne les satisfait jamais. Ils n'ont même pas pu s'entendre avec Jéhovah, malgré le faible qu'il avait pour eux – à ce qu'ils disent.

– C'est donc le sionisme, et le sionisme seulement, qui vous aurait amenés à l'antisémitisme.

– Oui, le sionisme seulement.

– Et quelle issue voyez-vous au litige actuel ?

– Que l'on crée un parlement démocratique où les électeurs seront représentés selon leur nombre, Arabes et Juifs.

– Mais alors, c'est vous qui serez les maîtres. Avec les sentiments que vous laissez percer, n'a-t-on pas le droit de penser que vous étoufferez aussitôt l'effort de colonisation juif, profitable au pays ? Vous ne pouvez le nier.

– Moi-même, Moussa Kacem, à Londres, j'ai proposé à Churchill, que l'on précisât les conditions de l'immigration sioniste, et qu'on incorporât ce statut à la Constitution de l'Etat palestinien. Force serait donc de le respecter.

– Mais ce serait donner lieu aux plus âpres discussions, écorcher les passions à vif, mettre le feu à la Palestine !

– Procéder autrement, c'est une iniquité. Nous sommes soumis – nous à qui on avait promis pleine liberté –, nous sommes soumis à une paix de violence. Nous qui n'étions pas l'ennemi, mais l'allié, on nous traite comme les vainqueurs n'ont pas voulu traiter l'Allemagne.

– Le temps peut arranger toute chose. Les Juifs cultivent des terres que vous laissez stériles. Vous les massacrez.

– Nous suivions, autrefois, d'un œil amical, les efforts et les progrès du baron de Rothschild, mais les gens d'aujourd'hui étalent d'autres intentions.

– Alors ? Pourquoi n'êtes-vous pas allés attaquer les organisations sionistes, les colonies sionistes et les bureaux sionistes ? Vous avez assassiné de pauvres vieux Juifs hypnotisés par le culte de la Torah, de malheureux types inoffensifs, confits en dévotion, craintifs et démunis, des vieillards et des femmes..."

Question gênante assurément. On s'en tire comme on peut, et voici la réponse.

"C'est la preuve que le mouvement ne fut pas organisé, et qu'il s'agit, comme nous le disons, d'une explosion populaire spontanée. Et puis, on exagère les événements. Nous aussi, nous avons nos morts.

– Tués dans la résistance ou dans la répression ?

– Nous ne sommes pas maîtres de nos foules. Les empiètement sionistes les exaspèrent et les Juifs se croient tout permis." »

Edouard Helsey ajoute quelques lignes plus loin (page 195) :

« Ces façons de voir, je les retrouve chez tous les Arabes. Il s'est produit entre eux une manière d'union sacrée. Les clans qui se querellaient hier se réconcilient avec ostentation. Un musulman considérable me disait tout à l'heure :

"Je vais vous citer un proverbe de chez nous : Avec mon frère contre mon cousin. Avec mon frère et mon cousin, contre mon voisin. Avec mon frère, mon cousin et mon voisin contre l'étranger..." »

Ce proverbe arabe étonnera par sa proximité avec une autre déclaration plus récente... Mais ce n'est là qu'un détail !

Puis-je invoquer un dernier témoignage : celui de Marcel Picard, journaliste, prix Albert Londres 1946* ?

« "Que dirait la France, si l'on voulait lui imposer la présence de quelques millions de Chinois ou de Grecs ?"

Bien carré dans son fauteuil, jouant distraitement avec son chapelet, l'homme que je suis venu interroger a attaqué d'une voix dure, sans me laisser le temps de poser une question.

Cet homme, c'est le docteur Khalidy, l'un de ceux que la Ligue arabe a désignés pour la représenter à Londres et à Washington. Il a été le dernier maire arabe de Jérusalem ; les Anglais l'ont déporté aux îles Seychelles, un jour que son activité leur avait déplu. C'était au temps où les Anglais soutenaient les Juifs. Depuis...

Depuis, le docteur Khalidy est revenu à Jérusalem...

"Tout de même, lui dis-je, la race jaune, la nation grecque n'ont pas en France les attaches que les Juifs ont en Palestine !"

La riposte est immédiate. Inattendue aussi :

"Pour nous, les Juifs ne sont ni une race, ni une nation, mais une religion ! et l'on ne bâtit pas un Etat sur une religion."

Tiens, tiens... Quand un pays d'Europe veut chercher querelle à ses Israélites, il commence par leur dire : "Je n'en veux pas à votre religion, mais vous n'êtes pas de notre race : vous êtes Juif..."

Ici, la conception diffère. Peut-être les Arabes et les autres peuples se mettront-ils un jour d'accord pour décider si les Juifs sont une religion ou un peuple, ou s'ils doivent être l'un et l'autre pour les besoins de la cause, comme la chauve-souris de la fable était tantôt oiseau et tantôt souris.

Pour le docteur Khalidy, qu'ils soient l'un ou l'autre importe peu : ils ne sont pas chez eux en Palestine :

"Ils nous ont été imposés par les baïonnettes anglaises. Nous sommes ici depuis treize siècles, et nous risquons maintenant d'être dépossédés. Ils ont d'abord demandé un "home spirituel", puis un "foyer national"... Aujourd'hui, ils veulent un Etat ! Si nous n'avons plus le droit d'être les maîtres dans notre propre pays, qu'adviendrait-il de la Charte de l'Atlantique ? Et puis, personne ne peut supporter la domination juive ; on parle tout le temps de démocratie, mais on oublie trop que c'est le droit pour un pays de choisir lui-même son gouvernement. Nous sommes arabes, sur une terre arabe... Nous voulons un gouvernement !

* Dans son livre *Palestine carrefour brûlant,* publié en 1947 chez Paul Dupont (pages 39 et suivantes).

Pour ce droit, nous sommes déterminés à combattre de toutes nos forces." »

Après quelques digressions sur l'impérialisme de la France, de l'Angleterre et de la Russie, et quelques remarques sur l'antisémitisme chrétien et la protection accordée par l'Islam aux Juifs, le docteur Khalidy propose sa solution :

« Elle ne diffère pas, dans ses grandes lignes, de celle préconisée par les Juifs. C'est un même corps : seule la tête dont on veut surmonter ce corps n'est pas la même.

"Nous proposons un Etat démocratique arabe avec un tiers de Juifs. Les droits de la minorité seraient garantis par tous les autres Etats arabes, ainsi que par l'O.N.U. Cette minorité privilégiée participerait au gouvernement et jouirait de tous ses droits, garderait sa langue et sa religion. Mais nous ne voulons que les Juifs palestiniens, et ils ne sont guère plus de quatre cent mille. Les autres sont des étrangers qui bénéficient toujours de passeports étrangers : ils ne sont pas historiquement attachés à la Palestine.

– Les autres le sont alors ?"

Sans paraître entendre ma question, le docteur Khalidy, qui a abandonné son chapelet et dont les mains prennent appui sur le bureau, dit en détachant chaque mot :

"Nous ne voulons du partage à aucun prix ! Il signifierait malgré tout un Etat juif, chez nous ; un Etat qui gagnerait peu à peu du terrain, et engloberait, dans dix ans toute la Palestine.

[...]

Trente ans de mandat nous suffisent. On peut installer un Etat juif par les armes, mais alors, commencera la grande croisade arabe contre la juiverie. Nous sommes aussi tenaces qu'eux, et nous ne voulons pas être envahis. Nous ne sommes pas antisémites... Mais si l'antisémitisme s'installe ici, il sera dans cinquante ans plus terrible qu'il ne l'a été en Allemagne, et ce sera, contre nos sentiments intimes, la tragédie."

Et le docteur Khalidy, d'une voix encore durcie, conclut par ces mots qui paraphrasent ceux que m'ont dit les Juifs :

"Il y a déjà six Etats arabes. Pourquoi, nous Arabes de Palestine, n'aurions-nous pas le nôtre ?" »

Pendant toute cette période, qui va de 1920 à la proclamation de l'Etat d'Israël, le 14 mai 1948, les dirigeants palestiniens ne modifient pas leur position.

Quelques-uns, cependant, tentent d'introduire plus de souplesse et de compréhension. Ils seront assassinés.

Abdel Kader écrit dans son livre, déjà cité (pages 103, 104) :

« Toutefois, les bourgeois palestiniens n'étaient pas tous partisans de la Guerre sainte. Un groupe de bourgeois libéraux se forma en

> parti politique, opposé au grand mufti, sous la conduite d'un avocat : Fakri El Nachachibi. Celui-ci fut abattu par les terroristes du grand mufti, Hadj Amin El Husseini. Le parti de l'opposition libérale et du dialogue avec les juifs fut rapidement disloqué. Il n'avait pas sa place dans la Palestine du mandat britannique. »

Le grand mufti mène toute l'action contre les sionistes ; il se rendra auprès de Hitler et le rencontrera à Berlin, le 28 novembre 1941.

Le procès-verbal de cette rencontre date du 30 novembre*.

J'en ai consulté la version anglaise.

Le Mufti expose au Führer que les Arabes sont les amis naturels des Allemands, car ils ont les mêmes ennemis : les Anglais, les Juifs et les communistes. C'est pourquoi les Arabes sont prêts à participer à la guerre, aux côtés des Allemands, pas seulement en provoquant des sabotages ou des révolutions, mais en formant une légion arabe combattante. Un appel du Mufti, notamment aux combattants algériens, tunisiens ou marocains, faits prisonniers par les Allemands, provoquerait, parmi eux, l'afflux de nombreux volontaires. Le Mufti demande une déclaration publique du Führer en faveur de l'indépendance et de la liberté des Arabes et pour l'élimination du Foyer national juif.

Le Führer répond que l'attitude fondamentale de l'Allemagne, sur ces questions, est claire, comme le Mufti l'avait lui-même souligné. L'Allemagne mène une guerre sans compromis contre les Juifs. Cela inclut naturellement, précise-t-il, une opposition active au Foyer national juif en Palestine, qui n'est rien d'autre qu'un centre, sous la forme d'un Etat, en vue de l'exercice d'une influence destructrice, en faveur d'intérêts juifs. Il ajoute :

L'Allemagne sait que les Juifs n'ont pas joué, comme ils le prétendent, un rôle de pionniers en Palestine. Seuls les Arabes ont fait ce travail, pas les Juifs. D'ailleurs, l'Allemagne est décidée à pousser, par étapes, les nations européennes à résoudre leur problème juif. Après quoi, l'Allemagne adressera la même demande aux nations non européennes.

Finalement, le Führer promet de lancer l'appel demandé par le Mufti, mais seulement lorsque les tanks et l'aviation allemande auront fait leur apparition au sud du Caucase.

Alors que les Juifs palestiniens surmontaient leur amertume envers la puissance mandataire, et que plus de cent mille d'entre eux, hommes et femmes, s'engageaient dans la guerre contre les

* *The Israel-Arab Reader,* de Walter Laqueur, page 80 et suivantes.

puissances fascistes de l'Axe – notamment sous les drapeaux anglais – comment ne se souviendraient-ils pas que les dignitaires arabes étaient, alors, prêts non seulement à tolérer le nazisme, mais à lui tendre la main ?

* *
*

Les Arabes n'ont aucune responsabilité dans les atrocités hitlériennes. Excepté la responsabilité morale de ceux qui sont allés demander au Führer de liquider le Foyer national juif en Palestine.

Quelle est l'attitude des dirigeants sionistes, de ceux qui, à la tête de l'Organisation, réclament l'établissement d'un Etat juif et affirment les droits du peuple juif sur l'ensemble de la Palestine – Eretz Israël ?

Dans son livre déjà cité, Marcel Picard rapporte les propos de Mme Meyerson, plus connue sous le nom de Golda Meïr, en charge, à l'Agence juive, des relations extérieures (page 28) :

> « "Vous m'avez demandé ce que nous voulons... Nous voulons une patrie. Pour cela, deux moyens : ou revenir à l'esprit du mandat, mais cela, les Anglais ne le veulent pas ; ou qu'ils s'en aillent après avoir établi la nation juive... Et ils ne le veulent pas non plus, entendant bien rester en Palestine pour compenser la perte de l'Egypte. Il subsiste en Palestine des terres non cultivées ou inhabitées. Nous sommes actuellement six cent soixante dix mille. Nous pouvons faire venir sept cent mille autres de nos frères et constituer avec eux l'Etat juif. Je le sais... il y a les Arabes. Mais considérez la faible étendue que représente la Palestine dans le Proche-Orient.
>
> – Mais vous savez bien que les Arabes n'accepteront jamais que vous soyez les maîtres...
>
> – Il n'est pas question de domination. Actuellement, il n'y a pas de discussion possible, parce que les Arabes voient les Anglais tournés contre nous, et il faut une base politique solide pour pouvoir discuter avec les Arabes. Nous savons d'ailleurs que pas mal d'entre eux accepteraient, sinon un Etat juif dans toute la Palestine, du moins un partage.
>
> – Et vous ? Accepteriez-vous ce même partage ?
>
> – Oui, car le temps presse et trop de juifs souffrent encore en Europe... Pour nous, nous sommes prêts à nous défendre. Nous ne voulons ni chasser ni asservir les Arabes. Ce que nous voulons – mais cela, nous le voulons bien – c'est une place, même petite, où nous soyons enfin chez nous. Ce que nous voulons, c'est une patrie. Nous la voulons ni en Afrique du Sud ni dans la plus fertile contrée d'Amérique... Nous la voulons sur la terre où est née notre race, où ont vécu nos ancêtres, nous la voulons en Palestine !
>
> [...]
>
> – Il vous faut donc être la majorité ?
>
> – Oui, pour atteindre ces buts. Si l'on accordait à la Palestine une

autonomie basée sur une majorité arabe, on empêcherait la continuation de l'émigration juive. Dans une telle politique, les Arabes compteraient sur l'appui des Etats arabes environnants. Le résultat serait de transformer la Palestine en Etat arabe et de soumettre la minorité juive à la domination des Arabes. La crainte de voir l'inverse se réaliser n'est pas justifiée. Une minorité arabe ne disposerait pas seulement des sauvegardes constitutionnelles et des garanties internationales. La Palestine est entourée de territoires arabes où les Juifs sont en minorité : cela suffit pour faire disparaître la crainte d'un abus de pouvoir. Voilà, conclut Mme Meyerson, je vous ai dit d'où nous venions, où nous en étions et ce que nous voulons. Notre cause est juste. On ne peut empêcher les Juifs d'avoir une patrie. Et puis il existe six Etats arabes indépendants, représentés à l'O.N.U... Pourquoi n'y aurait-il pas aussi un Etat juif ?" »

David Ben Gourion s'est, lui aussi, prononcé sur le sujet, notamment dans un livre, intitulé *Nos voisins et nous,* dont le propos demeure d'une redoutable actualité.

Il y écrit :

« Il faut que l'Arabe sache que nous ne sommes pas venus le déposséder, l'asservir ou nuire à ses intérêts d'une façon ou d'une autre ; que le sionisme n'est pas un phénomène passager, mais une nécessité fondée sur des impératifs vitaux et sur la force organisée du peuple juif tout entier, qu'il est impossible de le supprimer ou de le museler. »

Ben Gourion s'adresse, ici, à ces nombreux Juifs d'Europe qui ne connaissent pas les Arabes :

« Tout comme nous devons éduquer les masses arabes pour leur faire comprendre notre cause, il nous appartient d'éduquer notre peuple dans le sens d'une compréhension des Arabes pour assurer des rapports de bon voisinage. Or les nouveaux pionniers, et même les anciens, n'ont pas la moindre notion de la façon de vivre des Arabes, ni même de leur langue, et c'est inadmissible. On ne peut vivre dans un même pays avec un autre peuple, sans le connaître ni le comprendre... Apprenons à connaître nos voisins et donnons leur une image fidèle de nous-mêmes. C'est là la première condition d'une compréhension mutuelle (page 181). »

Au-delà du problème d'éducation et d'information, Ben Gourion aborde l'aspect politique :

« Sur le plan extérieur, je considère qu'un réglement avec le peuple arabe est l'objectif politique numéro un, la clef de tous les problèmes que le mouvement sioniste est appelé à résoudre. Je sais très bien qu'il est beaucoup plus facile de vouloir cet accord, d'en concevoir les grandes lignes que d'amener la partie adverse à y donner son agrément. Malheureusement, il n'existe pas d'accord unilatéral. »

Ben Gourion sait que pour parvenir à une entente, il faut négocier avec son voisin, tel qu'il est :

> « La plus grosse difficulté sur ce plan réside dans le fait que nos voisins ne considèrent pas un tel accord comme une nécessité ; d'autant plus qu'ils sont en position avantageuse. Ils ne sont pas menacés dans leur existence – personne ne cherche à les arracher à leur terre – ils veulent seulement conserver tout ce qui est en leur possession, absolument, intégralement, en refusant le moindre changement... Lorsque je parle de trouver la voie d'un règlement, j'entends celle qui mènera à un accord concret et à une coopération économique, culturelle et politique (page 224).
>
> [...] Car cette question de coexistence, de compréhension mutuelle et de collaboration avec les Arabes du pays et ceux des Etats voisins est un des aspects essentiels du sionisme. Je dirais encore que nous n'avons pas renoncé à notre vision des Temps futurs et au rêve de notre vocation historique : pour nous, la résurrection du peuple juif, sur son sol ancestral, ouvre une ère nouvelle, non seulement pour le destin de notre nation, mais aussi pour celui du Moyen-Orient (page 226). »

Malgré cet appel idéaliste, Ben Gourion reste conscient de la réalité. Quelle belle leçon à retenir !

> « Seuls ceux qui sont ignorants de la nature humaine peuvent croire que le peuple arabe, ou tout autre peuple, préfèrera un régime étranger, démocratique et juste, à un pouvoir abhorré mais bien à lui. Même si nous promettions aux Arabes un régime qui répondrait à tous leurs besoins, il ne leur conviendrait pas (page 231). »

Bien sûr, pense Ben Gourion, nous pourrions être séduits par l'idée de négocier avec l'Europe et l'Occident. Mais il rappelle au peuple juif d'Eretz Israël que « ses voisins immédiats seront des peuples arabes ».

> « C'est à eux que nous lierons notre sort, avec eux que nous établirons des relations économiques et même, dans une certaine mesure, culturelles et politiques. L'avenir de notre coopération et de la paix avec les pays limitrophes dépendra, pour une grande part, de la perspicacité, de l'habileté que nous déploierons dans l'établissement d'une coexistence fraternelle avec la communauté arabe vivant en Eretz Israël (page 253). »

Ben Gourion s'exprime clairement, dès cette époque, sur ce que les accords de Camp David définiront comme « les droits légitimes des Palestiniens » :

> « Le droit à l'autodétermination est un concept connu dans le monde entier. Nous l'avons toujours soutenu et nous avons milité en sa faveur. Nous sommes des partisans inconditionnels de l'autodéter-

mination pour chaque peuple, chaque groupe ethnique ; il ne fait donc aucun doute pour nous que le peuple arabe de Palestine possède le droit à cette autodétermination ; un droit qui n'est pas limité ni conditionné par les conséquences que son application pourraient avoir sur nous, et sur notre cause.

Il ne saurait être question de le restreindre, au nom des complications qu'il pourrait entraîner pour nous. Le sens moral du sionisme est tout entier dans l'idée que le peuple, tout peuple, est une fin en soi et non un moyen de réaliser les visées des autres peuples.

Tout comme nous voulons que le peuple juif soit lui-même maître de son destin, sans dépendre de la volonté – pas même de la "bonne volonté" – des autres peuples, nous exigeons la même chose pour les Arabes. Nous ne pouvons considérer les Arabes d'Eretz Israël comme un moyen au service de notre cause, ni décider de leur sort ou de leurs droits, en fonction de nos intérêts propres, même si ce sort et ces droits dépendaient entièrement de nous et de notre bon vouloir. »

Existe-t-il un texte, une déclaration d'un dirigeant arabe, reconnaissant les droits légitimes du peuple juif en Eretz Israël ? Ben Gourion lui, s'engage :

« Les droits des Arabes sont inhérents à leurs propres intérêts, à leurs besoins vitaux, et sont fondés sur des principes communs à toute l'humanité.

Il est probable que l'aspiration des Arabes à l'autodétermination rende notre tâche bien plus difficile, mais cela ne saurait supprimer leurs droits. Une force, quelle qu'elle soit, qui ne s'appuie pas sur un concept moral n'est pas viable. L'histoire de l'humanité nous enseigne que la force brutale n'a jamais remporté de victoire durable. »

A quoi s'ajoute cette leçon de politique, un peu oubliée de nos jours :

« En ce qui nous concerne, nous ne pourrons jamais tabler sur une politique de force, même si nous le voulions. L'opinion publique mondiale, dont nous demandons la reconnaissance et la sympathie pour notre œuvre, exigera de notre part une équité sans faille – et même plus que cela – dans nos rapports avec autrui (page 257). »

Ecoutons aussi Vladimir Zéev Jabotinsky, qui dépose, devant la Commission royale pour la Palestine, réunie le 11 février 1937, à Londres* :

« La conception du sionisme que j'ai l'honneur de représenter ici est fondée sur ce que je pourrais appeler son aspect humanitaire. Par là, je ne veux pas dire que nous ne respectons pas l'autre aspect, l'aspect purement spirituel du nationalisme juif, tel que le désir pour

* *The Israël-Arab Reader, op.cit.*, page 58 et suivantes.

une libre expression, la reconstruction d'une culture hébraïque, ou la création de quelques "modèles de communauté dont le peuple juif pourrait être fier".

Tout cela, bien entendu, est très important ; mais comparé à nos besoins actuels et à notre réelle position dans le monde, aujourd'hui, tout cela a plutôt un caractère de luxe. »

Jabotinsky se montre préoccupé par la montée de l'hitlérisme ; il pressent la chaîne catastrophique des événements et la faiblesse des démocraties occidentales. Avant tout, sauver ces vies humaines qu'il sent menacées.

Mais il aborde aussi l'aspect politique :

« Oui, nous voulons un pays. Chaque nation sur terre, chaque nation normale, à commencer par les plus petites et les plus humbles qui ne se réclament d'aucun mérite, d'aucun rôle dans le développement de l'humanité, elles ont toutes leur propre Etat. Ceci est la condition normale pour un peuple...

Je suis plein de compréhension pour les arguments des Arabes, pour autant qu'ils ne sont pas exagérés. Votre Commission a déjà eu l'occasion de juger si la colonisation juive a provoqué quelque préjudice aux Arabes de Palestine en tant qu'êtres humains..

Nous prétendons unanimement que la situation économique des Arabes en Palestine, dans la période de la colonisation juive et grâce à elle, est devenue l'objet de l'envie des Arabes des pays voisins, à tel point que ceux-ci manifestent une nette tendance à émigrer en Palestine.

Je vous ai également montré qu'à notre avis il n'est pas nécessaire d'empiéter sur les droits des Arabes en Palestine, bien au contraire, notre intention est que le pays d'Israël, sur les deux rives du Jourdain, soit peuplé d'Arabes, de leurs descendants, mais aussi de plusieurs millions de juifs.

Je ne nie pas qu'au cours de ce processus les Arabes deviendront nécessairement une minorité dans ce pays. Mais je nie que cela signifie une épreuve. Cela ne peut pas être une épreuve pour aucune race, aucune nation, alors qu'elle possède actuellement tellement d'Etats nationaux, sans compter qu'il s'en ajoutera beaucoup d'autres dans l'avenir.

Une partie, une branche de cette race, et certes pas bien grande, devra vivre dans un Etat appartenant à d'autres : eh bien, c'est là la situation des nations les plus puissantes du monde, je trouverais difficilement le nom d'une des grandes nations possédant leurs propres Etats, Etats puissants et actifs, qui n'ait pas une branche de son peuple installée dans un pays étranger. C'est là un phénomène tout à fait normal et il n'y a là aucune "épreuve".

Il en est de même lorsque nous voyons que l'on présente les arguments des Arabes face à ceux des Juifs. Je comprends parfaitement que cette minorité préfère être majorité. Il est très compréhensible

> que les Arabes de Palestine préfèrent, eux aussi, que ce pays soit l'Etat arabe numéro 4, 5 ou 6, je le comprends très bien.
>
> Mais lorsque les arguments des Arabes se trouvent face à l'exigence des juifs, exigence qui signifie leur salut, cela ressemble plutôt à l'appétit venant plaider contre la faim.
>
> Aucun tribunal n'a encore eu la chance de devoir se prononcer dans un procès où l'une des parties ait totalement raison, tandis que l'autre n'a aucun argument à lui opposer. La réalité de la vie nous montre que tout tribunal, et ce tribunal (la Commission) aussi, doit admettre que les arguments de chaque partie ont leur fondement, et pour prononcer une juste sentence, il faut que ce tribunal pèse quelle doit être la justification fondamentale de toutes les exigences humaines, exigences aussi bien individuelles que collectives, il doit faire le bilan terrible et décisif du besoin vital. »

Jabotinsky ne parle pas de transfert de population. Sa revendication territoriale – les deux rives du Jourdain – est aujourd'hui abandonnée par ceux qui se réclament de sa doctrine. Jabotinsky, pour peupler les deux rives du Jourdain, songe, sans doute, aux Juifs d'Europe centrale et orientale, qui pourraient trouver leur salut sur la terre d'Israël. Nombre de ceux, morts dans les camps d'extermination, n'avaient-ils pas rêvé de « monter » vers la terre ancestrale ?

D'autres intellectuels, juifs et sionistes, d'autres dirigeants sionistes pourraient être utilement cités. Ils sont tous préoccupés de la relation avec les Arabes. Comment trouver la voie du cœur, à défaut de celle de la raison ?

A.D. Gordon, un socialiste non marxiste, écrit :

> « La Vérité est, certes, modeste, mais sa puissance est plus grande que celle de l'égalité, de la liberté et de la fraternité qui se trouvent inscrites sur les drapeaux. Sa puissance est plus grande, même, que celle de l'amour. [...]
>
> C'est grâce à la puissance de la Vérité que nous trouverons la voie vers une vie en commun avec les Arabes et vers un travail en commun en faveur des deux parties. [...]
>
> Nous, nous ferons ce qui nous incombe, et la Vérité éclairera la voie à suivre, et si eux suivent d'autres voies, s'ils utilisent la force et le mensonge, ils peuvent, certes, nous nuire, mais ils ne peuvent nous faire sortir du chemin que nous nous traçons et nous ne nous détournerons pas de notre voie. Ils ne feront que se nuire à eux-mêmes. Nous sommes, eux et nous, des alliés naturels. »

Pour compléter ce tour d'horizon, il convient de citer l'initiative prise par Arthur Ruppin, le principal artisan de la politique d'implantation sioniste avant la création de l'Etat d'Israël.

Avec un groupe d'intellectuels, parmi lesquels Martin Buber, le promoteur du « sionisme du réel », un sionisme enraciné dans la multiple réalité du pays d'Israël, avec Juda Magnes, le recteur de l'Université hébraïque de Jérusalem, Ruppin crée Brit Shalom, dont le nom est inspiré d'un verset du prophète Ezéchiel (XXIV, 25) : « Je conclurais avec lui une alliance de paix (*brit shalom*). »

L'article III des statuts de cette association stipule :

> – « L'objet de l'association est de parvenir à la compréhension entre les Juifs et les Arabes, d'organiser leurs relations mutuelles en Palestine, sur la base d'une absolue égalité politique entre deux peuples culturellement autonomes et de déterminer le cadre de leur coopération pour le développement du pays. »

Dans son livre *Les Juifs dans le monde moderne**, Ruppin consacre un chapitre au problème palestinien :

> « Le droit des Juifs à la Palestine est affermi encore par le fait qu'ils ont fait plus pour le développement économique du pays en quelques décennies que les Arabes ne l'ont fait en plusieurs siècles.
>
> Il y a cinquante ans, les Juifs ont trouvé la Palestine dans un état d'abandon sans espoir, et c'est maintenant grâce à leur travail que sa productivité agricole a été augmentée, que la malaria a été jugulée, que des usines ont été fondées, que de nouvelles villes ont été bâties. [...]
>
> Le recensement de 1921 a montré ce fait remarquable que la population arabe a augmenté dans les districts où se sont installés les juifs immigrants, tandis qu'elle est restée stationnaire ou bien a diminué, là où il n'y a pas d'immigration juive. [...]

Parlant de divers Congrès (instance suprême du mouvement sioniste, Ruppin rappelle :

> « Les congressistes de 1921, 1927 et 1929 ont exprimé le désir de coopérer avec les Arabes et reconnu le principe qu'en Palestine ni l'une ni l'autre nationalité ne doit dominer ou être dominée.
>
> Il doit y avoir un Etat dans lequel Juifs et Arabes puissent vivre côte à côte, comme deux nationalités de droits égaux.
>
> [...]
>
> Tôt ou tard, l'un et l'autre peuple devra comprendre qu'il ne peut guère vaincre la résistance de l'autre et que tous deux sont destinés à vivre et à travailler côte à côte, en Palestine.
>
> A ce moment, des négociations pour la délimitation des droits respectifs auront plus de chance de succès qu'à présent. »

Champion avec Martin Buber de l'idée d'un Etat binational, où chacune des nationalités aurait des droits égaux, sans qu'une majorité en nombre pût l'emporter sur une minorité, Arthur Ruppin écrit cependant, le 31 décembre 1931, à l'un de ses amis, le docteur

* Publié en 1934 chez Payot, dans la collection « Bibliothèque historique » (pages 378 et suivantes).

Jakobson, constatant qu'aucun intellectuel arabe n'a rejoint l'association Brit Shalom ou apporté son soutien à son programme.

> « A quoi bon parvenir à un accord s'il n'y a personne dans l'autre camp ? »

* * *

J'ai tenu à ce rappel, long mais nécessaire, des faits et des positions avant 1947-1948, avant le vote, par l'O.N.U., de la résolution 181 relative au partage de la Palestine. En effet, ces faits et ces prises de position constituent la trame sur laquelle se tisse ce conflit qui sera dénommé judéo-arabe ou israélo-palestinien, suivant que l'on choisira une dimension large ou étroite du débat et de la crise.

Le temps efface souvent dans la mémoire des hommes la source originelle des conflits. Ceux-ci se trouvent, alors, alimentés par toute sorte d'arguments qui tirent leur efficacité de l'air du temps.

Dans un conflit aussi largement et abondamment médiatisé que celui qui nous préoccupe, il est évident que l'air du temps se réfère plus à l'apparence immédiate qu'au contexte dans lequel l'événement relaté est né et aux conditions qui marquent sa nature et accompagnent son évolution.

En 1947, les données du conflit sont connues : diverses commissions internationales ont enquêté et entendu les représentants des Arabes, comme des Juifs. L'heure est venue pour les Nations unies de trancher. Alors, où en est-on ?

La position sioniste est claire : le programme dit de Biltmore, adopté à New-York au mois de mai 1942, parle de l'établissement, en Palestine, d'un « Commonwealth juif », intégré dans la structure du nouveau monde démocratique. Il réaffirme la disponibilité et le désir du peuple juif d'une pleine coopération avec ses voisins arabes.

Les représentants de l'Office arabe de Jérusalem, devant la Commission d'enquête anglo-américaine, en mars 1946 (une commission créée à l'initiative du président Truman), réclament :

– la création d'un Etat dont le gouvernement serait fondé sur le principe d'une égalité absolue de tous les citoyens, sans différence de race ou de religion ;

– la reconnaissance du fait que, géographiquement et historiquement, la Palestine est inéluctablement une partie du monde arabe... Qu'ils le veuillent ou non, les Juifs en Palestine dépendent de la bonne volonté des Arabes.

Le 14 février 1947, le secrétaire au Foreign Office britannique, Ernest Bevin, annonce le renvoi, par le gouvernement de Sa Gracieuse Majesté, du problème de la Palestine devant l'O.N.U. Il considère que le mandat ne peut plus être rempli tel qu'il avait été conçu.

Les Nations unies nomment dès lors une commission de onze membres qui publie son rapport, le 31 août 1947.

La majorité des membres de la commission se prononce en faveur d'un plan de répartition avec une union économique ; la minorité en faveur d'un Etat fédéral comprenant un Etat arabe et un Etat juif, avec Jérusalem pour capitale.

L'Agence juive accepte le plan de partage comme un « indispensable minimum » alors que les gouvernements arabes et le Haut Conseil exécutif arabe le rejettent.

Le 29 novembre 1947, l'O.N.U. vote en faveur du plan de partage. Celui-ci implique :

– la création d'un Etat arabe et d'un Etat juif ;

– un régime international spécial pour la ville de Jérusalem ;

– une union économique.

Une commission est instituée, pour superviser l'exécution du plan de partage. Après consultation des parties et des organisations publiques arabes et juives, cette commission doit désigner un Conseil gouvernemental arabe et un Conseil gouvernemental juif.

Ces conseils gouvernementaux auront à charge de créer des milices armées, commandées par des officiers juifs ou arabes, résidant sur place, mais placés sous le contrôle politique et militaire de la commission. Des élections libres permettront la réunion, dans chacun des deux Etats, d'une assemblée constituante, délibérant selon des normes démocratiques. Les résidents, hommes et femmes, de plus de dix-huit ans se voient reconnaître un droit de vote. Les résidents de Jérusalem (zone internationale), juifs et arabes, votant pour l'assemblée constituante de l'Etat auquel ils sont rattachés.

Chacune des assemblées constituantes est appelée à rédiger une Constitution démocratique et à désigner un gouvernement au lieu et place du Conseil gouvernemental, nommé auparavant par la commission.

Les résolutions votées par l'O.N.U. rendaient obligatoire l'insertion dans la Constitution de chacun des deux Etats de diverses dispositions relatives, entre autres, à :

– la création d'un corps législatif, élu au suffrage universel et au vote secret, dans le cadre d'un système de représentation proportionnelle, ainsi qu'un corps exécutif, responsable devant le corps législatif ;

– la garantie, à toute personne, de droits égaux et non discriminatoires en matière civile, politique, économique et religieuse ; le bénéfice des droits de l'homme et la liberté fondamentale de religion, de langue, de parole et de publication, d'éducation, de réunion et d'association ;

– la garantie d'un libre droit de circulation pour tous les citoyens et les résidents dans chacun des deux Etats, et dans la cité de Jérusalem.

La commission devait désigner une commission économique préparatoire de trois membres, chargée de mettre en œuvre la coopération économique et d'établir rapidement une union économique ainsi qu'un bureau économique commun. La résolution établissait les bases de deux Etats indépendants, liés par des liens institutionnels de coopération économique.

L'Organisation sioniste l'accepte, bien que les lignes de partage du territoire de la Palestine soient extrêmement défavorables aux Juifs. Les débats internes avaient été difficiles, mais le principe d'un Etat juif indépendant était admis, ce qui était la revendication essentielle du mouvement sioniste.

La partie arabe refuse tout compromis sur ce plan, sans que l'on puisse savoir quel pouvait être, à l'époque, le sentiment réel de la population arabo-palestinienne. Celle-ci, à aucun moment, et sous aucune forme, n'avait été consultée par les dirigeants qui prétendaient parler en son nom.

Le 14 mai 1948, Ben Gourion, entouré des principaux dirigeants de l'Agence juive, proclame la renaissance de l'Etat d'Israël.

Le 15 mai, l'aviation égyptienne bombarde Tel-Aviv.

Dès le 1er décembre 1947, des troubles avaient été provoqués par les Arabes. En janvier 1948, sous la direction de Fawzi Al Qawuqji, des forces arabes « volontaires » prennent position dans le nord et le centre (zones de concentration de la population arabe). D'autres « volontaires », principalement des Frères musulmans venant d'Egypte, s'introduisent dans la région d'Hébron et de Bethléem.

Cette première guerre, connue en Israël sous le nom de guerre d'Indépendance, sera suivie de trois autres conflits armés : la campagne du Sinaï, en 1956, la guerre de Six Jours, en 1967, et la guerre de Kipour, en 1973.

* *
*

Le conflit armé entre l'Etat d'Israël et ses voisins arabes est né, à n'en pas douter, du refus du partage. Du refus obstiné de reconnaître un droit quelconque aux Juifs, non pas *sur* la Palestine, mais *en* Palestine.

Le sionisme revendique la réalisation de son idéal d'indépendance en Eretz Israël. Poussé à son degré extrême – notamment par le mouvement révisionniste de Jabotinsky – cette revendication porte sur la totalité du territoire de la Palestine – Eretz Israël – et donc sur les deux rives du Jourdain. Le parti Hérout, l'héritier de Jabotinsky, a abandonné toute revendication sur la rive orientale du Jourdain.

L'Agence juive – organe représentatif des Juifs de Palestine et de l'ensemble du mouvement sioniste – n'a jamais cessé de reconnaître les droits des Arabo-palestiniens. Avant 1948, il n'y avait pas lieu de les définir en termes politiques précis : il revenait à la puissance mandataire de prendre des initiatives en ce sens.

Après 1948, il n'y avait plus de droits à définir, car la Jordanie, d'une part, et l'Egypte, d'autre part, avaient annexé ou occupaient – avec vigueur – la partie du territoire arabe sur laquelle l'Etat arabe, voulu par les Nations unies, aurait pu être créé et ne l'avait pas été.

L'Etat d'Israël avait, au résultat de la guerre qu'il n'avait ni voulu, ni provoqué, élargi ses frontières, au nord et au sud. Les accords d'armistice appelaient à des pourparlers de paix. Mais les Arabes s'enfermaient dans leur refus. En 1947-1948, ceux-ci auraient pu en revenir à la voie tracée par l'émir Fayçal : celle de l'entente et de la coopération. Ils ont préféré l'enfermement dans une attitude de refus ; les Arabes, la Ligue arabe ont privé les Arabes palestiniens de la possibilité d'exercer leurs droits légitimes.

Les Israéliens n'ont pas refusé la création de cet Etat arabe, dont aujourd'hui ils sont accusés de nier le droit à l'existence. Ce sont les Jordaniens et les Egyptiens, ainsi que tous les Etats arabes, membres de la Ligue arabe, qui ont empêché, d'une manière ou d'une autre, la création de cet Etat arabe palestinien prévu par la résolution de l'O.N.U.

Quelle serait aujourd'hui la situation, si les Etats arabes ne s'étaient pas opposés à la mise en application de la résolution des Nations unies ? Si, au contraire, ils avaient favorisé la création de cet Etat arabo-palestinien ou, simplement, s'ils s'étaient abstenus d'envoyer des troupes ou des « volontaires », dès le lendemain du vote de l'O.N.U., pour attaquer les villages israéliens ou les quartiers juifs à Haïfa, à Jaffa et à Jérusalem ?

L'Etat arabe palestinien démocratique existerait.

L'union économique aurait sans doute permis une plus nette amélioration, un plus rapide développement de chacun des deux Etats ; il y aurait eu sans doute quelques échanges de populations, en raison du désir, librement consenti, de villageois arabes ou juifs de rejoindre la zone de leur Etat.

Et la Ligue arabe aurait pu se consacrer tout entière au seul règlement pacifique des conflits qui divisent, de temps à autre, ses membres.

Le manque d'imagination et de générosité de certains dirigeants, et l'absence de toute expression démocratique, au sein de la population arabe de la Palestine, ne sont-elles pas, dans ces conditions, les vrais responsables de ce conflit, absurde et sanglant ?

Voilà, me semble-t-il, un fait qui, pour être indéniable, n'en est pas moins largement méconnu.

* *
*

Ne convient-il pas de s'interroger sur les raisons du refus arabe, et sur ce que ce refus a pu, à juste titre, entraîner comme conséquences au sein de la population israélienne ?

La première raison qui vient à l'esprit, et qui est fondamentale, c'est l'impossibilité, pour les Arabes, d'admettre que quelque partie que ce soit du territoire de la Palestine – considérée comme terre arabe – puisse être soumise à l'autorité – employons un mot plus fort : à la domination – d'un Etat non arabe.

L'impérialisme arabe a, une fois pour toutes, arabisé toutes les terres conquises. Celles-ci ne peuvent, en aucun cas, se voir reconnaître un lien quelconque avec un passé antérieur à celui de la conquête arabe. Il est évident qu'à ce niveau-là le conflit est sans solution, et le présent livre, sans objet.

Mais une autre raison peut, me semble-t-il, être envisagée, plus profondément politique et, peut-être, plus subtilement éclairante.

La résolution des Nations unies rendait obligatoire, pour les deux Etats – arabe et juif – une Constitution démocratique et parlementaire, allant jusqu'à instituer un système de représentation proportionnelle et à accorder le droit de vote aux femmes. Il n'existait à l'époque, et il n'existe toujours pas, dans cette région du monde, de régime arabe démocratique.

Les dirigeants arabes ne voulaient-ils pas éviter le précédent dangereux qu'aurait constitué la création, auprès d'un Etat d'Israël démocratique, d'un Etat arabo-palestinien, également démocratique ?

Après tout, les Arabo-palestiniens avaient, à cette époque déjà, atteint un niveau de développement économique et culturel bien supérieur à celui des populations arabes voisines. Toutefois, leurs dirigeants avaient, du bonheur de leur peuple, une idée qu'il ne désiraient voir mise en compétition avec une autre forme de bonheur plus évoluée. Il valait mieux reprendre en main cette population palestinienne plutôt que la laisser forger, elle-même, son destin.

L'identité palestinienne, qui donc, à l'époque, parmi les dirigeants arabes, s'en préoccupait ?

Pour les Israéliens, le refus arabe ne pouvait avoir qu'une seule signification : nous restons menacés à tout moment d'une nouvelle offensive arabe ; ils n'auront de cesse de nous avoir rejetés à la mer.

Cette hantise des Israéliens sera, rapidement et constamment, alimentée par les actions des fedayine (les premiers terroristes) s'infiltrant, soit par la région de Gaza, contrôlée par les Egyptiens, soit, mais en moins grand nombre, par les territoires occupés par la Jordanie.

Cette hantise sera amplifiée par le refus de tout contact, par le boycottage, institué non seulement contre les produits israéliens, mais à l'encontre de toute firme qui acceptait de commercer avec Israël, ou dont les dirigeants étaient juifs. Sans parler des frontières hermétiquement closes, de l'impossibilité d'aller dans la vieille ville de Jérusalem, prier au pied du Mur du Temple, et de cette terrible vexation qui naît de l'attitude de celui aux yeux duquel vous n'existez pas.

Je pense à ces débats à la télévision ou à la radio, où les intervenants arabes, lorsqu'ils acceptaient, par extraordinaire, de participer à un débat commun, refusaient de s'asseoir dans le même studio que les intervenants israéliens...

La propagande arabe, pendant ces trente années du refus, jusqu'à l'arrivée de Sadate à Jérusalem, a créé, au sein de la population israélienne juive, un profond traumatisme.

Et ce traumatisme est devenu, aujourd'hui, l'un des éléments politiques du conflit.

* *
*

D'autres éléments de la thèse arabe méritent, ici, d'être réfutés.

Généreusement aidée par l'indifférence générale des médias à l'égard du contexte historique des événements qu'ils relatent, la propagande arabe a diffusé l'idée que la Palestine avait été offerte aux Juifs, par les Européens, après les atrocités nazies, et en compensation de celles-ci.

Je crois avoir suffisamment rappelé l'absurdité d'une telle affirmation, démentie par les faits et qui, de surcroît, laisserait supposer, de la part des Européens, un sentiment de repentir qui s'est peu manifesté chez ceux qui avaient quelque chose à se reprocher.

Nous, Juifs, et les Israéliens plus particulièrement, nous avons une part de responsabilité dans la propagation de cette fausse idée. Fêtant chaque année, le 5 du mois d'Iyar*, l'anniversaire de l'Etat d'Israël, en référence à 1947-1948, nous renforçons le sentiment d'un lien entre la fin de l'hitlérisme, la libération des camps, d'une part, et la création de l'Etat d'Israël. Ce jour a été choisi pour être celui de la fête nationale d'Israël.

Pourquoi compter les années de cet Etat ? Avec ce décompte,

* Date du calendrier hébraïque qui, en 1948, tombait le 14 mai.

nous semblons admettre que la vie de cet Etat serait limitée dans le temps. Si l'on compte les années de l'homme, c'est parce que sa fin est inéluctable. On ne compte pas le temps de ce qui est éternel.

* *
*

L'autre thèse est celle du colonialisme ou du néo-colonialisme.

L'air du temps, auquel j'ai déjà fait référence, est à l'anticolonialisme – encore que cette mode s'atténue.

Essayons de définir les termes employés : je le ferai en me référant au *Petit Robert*.

> *Colonie :* a) « Réunion d'hommes partis d'un pays pour aller en habiter, en exploiter un autre. »
>
> b) « Etablissement fondé par une nation appartenant à un groupe dominant dans un pays étranger à ce groupe (moins développé) et qui est placé sous la dépendance (la souveraineté) du pays occupant dans l'intérêt de ce dernier. »

Je passe sur les autres significations : colonie de vacances, colonie pénitentiaire, mais je signale aussi :

> c) « Ensemble de personnes originaires d'une même province, d'une même ville, qui habitent une autre région ou ville. Groupe d'hommes vivant en communauté. »
>
> *Colonialisme :* « Système d'expansion coloniale » (c'est-à-dire correspondant à la définition donnée en b).
>
> *Colonialiste :* « Partisan du colonialisme : les colonialistes hostiles à la décolonisation pratiquent parfois le néo-colonialisme (colonisation économique). »

Les Juifs qui venaient s'installer en Israël étaient, incontestablement, des colons : ils venaient d'autres pays pour s'installer en Palestine, y demeurer et l'exploiter.

Mais qui pourrait sérieusment prétendre qu'ils fondaient, ce faisant, un établissement au nom et pour le compte d'un Etat étranger – inexistant par définition ?

Ils ne pouvaient pas, à l'évidence, placer la Palestine sous la domination d'une nation étrangère : la Palestine était, à l'arrivée des premiers sionistes, sous la domination de l'Empire ottoman. Puis elle a été sous la domination de la puissance mandataire, avant d'être, pour partie, l'Etat d'Israël lui-même.

Il est difficile de prétendre que les Juifs ne constituent ni un peuple ni une nation, et de traiter les sionistes de colonialistes.

Suis-je un colonialiste, lorsque je viens m'installer sur une terre qui recèle tant de souvenirs de mes ancêtres – même lointains ? Existe-t-il un peuple colonisateur, qui ait eu avec le pays colonisé un lien plus que millénaire, autre que celui résultant de la traite des esclaves ou de l'établissement de comptoirs commerciaux ?

Sur ce point, je voudrais illustrer mon propos par une citation, tirée d'un opuscule intitulé *La Palestine inconnue**.

Il s'agit d'une lecture faite à l'Institution royale de la Grande-Bretagne (Meeting du Palestine Exploration Fund) par Ch. Clermont-Ganneau. On chercherait vainement, derrière cette publication, la moindre influence juive. Ch. Clermont-Ganneau avait été chargé par le Palestine Exploration Fund, en 1873, de diriger, en Palestine, quelques recherches archéologiques. Il en avait rapporté quelques travaux, illustrés par des estampes, des dessins et des photographies qu'il commente dans ce texte :

> «Je vous signalerai, dans le nombre, et un peu au hasard, ce groupe d'inscriptions funéraires juives découvertes dans la nécropole, jusqu'ici ignorée, de l'antique Joppée... Ces reproductions de suaires, provenant des environs de Jérusalem et couverts de graffiti hébreux qui ouvrent pour avenir un riche filon épigraphique, purement juif; ces plans de tombeaux inconnus, appartenant à la nécropole de Jérusalem; ces dessins de détails ignorés de la Koubbet Es Sakhra... Ce relevé d'étranges chambres taillées dans le roc au pied de Bezetha, à quelques pas de l'emplacement du Temple; ici un précieux bas-relief de Gaza, représentant le chandelier à sept branches, inscrits dans une couronne, au-dessus d'une inscription bilingue, grecque et hébraïque... Enfin, nombre d'inscriptions diverses, hébraïques, grecques et romaines, recueillies à Jérusalem, et en plusieurs points de la Palestine... Nous avons eu raison de ce mutisme obstiné, qui faisait de la terre de la Bible, une exception au milieu du monde antique. Nous avons fini par exhumer, là aussi, de ce sol rebelle, ces pierres parlantes qui sont comme les vivants témoins de l'Histoire.»

Comment les Juifs pourraient-ils être les colonisateurs de cette Palestine, dont Chateaubriand rappelait dans son *Itinéraire de Paris à Jérusalem* qu'ils en étaient les maîtres naturels ?

Elisée Reclus écrit, vers 1880, dans sa *Nouvelle Géographie universelle*** :

> « Les Juifs sont des étrangers dans le pays qui appartint à leurs ancêtres et qu'ils considèrent comme leur patrie... Naguère, les Hébreux de Palestine étaient tous des maugrabins*** et des "spanioles"**** descendants des Juifs expulsés de l'Espagne par l'Inquisition ; ce sont des sépharadim ou « gens du livre ». Quelques karaïtes

* Edité dans le cadre de la Bibliothèque orientale elzevirienne chez Ernest-Leroux, éditeur, en 1876.

** Parue chez Hachette en 1884, *La Terre et les Hommes,* tome IX, « L'Asie antérieure », pages 756-757.

*** L'auteur veut sûrement signifier par là originaires d'Afrique du Nord (*N.D.E.*).

**** Juifs originaires d'Espagne disséminés sur le pourtour méditerranéen et de culture judéo-espagnole.

> vivent aussi en Palestine. Mais depuis le milieu du siècle, les immigrants juifs se dirigent en foule vers la “Terre promise”, et ceux-ci appartiennent presque tous à un autre groupe, celui des ashkénazim, ou juifs d'Europe orientale. »

Les juifs sépharadim ne venaient pas coloniser la Palestine au nom de la couronne d'Espagne, qui les avait expulsés ; ni les ashkénazim, investir la « Terre promise », au nom de l'Empire austro-hongrois, ou de telle ou telle principauté de l'Europe centrale.

Colons, oui ; colonialistes, certainement pas.

Les seuls colonialistes que la Palestine eût connus, ce sont les Turcs – mais avant eux les Arabes lorsque sous les Omméyades, les Abbassides ou les Fatimides, la Palestine a été soumise à une arabisation et à une islamisation systématiques, sans qu'à aucun moment, pendant ces longues périodes, il y eût jamais un gouvernement propre à la Palestine, ni la moindre indépendance politique pour ses populations. Entre la période juive de la Palestine et 1948, l'identité palestinienne à laquelle on se réfère, aujourd'hui, était inexistante ou ignorée.

Alors, néo-colonialistes ?

Je suis un néo-colonialiste si j'exploite un pays ou une contrée, au profit d'un autre pays ou d'intérêts économiques étrangers. Je ne suis pas néo-colonialiste si j'exploite, sur une terre que j'ai régénérée, une entreprise que j'ai créée, et dont le profit m'appartient à moi, résidant sur cette terre.

Les « colons sionistes » n'ont pas cherché à exploiter des richesses économiques créées par les Arabes ; ils n'ont même pas cherché à exploiter la force de travail arabe. Les sionistes ont mené le combat pour le « travail juif », et créé, peut-être, ainsi, certaines frustrations dans la population arabe.

Ont-ils eu tort ? Peut-être. Mais il fallait rétablir la fameuse pyramide, qui plaçait, alors, à sa base, le travail manuel, à l'époque, l'agriculture. Même dans les « territoires » – la Cisjordanie et Gaza – il n'y a pas eu, de la part des Israéliens, d'action qui puisse être sérieusement qualifiée de néo-colonialiste. Les implantations sont d'une autre nature.

Mais élargissons le débat.

Les Juifs, en arrivant en Palestine, y apportaient une part d'Occident. Pas tous les juifs, évidemment.

N'oublions pas, en effet, qu'à l'exception des Juifs qui, après 1933, sont venus d'Allemagne, la plupart des immigrants, quand ils n'étaient pas originaires des pays arabisés, venaient de l'Europe orientale, où leurs familles avaient vécu dans des ghettos ou dans des « shtetl »*, où la culture, dite occidentale, avait peu pénétré.

Pourtant – c'est une vérité qu'il convient d'affronter – le mot d'ordre était le refus de la « levantinisation ». Cette attitude peut paraître absurde. Elle exprimait la volonté de maintenir un niveau de culture et des habitudes culturelles différentes de celles qui existaient, à l'époque, dans la région.

Toutefois, cette volonté n'était pas sans nuance, si l'on veut bien se référer à l'avertissement que donnait Ben Gourion, dans ce livre que nous avons déjà cité, *Nos voisins et nous* (page 253) :

> « Pour devenir un peuple palestinien, comme nous désirons, il faut nous fondre dans le contexte géographique et ethnographique. Nous ne pouvons penser notre avenir en notions uniquement européennes. Le peuple juif d'Eretz Israël ne sera lié à l'Europe que par la Méditerranée. »

Ce refus de la « levantinisation », d'ailleurs exprimé par d'autres auteurs que nous avons déjà cités, s'est, cependant, estompé par la force des choses. La majorité de la population israélienne est maintenant née au Levant, ou en Orient. L'influence du climat et du paysage – même fortement transformés, l'un et l'autre, notamment par la plantation intensive de forêts – influe, sinon sur les sources naturelles, à tout le moins, sur les habitudes de vie.

D'ailleurs, cette tendance à rechercher dans le monde occidental un exemple n'épargne nullement les milieux arabes évolués, ni même les gouvernements, lorsqu'ils utilisent une partie de leurs richesses pétrolières pour faire profiter leur population de quelques-uns des bienfaits du monde occidental. Toute la région aspire à profiter, un jour, des apports scientifiques et technologiques de l'Occident. On peut rêver à ce qu'aurait pu être, dans le cadre de l'Union économique, prévue en 1947, à ce que pourrait être, demain – comme le suggère, à sa manière, J.J. Servan-Schreiber** – le fruit d'une collaboration entre Juifs et Arabes.

Ce territoire, doublement convoité, pourrait être le lieu où – trait d'union avec l'Occident – Juifs et Arabes mettraient en commun leur savoir en symbiose avec les universités européennes ou américaines.

* *
*

* Petites bourgades ou quartiers juifs.
** *Le choix des Juifs,* Grasset, 1988.

J'allais oublier un autre argument, auquel les pages qui précèdent ont déjà, implicitement, répondu : c'est l'affirmation contenue dans la Charte nationale de l'O.L.P., affirmant que le judaïsme n'est pas une nationalité, ni les Juifs, un peuple.

En quelque sorte, l'argument pourrait se traduire dans les termes suivants : le sionisme constitue une déformation de la vraie nature du judaïsme et impose aux Juifs une dangereuse définition d'eux-mêmes. On imagine aisément les arrière-pensées qui peuvent sous-tendre une telle affirmation, lorsqu'elle est présentée à des Juifs français, anglais ou américains, je veux dire à des Juifs qui ne se sentent pas la vocation de « monter » en Israël, et que l'on cherche ainsi à piéger dans un grandiose syllogisme :

Israël est le pays des Juifs.
Or vous êtes Juifs.
Donc Israël est votre patrie.

Et l'on voit poindre immédiatement l'argument de la double allégeance.

Ce débat, sur la nature de l'identité juive, a déjà préoccupé le grand historien Fernand Braudel. Dans son vaste ouvrage *La Méditerranée et le monde méditerranéen à l'époque de Philippe II**, l'auteur ne peut éviter les juifs. Il les rencontre un peu partout :

> « Raguse, elle aussi, voit affluer chez elle des marchands juifs et turcs (I, 265).
>
> Partout, les mêmes Grecs, les mêmes Arméniens, les mêmes Albanais, Levantins, Juifs, Turcs et Italiens (II, 100). »

Il les rencontre en Palestine :

> « C'est ce que confirme la petite ville de Safed... elle va connaître, des années 1520 à 1560-1580, une prospérité lainière** rapide, grâce aux immigrants juifs et à leurs métiers (I, 398). »

Le lecteur aura sans doute remarqué que Braudel fait figurer les Juifs dans une nomenclature de nationalités. Mais il se pose, lui aussi, la question de l'identité juive au XVIe siècle, et il écrit :

> « Il y a bel et bien une civilisation juive, si particulière qu'on ne lui reconnaît pas toujours ce caractère de civilisation authentique. Et pourtant, elle rayonne, transmet, résiste, accepte, refuse ; elle a tous les traits que nous avons signalés à propos des civilisations. Il est vrai qu'elle n'est pas enracinée, ou plutôt qu'elle l'est mal, qu'elle échappe à des impératifs géographiques stables, donnés une fois pour toutes. C'est sa plus forte originalité, non la seule (II, 136). »

---

* Edité chez Albin Michel, en 1987.
** Les Juifs ont introduit les métiers de la laine au Levant.

Et Braudel ajoute :

> « Les communautés juives tendent à former un tissu à peu près continu, une sorte de "*nation confessionnelle*" (souligné par nous) (II, 137). »

Existe-t-il une contradiction entre cette définition de « nation confessionnelle » et le nationalisme dans sa conception moderne ? Fernand Braudel nous donne, sur ce point aussi, une réponse :

> « Avant les nationalismes forgés par le XIXe siècle, les peuples ne se sentaient vraiment liés que dans un sentiment d'appartenance religieuse, autant dire, de civilisation (II, 154). »

Et j'adopterai volontiers sa conclusion concernant cette civilisation juive, dont il vient d'analyser l'identité sur une vingtaine de pages :

> « D'une civilisation à l'autre, chacun se dit volontiers sa vérité. Celle-ci n'est jamais bonne, lorsque c'est le voisin qui la formule. La seule chose sûre, c'est que le destin d'Israël, sa force, sa pérennité, son tourment tiennent à ce qu'il est resté un noyau dur, refusant obstinément de se diluer, c'est-à-dire une civilisation fidèle à elle-même. Et toutes les civilisations sont à la fois le paradis et l'enfer des hommes. (II, 155). »

Oui, c'est aux Juifs qu'il appartient de se définir.

Il existe certainement de nombreuses définitions, formulées librement par de nombreux Juifs. Certains, parmi les plus proches des commandements de la Tora, affirment que le judaïsme n'est pas une religion au sens chrétien du terme mais une règle de vie, inspirée par l'Eternel, Un et Indivisible.

La plupart des Juifs admettent aujourd'hui qu'ils font partie d'un peuple ; d'un peuple qui n'est pas rassemblé, du moins pas dans sa majorité, sur sa terre, mais qui conserve la vocation de ce rassemblement.

D'autres font référence à une origine juive ; une origine qu'ils revendiquent, soit par attachement familial, soit par un sentiment confus, mais terriblement présent : une sorte d'appartenance indéfinissable ; soit encore, par pure solidarité avec une communauté humaine, si souvent persécutée et traitée, encore aujourd'hui, différemment des autres.

Toutefois, la pleine réalisation de l'identité juive, celle qui met l'existence de l'individu juif en totale harmonie avec ses croyances, ses rites et ses pratiques (s'il est religieux), sa culture, sa langue (et jusqu'au souvenir de toutes ces langues juives qui l'ont accompagné dans la diaspora), celle-là ne peut se réaliser que sur la Terre d'Israël.

Je peux me vouloir juif, partout où je le désire. Mais je ne peux l'être pleinement que sur la terre de mes ancêtres. Ce qui peut différencier, aujourd'hui, un Juif non sioniste d'un sioniste est uniquement le fait que, seul, le sioniste considère la diaspora comme l'Exil.

Chacun d'entre nous sait, pourtant, que nous restons, nous Juifs, un questionnement pour les autres. Nous vivons avec eux, comme eux : nous leur ressemblons. Jusqu'au moment où d'aucuns – eux ou nous – suggèrent, affirment ou revendiquent une différence. Il ne s'agit nullement d'un problème de loyauté à l'égard des pays dont nous sommes les citoyens. Qui oserait mettre en doute ma qualité de Français sous prétexte que je me sens aussi chez moi en Israël et que je me sais le frère de tous les Juifs du monde, quel que soit le degré de sympathie ou de connivence qui me lie à eux ?

Le sionisme n'a pas, d'emblée, rassemblé derrière lui toutes les communautés juives du monde. Il se présentait comme un mouvement politique utopique et il posait le problème juif dans des termes qui choquaient les Juifs – français, anglais et américains notamment – bien insérés dans leur vie nationale propre.

Mais qui n'est pas, aujourd'hui, dans nos communautés, très profondément concerné par Israël ? Qui n'attend pas, chaque jour, de Jérusalem le message spirituel du judaïsme, et d'Israël la certitude que le peuple juif ne périra pas ?

Combien de fois n'ai-je pas remarqué chez les Juifs, qui défendent l'idée d'une totale indépendance de la diaspora, une étonnante fascination pour cet Etat d'Israël, dont ils combattent les idées, et même parfois l'existence ?

Je crois pouvoir affirmer, sans crainte d'être démenti, que la quasi-unanimité des juifs se reconnaît dans la trilogie : « une Tora, un peuple, une terre », même s'ils n'observent pas, en majorité, les commandements édictés par la Tora, et n'habitent pas Eretz Israël, la Palestine juive.

L'autodétermination d'un peuple n'est que le droit de se définir dans le respect de son histoire, des valeurs de sa civilisation, suivant la volonté de ceux qui déclarent lui appartenir.

Ce droit, c'est ce peuple qui l'exerce et nul autre.

Qu'il s'agisse du peuple juif ou du peuple qui, aujourd'hui, se réclame d'une identité arabo-palestinienne.

* *
*

Il me reste à aborder les problèmes d'actualité.

Nous en débattrons dans la dernière partie de ce livre, mais je ne veux pas me soustraire à une prise de position préalable.

Depuis 1948, le conflit s'est aggravé, à raison des guerres et de tous les deuils, de toutes les destructions, de toutes les violences qu'elles ont entraînées. Aussi, du fait du terrorisme, facteur de peur et – hélas – parfois de haine. Une haine qu'il suscite, aussi bien dans le cœur du terroriste que dans celui de sa victime. Un terrorisme qui emprunte les visages de son choix et permet, suivant les lieux, le temps, et les réactions d'échapper à toute responsabilité, ou d'en tirer quelque gloire. Parfois même, les deux, suivant les publics.

L'O.L.P. – comment pourrait-elle le nier ? – a introduit de nouvelles méthodes terroristes, qui consistent, essentiellement, à s'attaquer à des gens sans défense. Par les détournements d'avions et les prises d'otages, elle a cherché à mêler au conflit du Proche-Orient des pays, des personnes, des intérêts qui n'appartiennent pas à cette région du monde. Par ces méthodes, au succès facile, l'O.L.P. s'est fait connaître, jouant avec habileté de la revendication de tel attentat, de tel détournement ou, au contraire, niant toute participation à d'autres attaques, mais toujours présente dans les médias et dans la mémoire des opinions publiques.

Au nom d'un réalisme politique tiré, peut-être, de quelques études de Lénine mal assimilées, l'O.L.P. privait ainsi son action de toute référence morale et plongeait dans une violence qui trouve sa source et sa fin en elle -même. L'O.L.P. a ainsi provoqué la mort de beaucoup plus de Palestiniens que les Israéliens ne le feront jamais. Elle a failli déstabiliser la Jordanie et a fait exploser le Liban.

Ses querelles intestines, sur lesquelles nous ne savons que ce qui transparaît au grand jour, lui font mesurer, aujourd'hui, les dangers attachés à cette libération de la violence, dont elle a fait son credo : son seul credo.

On agite encore, devant nous, le spectre de Sabra et Chatila. Pourtant, chacun sait que ce ne sont pas les Israéliens qui ont commis ce massacre, en septembre 1982. Elie Hobeika* et ses troupes sont restés impunies, et personne, dans les pays arabes, n'a bougé. Par contre, près de quatre cent mille Israéliens ont protesté dans les rues contre les erreurs commises par certains membres de leur gouvernement, et ceux-ci ont été sanctionnés par une commission d'enquête. Depuis, les camps de Sabra et Chatila ont été détruits, dans les combats qui opposaient les troupes d'Abou Moussa à celles d'Arafat...

---

* A l'époque, responsable des milices chrétiennes.

Les Israéliens sont restés étrangers à tous ces meurtres, qui s'inscrivent dans des luttes entre Libanais, comme entre Palestiniens, les uns et les autres souvent manipulés par divers pays arabes. L'O.L.P. porte, dans cette institutionnalisation de la violence, une énorme responsabilité.

L'action terroriste des feddayin, puis celle de l'O.L.P. ont provoqué infiniment plus de pertes, au sein de la population arabe, que la répression israélienne. Par le choix de la violence, et d'une impossible reconquête, par les armes, d'un territoire offert, en 1947 et, alors, refusé, l'O.L.P. a finalement entraîné les Palestiniens vers un destin meurtrier et fratricide.

En contrepoint de l'O.L.P. de la violence, l'O.L.P. de la parole et de l'écrit ne chôme pas. Les discours, les interviews de Yasser Arafat, de certains de ses conseillers, de ses représentants à l'étranger, les démentis, les mises au point s'articulent dans un savant jeu de miroirs, où chacun pourra trouver le reflet de ses propres préoccupations.

Sans oublier la Charte de 1964, appelant à la destruction de l'Etat d'Israël, par des dispositions dont on ne cesse, cependant, de nous affirmer qu'elles seraient tombées en désuétude.

La parole se veut habile, modérée : « Par modération, nous voulons dire que nous sommes prêts à la paix et que nous œuvrons dans ce sens. Nous le prouvons, en déclarant que nous sommes prêts à créer un Etat, sur une partie de notre territoire. Autrefois, nous proclamions : nous voulons tout, et tout de suite... » (Farouk Kaddoumi, *Newsweek,* 14.3.1977.)

Elle se veut aussi plus franche et plus brutale : « La paix signifie, pour nous, la destruction d'Israël. » (Yasser Arafat, *El Mundo,* Caracas, 11.2.1980).

L'écrit, lui, reste pur et dur : « Le Fatah est un mouvement révolutionnaire national indépendant, dont le but est de libérer totalement la Palestine, et de liquider l'entité sioniste, politiquement, économiquement, culturellement, militairement et idéologiquement » (programme politique du Fatah. *Al Liwa,* Beyrouth, 2.6.1980.)

Ce language évolue parfois et semble, alors, vouloir s'ouvrir vers des propos plus constructifs. Toutefois, le jeu des miroirs continue et, à chaque déclaration positive, répond un cri de combat. Ce qui pourrait être important, c'est ce qui serait déclaré devant les militants, et approuvé par eux. Ce que dit Yasser Arafat à Strasbourg est moins valable que ce qu'il proclame à Alger.

L'O.L.P. a cependant réussi son implantation internationale : aujourd'hui, presque tous les gouvernements prennent en considéraition son existence, parfois même son importance, en des formules diplomatiques, plus hypocrites qu'habiles. Il y a des bureaux de l'O.L.P. dans beaucoup de capitales occidentales. A l'Est aussi, bien sûr, où l'appui est « fraternel ». L'organisation palestinienne bénéficie de soutiens financiers abondants, et j'imagine l'étonnement qui nous saisira, lorsque nous aurons, sur ce sujet, une réelle et complète information. Mais l'O.L.P. n'a pas réussi à faire beaucoup avancer son projet ; sa fragilité politique est certaine. Yasser Arafat manœuvre avec une subtilité qui charme les chancelleries, sans déboucher sur rien qui serve les vrais intérêts qu'il prétend représenter.

L'O.L.P. a, comme les Etats arabes voisins d'Israël, à l'exception de l'Egypte, manqué tous les rendez-vous de l'Histoire.

Pour que quelque chose bouge au Proche-Orient, qui permette un dialogue, il est indispensable que les Arabes – tout d'abord les Palestiniens – acceptent Israël, non pas seulement comme un Etat de fait, mais comme un Etat de droit. Depuis près de soixante-dix ans, les Arabes considèrent le retour des Juifs sur leur terre historique et, par la suite, la création de l'Etat d'Israël, comme une agression. Ils nient toute attache du peuple juif avec cette terre ; ils ont cru, et certains croient encore, pouvoir en chasser les Juifs, comme ils en ont chassé, jadis, les Croisés.

Mais, cette terre chante encore le passé du peuple juif, et il ne suffit pas de dire qu'Abraham, Moïse et Jésus étaient des Palestiniens, pour faire oublier qu'ils étaient juifs.

De 1948 à 1967, les Palestiniens ont abandonné leur sort au bon vouloir de leurs frères arabes. La guerre de Six Jours, et l'entrée des Israéliens dans les territoires, a mis face à face Israéliens et Palestiniens. Ils se sont trop longtemps ignorés. Par méfiance, plus que par haine. Par manque d'imagination et de générosité de leurs dirigeants.

Qui, du côté arabe, a répondu aux propos de Ben Gourion, sur la nécessaire entente ? Personne.

Qui, en Israël, en dehors de quelques spécialistes zélés, mais isolés, s'est préoccupé sérieusement de dialoguer avec les Palestiniens ? Pas un seul responsable politique.

Israéliens et Palestiniens se croisent sans se reconnaître. Ils se parlent parfois, mais sans s'écouter jamais. Aujourd'hui – en septembre 1988 – Palestiniens et Israéliens se parlent à travers l'*Intifada.* Dialogue absurde et meurtrier. Deux jeunesses s'affrontent, qui sont faites pour cohabiter. Une même génération d'Israéliens et de Palestiniens se combat, faute d'une ouverture politique : Arafat attend De Gaulle, et Shamir attend Godot.

L'O.L.P. tente de récupérer un mouvement qu'elle n'a pas provoqué, et dont je ne suis nullement persuadé qu'elle le contrôle réellement.

Or il est nécessaire que les Arabes palestiniens – ceux des

Territoires en particulier – puissent faire entendre leur voix, autrement que par le jet de pierres, de cocktail Molotov, ou par des grèves, générales ou ponctuelles.

L'O.L.P. déclare être leur seul représentant. Les Arabes des Territoires le confirment. Ils le confirment, j'allais écrire : officiellement. Mais, en privé, nombre d'entre eux, non seulement condamnent la violence terroriste de l'O.L.P., mais déclarent que l'O.L.P. ne serait pas majoritairement désignée en cas de consultation vraiment libre, c'est-à-dire comportant un libre choix des candidats et l'expression secrète du vote.

Il revient aux Palestiniens de décider de leurs dirigeants, comme il appartient aux Israéliens de choisir les leurs.

Mais comment organiser des élections libres, dans les circonstances actuelles, sans une volonté réciproque de dialogue et la reconnaissance de la légitimité des droits de chacun des deux peuples ?

Les Israéliens ont, par les accords de Camp David, ratifiés par la Knesset (le parlement israélien), reconnu les droits légitimes des Palestiniens. Souhaitons qu'ils parviennent à un consensus sur la définition du contenu politique de ces droits légitimes.

Les Israéliens savent bien que la paix ne peut être conclue qu'avec l'« ennemi ». Ils ont fait la paix avec Sadate. Pourtant l'Egypte, lors de la guerre de Kippour, leur avait infligé de lourdes pertes humaines et de prestige. Les Israéliens, j'en suis persuadé, feront la paix avec tout adversaire qui reconnaîtra, non seulement, leur existence, *mais, avant tout, la légitimité de leurs droits historiques.* Même si l'exercice de ces droits doit être limité, territorialement, par l'exercice des droits, tout aussi légitimes, des Arabes de Palestine.

Il serait vain et prétentieux, de ma part, de vouloir aller trop loin dans ce qui est du domaine de la seule compétence des Israéliens. Je ne puis qu'affirmer mes convictions, en fonction de la connaissance que j'ai – ou que je crois avoir – des hommes, de leurs sentiments et de leur tendance.

Des erreurs psychologiques et politiques ont été commises et le sont encore, aujourd'hui. Quel est le gouvernement qui n'en commet pas ?

Naguère, un homme politique israélien, Moshé Dayan, avait compris les dangers d'une occupation trop prolongée, et il avait suggéré un plan d'autonomie imposée, pour la Cisjordanie et Gaza. De son point de vue – largement vérifié depuis – la population arabe des Territoires ne voulait pas d'une administration dominée par les Juifs. Comme, par ailleurs, à défaut d'une paix véritable, Israël devait assurer les besoins de sa sécurité, Dayan proposait :

– de faire connaître aux Palestiniens des Territoires, qu'Israël avait décidé de mettre fin à la présence d'une administration militaire ou civile, dans un délai de quelques mois. En conséquence de quoi, tous les pouvoirs d'administration et de police seraient confiés (pour la première fois dans l'Histoire) aux Palestiniens eux-mêmes ;

– de maintenir, sur certains points stratégiques, dans les Territoires, des forces militaires ;
– de ne restreindre le libre exercice, par les Palestiniens, de l'ensemble de leurs droits civils et politiques, que dans les domaines militaire et diplomatique, et ce, jusqu'à l'établissement de la paix.

Dayan précisait, dans son plan, que les Palestiniens auraient tout loisir de rechercher l'aide et la coopération dont ils auraient besoin auprès de tout Etat de leur choix, Israël se déclarant prêt à offrir son assistance. Il s'attendait à ce que les Palestiniens protestent contre cette initiative, ne serait-ce que pour ne pas provoquer les réactions des partisans du refus. Mais il était persuadé qu'ils se trouveraient, dans les Territoires, des personnalités capables de prendre en main cette autonomie.

Ce plan a été présenté par Dayan à la Knesset, le 24 décembre 1980. Il a été, sur le champ, rejeté par le chef du gouvernement de l'époque, Ménahem Bégin, et aucun débat n'a même eu lieu.

Depuis, rien n'a bougé, et le statu quo, qui enferme une population, pendant plus de vingt années, dans un présent aléatoire, qui n'offre aucun espoir aux anciens et aucune perspective aux jeunes, est devenu explosif.

Peut-on lorsqu'on est une démocratie, priver indéfiniment une population de tout droit politique ? Plus grande est la liberté, dans les domaines religieux, éducatifs, économiques et sociaux, plus intense se veut la revendication politique.

Or l'Etat d'Israël a incontestablement aidé au développement agricole, industriel et commercial des Territoires. Il n'y avait aucune université dans les Territoires, avant 1967 ; Israël a favorisé leur création et leur développement. Par la politique des ponts ouverts, et la liberté de circulation des Arabes des territoires, des relations économiques et culturelles intenses avec les Etats arabes voisins ont été maintenues. N'était-il pas prévisible que cette liberté, ainsi largement offerte, dans les domaines économiques et culturels, mais totalement refusée, au plan politique, n'aboutisse un jour à l'*Intifada* ?

Dans un premier temps, les Israéliens avaient conçu leur présence dans les Territoires comme une occasion de favoriser une solution politique. Ils se sont heurtés aux trois « non » de Khartoum.

Pourtant, la découverte, par nombre d'Israéliens, d'un monde arabo-palestinien qu'ils ne connaissaient pas, de même que la découverte ou la redécouverte du vrai visage de « l'ennemi sioniste » par les Arabes, ont eu un effet positif indéniable. Mais le temps passe, et tout ce qui était, à l'origine, initiatives devient routine. Toute perspective, en se figeant, devient impasse.

Chacun finit par s'installer, *nolens volens,* dans un rapport occupant-occupé, source de malentendus, de méfiance, et donc d'incidents et de conflits.

Le but du sionisme est de rétablir l'homme juif dans sa dignité de libre citoyen. L'Etat d'Israël est, au Proche-Orient, le seul Etat démocratique. Qui donc, parmi les citoyens d'Israël, s'opposerait au libre exercice de leurs droits par les Palestiniens, dès lors que ceux-ci accepteraient l'existence d'un Etat d'Israël, dans des frontières sûres et reconnues ?

Mais pour sortir de la situation actuelle, la volonté de l'une des parties ne suffit pas.

Il ne suffisait pas que Sadate vienne à Jérusalem.

Il fallait que Bégin le reçoive et, l'accueillant, crée le choc psychologique qui lui a permis, par la suite, de faire admettre à ses concitoyens le retrait du Sinaï.

Et c'est aussi parce que Sadate a été reçu à Jérusalem, avec un grand respect et une immense considération, que les Egyptiens lui ont fait, à son retour, un accueil triomphal.

Il faut, de part et d'autre, surmonter les blocages psychologiques. Il faut, de part et d'autre, établir un nouveau climat. Il faut tenter de surmonter la peur et d'abolir la haine.

La résolution assimilant le sionisme au racisme n'aura pas fait progresser l'avènement de l'apaisement. Le boycottage n'a ruiné personne. Il n'a pas empêché les produits israéliens d'être importés dans les Etats arabes, mais il contribue à mettre en doute la volonté de paix du monde arabe et prend un caractère franchement antisémite.

Cette absurde résolution et ce ridicule boycottage ne peuvent que renforcer la solidarité des Juifs de la diaspora et les mobiliser aux côtés d'Israël. Un même combat les anime, combat pour la justice d'une cause et pour l'avenir d'un peuple. Combat pour que le peuple juif reprenne sa place dans l'histoire et la géographie du monde. Là où il est né, a grandi et forgé les pages inoubliables d'un long périple que la Bible ne cesse de conter aux hommes, à travers les siècles.

Les Arabes doivent reconnaître le droit d'Israël à l'existence et à la sécurité. Cette sécurité ne peut être assurée que par des mesures militaires et stratégiques que, seuls, les Israéliens peuvent définir : eux seuls peuvent évaluer les vraies conditions de cette sécurité. Les garanties internationales n'ont jamais prouvé leur efficacité : elles sont rarement respectées. Les grandes puissances ont toujours de grands arguments pour convaincre les pays faibles de céder au plus fort.

Les Palestiniens sont entourés de frères arabes. Ils ne connaissent pas ce problème de sécurité. Il est bien évident que si l'un de ces Etats arabes venait à les menacer, Israël réagirait, et si Israël mettait en cause leur sécurité, les Etats arabes ne manqueraient pas, à leur tour, de réagir.

L'Etat d'Israël a besoin d'être enfin admis dans cette région du monde. Il a fait la paix avec l'Egypte, et chacun peut mesurer la valeur extrême de ce traité. Il lui faut maintenant parvenir à une entente avec les Arabes de Palestine.

Quel que soit le tracé des frontières, les Israéliens auront à vivre avec les Palestiniens. A coopérer avec eux, dont le niveau de formation est le plus proche du leur. Les Palestiniens pourraient être les garants de la volonté israélienne d'intégration dans cette région. Ils pourraient être le passeport des Israéliens pour le Proche-Orient.

Faut-il un Etat palestinien sur la rive occidentale du Jourdain, en plus de la Jordanie, Etat arabe situé sur une partie du territoire de la Palestine mandataire ?

Ce n'est ni le lieu ni le moment, pour moi, de me prononcer sur cette question, dont je ne mésestime nullement l'importance, au lendemain de la décision spectaculaire du roi Hussein de renoncer à tout lien avec la Cisjordanie.

Laissons aux futurs négociateurs le soin d'en débattre.

En ce qui me concerne, avant de prendre connaissance du texte de mon interlocuteur et d'aborder, avec lui, le dialogue indispensable, parce que dangereux et difficile, qu'il me soit permis de conclure par ces quelques lignes.

A la veille d'être affronté au peuple d'Israël, qui remontait d'Egypte vers la terre d'Abraham, le roi de Moab avait fait appel à un prophète païen, pour maudire ce peuple qui prétendait retourner vers la Terre promise.

Mais ce prophète, Balaam, apercevant dans la plaine ce peuple longtemps captif, en marche vers sa libération, s'écria :

> « Oui, je le vois de la cime des rochers. Et du haut des collines, je le découvre.
> Ce peuple, il vit solitaire.
> Il ne se confondra pas avec les autres nations.
> (Nombres, XXIII, 9.) »

Tout peuple est solitaire, qui veut reconquérir son identité et vivre librement sa vie nationale. Il doit d'abord se rassembler et marquer sa personnalité par la différence, avant de s'ouvrir, ensuite, à l'universel.

La loyauté, la générosité et le respect de l'Autre deviennent, alors, des qualités indispensables aux hommes d'Etat, comme aux peuples qu'ils gouvernent.

Dans un livre, *Arabes, si vous parliez**, le docteur Moncef Marzouki écrit, entre autres :

> « Nous avons été, et nous restons, d'abord et avant tout, une culture du non-dit : répression, censure, autocensure, langue de bois, mensonge par omission, dénégation, falsification, refoulement etc... autant de techniques utilisées, et avec quel succès, pour que le non-dit demeure » (page 34).

Il écrit aussi :

> « Ah ! ces Israéliens, cousins, voisins de palier encombrants, avec lesquels il faudra bien nous entendre, si l'on ne veut pas que Sabra et Chatila ne soient qu'une étape de plus sur le chemin du bout de l'horreur. Ces Israéliens paranoïaques, mégalomanes, assoiffés de reconnaissance et... qui nous ressemblent tant » (page 101).

De quoi souhaite-t-il, le docteur Marzouki, que les Arabes parlent ? De la démocratie :

> « Ce n'est pas le "vrai Islam" qui est aujourd'hui l'urgence, mais la démocratie » (page 118).

Et il conclut :

> « Tout se passe, comme si les mouvements politiques modernistes de l'Arabie prenaient conscience, à cette étape de l'expérience politique arabe, que seule la démocratie pourrait nous sortir de nos cercles vicieux » (page 17).

J'ai ouvert mon propos sur la citation d'un auteur arabe. J'accueille, en conclusion, la pensée d'un autre Arabe. Elle souligne l'élément le plus dramatique du conflit israélo-palestinien : le déséquilibre résultant de l'absence d'une expression démocratique dans le monde arabe.

La Communauté européenne ne se construit qu'entre pays démocratiques. Elle s'étend au fur et à mesure que la démocratie avance.

La paix, au Proche-Orient, se construira autour de deux Etats démocratiques, l'un juif et l'autre arabe.

Seule, la démocratie nous donnera cette clef, tant recherchée par Smilansky : celle qui « ouvre le cœur des hommes ».

Août/Septembre 1988.

* Editions Lieu Commun, 1987.

DÉBAT

– *Théo Klein :* Je souhaite, en préambule, faire une double mise au point. Premièrement, si j'ai accepté la proposition d'Hamadi Essid de débattre avec lui, c'est pour essayer de rapprocher nos points de vue et d'aboutir à quelque chose de positif. Deuxièmement, j'ai été alerté sur une émission de radio en arabe où l'on attaquait assez violemment le « lobby juif » en France. On m'avait indiqué que c'était Hamadi Essid qui avait prononcé ces paroles. Je l'ai interrogé : il m'a affirmé que ce n'était pas lui et, comme je lui fais confiance, j'ai considéré que l'incident était clos.

– *Jean-Pierre Langellier :* Vos deux textes évoquent longuement le sionisme et son histoire. Ouvrons donc le débat sur ce thème ; deux thèses s'affrontent qu'on peut, sans être trop caricatural, résumer ainsi : pour les Arabes, les sionistes sont des intrus, qui ont arraché leur terre ancestrale par la force. Ils l'ont fait conformément à un projet soigneusement planifié, cyniquement exécuté. Ils ont, pour cela, bénéficié de l'appui des puissances coloniales. Le sionisme est un mouvement de spoliation qui vise à exploiter les Arabes et aussi à les chasser ; le sionisme est une entreprise coloniale. C'est aussi un mouvement raciste et expansionniste qui a modifié les frontières du Proche-Orient à son avantage en utilisant à sa convenance des arguments historiques et religieux.

A cela, les Israéliens répondent : le sionisme est un mouvement de libération nationale. Le droit d'autodétermination du peuple juif l'a conduit à ériger un Etat là où il fut déjà souverain il y a deux mille ans. Se doter d'un Etat fut, pour le peuple juif, l'unique moyen de reprendre son destin en main, de répondre à la violence par la force et d'éviter de nouveaux Holocaustes. L'impossibilité de l'assimilation, notamment en Europe, la pérennité de l'antisémitisme obligeant les Juifs, pour survivre à être, quelque part, une majorité.

Le sionisme visait trois objectifs principaux : le rassemblement des exilés, la rédemption par le travail, la renaissance de la terre. En cela, il est un mouvement d'émancipation. Il l'est aussi parce qu'il marque l'irruption de la modernité dans le monde juif et qu'il a consacré une rupture entre les sionistes et les rabbins, entre l'« obscurantisme » orthodoxe et la modernité des pionniers, parce qu'il a opposé une sorte de « départ » politique au « retour » religieux, celui du Messie. En ce sens, le Juif a été « *décolonisé* » par le sionisme. Voilà, en gros, les deux thèses rapidement résumées.

Alors, le sionisme est-il, oui ou non, un phénomène colonial ?

– *T.K. :* J'ai repris dans mon texte la définition que le dictionnaire donne des mots colonial et colonialisme. S'agissant du projet sioniste, je n'ai rien trouvé qui corresponde à cette définition. Le colonialisme désigne la tentative d'un État ou du représentant d'un Etat de prendre le pouvoir, ou de prendre en main le destin d'une autre population sur un autre territoire. Il est évident que le peuple juif ne représente aucun Etat étranger. Les sionistes venus en Palestine ont voulu reconquérir la terre. Les pionniers se sont installés sur des terres non cultivables et qui, d'ailleurs, n'étaient pas cultivées. Ils ont essayé d'y bâtir leur propre destinée aux côtés des populations, souvent d'ailleurs, au départ, en parfaite harmonie avec celles-ci. C'est donc un projet qui n'a rien à voir avec ce que l'on connaît des projets et des réalisations colonialistes français, anglais ou autres.

Je remarque que les Arabes ont été de grands colonisateurs à une certaine époque de leur histoire, avec une réussite beaucoup plus spectaculaire que celle des colonisateurs qui ont suivi. En effet, eux sont restés dans les pays qu'ils ont colonisés, alors que les Français et les Anglais, les Allemands, les Hollandais, les Italiens, les Portugais ont abandonné leurs conquêtes coloniales. Les Arabes se sont installés loin de leur territoire d'origine, ont imposé leur langue, souvent leur religion, qui a été plus ou moins acceptée par les populations locales. Il est évident que c'est là un projet colonialiste. Je suis toujours étonné lorsque les Arabes utilisent contre Israël un argument qui devrait les amener d'abord à faire leur propre examen de conscience.

– *Hamadi Essid :* Je voudrais d'abord dire au sujet de ce livre que ce qui pour moi est essentiel, c'est que le lecteur, qu'il soit européen, juif ou chrétien, puisse comprendre comment un Arabe ressent la présence d'Israël. Il est important, pour construire la paix, d'exprimer les non-dits, de se parler clairement et d'essayer de dépasser l'actualité.

Je veux souligner, d'autre part, que Théo Klein et moi-même nous exprimons à titre personnel. Voici un point de vue arabe ; voilà un point de vue juif ; c'est ici un point de vue propalestinien et là un point de vue sioniste, mais ce n'est pas nécessairement le point de vue des Palestiniens ou des Arabes ou des sionistes ou des Israéliens.

– *T.K. :* Nous sommes d'accord sur ce point.

– *H.E. :* S'agissant du sionisme, on peut évidemment retourner aux définitions des dictionnaires, à propos de phénomènes qui surviennent à quatorze siècles d'intervalle. Mais nous sommes là dans l'artifice. Je pense qu'il ne serait pas sérieux de parler de colonialisme en ce qui concerne les Arabes du VIIe siècle.

– *T.K. :* On peut corriger et parler d'impérialisme à la place de colonialisme...

– *H.E. :* Ni d'impérialisme. Ce qui a fait le succès de la conquête arabe, c'est que celui qui adhérait à l'idéologie de cette conquête devenait aussitôt l'égal des conquérants. La preuve : une poignée d'Arabes sont partis d'Arabie et, quelques années plus tard, ils avaient conquis une grande partie du monde. Je me rappelle un livre écrit par un espagnol et intitulé *Les Arabes n'ont jamais envahi l'Espagne*[1]. Cet auteur essayait d'expliquer que la poignée d'Arabes arrivée en Espagne y avait apporté quelque chose d'éminemment moderne, une idéologie égalitaire, qui avait séduit tous les indigènes espagnols et leur avait permis de conquérir eux-mêmes la terre andalouse. Je ne crois pas nécessaire que Théo Klein et moi-même revenions à ce que nous avons écrit au sujet du sionisme. L'important, c'est de savoir comment nous allons pouvoir, à partir de réalités que nous ressentons différemment, contribuer à ouvrir la voie à une solution.

– *T.K. :* Il y a peut-être une différence entre le texte d'Hammadi Essid et le mien. Hamadi Essid dit qu'il a essayé de présenter à l'état brut le point de vue arabe pour qu'il n'y ait pas de non-dits. Je reconnais que, moi, je n'ai pas essayé de présenter à l'état brut le point de vue juif le plus extrémiste. J'ai essayé d'établir l'historique du conflit tel que je le voyais, et donc d'un point de vue qui n'est pas celui de tous les Juifs. A ma droite ou à ma gauche, des Juifs écriraient certainement l'histoire de cette période d'une manière infiniment plus dure. J'ai essayé de raconter cette histoire en me plaçant déjà dans la perspective qui est la nôtre, et qui consiste à ouvrir des voies, à expliquer sans polémiquer. Vous avez dit que les Arabes avaient respecté les populations conquises ; dans les grandes lignes, c'est vrai. Mais ils les ont respectées en les convertissant. Et il y a eu des conversions forcées de juifs, il y a eu le statut des « dhimmis ».

1. Ignacio Alagüe, Flammarion, 1969.

L'histoire des Juifs dans les pays arabes n'est pas aussi glorieuse que vous l'avez présentée dans votre livre. Mais je suis d'accord avec vous sur le fait que nous devrions éviter de ressasser le passé et pour essayer d'aboutir le plus vite possible à ce qui, au fond, nous préoccupe le plus, c'est-à-dire trouver les formes de cohabitation possibles entre les Israéliens et les Palestiniens. Pour arriver à cela, il faut aussi que les Juifs et les Arabes, qui sont en dehors du conflit, ou qui ne sont qu'indirectement concernés par lui, fassent un effort de reconnaissance mutuel et de dialogue. Le sens de notre livre, c'est la nécessité et le désir commun de dialoguer.

– *H.E.* : Bien sûr et la preuve, c'est que nous sommes ici. Nous avons, Juifs et Arabes, vécu trop longtemps ensemble, nous avons produit trop de choses exceptionnelles, ensemble, pour accepter, aujourd'hui, de faire fi de toute cette histoire commune et surtout de l'avenir qui nous sera commun. Je veux, simplement, que l'on resitue la conquête arabe dans son siècle. Vous avez peut-être remarqué que j'ai eu recours le plus souvent possible à des témoignages de Juifs. Je vous rappelle ce que disait Chouraqui qui est un sioniste mais ouvert à la culture arabe. Les Juifs, dit-il, ont vécu dans le monde arabe mieux que n'importe où ailleurs.

– *J.-P.L.* : Revenons encore un peu sur la nature du sionisme. Quels que soient, Théo Klein, les arguments historiques que vous avancez, ne pensez-vous pas que, même si le sionisme n'est pas un produit du colonialisme, il est, depuis 1967, devenu un phénomène colonial sur le terrain ?

– *T.K.* : Il faut rappeler que, de 1948 à 1967, les « territoires » d'aujourd'hui étaient dans une situation juridique totalement anormale. Ils étaient occupés par la Jordanie. Il n'y avait pas de souveraineté sur ces territoires. Certains professeurs de droit vont même jusqu'à dire que, à la suite de la fin du mandat et de la non-création de l'Etat arabe en Palestine, la seule autorité légale sur la Palestine à l'ouest du Jourdain était le gouvernement d'Israël en tant qu'héritier de l'Agence juive, seul organisme reconnu dans le monde. Je peux difficilement considérer qu'Israël a colonisé ces territoires. Il les a occupés. Mais c'est un débat qui, dans une certaine mesure, doit être laissé de côté parce que nous allons nous lancer des accusations qui ne nous mèneront pas très loin.

– *H.E.* : Il y a deux manières d'envisager le débat : l'une est artificielle et finassière, c'est celle des débats de la « conférence du stage »...

– *T.K.* : Ne me renvoyez pas toujours à ma situation d'avocat parce que je vais vous dire que vous êtes un diplomate et que l'art des diplomates, c'est généralement de dire des choses qui sont plus ou moins vraies dans un langage qui les fait apparaître comme l'évidence même...

– *H.E. :* Je veux justement que nous évitions de parler comme des avocats ou des diplomates. On voudrait que les Arabes essayent de se mettre à la place des Juifs et voient en Israël ce qu'y voient les Juifs. Il faut admettre que c'est extrêmement difficile. Si, de Paris ou de Tunis, je peux essayer de faire l'effort intellectuel de me mettre à la place d'un Juif sioniste, il serait immoral de dire à quelqu'un né dans un camp de réfugiés, qui voit ses parents depuis quarante ans attendre le retour au pays natal : Mettez-vous à la place d'un sioniste né en Lituanie et venu ici pour des raisons d'ordre mystique !

– *T.K. :* Vous avez raison de dire qu'il ne faut pas employer des arguments politiques ou religieux. Mais il faut tout de même tenir compte des droits et des besoins des populations qui habitent les terres, les occupent, les travaillent.

J'ai rappelé, dans mon texte, la proposition du général Dayan de décembre 1980, qui reconnaissait qu'il fallait redonner le plus rapidement possible à la population des territoires le droit de s'administrer elle-même. Le matin où il présenta sa proposition de loi à la Knesset, il m'a dit : « Les Arabes n'ont pas envie que nous les administrions et moi, je ne vois pas pourquoi nous perdrions notre temps à les administrer. Ce n'est pas notre affaire. » Les territoires étaient et restent essentiellement un problème arabe. Il n'y a pas de solution à ce problème si on ne respecte pas, de part et d'autre, la volonté des populations qui sont là où elles sont. Vous parliez des Lituaniens : Dieu merci, il y a en Israël de moins en moins de gens qui sont nés ailleurs qu'en Israël. Moi, ce qui me frappe, c'est qu'aujourd'hui ceux qui se battent, de part et d'autre, sont, les uns comme les autres, nés sur place en Israël et en Palestine.

– *H.E. :* Revenons à cet aspect colonial depuis 1967. Si le mot « colonial » gêne, je suis prêt à le dépasser. Je me sens parfaitement à l'aise parce que j'ai dit tout ce que j'avais à dire et parce qu'actuellement une attitude réaliste se dessine dans le monde arabe et chez les Palestiniens. J'ai lu ce que vous avez écrit sur Dayan, que j'ai moi-même cité. J'ai cette impression, qui d'ailleurs permet d'espérer, qu'une grande partie des hommes politiques israéliens, lorsqu'ils arrivent à un certain âge, commencent à être travaillés par leur conscience et à s'apercevoir enfin qu'il y a à côté d'eux des victimes palestiniennes et qu'il leur faut procéder à des révisions...

– *J.-P.L. :* Ce n'est pas tout à fait le cas de M. Shamir, le chef de la droite israélienne...

– *H.E. :* ... Ainsi, à un certain moment, M. Abba Eban disait : « Pour nous, le problème de la paix est secondaire, l'essentiel étant la lutte contre le terrorisme. » Maintenant, Abba Eban est devenu un homme raisonnable, qui prône une solution dans les territoires.

Et il y a des officiers anciens chefs des renseignements généraux qui, petit à petit, commencent à s'apercevoir qu'il y a un problème palestinien et que ce problème exige une solution rapide.

– *J.-P.L. :* Ce que dit Théo Klein ne reflète pas la position officielle du gouvernement israélien. Celui-ci ne souhaite pas cesser d'administrer les populations arabes.

– *T.K. :* M. Shamir ne cesse pas de répéter qu'il est en faveur de l'autonomie des territoires. Or l'autonomie des territoires, c'est également l'administration des territoires par leurs habitants.

– *J.-P.L. :* Il semble aussi que M. Shamir, s'il avait la possibilité de réaliser son rêve, annexerait dès demain les territoires. Annexion et autonomie sont tout de même contradictoires. En outre, on ne peut pas totalement évacuer la dimension religieuse et morale du problème israélo-palestinien. Elle fait partie de l'argumentation des gens qui sont au pouvoir et des Juifs qui habitent dans les implantations.

– *T.K. :* En ce qui concerne les implantations, leurs habitants défendent la thèse selon laquelle ils vivent sur un territoire qui, historiquement, appartient ou devrait appartenir au peuple juif. Mais je n'attache pas une importance considérable à cet aspect. Il s'agit, surtout, de trouver une solution entre des hommes ayant des aspirations d'une égale légitimité. Les Juifs ne peuvent pas évacuer complètement leurs souvenirs historiques. Mais ils ne peuvent pas, non plus, évacuer le poids de la réalité géographique et politique actuelle. Si on veut résoudre les problèmes, c'est tout de même, somme toute, l'actualité qui doit l'emporter sur l'Histoire.

– *H.E. :* Je ne parle pas au nom des Palestiniens mais je ressens la déchirure palestinienne. Or les Arabes ont fait des concessions. Les Palestiniens attendent qu'il y ait en Israël quelqu'un avec qui dialoguer. Arafat l'a dit à Strasbourg. De plus en plus, en dehors de l'*establishment,* naissent des mouvements de rapprochement. Cela est positif. Je sais que depuis l'*Intifada*, le soulèvement, plusieurs mouvements pour la paix sont nés, y compris chez les militaires. En revanche, Shamir et Pérès, à nos yeux, tiennent sous des formes plus ou moins élégantes, plus ou moins civilisées, le même langage. Shamir parle parfois d'annexion, de temps à autre des accords de Camp David, ou d'autonomie. Pérès, lui, revient à son dada : celui de la solution jordanienne. Je crois qu'il faut dépasser tout cela et dire les choses clairement. Les Palestiniens veulent avoir un Etat. Comment peut-on envisager l'Etat palestinien sans que cela replonge cette partie du monde en plein désarroi et sans que cela débouche sur de nouveaux affrontements ? Voilà la question.

– *T.K. :* Vous parliez de la surdité de l'*establishment* israélien. Peut-être, mais la presse israélienne, elle, ne manque pas de répercuter tous les propos prononcés par les leaders arabes et palestiniens, positifs ou négatifs. Le citoyen israélien, pour peu qu'il lise les journaux, écoute la radio et regarde la télévision, a une information assez large et assez complète. Ce qui n'est vraisemblablement pas encore le cas dans les pays arabes. Ceci crée un certain nombre de difficultés, car il est plus facile de convaincre un citoyen informé que de convaincre un citoyen qui n'a qu'une partie de l'information, celle qui l'oriente vers des positions plus dures. Si l'O.L.P. cherche vraiment aujourd'hui à aller vers des solutions politiques, elle se heurte à des difficultés au sein même de la population qu'elle contrôle. Cette population a-t-elle reçu l'information qui lui permette de comprendre ce mouvement de paix ? Il y a là une difficulté psychologique et politique extrêmement importante. En ce qui concerne la perspective d'un Etat palestinien, il faudrait rappeler qu'il y a tout de même un Etat de Jordanie qui est un Etat arabe palestinien. Ce n'est pas parce qu'Abdallah a amené avec lui les Bédouins qui venaient d'Arabie, du Hedjaz, que cela change la nature de ce territoire et la nature de la plus grande partie de la population de ces territoires. Lorsque M. Pérès parle de la solution jordanienne, c'est en tenant compte de la dimension palestinienne de la Jordanie. Ce n'est pas simplement une manière de prétexte pour ne pas faire la paix, c'est parce qu'il considère qu'il faut intégrer dans le schéma conduisant à la paix cette partie du territoire historiquement palestinien qu'est la Jordanie. La Jordanie, pour les Israéliens, est un Etat palestinien, qui doit participer au dialogue avec les autres Palestiniens qui ne se reconnaissent pas comme représentant le roi de Jordanie. On ne peut pas purement et simplement effacer la partie jordanienne, en considérant que la Jordanie ne fait plus partie de la Palestine. La Jordanie, je le répète, est un territoire palestinien.

– *J.-P.L. :* C'est la thèse de M. Sharon.

– *T.K. :* C'est aussi la thèse de M. Sharon. Les jeunes Palestiniens ne semblent pas envisager leur avenir en Jordanie. Quoi qu'il en soit, l'une des clés du déblocage de la situation, c'est la reconnaissance mutuelle. Hamadi Essid disait que l'*establishment* palestinien et arabe est en ce moment dans une période de recherche, de clarification, d'évolution politique. Mais, si ce conflit s'est prolongé aussi longtemps, c'est tout de même parce qu'il y a eu un refus arabe de reconnaître le droit aux Juifs de Palestine de se regrouper dans un cadre étatique. Jusqu'à présent, il n'y a eu aucune acceptation claire de ce droit. Vous-même, M. Essid, avez opéré dans votre texte une sorte de séparation entre l'« existence » et l'« essence » d'Israël. Vous dites : « Il y a un fait accompli, nous ne pouvons que reconnaître qu'il existe car c'est le bon sens. Mais, en aucun cas, nous ne considérons l'existence de cet Etat comme légitime. » Nous sommes là au cœur d'un problème fondamental. Car, d'un point de vue israélien, la reconnaissance de l'existence de l'Etat comme un fait accompli ne suffit pas. La reconnaissance sans la légitimité ne suffit pas à permettre un vrai dialogue israélo-palestinien.

– *H.E. :* Vous posez là un problème grave et difficile. Mais d'abord je veux répondre à propos de la presse. Je donne acte à Théo Klein du fait que les Arabes ont une méconnaissance totale de la réalité israélienne. Hormis les Palestiniens qui, eux, lisent ce qui paraît en Israël, le commentent et l'analysent, le reste du monde arabe ne sait généralement d'Israël que ce qu'il lit dans la presse anglo-saxonne ou française. Il a existé dans la presse arabe une autocensure qui ne permettait pas de parler d'Israël autrement que dans la terminologie habituelle. Ce que dit Klein est donc vrai. C'est d'ailleurs pourquoi en écrivant à côté de Klein, je voudrais amener l'Arabe à saisir comment un Juif voit les choses. Mais n'oublions pas qu'il y a d'autres pays arabes directement concernés par ce conflit – je pense à la Syrie qu'on a tendance à oublier.

– *T.K. :* Elle se rappelle facilement à nous...

– *H.E. :* Oui, d'autant plus légitimement qu'on l'oublie trop facilement. Or la paix ne peut pas se faire sans la Syrie.

– *T.K. :* Il y avait une méconnaissance égale chez les Israéliens de la réalité arabe jusqu'en 1967, car la majorité d'entre eux étaient arrivés entre 1948 et 1967. Beaucoup ne connaissaient pas les Arabes puisque la frontière était totalement fermée. L'un des effets positif, à mon avis, de 1967 fut d'ouvrir cette frontière et de permettre aux Israéliens de connaître des Arabes et vice-versa. Je ne vous demande pas d'approuver ce qui s'est passé en 1967. Mais cela eut l'effet positif de donner une meilleure information mutuelle de, comment dirais-je, « dédiaboliser » l'adversaire, de faire découvrir qu'il y a un visage, celui d'un homme. Cela a été très important de part et d'autre.

– *H.E. :* Oui, et je regrette qu'une image « diabolique » de l'Arabe ait été fabriquée, d'une manière systématique, en Israël, par la presse, par la littérature enfantine, par le cinéma. Ceci ne contribue pas du tout à percevoir l'Arabe palestinien comme un être avec qui on peut dialoguer. Pour revenir au problème de la légitimité, même si vous faites admettre aux Palestiniens et aux Arabes qu'il est indispensable de reconnaître le fait israélien et de dialoguer pour arriver à une solution, il ne sera pas pour autant aisé de leur en faire reconnaître la légitimité. Alors, comment poser le problème ? Je pense qu'il y a une légitimité à créer. Vous ne pouvez pas faire admettre aux Arabes la légitimité d'Israël, du sionisme et de la création de l'Etat juif en 1947. Ils en reconnaissent l'*existence*, mais (pour en revenir à votre référence à Sartre) pas nécessairement l'*es-*

sence. Mais Sartre croit aussi que l'existence peut précéder l'essence et qu'on se fait en faisant. « Faire et, en se faisant, se faire. » C'est donc qu'à partir de l'existence on pourrait créer une essence au fait israélien. Il peut se créer une légitimité mais qui ne sera pas cette légitimité historique que seuls les Juifs peuvent sentir et exprimer. Vous ne pouvez pas demander à un Palestinien, évincé de la terre où il vivait depuis des siècles, d'admettre cette légitimité-là. Il nous faut donc être réalistes. On ne peut pas dire : « Écoutez, tant que vous ne reconnaîtrez pas que j'avais raison, alors moi je n'admettrai pas que vous n'avez pas tort. » Il faut, au contraire, que se dessine une attitude nouvelle qui permettra de créer une légitimité nouvelle, afin que ce fait accompli se transforme en une partie de l'histoire de la région. Ceci nécessite d'évidence un bouleversement politique, une révolution des cœurs, certes difficile, mais j'ai l'impression qu'il y a actuellement chez les Israéliens, peut-être justement parce que beaucoup sont nés sur cette terre et comprennent que les autres aussi lui appartiennent, un mouvement en gestation. C'est à partir de ce changement d'attitude à l'égard du Palestinien, de sa prise en compte, que pourrait se créer une légitimité, aux yeux des Arabes.

– *T.K. :* Il faut rappeler que dans les accords de Camp David signés par Israël les droits légitimes des Palestiniens sont reconnus. Autre point d'Histoire : il y a en Palestine des populations très anciennes. Mais il y a eu aussi depuis le début du siècle une immigration arabe parallèle à l'immigration juive. Cela ne change pas fondamentalement le problème mais cela a existé. Il faut le reconnaître.

– *J.-P.L. :* D'après les chiffres officiels du mandat britannique, entre les deux guerres, il y eut plus d'immigrants arabes que juifs.

– *H.E. :* Il y a toujours eu une immigration. A la Porte des Maghrébins, à Jérusalem, il y avait une communauté d'immigrés d'Afrique du Nord. Jérusalem est un lieu important pour les musulmans, beaucoup d'entre eux émigrèrent vers la Palestine, pour pouvoir mourir dans la ville sainte. Mais qu'est-ce que cela change ?

– *J.-P.L. :* J'évoque les chiffres pour l'entre-deux-guerres. Ils remettent en cause une des thèses de votre texte selon laquelle le sionisme avait pour ambition de chasser les populations arabes. Il y a une contradiction entre les statistiques et cette explication.

– *T.K. :* Le développement de ce pays a permis non seulement une immigration arabe importante mais aussi des conditions de vie telles que la population locale s'est développée. Non seulement les Juifs n'ont pas voulu chasser les Arabes mais ils ont favorisé la natalité arabe. Le problème démographique d'aujourd'hui est un problème né en grande partie de la présence des Juifs. Il y a donc eu dans la présence juive quelque chose qui a favorisé la présence arabe. C'est aussi la preuve que ces deux populations, en vivant ensemble, peuvent peut-être améliorer mutuellement leur sort.

– *H.E. :* Aujourd'hui, la mortalité en Cisjordanie est deux fois plus élevée chez les Arabes que chez les Juifs. Elle est quatre fois plus élevée à Gaza. Si vous voulez qu'on fasse des comptes, je ne pense vraiment pas que ce serait à votre avantage. Si c'est pour revenir à cette image que la propagande sioniste a entretenue très longtemps selon laquelle la Palestine était un pays désert, il n'y a plus de discussion possible. Des Palestiniens sont là depuis aussi longtemps que les Hébreux et même et même plus longtemps.

– *J.-P.L. :* Je voudrais revenir au problème de la légitimité. La majorité des Israéliens – c'est un de leurs traits – sont sûrs de leur bon droit. Il n'y aura progrès à leurs yeux que si les Arabes leur disent clairement : Vous existez, c'est vrai, cela ne nous fait pas plaisir mais nous reconnaissons que vous avez le droit d'exister dans la région. Maintenant, Théo Klein, ne croyez-vous pas que si les Israéliens avaient dit aux Arabes à un certain moment : Nous comprenons que nous vous avons infligé un préjudice terrible, mais essayons tout de même de nous entendre. Essayons de trouver un compromis sur lequel on pourrait sauvegarder, disons, l'essentiel des intérêts de nos deux peuples. Si cela avait été fait, n'aurait-il pas été possible d'apaiser les passions beaucoup plus tôt ? Or cela n'a jamais été fait. La majorité des Israéliens a beaucoup de mal à se mettre à la place des autres.

– *T.K. :* C'est vrai qu'après deux mille ans de retranchement, les Juifs ont un peu perdu l'habitude d'essayer de réfléchir en prenant en compte le point de vue de l'autre parce que, généralement, l'autre ne prenait pas non plus en compte leur point de vue. Il y a là tout un apprentissage qui ne se fait pas en une ou deux ou même trois générations. Des erreurs importantes ont été commises. Les Israéliens ont méconnu l'identité palestinienne, le fait palestinien, en tant que fait politique. C'est vrai, mais cela a évolué. Dire que du côté israélien on ne s'est jamais posé la question du tort qui serait porté aux Palestiniens est une erreur. En 1986, devant des officiers israéliens, le général Dayan faisait une conférence qui portait sur Arthur Ruppin. Celui-ci a été, de 1920 à la guerre de 1939-45, en charge de l'établissement des colonies juives. Dayan raconte l'évolution de cet homme et à quel point il était préoccupé par le problème des Palestiniens. Il a même été le fondateur de la fameuse organisation Brit Shalom qui voulait créer un Etat binational, c'est-à-dire quelque chose qui ressemble à l'Etat voulu par l'O.L.P. Il a cherché comment créer une culture commune en partant de l'idée que les deux peuples arabe et juif étaient sémitiques, et qu'ils avaient donc des richesses culturelles communes. Ensuite, il est passé par une étape binationale, l'Etat garantissant à la majorité comme à la minorité des droits égaux. Ce n'est pas tout à fait le cas du programme présenté ensuite par l'O.L.P. Il y a donc eu des penseurs et des responsables qui se sont préoccupés du problème. Mais il est vrai que l'on s'est ensuite engagé dans les guerres. Ces guerres ont opposé les Etats arabes à Israël. Les Palestiniens, en tant que tels, en étaient absents. Toute la pensée du gouvernement israélien a constamment tourné autour des rapports avec les Etats arabes. Il a eu tendance à oublier la population palestinienne. Je vais dire quelque chose qui fera hurler un certain nombre de mes amis : pour moi, l'*Intifada* a une importance considérable dans le fait qu'il ramène les Israéliens au cœur de leur problème qui est de vivre avec les Palestiniens. Bien sûr, en tant qu'idéaliste dépourvu de responsabilités, je me suis souvent, depuis décembre 1987, demandé pourquoi les Israéliens n'avaient pas dit à ces jeunes qui manifestaient, qui prenaient des risques, qui furent les premiers Arabes à mettre l'armée israélienne en difficulté : Mettez-vous autour d'une table avec nous. Peut-être qu'ils n'auraient pas pu le faire. Mais pourquoi est-ce que, du côté israélien, on n'a pas pensé que c'était peut-être un moyen meilleur que ceux qui sont employés pour rétablir un certain ordre et un certain calme ? Personnellement, je ne l'explique pas. C'est un regret fondamental de ma part.

– *J.-P.L. :* Vous disiez, Hamadi Essid, que la reconnaissance mutuelle d'Israël et des Palestiniens se ferait dans une dynamique. Mais ne faudrait-il pas qu'auparavant l'O.L.P. affirme de manière solennelle la légitimité d'Israël ?

– *H.E. :* L'universitaire américano-palestinien Edouard Saïd soutient qu'il y avait un phénomène d'ordre religieux entre Palestiniens et Israéliens. Les Palestiniens n'osaient pas exprimer la réalité israélienne par son nom comme pour essayer d'écarter l'idée même qu'il puisse y avoir sur cette terre-là un autre peuple. C'était de l'ordre de la superstition. Ils sont en train de dépasser ce stade. Il y a un mouvement vers le réalisme. Mais les Palestiniens ont d'énormes difficultés, parce que pendant quarante ans on a imaginé et laissé imaginer que le fait israélien était un problème transitoire et que les réfugiés retourneraient bientôt chez eux à Haïfa, ou à Jaffa. Il est très difficile de revenir en arrière. Il faut des hommes d'une immense envergure historique, d'un énorme courage. Les Palestiniens sont en train de procéder à une véritable révolution dans leurs principes, qui débouchera, probablement, sur une action : cette évolution a commencé avec les résolutions du sommet de Fès (en 1982). Il y a eu une série de signaux parfaitement clairs mais auxquels il n'y a jamais eu de réponse. L'attitude totalement fermée d'Israël et des Etats-Unis ne permet pas du tout à ceux qui sont convaincus de la nécessité d'une solution politique dans le cadre d'une conférence internationale de se sentir à l'aise auprès des radicaux, ou des réalistes.

– *J.-P.L. :* Mais il n'y a pas de consensus palestinien à ce sujet.

– *H.E. :* Je vous répète ce sur quoi tous les Arabes, y compris la Syrie, se sont mis d'accord trois fois, à Fès, à Amman et dernièrement à Alger. Il n'y a pas un seul pays arabe qui ait dit : « Je refuse les résolutions reconnaissant le droit d'exister dans des frontières sûres à tous les Etats de la région », mais je crois qu'attendre des pays arabes qu'ils proclament : « Bon, nous reconnaissons Israël », c'est de l'utopie. Il n'y a vraiment aucune raison de faire ce cadeau à Israël qui se montre totalement réfractaire et imperméable à toute discussion sérieuse sur les droits des Palestiniens.

– *T.K. :* Je trouve extrêmement positive le début de votre réponse. J'ai plus de mal à accepter la fin de vos propos. D'abord, le problème a une dimension historique. C'est très difficile pour les Juifs d'entendre répéter qu'au fond qu'ils n'ont fait qu'un passage éclair sur cette terre et qu'ils n'ont laissé aucune trace . Il est difficile de nier le rapport historique du peuple juif avec la terre d'« Eretz Israël. » J'emploie le terme « Eretz Israël » mais je suis prêt à employer le terme de Palestine qui a d'ailleurs, dans les débuts du sionisme, été largement employé. La première banque, banque qui a été créée par les sionistes, portait le nom de « Palestine ». J'ai, quelque part chez moi, un petit livre, d'ailleurs assez joli, en l'honneur du baron Edmond de Rothschild, bienfaiteur de la Palestine. On parlait à l'époque de la Palestine juive et des Juifs palestiniens. Le mot Palestine ne m'effraie absolument pas. Mais une chose qui me gêne encore aujourd'hui, c'est que ce rapport des Juifs avec cette terre de Palestine soit nié. C'est peut-être un des moyens d'en revenir à la légitimité. A partir du moment où on reconnaîtrait déjà du côté arabe qu'il y a un lien entre ce peuple et cette terre, la légitimité, en quelque sorte, viendrait d'elle-même. De ce point de vue, je ne suis pas sûr que tous les efforts aient été faits.

Vous dites que, du côté israélien, il n'y a pas de réponse, il n'y a rien, il n'y a pas de geste. Nous avons décidé de ne pas revenir sur le passé, mais enfin, des réponses israéliennes ont été données depuis longtemps. De tout temps, les Israéliens avaient accepté le partage et donc l'existence d'un Etat palestinien. C'est vrai qu'aujourd'hui le problème se pose politiquement dans des termes différents. Mais de très nombreux Israéliens, des intellectuels, mais également des hommes politiques, se sont prononcés d'une manière positive. La légitimité des droits des Palestiniens a été acceptée par M. Bégin dans les accords de Camp David. Qu'il y ait des réticences, c'est certain. De part et d'autre, des hommes tiennent un langage qui alimente ces réticences. Il y a ceux qui sont persuadés que les Palestiniens n'ont qu'une idée, celle de reconquérir, vous l'avez dit vous-même, Jaffa, Haïfa, etc. M. Shamir le répète assez souvent, et dans l'opinion publique israélienne, cela a une certaine résonance. Il y a de l'autre côté ceux qui parlent du *transfert* palestinien et je comprends très bien que, du côté arabe, cela ait également une résonance. Tout de même, il est difficile de dire que vous n'avez eu ni réponse, ni geste, du côté israélien. C'est aller un peu vite en besogne. Ce qui empoisonne l'atmosphère et dont nous n'avons pas parlé jusqu'à présent, mais qui est un phénomène important, c'est le terrorisme. C'est quelque chose qui bloque très fortement tous les efforts pouvant être faits, du côté israélien, pour ouvrir un dialogue avec les Palestiniens.

– *J.-P.L. :* Les Israéliens ne sont pas tous politiquement semblables. Il n'y a rien de commun entre M. Shamir et M. Abba Eban. Il y a un certain confort intellectuel de la part du monde arabe à dire : « De toute façon, ils sont tous les mêmes et ils jettent le même regard sur nous. »

– *T.K. :* Effectivement, M. Essid a parfois tendance à appeler « sioniste » tout Juif qui ne lui convient pas et « Juif » tout Juif qui lui convient...

– *H.E. :* Je ne crois pas voir une sorte de globalité monolithique israélo-sioniste. La preuve, c'est que, pour moi, l'utilisation de témoignages de Juifs et de sionistes est un hommage que je rends à ces témoins. Ce sera l'objet d'une étude : *Les Palestiniens devant la conscience juive.* Je ne doute pas du tout qu'il y ait des Juifs et des Israéliens qui voient les choses autrement que M. Shamir et que M. Rabin. La perception de l'Arabe par les Israéliens relève, elle, cependant, de cette vision globale selon laquelle il y a « eux » et « nous ». Or l'O.L.P. a dialogué à un moment où il n'était pas facile de recevoir un Israélien et de parler avec lui de paix, avec Matti Péled ou Uri Avnéry qui sont conscients de la nécessité de trouver une solution au problème palestinien, ce qui ne convient pas à la plupart des sionistes, et pourtant ce sont là des sionistes qui comptent rester en Israël après l'établissement d'un Etat palestinien. Les Arabes sont plus ouverts sur les Israéliens que l'inverse. Certains Palestiniens, membres du Conseil national palestinien, ont des contacts avec des représentants israéliens du courant progressiste et qui reconnaissent leurs droits, avec des intellectuels, même avec d'anciens officiers. L'attitude du monde arabe est autrement plus tolérante. Ce qui me désole, c'est que justement il y ait eu de la part des Israéliens un parti pris de confusion totale, délibérée, entre Juifs et sionistes. « Si vous voulez me parler, il faut m'accepter en tant que Juif, pro-israélien et sioniste, sinon vous êtes antisémite... » Je l'ai dit, ce n'est pas du tout ainsi que la majorité des Arabes voit les choses.

– *T.K. :* Vous connaissez mieux les Arabes que moi. Si vous dites qu'il n'y a pas cette restriction dans leur esprit, j'accepte volontiers ce que vous dites. Simplement, je vous rappelle, par exemple, qu'il y a eu en France des émissions de télévision auxquelles les Arabes refusaient de participer, ou bien acceptaient de participer mais à condition d'être dans une autre pièce que les Israéliens. Je n'ai jamais entendu que les Israéliens aient refusé de s'asseoir à la même table que des Arabes... Récemment encore, lorsque nous avons essayé de mettre sur pied des rapports culturels judéo-arabes, nous avons eu le sentiment d'un malaise chez certains de nos interlocuteurs arabes. Ils avaient envie de ce dialogue, mais ils avaient peur d'une certaine compromission vis-à-vis de l'extérieur. C'est un phénomène auquel nous avons été confrontés ; on ne peut pas purement et simplement l'occulter. Peut-être que l'effort que nous faisons tous les deux, à votre initiative, je le répète parce que c'est important, est la preuve qu'on peut dépasser cela, de votre côté et du mien. Je ne suis pas sûr d'ailleurs que tous mes coreligionnaires auraient volontiers accepté un dialogue de ce genre.

– *H.E. :* L'année dernière, il y a eu un programme sur la Palestine[1]. Des Israéliens ont été invités, et pour parler des Palestiniens, on a invité le représentant de l'O.L.P., ce sont les Israéliens qui ont alors refusé de se retrouver avec lui dans la même pièce. Ensuite, on leur a proposé des studios distincts. Ils ont dit : « Non, nous avons une loi qui nous interdit tout contact avec des représentants de l'O.L.P. » Toutes ces restrictions formelles demeureront tant qu'il n'y a pas eu le déclic qui permettra leur dépassement. Chacun se referme parce qu'il craint de se compromettre, d'être manipulé, utilisé. Les Arabes ont peur de se retrouver avec un représentant officiel du gouvernement d'Israël. La « légitimité », le « terrorisme », tout ce qui fait le discours israélien, et aussi une partie du discours arabe, ce sont des repères auxquels on continue à tenir parce que, du côté arabe, on a peur de trop céder, d'avoir fait un pas de plus vers « la reconnaissance de l'autre », et d'avoir été « floué » par l'autre, parce que l'« autre », lui, ne fait aucun pas. J'ai l'impression que les Palestiniens et les Arabes ont donné le maximum avec les résolutions de Fès. Après Fès, il n'y a eu aucun pas dans leur direction.

– *T.K. :* Vous formez une force considérable. Vous avez en face de vous un petit bloc d'un peu moins de quatre millions d'individus. Avec, admettons même, le soutien de la diaspora juive. Encore qu'elle ne soit pas tellement importante et qu'elle soit préoccupée par les intérêts nationaux des pays où elle vit. Or vous ne semblez

1. Dossiers de l'Ecran, *A2*, novembre 1987.

pas conscient de votre force. Ce petit peuple qui sera toujours minoritaire dans la région même s'il est majoritaire sur son territoire a besoin de se sentir rassuré. En outre, les Israéliens n'ont pas une longue expérience politique. J'ai dit, dans mon texte, qu'il est plus facile de constituer une armée qu'une diplomatie. Les Israéliens n'ont survécu jusqu'à présent que par leur armée et, malheureusement, ils n'ont pas encore complètement assimilé le phénomène de la paix avec l'Égypte qui, pourtant, est extrêmement important. Pour débloquer les Israéliens, il est nécessaire que les Arabes, qui sont infiniment plus forts, qui ont pour eux la durée, la géographie, et aussi un certain nombre de richesses du sol, qui ont pour eux beaucoup de choses, en fassent peut-être un peu plus que les Israéliens. Vous pouvez me dire « donnant, donnant ». Mais ce n'est pas un vrai « donnant, donnant » parce qu'il n'a pas lieu entre des forces équivalentes. Toutes les faiblesses de ce petit peuple au sein d'un très grand peuple, c'est un élément dont il faut tenir compte si on veut faire progresser les choses. Ils ont besoin d'être rassurés. Je ne crois pas du tout qu'il y ait une majorité en Israël qui veuille dominer des peuples arabes. La grande majorité des Israéliens veulent vivre en paix. Ils ont peur parce qu'ils sont persuadés que les Palestiniens veulent reconquérir la Palestine « par étapes ». Il a fallu attendre ces dernières semaines pour que les Palestiniens s'expriment d'une manière plus concrète et – je suis sensible aux déclarations d'Abou Charif et d'Abou Iyad – offrent d'une manière plus évidente la possibilité d'une paix et d'un dialogue réels par l'acceptation de la continuité de la durée de cette terre d'Israël à travers une certaine reconnaissance de la légitimité de cet Etat. Tout cela pèse lourdement sur l'opinion publique israélienne, qui est déterminante puisqu'il y a des élections tous les quatre ans. Les hommes politiques israéliens naviguent au mieux dans cette ambiance-là. La loi qui a été votée par le Parlement israélien – d'ailleurs pas à l'unanimité – et qui interdit tout contact avec l'O.L.P., est presque, dans mon esprit, un acte de défiance et de défense. Cela veut dire : « Attention, ceux qui parlent avec une O.L.P. qui n'a pas encore pris de position réellement claire envers la légitimité du droit de survie d'Israël s'exposent à des traquenards, et ces traquenards seront utilisés dans l'opinion publique internationale d'une manière dangereuse pour Israël. » Israël reste très marqué par un complexe, terriblement dangereux, le « complexe de Massada ». Dans les moments dramatiques pour Israël, on entend : « Nous sommes tout seuls, personne ne nous aime, tout le monde est contre nous ». Ce complexe existe, il existe profondément dans le peuple juif et dans la nation israélienne. C'est ce complexe aussi qu'il faut aider à surmonter, et pour aider à le surmonter, pardonnez-moi de vous le dire, je crois que vous avez plus à faire que nous. Il y a une possibilité de surmonter ce problème mais cela nécessite plus que la déclaration de Fès qui contenait dans sa terminologie beaucoup d'ambiguïté. Une population reçoit les choses telles qu'elles sont dites. Elle ne va pas chercher ce qu'il peut y avoir derrière. Or, dans la déclaration de Fès, il n'y a pas de quoi apaiser, réellement, l'opinion publique israélienne et ses craintes qui sont très profondes, très sérieuses, très anciennes et qu'il faudra surmonter.

– *H.E. :* Vous parlez de sécurité, mais le monde arabe a jusqu'ici souvent perdu des guerres contre Israël, ce qui n'est pas fait pour percevoir Israël comme un petit Etat solitaire et fragile... On apprend qu'Israël a fabriqué un certain nombre de bombes atomiques, qu'il lance un satellite qui peut avoir des utilisations militaires considérables. Dans le domaine technologique, Israël est bien plus avancé que tous les pays arabes réunis. Israël est un des dix plus grands marchands d'armes du monde, d'après les sources israéliennes elles-mêmes. Il n'y a rien dans tout cela qui autorise le monde arabe à se sentir en sécurité avec ce pays qui est de surcroît perçu, ainsi qu'il l'a voulu, au départ, comme un « bastion de l'Occident ».

– *T.K. :* Pendant la guerre du Kippour, la contre-offensive israélienne s'est arrêtée, à ma connaissance, volontairement, à 101 km du Caire. Imaginez-vous une seconde que si les troupes arabes avaient réussi une percée de cette nature et étaient arrivées à 101 km de Tel-Aviv ou de Jérusalem, elles se seraient arrêtées volontairement à ce moment-là ?

– *H.E. :* Vous me posez une question tout à fait artificielle. Mais on oublie facilement le plus important, peut-être, dans la question palestinienne. Les acteurs de l'*Intifada*, bien qu'étant actuellement les véritables vainqueurs, sont pourtant les plus réalistes. Ce sont eux qui réclament une solution politique avec Israël. En revanche, à tous les réfugiés palestiniens dans les pays voisins qui attendent depuis quarante ans, qui n'ont rien de plus que l'espoir de retourner un jour chez eux, comment peut-on expliquer que l'O.L.P. et les Arabes ont décidé d'accepter seulement une partie de la Palestine et que c'est seulement là qu'il leur faudra établir leur Etat? Il y a là un problème qui explique les hésitations arabes et palestiniennes. En ce qui concerne le pas fait pour comprendre le Juif, nous voyons des Palestiniens s'y essayer avec tant de conviction qu'on a l'impression qu'ils voudraient pouvoir se mettre à sa place pour rendre le dialogue possible avec lui. Le livre[1] d'Ibrahim Souss par exemple ne l'a

1. *Lettre à un ami juif,* éd. Seuil.

pas rendu très populaire dans les milieux radicaux palestiniens ou arabes. Et pourtant, quelle réponse juive a-t-il reçu ? Totalement négative[1]. Quand un officiel arabe fait un pas, il se trouve rarement quelqu'un pour aller à sa rencontre. Le sentiment d'insécurité est une manipulation d'Israël. Ni Sharon, ni Rabin, ni Shamir ne ressentent, eux, l'insécurité. Je peux admettre que le Juif moyen continue à se sentir fragile, mais ce n'est pas parce qu'il existe véritablement un état d'insécurité, c'est parce qu'on a travaillé ce sentiment pour pouvoir mieux l'exploiter. Autre point : cette insécurité, si elle était vraie, devrait justement pousser les responsables à trouver la seule solution qui y mettra fin. Qu'est-ce, en effet, qu'un pays qui vivrait éternellement dans la peur, qui passerait toute son histoire à préparer la prochaine guerre? L'idéal, n'est-ce pas, justement, d'œuvrer pour la paix?

– *T.K. :* Vous nous dites « l'insécurité d'Israël, c'est un mythe ». Mais si Israël ne s'était pas préparé à la guerre où en serait-il aujourd'hui ? Est-ce qu'Israël existerait encore ? Cela n'a pas empêché Israël de faire faire à son peuple des progrès dont les peuples environnants seraient très heureux s'ils s'étaient produits chez eux... N'oubliez pas que la Syrie et la Jordanie dans une certaine mesure, l'Egypte un peu moins, se sont tout de même armées d'une manière extraordinaire ; l'O.L.P. aussi, à une certaine époque, s'est armée d'une manière considérable. Les dirigeants israéliens manqueraient à leurs devoirs élémentaires s'ils n'essayaient pas de faire en sorte que leurs forces militaires soient capables de répondre à tout moment à une agression qui viendrait de l'autre côté ; il vous est tout de même difficile de me citer les trop nombreuses agressions israéliennes contre les pays arabes.

– *H.E. :* Elles sont quotidiennes.

– *T.K. :* Non, non... ce n'est pas vrai.

– *H.E. :* Elles sont quotidiennes. Tous ces raids contre un pays membre des Nations unies, indépendant...

– *T.K. :* Vous avez tout à fait raison de dire que le Liban est un pays membre des Nations unies. Mais il est difficile de parler d'un pays organisé, n'est-ce-pas. Peut-être qu'Israël a eu tort en 1982 de rester au Liban, et surtout d'aller à Beyrouth et d'y être resté un peu trop longtemps...

– *H.E. :* Vous êtes un des rares qui continuez à dire « peut-être ». Tout le monde est d'accord pour admettre qu'il n'aurait pas fallu envahir le Liban en 1982.

– *T.K. :* Je n'admets rien du tout, parce que je ne suis pas chargé de réécrire l'Histoire. Ils sont entrés au Liban. Je pense qu'ils ont eu

1. *Lettre d'un ami israélien à un ami palestinien,* d'Elie Barnavi, éd. Flammarion, 1988.

tort d'entrer à Beyrouth. J'en suis même intimement persuadé. Mais, enfin, il y avait une situation là-bas qui n'était pas celle d'un Etat indépendant, et c'était une situation un peu différente de celle que vous décrivez. Israël n'a pas envahi la Syrie, Israël n'a pas envahi l'Egypte, Israël n'a pas envahi la Jordanie. Si Israël était ce que vous décrivez, il y a longtemps que les Israéliens auraient pénétré dans ces pays pour anéantir les forces adverses et imposer leur force militaire. Israël a une conception de la force militaire qui est une conception défensive. Il est vrai que de par l'exiguïté de son territoire, cette conception consiste le plus possible, s'il y a une guerre, à faire que la guerre se déroule sur un autre territoire que le sien, parce que si la guerre devait se dérouler sur son territoire, il n'aurait vraisemblablement aucune chance de pouvoir la gagner. La géographie, cela existe. Il suffit d'aller en Israël et de prendre un hélicoptère pour se rendre compte de l'étroitesse de ce territoire et des terribles problèmes de défense qu'elle pose. C'est une forteresse assiégée. Quand une forteresse est assiégée, elle prend des mesures de défense. Elle est préoccupée par cette défense parce qu'à tout moment quelque chose peut intervenir. Pour elle, tout risque est un risque mortel. Si je vous ai posé la question tout à l'heure : « Est-ce que les armées arabes se seraient arrêtées à 100 km de Tel-Aviv ? », c'est parce que je sais très bien, et vous le savez aussi, qu'elles ne l'auraient pas fait. Israël est dans une situation géographique, militaire et politique telle que, pour lui, la moindre faiblesse entraîne la mort ; si vous ne reconnaissez pas cela, vous ne pouvez pas comprendre la situation israélo-arabe. Vous dites qu'il n'y a jamais eu de réponse. Tout de même, quand Sadate est venu à Jérusalem, il y a été répondu. Vous allez me dire : oui, mais c'était de la tactique de la part de M. Bégin, qui s'est dit je vais rendre le Sinaï pour conserver la Cisjordanie et Gaza...

– *H.E. :* Peut-être, ou pour éloigner l'Egypte du consensus arabe...

– *T.K. :* Peut-être, peut-être... mais il n'empêche que le jour où un dirigeant arabe est venu et a dit : « Je suis prêt à faire la paix », il a eu en face de lui des gens qui ont dit : « Nous allons faire la paix avec vous. » Voilà tout de même une réalité. Vous ne pouvez pas me citer un seul chef d'Etat arabe qui ait fait la même proposition à Israël. Peut-être que si la Syrie avait proposé à Israël de faire la paix, eh bien, Israël aurait fait la paix avec la Syrie. Il est très difficile de refaire l'Histoire et de continuer à parler constamment de ce qui aurait éventuellement pu se passer. Encore une fois, ce que, moi, je vous demande de faire, c'est de tenir compte d'une réalité qui saute aux yeux des gens qui vont sur le terrain. Les hommes politiques français qui sont allés en Israël ont tous été frappés par les données de la géographie. Lire une carte ne permet pas de comprendre le problème de la sécurité pour Israël, il faut aller sur place et, là, il vous saute dessus, et croyez-moi, on ne peut pas dépasser cela, c'est un problème fondamental. C'est pour cela que je crois à la nécessité d'un dialogue et de la paix avec les Palestiniens plus qu'avec les pays arabes voisins.

– *H.E. :* Les Arabes désirent la paix mais les Arabes veulent aussi des garanties. La situation du monde arabe n'est pas celle qu'en tracent les « revues à sensation ». Les pays arabes ne vivent pas tous dans l'opulence ni ne possèdent tous la manne inépuisable du pétrole. La Syrie est un pays aux moyens limités et qui vit depuis plus de quarante ans maintenant, lui aussi, entre l'attente d'une guerre et la réparation des dommages causés par la précédente. Aujourd'hui, les leaders palestiniens tentent une révision de toute leur politique depuis quarante ans. Ils veulent négocier pour un Etat palestinien sur les territoires occupés, dans le cadre d'une conférence internationale qui inclurait les pays de la région, et qui comprendrait évidemment les cinq pays membres permanents du Conseil de sécurité. Pourquoi ? Parce que les pays arabes veulent également une caution. Néanmoins, j'ai l'impression qu'il y a une dynamique de paix, au-delà même des choix arabe et israélien, qui évolue en raison, entre autres, des accords entre les deux Grands. Pourquoi ne pas profiter de cette dynamique pour changer aussi le discours officiel israélien, pour qu'il aille à la rencontre de ce nouveau discours palestinien ? Or, hélas, ce que vous avez fait vous-même pendant la présence de Yasser Arafat à Strasbourg claque la porte devant la paix et donne raison à tous les extrémistes de tous bords.

– *T.K. :* Je voudrais profiter de l'occasion pour expliquer la réaction de la communauté juive de France lors du voyage d'Arafat à Strasbourg. Cette réaction a été mal comprise. Il ne s'agissait pas du tout de s'opposer à un futur dialogue entre les Israéliens et les Palestiniens éventuellement même l'O.L.P. Nous avons tout d'abord réagi à l'initiative prise par les socialistes européens parce que nous avons trouvé qu'elle était prise à la légère et qu'il s'agissait d'une espèce d'initiative médiatique consistant à rechercher un faux équilibre. Les socialistes européens étaient en effet appelés à voter la ratification des accords économiques avec Israël. Ils voulaient donc faire un geste dans l'autre sens. Or le problème était trop sérieux pour qu'on le traite sur un coup de tête ou sur une initiative individuelle. Nous avons également réagi en fonction de la date. Il est tout de même difficile pour des gens qui allaient se trouver pendant les fêtes de Roch Hachana (Nouvel An juif) et de Kippour (le grand Pardon) dans des lieux fortement protégés, dans des synagogues entourées de barrières, et où il fallait montrer patte blanche par crainte d'un terroriste O.L.P., de voir qu'on recevrait le chef de l'O.L.P., qui a tout de même une part de responsabilité dans le terrorisme palestinien. Cela nous paraissait insultant. Avions-nous raison, avions-nous tort ? Il y avait là quelque chose qui n'était pas supportable. La moindre des choses, nous a-t-il semblé, aurait été de renvoyer ce rendez-vous après la réunion du Conseil national palestinien, de telle sorte que l'apparition de M. Arafat ne fût pas un simple acte de propagande mais un acte politique, couvert par la décision de son Conseil. C'est pourquoi nous avons réagi avec une certaine violence, je le reconnais, à l'initiative du président de la République d'envoyer le ministre français des Relations extérieures à Strasbourg. Le problème du futur dialogue entre Israéliens et Palestiniens est à ce point crucial qu'il faut le traiter avec le maximum de sérieux et sans créer des événements dont le caractère symbolique échappe peut-être aux Européens, mais certainement pas aux populations de cette région du monde. Dans l'entourage de M. Arafat, on a d'ailleurs fait remarquer que cela n'était pas tellement le contenu de la conversation avec M. Dumas qui était important mais l'acte lui-même qui revêtait une certaine importance symbolique. Il ne pouvait que retarder chez les Israéliens les réactions en faveur d'un dialogue avec les Palestiniens.

– *H.E. :* Vous avez parlé du terrorisme. Tout ce que j'ai à dire à ce sujet, je l'ai dit. Je ne vais pas débattre d'un sujet qui me semble relever de l'intimidation et de la propagande. Je reconnais parfaitement aux Juifs le droit, ici, en France, de réagir comme ils le veulent. Mais on a eu le sentiment d'un montage planifié pour intimider les autorités françaises, afin qu'elles ne donnent pas l'importance qu'elles voulaient accorder à la venue d'Arafat. Comment peut-on aujourd'hui continuer à parler de terrorisme palestinien alors que chaque jour des Palestiniens tombent sous les balles des fusils israéliens ?

– *T.K. :* Le maintien de l'ordre, c'est le maintien de l'ordre, dans tous les pays du monde, avec des résultats qui sont plus ou moins bons. Il y a une différence fondamentale entre une attaque contre une personne qui passe dans la rue, qui, par hasard, se trouve à un certain endroit au moment où une bombe éclate et quelqu'un qui affronte un service d'ordre. Dans ce deuxième cas, il y a tout de même quelque part un acte volontaire. Je ne prétends pas du tout que la réaction israélienne soit idéale. Mais ces jeunes Palestiniens qui tombent affrontent l'armée israélienne. Les gens qui sont tombés rue Marbeuf, rue Copernic, ou rue des Rosiers n'affrontaient personne. Ils n'étaient pas volontaires pour affronter qui que ce soit. Ils étaient là par hasard. Vous ne pouvez pas comparer des choses qui ne sont pas comparables.

– *H.E. :* Vous appelez terrorisme ce que vous avez envie d'appeler terrorisme. Nous connaissons parfaitement un des aspects de la propagande israélienne qui consiste à créer des mythes – là, le terrorisme – puis à faire admettre par l'opinion internationale que tout ce que font les Palestiniens, tout acte de résistance, qu'il soit légal ou illégal, qu'il soit dirigé contre des civils ou des militaires, soit classé «terroriste» et tout ce que fait Israël s'intitule «maintien de l'ordre», «représailles», «opération punitive» ou d'«autodéfense». On a suffisamment couvert ce sujet. Israël mène des raids quotidiens sur le Liban, sur des populations civiles. Quand on jette des bombes, on ne sait pas si c'est sur des civils ou sur des militaires qu'elles vont tomber. Des gens meurent quotidiennement au Liban. Il y a parmi eux des femmes et des enfants.

– *T.K.* : Ceux qui meurent au Liban depuis quelques mois, sinon quelques années, ne sont pas généralement tués par les Israéliens...

– *H.E.* : Pour moi, l'assassinat d'Abou Jihad relève du terrorisme d'Etat. La mort d'une soixantaine de personnes en Tunisie après le raid de 1984, cela fait partie du terrorisme de l'Etat israélien. En matière de terrorisme, les Israéliens n'ont de leçon à donner à personne. Alors, plus rapidement on dépassera cette mythification du terrorisme...

– *T.K.* : Les barrières autour des synagogues sont-elles un mythe ou une réalité ?

– *H.E.* : Arafat et l'O.L.P. sont autant les victimes de ce genre de terrorisme, qu'ils ont, avec les pays arabes, maintes fois dénoncé d'une manière solennelle et définitive. Cependant, plus l'O.L.P. renonce à ses actions de résistance en dehors des territoires occupés, plus elle se montre prête à des solutions négociées, plus Israël semble gêné parce que, cela détruit, de ce fait, tous les mythes qui ont servi à sa propagande pendant des années. J'ai la conviction que ni l'O.L.P., ni surtout le *Fatah* et Arafat, n'ont l'intention, du moins dans la phase actuelle d'attente d'une solution négociée, de poursuivre sur la voie de la résistance armée en dehors des territoires occupés. Ces choses ont été dites et sont évidentes. Le grand problème entre Juifs et Arabes, entre Israéliens et Palestiniens, c'est celui de la haine qui, surtout du côté israélien, a été montée et entretenue depuis tant d'années que je ne suis pas surpris de la retrouver, semblable en France, au moment même où vous parlez de paix.

– *T.K.* : Nous n'avons pas attaqué M. Arafat en tant que tel. Nous avons demandé à M. Arafat de condamner le terrorisme.

– *H.E.* : L'O.L.P. n'a pas besoin du terrorisme, aujourd'hui, pour exprimer l'existence du nationalisme palestinien. Il y a un mouvement de résistance qui s'appelle l'*Intifada* et l'O.L.P. n'a pas besoin d'aller mettre des bombes. Quant aux exemples que vous avez cités, vous savez parfaitement qu'ils n'ont rien à voir avec l'organisation palestinienne.

– *T.K. :* Pourquoi l'O.L.P. continue-t-elle à revendiquer des actes de terrorisme pur et simple comme à Haïfa il y a quelques semaines ? Je veux bien qu'on ne parle plus du terrorisme. Mais la question est de savoir si l'O.L.P. est capable justement de sortir de la violence pour entrer dans la politique. Voilà la question fondamentale. Si l'O.L.P était capable de sortir de la violence pour entrer dans la politique et si les Israéliens n'étaient pas capables, eux aussi, de sortir de la violence pour entrer dans la politique, je serais le premier à condamner leur attitude.

– *H.E. :* Certains actes de terrorisme ont été revendiqués par dix, quinze organisations à la fois. Je ne comprends pas que l'O.L.P. ait revendiqué cette action, dont elle n'est évidemment pas responsable, mais il y a de temps à autre des choses qui m'échappent.

– *T.K. :* Condamnez-vous le terrorisme ?

– *H.E. :* Absolument, je condamne toutes les actions violentes, et inutiles, contre des innocents.

– *T.K. :* Je vous en donne volontiers acte...

– *H.E. :* Je suis d'autant plus à l'aise pour les condamner que c'est également l'attitude officielle des pays arabes. J'ose les condamner non seulement pour des raisons morales mais également pour des raisons pratiques, stratégiques et politiques, car je ne vois vraiment pas du tout ce que l'on peut gagner à ce genre de méthode. Donc, nous sommes sur cela parfaitement d'accord. Mais je souhaite aussi que vous-même condamniez le terrorisme perpétré par l'Etat israélien dans des pays membres des Nations unies qui n'ont pas de problèmes immédiats et directs avec lui.

– *T.K. :* Je pense que ces pays ont peut-être eu tort d'accueillir l'O.L.P. Etes-vous intimement persuadé que l'O.L.P. est capable de sortir de la violence et d'adopter une attitude politique ? Est-ce votre conviction ?

– *H.E. :* C'est mon intime conviction. La plupart des leaders de l'O.L.P., les plus actifs et les plus importants parmi les décideurs, ont définitivement choisi, dans la mesure évidemment où elle conduit à quelque chose, la voie de la solution politique au problème palestinien.

– *T.K. :* Que Dieu vous entende, puisque au fond nous sommes l'un et l'autre d'accord sur son existence...

– *J.-P.L. :* Et la Charte nationale palestinienne ? Peut-elle être modifiée ? Ou mourra-t-elle de sa « belle mort » ?

– *H.E. :* Abou Iyad a dit, ici même à la télévision française, que la Charte n'était pas le Coran, qu'il ne s'agissait pas d'un texte sacré, que depuis qu'elle a été écrite il y a eu une évolution importante. J'ai la conviction que lorsque les Palestiniens se seront réunis pour prendre les décisions politiques définitives, on avancera dans ce domaine, mais j'ai bien peur que cela fasse très mal aux Israéliens. Cependant, je ne pense pas du tout qu'il faille continuer à s'accrocher à ces textes qui ont été écrits à un moment précis de l'évolution politique de l'O.L.P. Tout cela peut changer, encore faut-il que ce soit dans le cadre d'une évolution parallèle de la politique israélienne à l'endroit du problème palestinien. Je parle notamment de la conférence internationale. Il sera demandé également aux Israéliens d'offrir les garanties de reconnaissance qui permettraient de déclencher la négociation.

– *T.K. :* Je voudrais dire deux choses. D'abord, on n'a pas attendu le terrorisme pour parler des Palestiniens. Clara Halter, en 1968 ou 1969, a publié un livre qui s'appelait *Les Palestiniens du silence* après qu'elle et son mari Marek Halter – qui est un être extraordinairement ouvert à l'égard des Palestiniens – furent allés longuement au Liban. Ils ont provoqué le premier dialogue entre une Egyptienne et un Israélien. Il ne faut pas dire que du côté d'Israël on a méconnu l'existence des Palestiniens. Ensuite, à propos de la Charte, il y a parmi les Palestiniens ceux qui disent : « Nous sommes en faveur d'une solution par étapes, nous sommes prêts à accepter un mini-Etat palestinien, mais nous n'abandonnons pas l'idée d'un Etat palestinien qui couvre la totalité de la Palestine. » Considérez-vous qu'une thèse de ce genre favorise aujourd'hui la possibilité de pourparlers entre Israéliens et Palestiniens ? Pensez-vous que lors du prochain conseil national palestinien qui aura lieu entre le moment où nous parlons et le moment où ce livre sortira, cette solution par étapes, qui conduit à la destruction d'Israël, sera, elle aussi, abandonnée ?

– *H.E. :* Dans le discours officiel palestinien, on n'entend plus du tout parler de cela, on entend plutôt dire qu'il y a aujourd'hui des Israéliens qui existent, qui sont nés sur cette terre et que personne ne songe à les jeter à la mer. Evitons de parler des extrémistes d'un côté comme de l'autre parce qu'alors je m'arrêterai, moi, aux points de vue du Goush Emounim, du parti Tehiya, ou du parti Kach, qui se proposent d'expulser tous les Palestiniens. Je ne le fais pas, car il s'agit là d'extrémistes auxquels malheureusement on a accordé trop d'importance, et à qui on a permis de s'incruster dans les territoires de telle sorte qu'il deviendra beaucoup plus difficile, le jour où on négociera la paix, de trouver une solution avec eux. J'ai la conviction que les décideurs palestiniens reconnaissent la réalité israélienne. Quant Yasser Arafat dit : *« Je voudrais discuter avec un Israélien, quel qu'il soit et n'importe où »*, il s'agit bien là d'une reconnaissance de la réalité israélienne. Vous voudriez qu'il dise : *« Je reconnais*

Israël et ça m'est égal s'il ne nous reconnaît pas. » Non, il faut tout de même être sérieux.

– *J.-P.L. :* L'O.L.P. est-elle prête à abandonner la revendication historique, tout de même fondamentale, du droit au retour des réfugiés ?

– *H.E. :* Il est difficile moralement de répondre à la place d'un Palestinien. Il y a un processus de récupération de la leçon israélienne. Abou Iyad écrivait dans *El Qabas*, il y a quelques jours : « Nous voulons sur les territoires occupés un Etat qui, comme Israël l'est pour les Juifs, sera l'Etat de tous les Palestiniens où qu'ils soient. Il faut que tous les Palestiniens, comme les Juifs ressentent leur attachement à Israël, se sentent également attachés à cette partie de la Palestine qui sera l'Etat palestinien et qu'ils sachent, où qu'ils soient, que cette patrie est la leur et que quand ils le voudront, ils pourront y revenir. » Il n'est évidemment pas question pour lui de ramener tous les Palestiniens qui vivaient sur toute la terre de Palestine dans cette petite partie de la Palestine. Mais il a voulu dire que chaque Palestinien qui depuis quarante ans vit ailleurs, avec la nostalgie de son pays, doit sentir qu'il y a une terre qui lui appartient et qui s'appelle la Palestine. Dans les paroles d'Abou Iyad, il y a non seulement une évolution absolument bouleversante, parce que je sens le drame qu'il vit en les prononçant, mais il y a aussi un symbole, un symbole porteur de paix. Qu'il se soit référé, lui, aux Juifs et à Israël pour parler des Palestiniens et de leur futur Etat, voilà qui devrait plaire à Théo Klein et voilà qui, pour moi, est difficile à accepter. Mais si le Palestinien l'admet, j'ai dit et je le répète, seul le Palestinien peut faire des concessions. Moi, de loin, je ne peux que souscrire à la décision palestinienne.

– *J.-P.L. :* Le droit au retour pour les Palestiniens est nié depuis quarante ans par Israël.

– *T.K. :* Il est nié en grande partie, c'est vrai. Les Israéliens ont considéré qu'ils avaient eux-mêmes accepté et assimilé à l'intérieur de l'Etat d'Israël énormément de Juifs qui vivaient dans les pays arabes. Le chiffre des Juifs venus des pays arabes est à peu près équivalent à celui des Arabes ayant quitté le territoire de la Palestine, il y en avait même peut-être un peu plus...

– *J.-P.L. :* Plus, en effet. 840 000 Juifs contre 600 000 Arabes.

– *T.K. :* Les Israéliens considèrent qu'il faut tenir compte de cela. Ils ont par ailleurs offert, à de nombreuses reprises, d'indemniser ceux qui ne pourraient pas retourner dans les territoires. A une certaine époque, après 1967, les Israéliens ont essayé de réinstaller dans les territoires des réfugiés, notamment de Gaza... en essayant de leur donner des terres et des moyens d'existence. Chaque fois qu'ils ont fait cela, il y a eu des protestations énergiques de la part des pays arabes, et des votes difficilement compréhensibles sur le plan moral de la part de beaucoup de pays, y compris la France, considérant qu'il y avait là une infraction aux fameuses conventions de Genève. Alors, il faut tout de même savoir ce que l'on veut. Les Israéliens sont parfaitement conscients de l'importance du problème des réfugiés. Les Arabes sont tout de même le seul peuple de la terre qui ait refusé pendant quarante ans d'assimiler une population sœur sur le territoire où elle pouvait être assimilée. Une partie des Palestiniens, partis de Jaffa, de Haïfa ou de la zone occupée par Israël pendant la guerre de 1948, ont été maintenus dans des camps dans les territoires. Pendant les dix-neuf ans où les Jordaniens ont occupé les territoires, ils n'ont rien fait pour les réfugiés palestiniens. Dans une lettre ancienne du cardinal Tisserant, celui-ci écrit que « les Arabes ont décidé de faire des réfugiés palestiniens une arme politique ». Dans un certain sens, et de ce point de vue, ils ont réussi, mais du point de vue humain, je ne suis pas sûr que ce soit une très belle réussite. Alors, c'est vrai, les réfugiés devant un jour être réinstallés, retrouver une existence normale. Les Israéliens seront les premiers à aider à trouver cette solution, mais ils n'accepteront certainement pas de recréer à l'intérieur d'Israël un déséquilibre démographique important en réintégrant ces populations qui, pendant quatre décennies, ont suivi un enseignement de haine à l'égard d'Israël. Dans les livres de classe que l'on donnait aux enfants dans les camps arabes, la haine a été inculquée d'une manière atroce. Comment considérez-vous le territoire de la Jordanie ? Ne croyez-vous pas que, quelque part, la Jordanie fait aussi partie de la solution du problème palestinien, et qu'il faudra bien que la Jordanie accepte d'entrer dans le dialogue ?

– *H.E. :* Israël est très mal placé pour invoquer des raisons humanitaires.

– *T.K. :* Ecoutez, on ne peut pas réécrire l'Histoire...

– *H.E. :* Nous connaissons parfaitement la « solution arabe » au problème des réfugiés. A certains moments, les Israéliens veulent que les Palestiniens soient des Arabes, que les Arabes prennent en charge d'autres Arabes, et à d'autres moments, quand ça les arrange, ils disent qu'il n'y a pas de nation arabe, pas d'unité arabe, ni de peuple arabe. Il y a une évolution importante à prendre en considération. Autant le problème palestinien reste la cause centrale, pour tous les Arabes, autant il y a depuis quelques années une indépendance de la décision palestinienne. On ne peut plus dire : « Les Arabes de Palestine, ou les Arabes des territoires. » Certes, il s'agit d'une nation palestinienne à l'intérieur de la nation arabe, mais cela ne change rien à son désir d'indépendance, de dignité. La dignité, le peuple palestinien pense, à juste titre, qu'il ne pourra l'obtenir que lorsqu'il possédera, comme les autres peuples arabes, un Etat où il pourra s'autodéterminer et jouir de sa souveraineté. Tout discours sur les solutions parallèles est dépassée. Même la propagande israélienne ne parle plus de « réfugiés ». On fait tout, par exemple, pour que les réfugiés palestiniens au Liban soient assimilés. S'ils avaient voulu l'être, ils l'auraient été depuis très longtemps. Or ils ne le sont pas. Après quarante ans, ils sont toujours des Palestiniens au Liban. Quant à l'option jordanienne, elle est refusée par les Palestiniens et par les Jordaniens. Quand, un jour, il y aura un Etat palestinien, et que pour des raisons de complémentarité, parce qu'il y a des Palestiniens d'un côté et de l'autre du Jourdain, cet Etat veuille souverainement décider d'entrer dans une confédération avec la Jordanie souveraine ou même avec d'autres pays, c'est une autre question. Mais, actuellement, il s'agit de trouver une solution au problème palestinien. Si on veut vraiment trouver une solution, c'est avec les Palestiniens qu'il faut la chercher et dans un cadre arabe et international, c'est ainsi que l'on discute et c'est ainsi que l'on transcende tous les obstacles maintenus artificiellement.

– *J.-P.L. :* La conférence internationale offre-t-elle à votre avis, Théo Klein, une solution réaliste ?

– *T.K. :* Il n'y a pas à l'heure actuelle de leaders politiques israéliens qui soient en faveur d'une conférence internationale ayant un pouvoir de décision. M. Pérès souhaite une conférence internationale à condition que celle-ci débouche sur des pourparlers directs. Le Likoud, lui, s'oppose à la conférence pour deux raisons : la première, c'est que dans cette conférence il y aurait de nombreux pays arabes et un seul Israël, ainsi que les cinq grandes puissances dont Israël n'est absolument pas assuré qu'elles soient particulièrement en sa faveur, sauf peut-être les Etats-Unis. Je reconnais volontiers que de la part de ce parti politique, il y a une autre motivation : son désir d'annexer, à terme, les territoires en question. Je reconnais volontiers, et c'est un point de vue personnel que j'exprime, qu'à partir du moment où il s'agirait d'annexer ces territoires, il serait difficile d'entamer une négociation sérieuse. Mais je constate que, même dans ce parti, situé à la droite du Parlement israélien, il y a des voix divergentes. J'ai cité déjà M. Ariel Sharon. Dans un débat contradictoire, il a déclaré qu'il était contre l'annexion et que, pour lui, les territoires ne posaient de problèmes qu'en matière de sécurité. La raison pour laquelle M. Sharon considère qu'une présence militaire israélienne dans les territoires est nécessaire est liée au fait que la mobilisation de l'armée – une armée de civils – prend 48 heures au minimum, et qu'en 48 heures des troupes même moyennement aguerries peuvent fortement pénétrer dans le territoire qu'elles veulent conquérir. Donc, à son avis, la défense d'Israël passe par la présence sur le Jourdain d'éléments militaires tels qu'ils pourraient stopper l'avance d'un ennemi pendant le temps nécessaire à la mobilisation de l'armée israélienne. Il ne croit pas, lui, aux moyens de défense et d'alerte préconisés par d'autres généraux parce que, dit-il, finalement, c'est toujours une infanterie ou une force de chars qui peuvent occuper le territoire, ce ne sont pas des missiles. Les missiles peuvent faire des dégâts, retarder une avance, mais ils ne défendent pas le territoire lui-même. Donc, le problème des territoires est, dans l'esprit d'un certain nombre de gens, lié au problème de la sécurité. Pourtant, de plus en plus de responsables israéliens considèrent que, par exemple, une démilitarisation des territoires permettrait quelques apaisements, quoique insuffisants, car si on peut démilitariser les territoires eux-mêmes, on ne peut pas démilitariser les forces qui sont de l'autre côté du Jourdain. C'est un problème technique. À partir du moment où une volonté de paix se manifestera de part et d'autre, et je veux bien croire qu'elle se manifestera du côté arabe et du côté palestinien, les problèmes techniques et militaires pourront trouver, eux aussi, une solution. Il ne s'agit pas d'un problème de souveraineté, il s'agit d'un problème de présence militaire. Il y a encore une présence militaire américaine en Allemagne, il y a des troupes françaises en Allemagne, l'Allemagne n'en est pas moins indépendante pour autant et parfaitement maîtresse de sa destinée. Donc, dans le cadre de pourparlers, ces problèmes de sécurité pourront être réglés. Les Israéliens n'ont pas l'impression que cette question de la sécurité puisse être réglée par des forces étrangères, envoyées par l'O.N.U. ou par certaines puissances. Après tout, en 1967, Israël a eu la preuve que des forces étrangères pouvaient être retirées par l'O.N.U. sans qu'Israël ait son mot à dire. La guerre de 67 a même été engagée en grande partie pour ce motif-là, parce que les grandes puissances, qui avaient donné des garanties à Israël, ne les ont pas respectées. Moi, j'ai une opinion que j'émets avec d'autant plus de facilité que je n'ai pas de responsabilité. Je crois à la nécessité, non pas de revenir aux accords Fayçal-Weizmann, car ils sont dépassés, mais à l'esprit de ces accords. Or l'esprit de ces accords voulait que, face aux grandes puissances, il y eût un intérêt majeur pour le nationalisme – arabe à l'époque, et non palestinien – et le nationalisme juif, de s'entendre préalablement, de régler eux-mêmes leurs problèmes, et ensuite de faire garantir leur accord par les grandes puissances. Je ne crois pas du tout à la vertu d'une conférence internationale tant qu'il n'y aura pas l'ébauche très sérieuse d'un accord entre les Israéliens et les Palestiniens. Pour toutes sortes de raisons, et notamment parce que ni les Palestiniens ni les Israéliens n'ont de véritables amis. Ce sont deux peuples qui, finalement, sont faits pour s'entendre. Vous avez cité tout à l'heure une phrase d'Abou Iyad où il exprimait une espèce de supériorité des Palestiniens par rapport à d'autres populations arabes. Dans une certaine mesure, cette supériorité provient aussi – mais dans une certaine mesure seulement – de la coexistence entre les Israéliens et les Palestiniens. Tous les efforts doivent être faits pour que ces deux peuples essaient de s'asseoir l'un en face de l'autre et de déterminer eux-mêmes leur avenir. Ensuite, ils pourront aller ensemble à une conférence internationale avec les Syriens, les Jordaniens, les Egyptiens, les Français, les Anglais, les Russes, les Chinois et les Américains. Mais s'ils vont à une conférence internationale sans avoir fait eux-mêmes l'effort de s'entendre, les résultats ne seront bons ni pour les uns, ni pour les autres. J'ai eu l'occasion de rencontrer M. Pérès lors de son dernier séjour à Paris. Il disait en substance : « Nous irons aux élections en demandant au peuple israélien de nous donner le pouvoir de négocier sans nous enfermer dans des formules préétablies et tous les moyens pour parvenir à la paix. » Je suis d'accord avec vous que le gouvernement israélien doit également prendre des risques politiques, et que la prise de risques politiques n'affaiblit pas forcément la force militaire. La force militaire reste ce qu'elle est. Peut-être Israël n'a-t-il pas pris suffisamment de risques politiques. Peut-être que, trop souvent, Israël s'est laissé pousser de l'extérieur, par les Américains ou par d'autres, vers des solutions. Alors qu'aujourd'hui, ce que l'*Intifada* nous enseigne, c'est qu'il y a une possibilité d'arriver à un accord avec des Palestiniens. Est-ce l'O.L.P. ? Est-ce que ce n'est pas l'O.L.P. ? Je n'ai pas de réponse à cette question, peut-être que nous en aurons une après le Conseil national palestinien. Je souhaite ardemment que les Israéliens, au lendemain de leurs élections, trouvent le courage politique d'essayer de s'entendre directement avec les Palestiniens. Je ne vois pas d'autre issue. Je comprends la crainte des Israéliens de s'engager dans un processus international où ils seront seuls. C'est peut-être un problème psychologique mais on ne peut pas le contourner. Face aux Palestiniens, les Israéliens sont à égalité. Ils sont un peuple uni, face à un autre peuple qui a appris de son histoire récente qu'il était aussi solitaire. Les Palestiniens ont toujours été soutenus verbalement par les pays arabes, mais généralement pas dans la réalité. Quand il y a eu des événements dramatiques pour les Palestiniens, les pays arabes se contentaient de déclarations. Je dis à ces deux peuples solitaires : il faut que vous essayiez de vous entendre. La seule solution qui vous permettra de vivre ensemble, côte à côte, c'est de commencer par vous entendre directement, et si vous arrivez à vous entendre directement, les autres vous respecteront et ratifieront vraisemblablement les accords que vous aurez pris. Vous avez dit tout à l'heure : les Palestiniens veulent avoir un Etat, que c'est pour eux une question de dignité. Eh bien, pour les Israéliens, avoir leur Etat, c'est aussi une question de dignité, qui est dramatiquement éclairée par l'Histoire. Peut-être qu'un jour il y aura une confédération, il y aura des accords... tout ça est peut-être envisageable, mais je ne crois pas que ce soit la solution dans l'immédiat...

– *H.E. :* Non.

– *T.K. :* La solution, c'est l'entente entre ces deux peuples.

– *H.E. :* Je suis bien content de vous l'entendre dire. Que puis-je ajouter à ce que vous avez dit que je n'aie déjà dit ou écrit ?

– *T.K. :* Que vous êtes d'accord...

– *H.E. :* A propos de la conférence internationale, le leadership palestinien est beaucoup plus prêt à la négociation que les dirigeants d'Israël. Je ne vois pas actuellement en Israël quelqu'un capable de faire le pas qu'on attend en réponse aux ouvertures qui ont été faites par les Palestiniens et par les Arabes. Je n'accepte pas votre explication selon laquelle Israël est seul au milieu des cinq puissances, car Israël y compte beaucoup plus d'amis que les Arabes, et parmi ces cinq pays, membres permanents du Conseil de sécurité, quatre étaient à l'origine de l'acte de naissance d'Israël. L'Union soviétique ne cesse de répéter qu'elle ne met pas en doute la légitimité de l'Etat d'Israël. Les Etats-Unis, nous connaissons tous leur position à l'égard d'Israël, laquelle fait très peur aux Arabes, et même à certains Israéliens qui pensent que les Etats-Unis poussent parfois Israël vers une politique qui n'est pas du tout dans son intérêt, parce que l'intérêt des Etats-Unis passe pour les Américains avant l'intérêt d'Israël... Il y a la France qui est une grande amie d'Israël, ce qui d'ailleurs est utile, à mon avis. Je ne cesse de dire qu'aujourd'hui la France peut jouer un rôle important parce qu'elle jouit d'un capital affectif dans le monde arabe et qu'elle a la confiance et l'amitié des Israéliens. Donc, la situation actuelle correspond plutôt à une ouverture du côté arabe et à un refus du dialogue du côté israélien. Quant à la conférence internationale, pour les Arabes, la présence des grandes puissances est la garantie que les négociations aboutiront à des résolutions, et que ces résolutions seront exécutées par la partie israélienne. Le refus de la conférence internationale est un refus de la paix, je le crois sincèrement, je ne vois pas du tout pourquoi quelqu'un qui veut négocier un des problèmes les plus difficiles avec une des charges tragiques les plus fortes de ce siècle refuserait la présence de témoins et de garants. Mais la négociation, nécessairement, doit se faire entre les parties directement concernées. Si les Israéliens traitent avec l'O.L.P. ou avec les Palestiniens sans la présence des autres Arabes, nous allons nous retrouver dans la même situation que celle de Camp David. Cela ne se refera pas, dans l'intérêt de la paix et de la région, parce qu'il n'est plus question de négocier tantôt avec ceux-ci, tantôt avec d'autres. Il y a une question globale, dont le cœur est le problème palestinien, on ne peut régler l'un sans régler tous les autres. Les gens au pouvoir actuellement en Israël ne sont pas prêts pour une solution.

– *T.K. :* C'est une affirmation... l'Histoire nous prouvera si elle est exacte ou fausse...

– *H.E. :* Oui, mais le discours est là...

– *T.K. :* En tout cas, je n'ai pas de réponse à cela. Je suis étonné par un certain nombre de choses. Vous me dites : « Tous les Arabes doivent négocier ensemble, ils sont tous d'accord... » Considérez-vous sérieusement que la Syrie est d'accord avec les Palestiniens ? Qu'il est possible aujourd'hui de dégager une solution commune à la Syrie et aux Palestiniens ? Ne pensez-vous pas que la Syrie qui, de tout temps, a eu une revendication très précise, celle de la Grande Syrie, et qui considère la Palestine comme constituant la Syrie du sud, mettra tous les bâtons dans les roues pour ne pas permettre un accord entre Palestiniens et Israéliens ? La Syrie a ses propres intérêts, défendus avec beaucoup de talent par M. Assad, mais ce ne sont pas les mêmes intérêts que ceux des Palestiniens. Le roi Hussein n'a pas forcément les mêmes intérêts que les Palestiniens parce qu'il a un problème avec eux à cause de la forte population palestinienne dans son propre royaume.

Je ne suis pas contre la conférence internationale. Il faut déboucher sur quelque chose, mais si on le veut, il faut d'abord que Palestiniens et Israéliens arrivent à se mettre d'accord sur leurs intérêts communs. Ne pensez-vous pas que si Palestiniens et Israéliens arrivaient à se mettre d'accord, on aurait fait un fantastique pas en avant ? Les Israéliens ont besoin des Palestiniens pour survivre dans cette partie du monde et les Palestiniens ont absolument besoin des Israéliens pour survivre en tant que nation palestinienne dans cette partie du monde. Alors que je ne crois pas que la plupart des pays arabes voisins soient réellement en faveur d'une nation palestinienne indépendante. Voilà, le fond de ma pensée ; alors, vous dites : les témoins, les grandes puissances sont des témoins...

– *H.E. :* Et des garants...

– *T.K. :* Oui. Oh ! vous savez, ce sont d'abord des témoins intéressés. Si les accords Fayçal-Weizmann ont explosé, c'est parce que la France avait certains intérêts dans la région et l'Angleterre aussi. La Russie soviétique n'est pas, non plus, une nation naïve ayant pour seul intérêt le bien des populations... Et l'Amérique non plus. Donc, ce sont des témoins, je veux bien. Ce sont des garants possibles, avec tout ce que ça peut comporter d'ailleurs comme difficultés. L'U.R.S.S. a été le premier pays à reconnaître Israël, mais elle a rompu avec lui en 1967 ses relations diplomatiques. La France, dites-vous, est une grande amie d'Israël. Je ne mets pas en doute la sincérité des sentiments, notamment, ceux du président de la République française à l'égard d'Israël. Mais avant que la France reconnaisse l'Etat d'Israël en 1948, il a fallu de nombreux mois. Et la politique de la France n'a pas été particulièrement favorable à Israël à des moments qui étaient très importants pour la survie de cet Etat. On n'a pas fait jouer en 1967 les garanties données par l'Occident à Israël dix ans plus tôt. On peut compter sur les grandes puissances pour accompagner, pour appuyer à un certain moment... Justement s'il y a cette entente ente Palestiniens et Israéliens. Mais dire que leurs garanties seront valables à travers l'Histoire et à travers le temps, ce serait un leurre à la fois pour les Palestiniens et pour les Israéliens. Le nœud du problème, c'est l'entente entre Israéliens et Palestiniens. Il n'y a vraiment pas d'autre solution. Et je ne pourrais que me répéter.

– *H.E. :* Sur ce dernier point, nous ne sommes pas très loin l'un de l'autre. Mais il faut rappeler quelques repères. Il y a aujourd'hui une cause palestinienne qui, tout en gardant des liens avec la cause arabe, doit être souveraine. Je ne suis pas d'accord avec vous sur votre analyse de la Grande Syrie. Je pense que la Syrie est un pays qui a donné énormément à la cause arabe d'une manière générale, qui a énormément souffert, dont la population vit en état de guerre depuis quarante ans, et qu'elle ne rêve que d'une chose : connaître une paix qui lui permettra de songer à l'avenir de la prochaine génération, les deux générations précédentes ayant été presque entièrement vouées aux efforts de guerre. Comme Israël, dans une certaine mesure. C'est pour cela qu'il faut réfléchir au XXIe siècle. Tous ces Etats doivent comprendre avec réalisme que plus on fait la guerre, plus la nécessité de continuer à faire la guerre s'imposera. Plus on achètera d'armes, plus on en fabriquera, plus il faudra un jour ou l'autre les amortir, les justifier. Par conséquent, il faut arrêter cette guerre comme on a arrêté, grâce aux efforts des Nations unies, la guerre du Golfe, afin que la région commence à songer à son développement. Il ne peut pas y avoir de vainqueur, quelle que soit la puissance de chacune des parties en présence, ni de vaincu, ou plutôt si, il y aura un vaincu, ce sont les peuples de la région. Cette évidence, je le crois maintenant, est ressentie par tous. Simplement, on ne peut pas exclure d'une négociation les pays directement éprouvés par la situation actuelle. C'est pour cela que, autant je suis d'accord avec vous pour que le moteur de cette dynamique de la paix soit les Palestiniens, autant il faut prendre en compte les problèmes qui se posent aux autres pays. J'ai la conviction que tous les pays arabes veulent d'un Etat palestinien pour des raisons palestiniennes, pour des raisons de morale et de justice, mais aussi parce que, lorsqu'il y aura un Etat palestinien, cela déchargera la plupart des pays voisins d'un poids immense qui pèse sur leur évolution et leur développement depuis plus de quarante ans. A mon avis, la grande majorité du monde arabe veut la paix. Je suis surpris par le courage et le réalisme de l'O.L.P., par le courage de ce qui est en train de se dire et qui souvent ne va pas dans le sens de ce que veut la base palestinienne au Liban ou en Jordanie, ni parfois dans les territoires occupés, et qui choque même d'autres Arabes. Je pense que c'est le moment d'en profiter. Encore une fois, je vous le dis, les Palestiniens attendent un signe qui, jusqu'ici, ne vient pas. Ce signe, le monde entier l'attend...

– *T.K. :* Vous vous dites persuadé que les Palestiniens vont vers la solution politique et vous vous réjouissez d'un certain nombre de déclarations que vous avez mentionnées qui allaient peut-être un peu à l'encontre d'une certaine opinion publique mais qui faisaient la preuve d'un certain courage de la part des dirigeants palestiniens. Alors, de même que M. Arafat a eu la délicatesse de nous dire « Shana Tova » (« Bonne Année » en hébreu) depuis Strasbourg, je voudrais vous dire *Inchallah,* pour ce qui concerne la prochaine décision du Conseil national palestinien...

Paris,
octobre-novembre 1988.

ANNEXES
AU TEXTE DE HAMADI ESSID

I

Notes bibliographiques

Les livres qui traitent de la question du Moyen-Orient, du conflit arabo-israélien et de la Palestine offrent généralement une bibliographie assez complète qui, de l'histoire de la région à celle du conflit et de ses développements, répond aux besoins du chercheur pour peu qu'il tienne compte de la pluri-dimensionnalité d'un sujet qui, souvent, est traité aussi d'une manière indirecte sous les rubriques les plus diverses : nationalisme, judaïsme, pétrole, terrorisme etc. Je me contenterai donc de donner quelques indications sur les ouvrages ou les auteurs que j'ai consultés.

L'édition française est malheureusement moins fournie que l'anglo-américaine sur la question, ce qui explique que la plupart des ouvrages que je cite sont en anglais, car si certains ont eu une traduction française, elle fut tardive, de telle sorte que je n'ai pas toujours cherché à m'y référer.

Evidemment, les sources les plus importantes pour le chercheur sont les plus directes : palestiniennes ou israéliennes. Pour ma part, j'ai surtout eu recours, comme on aura pu le constater, aux écrits juifs, israéliens ou pas, mais plus souvent sionistes qu'émanant du courant juif antisioniste pourtant prolifique. Je l'ai fait, non pas par un parti-pris formel qui ne serait qu'un artifice de débatteur, mais par souci d'objectivité et d'équité. On peut, en effet, à travers les ouvrages d'auteurs juifs, y compris sionistes et israéliens, reconstituer les sources et les développements du problème palestinien de manière relativement objective, parfois même remarquablement équitable pour les victimes palestiniennes. C'est une justice à rendre à ces auteurs et je me propose de le faire bientôt dans un livre que j'ai entrepris et qui s'intitule provisoirement : « Les Palestiniens devant la conscience juive ».

La lecture des mémoires, journaux et biographies de ceux qui ont participé à la création d'Israël est évidemment riche en informations et particulièrement révélatrice. Ces ouvrages sont souvent peu connus du public occidental, tant celui-ci est confortablement installé dans la mythologie officielle d'Israël. Quant aux courants religieux antisionistes, comme les *Naturei Karta* par exemple, fort actifs aux Etats-Unis, ils sont souvent peu connus en Europe y compris dans les milieux juifs proches d'Israël.

Cependant, rien n'est plus précieux pour suivre le conflit que la lecture de la presse israélienne. On y trouve souvent une relation critique des événements, un ton plus juste que celui, frileux et circonspect, de la presse occidentale en général. Plusieurs revues et journaux israéliens sont publiés en anglais, tel le *Jerusalem Post.* La *Revue d'Etudes Palestiniennes,* trimestrielle, publiée à Paris aux éditions de Minuit, propose un important choix d'articles traduits en français. *Eurabia*, le bulletin d'information du Comité de coordination des Associations d'amitié avec le Monde arabe, présente également, deux fois par mois, des traductions d'articles de la presse israélienne et palestinienne ainsi que des commentaires et des documents. Dans la presse arabe *Al Malaf*, qui paraît à Chypre, offre tous les mois, en arabe, une somme considérable de traductions de références, opinions, études, déclarations, etc. sur Israël et le mouvement sioniste. Le professeur Israel Shahak publie un compte rendu de la presse israélienne, *The Shahak Papers,* ainsi que des études et des rapports exceptionnellement courageux, indispensables à la connaissance de la politique arabe d'Israël et la situation des Palestiniens en Israël et dans les territoires occupés.

En France l'*International Herald Tribune*, qui reprend des articles de grands quotidiens américains, est une source précieuse d'informations et de commentaires. *Le Monde Diplomatique* publie régulièrement des contributions juives et arabes de grande tenue, ainsi que le *Nouvel Observateur.* Les périodiques juifs sont toujours une lecture intéressante ; j'ai cité plus d'une fois le *Washington Jewish Weekly,* le périodique juif américain *Moment* et, en France, *Tribune Juive.* En France toujours, paraît un périodique en anglais *I&P, Israel and Palestine Report* dirigé par Maxim Ghilan, un des plus persévérants et des plus courageux parmi les représentants du courant pacifiste juif. J'ai également cité le bulletin des amitiés franco-palestiniennes, *Pour la Palestine*, que publie Claude Bourdet qui écrit également dans *Témoignage Chrétien,* hebdomadaire qui met autant de persévérance à informer depuis quarante ans sur la question palestinienne qu'il en mit à propos du sort des Juifs pendant la guerre. En Angleterre, le mensuel *Middle East International,* publié par Lord Mayhew, fait toujours appel à d'éminents spécialistes anglais, arabes et israéliens pour ses articles et études. De même qu'à Jérusalem le quotidien palestinien de Hanna Saniora *Al Fajr* et aux Etats-Unis, *Foreign Affairs.*

Parmi les grands « dossiers » sur la question, il faut compter le numéro spécial des *Temps modernes : Le conflit israélo-arabe* (1967), dont la préparation est racontée dans ses détails révélateurs par I.F. Stone dans *The Israel-Arab Reader* cité plus loin et le *Rapport,* indispensable pour connaître l'évolution de la situation dans les territoires occupés publié par l'historien Meron Benvenisti, directeur du *West Bank Data Project.*

Par ailleurs, diverses associations établissent des dossiers fort bien documentés : le Comité de Coordination des ONG, les ONG palestiniennes qui ont un mensuel en anglais : *Jerusalem,* le Comité International Permanent des Juristes sur la Palestine, l'Association médicale franco-palestinienne, le Centre International d'information sur les prisonniers, déportés et disparus palestiniens et libanais, Amnesty International, etc.

Les différentes sections des Nations unies ont, sur des aspects particuliers du conflit, publié un certain nombre de documents : *« L'acquisition des terres en Palestine » ; « Les colonies israéliennes... leur nature et leur objectif » ;* les annexes aux rapports annuels du Directeur général du Bureau International du Travail sur les travailleurs dans les territoires occupés. Plus généralement en ce qui concerne les publications des organisations internationales, l'*Institut d'Études Palestiniennes* de Beyrouth (saccagé par l'armée israélienne lors de l'invasion de 1982), source essentielle d'information et de documentation, reprend en un recueil annuel tous les documents relatifs à la question palestinienne.

Parmi les ouvrages publiés par cet Institut, *From Haven to Conquest* de Walid Khalidi est une introduction indispensable à l'intelligence de la question palestinienne, des débuts du sionisme politique à la création d'Israël (Institute of Palestine Studies, Beyrouth, 1971). Un autre ouvrage essentiel est *Transformation of Palestine* de Ibrahim Abu-Lughod (Northwestern University Press, 1971). L'IPS a également publié en 1970, de Hisham Sharabi, une analyse des mouvements fedaïne *Palestine Guerillas* et, en 1969, de Peter Dodd et Halim Barakat, *River Without Bridges* sur l'exode de 1948. J'ai souvent cité Sami Hadawi dont le livre *Bitter Harvest* (The Caravan Books, New York, 1979) contient une somme appréciable d'informations. Hadawi a également publié au *Palestine Research Center* (Beyrouth 1970) *The Palestine Diary 1914-1948* et, en collaboration avec Robert John à l'IPS, en 1966, une somme de documents sur le problème palestinien devant l'ONU, *The Palestinian Problem Before The United Nations.* Sur les aspects légaux du conflit, le juriste palestino-américain Henry Cattan, auteur de *Palestine, the Arabs and Israel* a publié une analyse fort documentée *Palestine and International Law* qui fait évidemment référence aux résolutions des Nations Unies (Longman Group Ltd, Londres, deuxième édition 1976).

Un autre Palestinien de nationalité américaine, Edward Saïd, membre du CNP, est notamment l'auteur de *The Question of Palestine* (Times Books, New York, 1979) sur l'émergence de l'idée nationale et les rapports avec le sionisme. James Abou Rizk, Américain arabe, ancien sénateur et avocat militant de la cause arabe aux Etats-Unis, est le co-auteur d'un livre débat sur la politique américaine au Moyen-Orient, *Through Different Eyes,* (Adler and Adler, Maryland, 1987) avec un leader juif américain, Hyman Bookbinder. L'intervention de James Abou Rizk est un remarquable plaidoyer pour les droits des Palestiniens et une analyse très informée de la politique américaine partisane sur la question. *Through Different Eyes* nous a inspiré la formule du présent ouvrage.

J'ai cité de Abdul Jawad Saleh et Walid Mustapha, une brochure très précise publiée par le *Jerusalem Center for Development Studies,* à Londres, *Palestine, The Collective Destruction of Palestinian Villages and Zionist Colonization 1882-1982.* Sur la situation des Arabes en Israël, le livre de Faouzi El Asmar *To be an Arab in Israel* (Frances Pinter, Londres, 1975) demeure l'ouvrage de référence ainsi que, de Sabri Jiryis, *The Arabs in Israel* (I.P.S 1969). Abdelwahab M. Elmessiri, professeur à l'université Aîn Chams du Caire et ancien conseiller à la Mission de la Ligue arabe auprès de l'ONU, a publié une critique du sionisme politique fort documentée *The Land of Promise* (North American, New Brunswick, NJ, 1977).

Aux Etats-Unis, William Quandt du Brookings Institute, ancien membre du Conseil National de Sécurité dans l'administration Carter, a écrit avec Fuad Jabber et Ann Mosely Lesh *The Politics of Palestinian Nationalism* (Berkeley, University of California Press, 1973). Il est aussi l'auteur unique, chez le même éditeur, d'un livre intéressant sur la politique américaine au Moyen-Orient, *Decade of Decisions : American Policy Toward the Arabe Israeli Conflict* (1977). *They Dare to Speak out* est un ouvrage collectif réuni par l'ancien parlementaire Paul Findley et dans lequel diverses personnalités américaines comme Jesse Jackson, J. William Fulbright, Adlaï Stevenson III, Charles Percy, George Ball etc. racontent leurs confrontations au lobby israélien. (Lawrence Hill & Co., Westport Connecticut, 1985). John Davis qui fut commissaire général de l'UNRWA témoigne dans *The Evasive Peace* de son expérience palestinienne (John Murray, Londres, 1968). Alan R. Taylor, auteur de plusieurs ouvrages sur la question, a publié à l'IPS *The Zionist Mind* (Beyrouth, 1974).

L'un des témoignages les plus récents sur le conflit est celui que propose le correspondant du *New York Times* à Jérusalem de 1979 à 1981, David Shipler dans *L'Etoile et le Croissant* (Presses de la Cité, 1988) et pour lequel il a obtenu le prix Pulitzer. Dans ce livre très fouillé, l'auteur fait un effort peu commun d'objectivité et réussit à dégager Israël et les Arabes des mythes et des clichés habituels. Un autre livre écrit à partir de documents inédits de l'ONU sur l'expulsion des Palestiniens en 1948 et paru aux Etats-Unis en 1987, *The Palestinian Catastrophe* de Michael Palumbo (Faber & Faber) a été cité à partir de sa traduction arabe parue dans le quotidien koweitien *El Qabas*.

Parmi les témoignages israéliens sur le conflit et ses conséquences en Israël et les territoires occupés, j'ai cité le livre reportage de David Grossmann *Le Vent Jaune* (Seuil, 1988), *Jerusalem, Jerusalem, A Memoir of War and Peace. Passion and Politics* de Lesley Hazleton (The Atlantic Monthly Press, 1986). Sur la situation des juifs arabes *Moi, juif arabe en Israël* de Mordecaï Soussan (Encre, Paris, 1985) est le témoignage d'un juif israélien d'origine marocaine qui redécouvre une partie essentielle de ses racines culturelles lors d'un voyage en Egypte et milite pour le dialogue. Félicia Langer, avocate, raconte dans *With My Own Eyes* (Ithaca Press, Londres, 1975, trad. *Je témoigne,* Editions Sociales, Paris, 1975) son combat pour les droits des Palestiniens dans les Territoires et leur lutte commune contre la « justice » des tribunaux d'exception. Dans *Le Racisme de l'Etat d'Israël* (éd. Guy Authier, 1975) Israel Shahak révèle et dénonce toutes les formes de répression utilisées par l'occupation israélienne contre les habitants des Territoires.

Dans *Adieu Israël* (éd. Guy Authier, 1977), le Juif sioniste d'origine russe Ephraïm Sevela exprime, lui, son désespoir devant la faillite « morale » du sionisme pratiqué en Israël qui, pour lui, n'a pas tenu les promesses des fondateurs. Pour une critique juive mais de l'autre bord, *Judaism or Zionism, What Difference For The Middle East ?* (Eaford & Ajaz, 1986) propose les actes d'un colloque ayant réuni une vingtaine de théologiens, juristes et politologues, juifs, chrétiens et musulmans à Washington, les 6 et 7 mai 1983, sur les problèmes que pose aux juifs et au judaïsme le sionisme politique. J'ai cité de cet ouvrage l'intervention de Rabbi Elmer Berger, le plus célèbre des militants juifs américains de l'antisionisme auteur de : *Memoirs of an Anti Zionist Jew* (IPS Beyrouth, 1978).

La liste est longue des juifs antisionistes et des juifs critiques d'Israël. Je n'en évoquerai que les auteurs d'ouvrages consultés. Alfred M. Lilienthal, américain qui a publié *The Other Side of The Coin* (The Devin Adair Co., New York, 1965) *What Price Israël ?* (Henry Regnery Co, 1953), *The Zionist*

Convention, What Price Peace ? (Dodd & Mead & Co, New York, 1978) milite depuis plus de trente ans contre le sionisme politique d'Israël.

Uri Avnery, journaliste et homme politique a émigré en Palestine en 1939 et participé à l'*Irgoun*. Plus tard il fonda l'Action sémite et fut membre non sioniste de la Knesset ; il est l'auteur de *Israel without Zionists* (Collier Brooks, New York, 1971), *Sionisme ou Sémitisme* (Cujas, Paris). Noam Chomsky, célèbre linguiste juif américain, auteur de *Peace in the Middle East ? Reflections on Justice and Nathionhood* (Pantheon Books, New York, 1974) contribue à la réflexion sur le conflit du Moyen-Orient par des interventions dans la presse américaine et palestinienne. D'Ilan Halevi j'ai cité *Sous Israël la Palestine* (Le Sycomore, 1978). Halevi est un journaliste israélien opposant au sionisme, militant auprès de l'OLP, il en est aujourd'hui le représentant auprès de l'Internationale Socialiste.

Il faut également mentionner *Zionism, The Dream and The Reality, a Jewish Critique,* publié par Gary V.Smith (David & Charles Ltd, 1974) avec des contributions de Hannah Arendt, rabbi Morris Lazaron, Morris R.Cohen, Amos Kenan, I.F. Stone, Maxime Rodinson, etc., et, publié par Arie Bober : *The Other Israël : The Radical Case Against Zionism* (Doubleday & Co, New York, 1972) recueil de textes de la gauche israélienne opposée au sionisme.

Les problèmes que pose le sionisme politique aux Juifs américains sont traités par Roberta Strauss Feuerlicht dans *The Fate of the Jews* avec pour sous-titre : *Un peuple déchiré entre la puissance israélienne et l'éthique juive.* (Times Books, New York, 1983).

Amnon Kapeliouk dont j'ai cité un article du *Monde Diplomatique* est l'auteur d'*Israël, la fin des mythes* (Albin Michel, 1975) qui traite surtout de l'occupation des territoires. Yehoshafat Harkabi, ancien chef des renseignements militaires devenu professeur à l'université hébraïque et « colombe », est l'auteur d'un ouvrage sur les guerillas palestiniennes *Fedayeen Action and Arab Strategy* (Institute for Strategic Studies, Londres, 1968), *Le Déclin d'Israël* cité par Kapeliouk, mais aussi, à ses débuts, d'un pamphlet anti-arabe, *Palestinians and Israel* (Jerusalem, Keter Press, 1974).

Sur un plan éthique et religieux, les écrits d'Emmanuel Levyne sont révélateurs du désarroi de la conscience juive devant le drame palestinien, *Judaïsme contre Sionisme* (Cujas, Paris, 1969).

Parmi les biographies et les mémoires, j'ai cité le *Ben Gourion, The Armed Prophet* (Englewood Cliffs, NJ, 1967), de Michael Bar Zohar ; de David Ben Gourion : *Rebirth and Destiny of Israel* (Philosophical Library, New York, 1954) ; de Menahem Bégin : *The Revolt,* (Nash Publishing, Los Angeles, 1972) ; de Abba Ebann : *Voice of Israel* (Horizon Press, New York, 1957) ; de Chaïm Weizmann, *Trail and Error* (Harper & Row, New York, 1959), le Journal de Théodore Herzl : *The Complete Diaries,* publié par Raphael Pataï (Herzl Press and T.Yoseloff, New York, 1960) ; *The Jewish State* (American Zionist Emergency Council, New York, 1946) bible du sionisme politique. Outre son autobiographie parue en français chez Fayard (1976), Nahum Goldmann raconte dans *Le Paradoxe Juif* (Stock, 1976) ses rencontres avec nombre d'hommes politiques et présente le point de vue non conformiste d'un dirigeant sioniste qui devint militant pour la paix à la fin de sa vie. Moshe Dayan a écrit son histoire en 1976 et publié un compte rendu personnel des Accords égypto-israéliens, en 1981 : *Break-Through* (Weidenfield and Nicholson, Londres). Sur le même sujet *Le Sang d'Abraham, réflexions sur le conflit du Moyen-Orient,* de Jimmy Carter offre le complément américain (Londreys ed., trad. Pierre Gaillet, 1986).

D'autres ouvrages sont, à des degrés divers, précieux pour suivre le développement de l'idée sioniste et l'histoire de l'élaboration et de la création d'Israël. *L'histoire du sionisme,* de Walter Laqueur (Calmann-Lévy, 1973) est un livre essentiel, ainsi que, du même auteur et Barry Rubin, un recueil de documents arabes et israéliens sur le conflit de 1882 à 1983, *The Israel-Arab Reader* (Penguin Books, 1984). J'ai évoqué également le livre de William Ziff, *The Rape of Palestine* (New York, Longmans Green & Co, 1938) ; de Jacob C. Hurewitz : *Diplomacy in the Near and Middle East* (Van Nostrand, Princeton, 1956) ; de R. Grossmann, *A Nation Reborn* (H. Hamilton, Londres, 1960), d'Arthur Koestler : *Promise and Fulfilment* (Macmillan & Co, Londres, 1949).

Une des contributions françaises et juives les plus importantes sur le conflit est *Israël et le refus arabe, 75 ans d'Histoire* de Maxime Rodinson (Seuil, 1968). Eric Rouleau a participé à un ouvrage collectif avec J-Francis Held et Jean et Simone Lacouture : *Israël et les Arabes, le Troisième combat* (Seuil, 1968) qui traite du conflit à la suite de la guerre de 1967. *Le Choix des Juifs* de Jean-Jacques Servan-Schreiber est une autre réflexion juive sur le sujet depuis l'*Intifada* (Seuil, 1988).

Un livre allemand, dont une traduction doit paraître bientôt en France, *Kein Frieden um Israël* de Walter Hollstein (Promedia, Berlin, 1984) est une analyse très documentée de l'histoire sociale du conflit. En allemand aussi, *Les alliances malpropres et les affaires secrètes d'Israël* du professeur Benjamin Hallami (éd. Kindler Verlag, Munich, 1988). L'historien britannique, Arnold Toynbee a, bien sûr, beaucoup écrit sur le sujet et avec une rare objectivité, *A Study of History* (Oxford University Press, Londres 1946-61).

Freud et le sionisme de Jacquy Chemouni (éd. Solin, Paris, 1988), est d'un grand intérêt pour comprendre la perception inquiète d'humanistes juifs aux débuts du sionisme politique. On retrouve les mêmes préoccupations au sujet des Palestiniens dans les écrits de Martin Buber (*Une Terre et Deux Peuples,* ed. Lieu Commun, Paris, 1983), Moshe Menuhin (*The Decadence of Judaïsm in our Time,* New York, Exposition Press, 1965), d'Einstein, Yitzhak Epstein, Judah Magnes, Morris Cohen, Kalvarisky, Arlosoroff, tous cités par Aharon Cohen (*Israel and The Arab World,* New York, Funk and Wagnall, 1970) et d'autres déjà évoqués. Sur l'histoire de l'antisémitisme, citons bien sûr *Sémites et antisémites,* de Bernard Lewis (Fayard, 1987). Sur les rapports entre Juifs, Arabes et Musulmans, du même auteur *Juifs en Terre d'Islam* (Calmann-Levy, 1986), et d'André Chouraqui, *Lettre à un ami arabe,* dans sa traduction anglaise, la version française a été publiée en 1969 par Mame. Sur le mouvement national arabe et les débuts de la lutte des Palestiniens, citons l'indispensable *The Arab Awakening,* de George Antonius (Putnam's Sons, New York, 1948).

D'autres essais sont disponibles en France : *Palestine, Terre des messages divins* (Albatros, 1986) et *L'Affaire Israël* (Le Sycomore, 1983) de Roger

Garaudy. *Les Palestiniens, un Peuple* de Xavier Baron (éd. Sycomore, 1977) ; de Pierre Démeron *Contre Israël,* pamplet sur la guerre de 1967 et les réactions partisanes des médias et de la classe politique en France (J.J. Pauvert, 1967). *Palestine 1948 l'Expulsion*, d'Elias Sanbar (ed. les livres de la Revue d'Etudes Palestiniennes, 1984). Sur la judaïsation de la Ville sainte : *Jérusalem, fin de la ville universelle* par A.M. Goichon (Maisonneuve et Larose, Paris, 1976), *Israël et les Territoires Occupés, la confrontation silencieuse.* Un bilan de l'occupation des Territoires par un spécialiste de la question, Jean-Paul Chagnollaud (L'Harmattan, 1985), *La Palestine, un enjeu, des stratégies, un destin* de Nadia Benjelloun-Olivier (Presses de la Fondation Nationale des Sciences Politiques, 1984), d'Alain Gresh et Dominique Vidal (*Palestine 47, un partage avorté,* éd. Complexe, 1987) et de l'historien israélien Elie Barnavi, auteur de la *Lettre d'un ami israélien à un ami palestinien,* réponse à *La lettre à un ami juif* d'Ibrahim Souss (Seuil, 1988) et d'*Une histoire moderne d'Israël,* Flammarion, 1988.

En marge du conflit, j'ai cité un roman de R.V. Pilhes, *L'Hitlérien* (éd. Albin Michel, 1988) qui traite aussi de la confusion délibérée antisionisme/antisémitisme et *Les Confesions véridiques d'un terroriste albinos* (éd. Stock, 1984) de l'écrivain et poète sud-africain Breyten Breytenbach. Sur le traitement de l'image des Arabes par la télévision américaine, *The TV. Arab* de Jack Chahine (Bowling Green State University, Ohio, 1984). De Saul Bellow, *To Jerusalem and Back* (Vicking Press, New York, 1976) et un remarquable numéro de la revue juive Pardès (éd. Lattés, 7/1988) : *Israël face aux nations, figures juives d'autrui.*

Une nouvelle vague d'historiens et de politologues juifs et israéliens essayent de débarrasser l'histoire de la création d'Israël des mythes officiels qui l'ont jusqu'ici enrobés. Trois titres parus en 1988 en Angleterre et aux Etats-Unis jettent un nouvel éclairage notamment sur la question des réfugiés et de leur exode en révèlant, après un minutieux travail d'enquête, que l'éviction des Arabes de Palestine avait été une action planifiée et dramatique : *The Birth of Israël : Myths and Realities* de Simha Flapan ; *The Birth of The Palestinian Refugee Problem 1947-1949,* de Bennie Morris et *Collusion Across the Jordan* de Avi Shlaim.

II

PARTAGE DES POPULATIONS JUIVES ET ARABES EN 1946

Fac-similé de la carte établie en 1946 par les Nations Unies (Comité sur la question de Palestine)

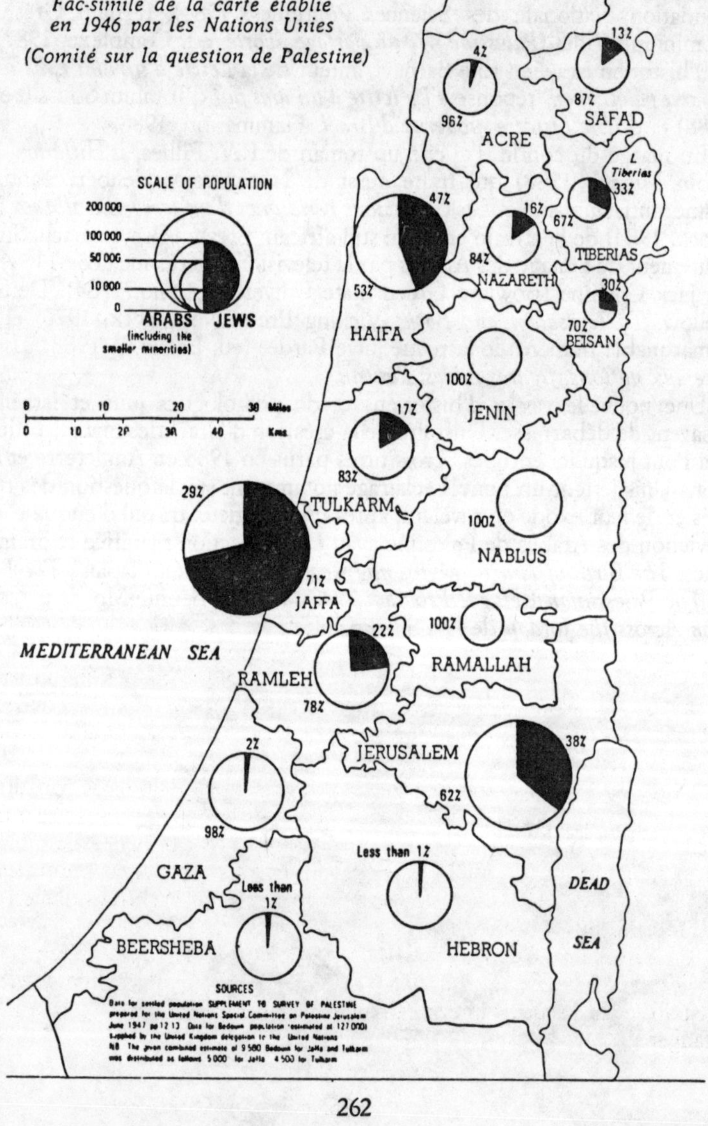

III

PLAN DE PARTAGE AVEC UNION ECONOMIQUE

PREMIERE PARTIE

Constitution et gouvernement futurs de la Palestine

A. FIN DU MANDAT, PARTAGE ET INDEPENDANCE

1. Le Mandat pour la Palestine prendra fin aussitôt que possible, et en tous cas le 1er août 1948 au plus tard.

3. Les Etats indépendants arabe et juif ainsi que le Régime international particulier prévu pour la Ville de Jérusalem dans la troisième partie de ce plan, commenceront d'exister en Palestine deux mois après que l'évacuation des forces armées de la Puissance mandataire aura été achevée et, en tous cas, le 1er octobre 1948 au plus tard. Les frontières de l'Etat arabe, de l'Etat juif et de la Ville de Jérusalem seront les frontières indiquées aux deuxième et troisième parties ci-dessous.

4. La période qui s'écoulera entre l'adoption par l'Assemblée générale de ses recommandations sur la question palestinienne et l'établissement de l'indépendance des Etats juif et arabe sera une période de transition.

B. MESURES PREPARATOIRES A L'INDEPENDANCE

1. On instituera une Commission composée des représentants de cinq Etats Membres, à raison d'un représentant par Etat. Les Membres représentés au sein de cette Commission seront élus par l'Assemblée générale, sur une base, géographique ou autre, aussi large que possible.

9. Pendant la période de transition, aucun Juif ne pourra établir sa résidence sur le territoire de l'Etat arabe envisagé, et aucun Arabe ne pourra établir sa résidence sur le territoire de l'Etat juif envisagé, sauf autorisation spéciale de la Commission.

10. L'Assemblée constituante de chaque Etat élaborera une constitution démocratique pour cet Etat et choisira un gouvernement provisoire qui succèdera au Conseil provisoire de gouvernement désigné par la Commission. Les constitutions des Etats devront comprendre les clauses énoncées aux chapitres 1er et 2 de la Déclaration prévue à la section C ci-dessous et, entre autres, des dispostions :

b) Permettant de régler, par des moyens pacifiques, tous différends internationaux dans lesquels l'Etat pourrait être impliqué, de telle manière que la paix et la sécurité internationales et la justice ne soient pas mises en danger ;

c) Portant acceptation, par l'Etat, de l'obligation de s'abstenir, dans ses relations internationales, de tout recours à la menace ou à l'emploi de la force soit contre l'intégrité territoriale ou l'indépendance politique de tout Etat, soit de toute autre manière incompatible avec les buts de l'Organisation des Nations-Unies ;

d) Garantissant à toutes personnes, sans discrimination, des droits égaux en matière civile, politique, économique et religieuse et la jouissance des droits de l'homme et des libertés fondamentales, y compris la liberté de culte, de langue, de parole et de publication, d'instruction, de réunion et d'association ;

C. DECLARATION

Avant la reconnaissance de l'indépendance, le gouvernement provisoire de chacun des Etats envisagés adressera à l'Organisation des Nations Unies une déclaration qui devra contenir, entre autres, les clauses suivantes :

DISPOSITION GENERALE

CHAPITRE PREMIER

Lieux saints, édifices et sites religieux

1. Il ne sera porté aucune atteinte aux droits existants concernant les lieux saints, édifices ou sites religieux.

2. De même, le libre exercice du culte sera garanti conformément aux droits existants, compte tenu du maintien de l'ordre public et de la bienséance.

3. Les lieux saints et les édifices ou sites religieux seront préservés. Toute action de nature à compromettre, de quelque façon que ce soit, leur caractère sacré sera interdite.

4. Aucun impôt ne sera perçu sur les lieux saints, édifices ou sites religieux qui étaient exemptés d'impôts lors de la création de l'Etat.

CHAPITRE 2

Droits religieux et droits des minorités

1. La liberté de conscience et le libre exercice de toutes les formes de culte compatibles avec l'ordre public et les bonnes mœurs seront garantis à tous.

2. Il ne sera fait aucune discrimination, quelle qu'elle soit, entre les habitants, du fait des différences de race, de religion, de langue ou de sexe.

3. Toutes les personnes relevant de la juridiction de l'Etat auront également droit à la protection de la loi.

4. Le droit familial traditionnel et le statut personnel des diverses minorités, ainsi que leurs intérêts religieux, y compris les fondations, seront respectés.

5. Sous réserve des nécessités du maintien de l'ordre public et de la bonne administration, on ne prendra aucune mesure qui mettrait obstacle à l'activité des institutions religieuses ou charitables de toutes confessions ou

constituerait une intervention dans cette activité et on ne pourra faire aucune discrimination à l'égard des représentants ou des membres de ces institutions du fait de leur religion ou de leur nationalité.

6. L'Etat assurera à la minorité, arabe ou juive, l'enseignement primaire et secondaire, dans sa langue, et conformément à ses traditions culturelles.

8. Aucune expropriation d'un terrain possédé par un Arabe dans l'Etat juif (par un Juif dans l'Etat arabe) ne sera autorisée, sauf pour cause d'utilité publique. Dans tous les cas d'expropriation, le propriétaire sera entièrement et préalablement indemnisé, au taux fixé par la Cour suprême.

CHAPITRE 3

Citoyenneté, conventions internationales et obligations financières

1. *Citoyenneté.* Les citoyens palestiniens résidant en Palestine, à l'extérieur de la Ville de Jérusalem, et les Arabes et Juifs qui, sans avoir la nationalité palestinienne, résident en Palestine à l'extérieur de la Ville de Jérusalem, deviendront citoyens de l'Etat dans lequel ils résident et jouiront de tous les droits civils et politiques, à partir du moment où l'indépendance aura été reconnue.

2. *Conventions internationales. a*) L'Etat sera lié par tous les accords et conventions internationaux, d'ordre général ou particulier, auxquels la Palestine est devenue partie. Ces accords et conventions seront respectés par l'Etat pendant toute la période pour laquelle ils ont été conclus, sous réserve de tout droit de dénonciation que ces accords peuvent prévoir.

b) Tout différend portant sur l'applicabilité ou la validité continue de conventions ou traités internationaux dont la Puissance mandataire est signataire ou auxquels elle a adhéré pour la Palestine, sera porté devant la Cour internationale de Justice, conformément aux dispositions du Statut de la Cour.

3. *Obligations financières. a*) L'Etat respectera et exécutera toutes les obligations financières, de quelque ordre qu'elles soient, assumées au nom de la Palestine par la Puissance mandataire au cours de l'exercice du mandat et reconnues par l'Etat. Cette disposition comprend le droit des fonctionnaires à des pensions, indemnités ou primes.

c) Il conviendra de créer une Cour des revendications, rattachée au Conseil économique mixte et comprenant un membre nommé par l'Organisation des Nations Unies, un représentant du Royaume-Uni et un représentant de l'Etat intéressé. Tout différend entre le Royaume-Uni et l'Etat concernant les revendications non reconnues par ce dernier, sera soumis à cette Cour.

CHAPITRE 4

Dispositions diverses

1. Les dispositions des chapitres 1 et 2 de la déclaration seront garanties par l'Organisation des Nations Unies et aucune modification ne pourra y être apportée sans l'assentiment de l'Assemblée générale des Nations Unies.

Tout Membre de l'Organisation des Nations Unies aura le droit d'attirer l'attention de l'Assemblée générale sur les violations ou les risques de violation de l'une quelconque de ces clauses et l'Assemblée générale pourra présenter telles recommandations qu'elle estimera appropriées aux circonstances.

2. Tout différend portant sur l'application ou l'interprétation de la présente déclaration sera, à la requête de l'une ou l'autre partie, soumis à la Cour internationale de Justice, à moins que les deux parties ne conviennent d'un autre mode de règlement.

D. UNION ECONOMIQUE ET TRANSIT

5. Les Etats s'engageront à appliquer les décisions du Conseil économique mixte. Les décisions du Conseil seront prises à la majorité.

F. ADMISSION COMME MEMBRE DE L'ORGANISATION DES NATIONS UNIES

Lorsque l'indépendance de l'Etat arabe ou de l'Etat juif, telle qu'elle est prévue dans le présent plan, sera devenue effective et que la déclaration et l'engagement prévus dans le présent plan auront été signés par l'un ou l'autre de ces Etats, il conviendra d'examiner avec bienveillance sa demande d'admission comme Membre des Nations Unies conformément à l'Article 4 de la Charte des Nations Unies.

DEUXIEME PARTIE

Frontières

B. L'ETAT JUIF

La partie nord-est de l'Etat juif (Galilée orientale) est bornée au nord et à l'ouest par la frontière du Liban, et à l'est par la frontière de la Syrie et de la Transjordanie. Ce territoire comprend tout le bassin de Hula, le lac de Tibériade, tout le sous-district de Beissan, la frontière se prolongeant jusqu'à la crête des monts Gilboa et à l'oued Malih. A partir de là, l'Etat juif s'étend vers le nord-ouest, borné par la frontière qui a été indiquée pour l'Etat arabe.

La partie juive de la plaine côtière s'étend à partir d'un point situé entre Minat el Qila et Nabi Yunis, dans le sous-district de Gaza ; elle comprend les villes de Haïfa et Tel Aviv, Jaffa constituant une enclave de l'Etat arabe. La frontière orientale de l'Etat juif coïncide avec celle qui a été indiquée à propos de l'Etat arabe.

La région de Bersabée comprend tout le sous-district de Bersabée, y compris le Negeb et en outre la partie orientale du sous-district de Gaza, mais à l'exclusion de la ville de Bersabée et des zones indiquées à propos de l'Etat arabe. Elle comprend aussi une bande de territoire qui s'étend le long de la mer Morte, de la frontière du sous-district d'Hébron-Bersabée à Ein Geddi, comme il a été indiqué à propos de l'Etat arabe.

C. LA VILLE DE JERUSALEM

La Ville de Jérusalem a pour frontières celles qui ont été indiquées dans les recommandations sur la Ville de Jérusalem (voir Troisième partie, section B, ci-dessous).

TROISIEME PARTIE

Ville de Jérusalem

A. REGIME SPECIAL

La Ville de Jérusalem sera constituée en *corpus separatum* sous un régime international spécial et sera administrée par les Nations Unies. Le Conseil de tutelle sera désigné pour assurer, au nom de l'Organisation des Nations Unies, les fonctions d'Autorité chargée de l'administration.

B. FRONTIERES DE LA VILLE

La Ville de Jérusalem comprendra la municipalité actuelle de Jérusalem plus les villages et centres environnants, dont le plus oriental sera Abu Dis, le plus méridional Bethléem, le plus occidental Ein Karim (y compris l'agglomération de Motsa) et la plus septentrionale Shu'fat, comme le montre la carte schématique ci-jointe (annexe B).

C. STATUT DE LA VILLE

Le Conseil de tutelle devra, dans les cinq mois à dater de l'approbation du présent plan, élaborer et approuver un Statut détaillé de la Ville comprenant, notamment, l'essentiel des dispostions suivantes :

a) Protéger et préserver les intérêts spirituels et religieux sans pareils qu'abrite la Ville des trois grandes croyances monothéistes répandues dans le monde entier : Christianisme, Judaïsme et Islamisme ; à cette fin, faire en sorte que l'ordre et la paix, et la paix religieuse surtout, règnent à Jérusalem ;

b) Stimuler l'esprit de coopération entre tous les habitants de la ville, aussi bien dans leur propre intérêt que pour contribuer de tout leur pouvoir, dans toute Terre sainte, à l'évolution pacifique des relations entre les deux peuples palestiniens ; assurer la sécurité et le bien-être et encourager toute mesure constructive propre à améliorer la vie des habitants, eu égard à la situation et aux coutumes particulières des différents peuples et communautés.

2. *Gouverneur et personnel administratif.* Le Conseil de tutelle procédera à la nomination d'un Gouverneur de Jérusalem, qui sera responsable devant lui. Ce choix se fondera sur la compétence particulière des candidats, sans tenir compter de leur nationalité. Toutefois, nul citoyen de l'un ou de l'autre Etat palestinien ne pourra être nommé Gouverneur.

Le Gouverneur sera le représentant de l'Organisation des Nations Unies dans la Ville de Jérusalem, et exercera en son nom tous les pouvoirs d'ordre administratif, y compris la conduite des affaires étrangères.

c) Pour faire respecter la loi et l'ordre dans la Ville, et veiller en particulier à la protection des lieux saints et des édifices et emplacements religieux, le Gouverneur organisera un corps spécial de police, disposant de forces suffisantes, dont les membres seront recrutés en dehors de la Palestine. Le Gouverneur aura le droit d'ordonner l'ouverture de crédits nécessaires à l'entretien de ce corps.

5. *Organisation législative.* Un Conseil législatif élu au suffrage universel et au scrutin secret, selon une représentation proportionnelle, par les habitants adultes de la Ville, sans distinction de nationalité, disposera des pouvoirs législatifs et fiscaux. Toutefois, aucune mesure législative ne devra être en opposition ou en contradiction avec les dispositions qui seront prévues dans le Statut de la Ville et aucune loi, aucun règlement ni aucune action officielle ne prévaudront contre ces dispositions. Le Statut donnera au Gouverneur le droit de veto sur les projets de lois incompatibles avec les dispositions en question. Il lui conférera également le pouvoir de promulguer des ordonnances provisoires, dans le cas où le Conseil manquerait d'adopter en temps utile un projet de loi considéré comme essentiel au fonctionnement normal de l'administration.

6. *Administration de la justice.* Le Statut devra prévoir la création d'organes judiciaires indépendants et notamment d'une cour d'appel, dont tous les habitants de la Ville seront justiciables.

8. *Liberté de passage et de séjour ; contrôle des résidents.* Sous réserve de considérations de sécurité, et compte tenu des nécessités économiques telles que le Gouverneur les déterminera conformément aux instructions du Conseil de tutelle, la liberté de pénétrer et de résider dans les limites de la Ville sera garantie aux résidents ou citoyens de l'Etat arabe et de l'Etat juif. L'immigration et la résidence à l'intérieur des limites de la Ville pour les ressortissants des autres Etats seront soumises à l'autorité du Gouverneur agissant conformément aux instructions du Conseil de tutelle.

9. *Relations avec l'Etat arabe et l'Etat juif.* Des représentants de l'Etat arabe et de l'Etat juif seront accrédités auprès du Gouverneur de la Ville et chargés de la protection des intérêts de leurs Etats et de ceux de leurs ressortissants auprès de l'administration internationale de la Ville.

11. *Citoyenneté.* Tous les résidents deviendront *ipso facto* citoyens de la Ville de Jérusalem, à moins qu'ils n'optent pour l'Etat dont ils étaient citoyens, ou que, Arabes ou Juifs, ils n'aient officiellement fait connaître leur intention de devenir citoyens de l'Etat arabe ou de l'Etat juif, conformément au paragraphe 9 de la section B de la première partie du présent plan.

Le Conseil de tutelle prendra des arrangements pour assurer la protection consulaire des citoyens de la Ville à l'extérieur de son territoire.

12. *Liberté des citoyens. a)* Seront garantis aux habitants de la Ville, sous réserve des seules exigences de l'ordre public et de la morale, les droits de l'homme et les libertés fondamentales, liberté de conscience, de religion et de culte, libre choix de la langue, du mode d'instruction, liberté de parole et liberté de la presse, liberté de réunion, d'association et de pétition.

b) On ne fera entre les habitants aucune espèce de distinctions fondées sur la race, la religion, la langue ou le sexe.

c) Toutes les personnes résidant à l'intérieur de la Ville auront un droit égal à la protection des lois.

d) Le droit familial et le statut personnel des différents individus et des diverses communautés, ainsi que leurs intérêts religieux, y compris les fondations, seront respectés.

e) Sous réserve des nécessités du maintien de l'ordre public et de la bonne administration, on ne prendra aucune mesure qui mettrait obstacle à l'activité des institutions religieuses ou charitables de toutes confessions ou qui constituerait une intervention dans cette activité, et on ne pourra faire aucune discrimination à l'égard des représentants ou des membres de ces institutions du fait de leur religion ou de leur nationalité.

f) La Ville assurera une instruction primaire et secondaire convenable à la communauté arabe et à la communauté juive, dans leur langue et conformément à leurs traditions culturelles.

13. *Lieux saints. a*) Il ne sera porté aucune atteinte aux droits actuels concernant les lieux saints, les édifices et les sites religieux.

b) Le libre accès aux lieux saints, édifices et sites religieux et le libre exercice du culte seront garantis conformément aux droits actuels, compte tenu du maintien de l'ordre et de la bienséance publics.

c) Les lieux saints et les édifices et sites religieux seront préservés. Toute action de nature à compromettre, de quelque façon que ce soit, leur caractère sacré, sera interdite.

14. *Pouvoirs spéciaux du Gouverneur en ce qui concerne les lieux saints, les édifices ou sites religieux dans la Ville et dans toute la région de la Palestine. a*) Le Gouverneur se préoccupera tout particulièrement de la protection des lieux saints, des édifices et des sites religieux qui se trouvent dans la Ville de Jérusalem.

D. DUREE DU REGIME SPECIAL

Le Statut élaboré par le Conseil de tutelle, d'après les principes énoncés plus haut, entrera en vigueur le 1er octobre 1948 au plus tard. Il sera tout d'abord en vigueur pendant une période de dix ans, à moins que le Conseil de tutelle n'estime devoir procéder plus tôt à un nouvel examen de ces dispositions. A l'expiration de cette période, l'ensemble du Statut devra faire l'objet d'une révision de la part du Conseil de tutelle, à la lumière de l'expérience acquise au cours de cette première période de fonctionnement. Les personnes ayant leur résidence dans la Ville auront alors toute liberté de faire connaître, par voie de référendum, leurs suggestions relatives à d'éventuelles modifications au régime de la Ville.

IV

COMPOSITION DE LA POPULATION RÉSULTANT DE LA RÉSOLUTION DE L'ONU SUR LE PARTAGE DE LA PALESTINE

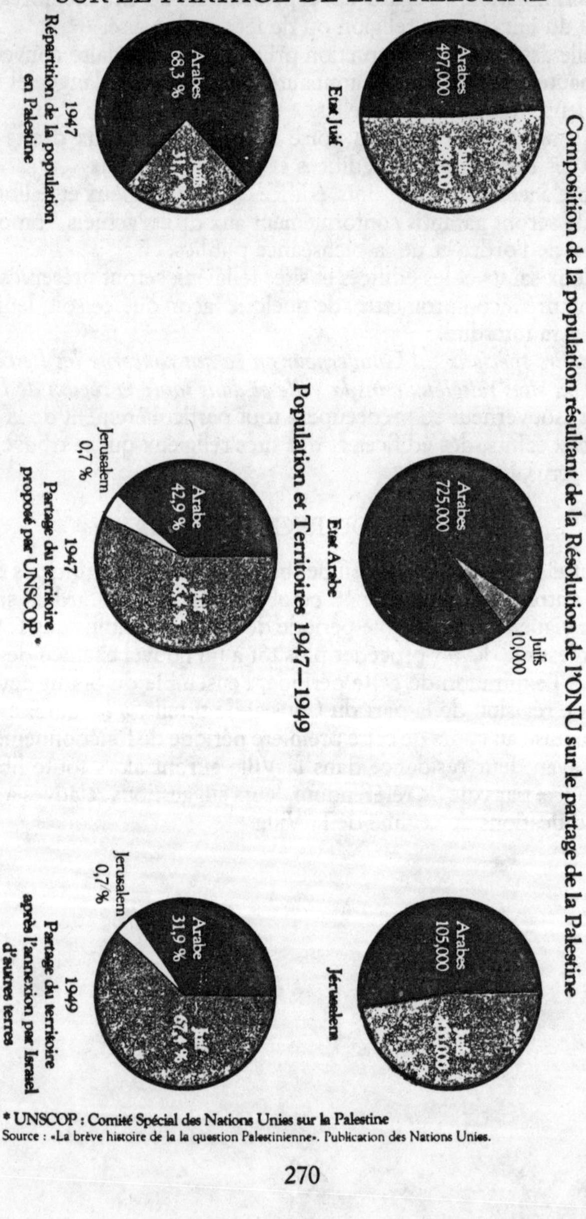

*** UNSCOP : Comité Spécial des Nations Unies sur la Palestine**

Source : «La brève histoire de la la question Palestinienne». Publication des Nations Unies.

V

RÉSOLUTION DE L'O.N.U. SUR LES RÉFUGIÉS

194 (III). Palestine – Rapport intérimaire du Médiateur des Nations Unies

L'Assemblée générale,
Ayant examiné de nouveau la situation en Palestine,

11. *Décide* qu'il y a lieu de permettre aux réfugiés qui le désirent, de rentrer dans leurs foyers le plus tôt possible et de vivre en paix avec leurs voisins, et que des indemnités doivent être payées à titre de compensation pour les biens de ceux qui décident de ne pas rentrer dans leurs foyers et pour tout bien perdu ou endommagé lorsque, en vertu des principes du droit international ou en équité, cette perte ou ce dommage doit être réparé par les Gouvernements ou autorités responsables ;

Donne pour instructions à la Commission de conciliation de faciliter le rapatriement, la réinstallation et le relèvement économique et social des réfugiés, ainsi que le payement des indemnités, et de se tenir en liaison étroite avec le Directeur de l'Aide des Nations Unies aux réfugiés de Palestine, et, par l'intermédiaire de celui-ci, avec les organes et institutions appropriés de l'Organisation des Nations Unies.

VII

RÉSOLUTIONS 242 ET 338 DES NATIONS UNIES

Résolution 242, adoptée par le Conseil de sécurité *Le 22 novembre 1967*

Le Conseil de sécurité,

Exprimant l'inquiétude que continue de lui causer la grave situation au Moyen-Orient,

Soulignant en outre que tous les États membres, en acceptant la Charte des Nations Unies, ont contracté l'engagement d'agir conformément à l'article 2 de la Charte.

1. *Affirme* que l'accomplissement des principes de la Charte exige l'instauration d'une paix juste et durable au Moyen-Orient qui devrait comprendre l'application des deux principes suivants :

– Retrait des forces armées israéliennes des territoires occupés lors du récent conflit ;
– Cessation de toutes assertions de belligérance ou de tous états de belligérance et respect et connaissance de la souveraineté, de l'intégrité territoriale et de l'indépendance politique de chaque État de la région et de leur droit de vivre en paix à l'intérieur de frontières sûres et reconnues à l'abri de menaces ou d'actes de force ;

2. *Affirme en outre* la nécessité,

a) De garantir la liberté de navigation sur les voies d'eau internationales de la région ;

b) De réaliser un juste règlement du problème des réfugiés ;

c) De garantir l'inviolabilité territoriale et l'indépendance politique de chaque État de la région, par des mesures comprenant la création de zones démilitarisées ;

3. *Prie* le Secrétaire général de désigner un représentant spécial pour se rendre au Moyen-Orient afin d'y établir et d'y maintenir des rapports avec les États intéressés en vue de favoriser un accord et de seconder les efforts tendant à aboutir à un règlement pacifique et accepté, conformément aux dispositions et aux principes de la présente résolution ;

4. *Prie* le Secrétaire général de présenter aussitôt que possible au Conseil de sécurité un rapport d'activité sur les efforts du représentant spécial.

Résolution 338, adoptée par le Conseil de sécurité *Le 22 octobre 1973*

Le Conseil de sécurité,

1. *Demande* à toutes les parties aux présents combats de cesser le feu et

de mettre fin à toute activité militaire immédiatement, douze heures au plus tard après le moment de l'adoption de la présente décision, dans les positions qu'elles occupent maintenant ;

2. *Demande* aux parties en cause de commencer immédiatement après le cessez-le-feu l'application de la résolution 242 (1967) du Conseil de sécurité dans toutes ses parties ;

3. *Décide* que, immédiatement et en même temps que le cessez-le-feu, des négociations commenceront entre les parties en cause sous des auspices appropriés en vue d'instaurer une paix juste et durable au Moyen-Orient.

VII

ORGANISATION DE LIBÉRATION DE LA PALESTINE

La Charte de l'OLP
adoptée en 1964, amendée en 1968

1. – La Palestine, patrie du peuple arabe palestinien, constitue une partie inséparable de la grande patrie arabe, et le peuple palestinien fait partie de la nation arabe.

2. – La Palestine, dans les frontières du mandat britannique, constitue une unité territoriale indivisible.

3. – Seul le peuple palestinien a des droits légitimes sur sa patrie. Après l'avoir libérée, il exercera son droit à l'autodétermination, selon ses vœux et sa seule volonté.

4. – L'identité palestinienne est une caractéristique authentique, intrinsèque et perpétuelle. Elle se transmet des parents aux enfants. Ni l'occupation sioniste, ni la dispersion du peuple arabe palestinien résultant des souffrances qu'il a endurées ne peuvent effacer cette identité palestinienne.

5. – Les Palestiniens sont les citoyens arabes qui résidaient habituellement en Palestine jusqu'en 1947, qu'ils aient été forcés de partir ou qu'ils y soient demeurés. Toute personne née de parents palestiniens après cette date, que ce soit en Palestine ou hors de Palestine, est Palestinienne.

6. – Les Juifs qui résidaient habituellement en Palestine jusqu'au commencement de l'invasion sioniste sont Palestiniens.

7. – L'identité palestinienne et les liens matériels, spirituels et historiques avec la Palestine sont des réalités immuables. C'est un devoir national que de faire de chaque Palestinien un révolutionnaire arabe, de lui donner une connaissance spirituelle et matérielle approfondie de sa patrie, et de le préparer à la lutte armée et au sacrifice de ses biens et de sa vie pour la récupération de sa patrie. Tous les moyens disponibles d'éducation et d'information doivent être employés à cette fin, jusqu'à la libération totale.

8. – Le peuple palestinien traverse actuellement la phase de la lutte nationale pour la libération de sa patrie. Pour cette raison, les divergences entre les forces nationales palestiniennes doivent passer au second plan pour donner la priorité à la contradiction fondamentale qui existe entre, d'une part, le sionisme et l'impérialisme et, d'autre part, le peuple arabe palestinien. Sur cette base, les masses palestiniennes, aussi bien les organisations que les individus, qu'elles se trouvent dans leur patrie ou dans les endroits où elles vivent en réfugiés, forment un front national unique œuvrant pour la récupération et la libération de la Palestine au moyen de la lutte armée.

9. – La lutte armée est la seule voie pour la libération de la Palestine. Il s'agit d'une ligne stratégique et non pas d'une ligne tactique. Le peuple arabe palestinien affirme sa détermination totale à mener la lutte armée et

à lancer la révolution populaire pour la libération et le retour dans sa patrie. Il affirme également son droit à mener une vie normale en Palestine et à y exercer le droit à l'autodétermination ainsi que sa souveraineté.

10. – L'action des commandos constitue le noyau de la guerre populaire palestinienne de libération. Ceci exige que l'action des commandos soit intensifiée, développée et protégée et que tout le potentiel disponible palestinien, humain et technique soit mobilisé et organisé afin qu'il joue son rôle dans la révolution palestinienne armée. Cela requiert également l'unité entre les différents groupes qui existent au sein du peuple palestinien, de même que l'unité entre le peuple palestinien et les masses arabes, afin d'assurer un renforcement continuel, puis la victoire, de la révolution.

11. – Les Palestiniens auront trois mots d'ordre : unité nationale, mobilisation nationale et libération.

12. – Le peuple arabe palestinien croit à l'unité arabe. Pour jouer son rôle dans la réalisation de cette unité, il doit, dans l'étape actuelle de son combat national, sauvegarder son identité palestinienne avec tout ce que cela implique, œuvrer pour avoir une plus grande conscience de cette identité et s'opposer à tout ce qui pourrait l'affaiblir ou la faire disparaître.

13. – L'unité arabe et la libération de la Palestine sont deux objectifs complémentaires. Chacun d'eux conduit à la réalisation de l'autre. L'unité arabe mènera à la libération de la Palestine, et la libération de la Palestine conduira à l'unité arabe. Œuvrer en faveur de l'une revient à agir pour la réalisation des deux.

14. – Le destin de la nation arabe, et à vrai dire l'existence même des Arabes dépendent du destin de la cause palestinienne. Cette interdépendance est à l'origine des efforts arabes pour la libération de la Palestine. Le peuple palestinien est à l'avant-garde du mouvement visant à atteindre cet objectif national sacré.

15. – La libération de la Palestine est une obligation nationale pour les Arabes. Leur devoir est de repousser l'invasion sioniste et impérialiste dans la grande patrie arabe et de liquider la présence sioniste en Palestine. A cet égard, l'entière responsabilité incombe aux peuples et aux gouvernements arabes, et en premier lieu au peuple palestinien.

Pour cette raison, la nation arabe doit mobiliser tout son potentiel militaire, humain, moral et matériel pour jouer un rôle effectif, aux côtés du peuple palestinien dans la libération de la Palestine. En outre, elle doit, notamment dans la phase actuelle de la révolution palestinienne armée, fournir au peuple palestinien toute l'aide matérielle et humaine possible, et mettre à sa disposition les moyens et les facilités qui lui permettront de continuer à jouer son rôle de premier plan dans sa révolution armée jusqu'à ce que sa patrie soit libérée.

16. – Sur le plan spirituel, la libération de la Palestine créera en Terre Sainte une atmosphère de paix et de tranquillité, assurant la sauvegarde de toutes les institutions religieuses, et la garantie de la liberté de culte et du droit de visite à tous, sans discrimination et sans distinction de race, de couleur, de langue ou de religion. C'est pourquoi le peuple palestinien attend le soutien de toutes les forces spirituelles dans le monde.

19. – Le partage de la Palestine, en 1947, et la création d'Israël n'ont

aucune validité, quel que soit le temps écoulé depuis cette date, car ils sont contraires à la volonté du peuple palestinien et à son droit naturel sur sa patrie. Ils sont en contradiction avec les principes de la charte des Nations unies, notamment en ce qui concerne le droit à l'autodétermination.

20. – La déclaration Balfour, le mandat et tout ce qui en résulte sont déclarés nuls et non avenus. L'affirmation selon laquelle les liens historiques ou spirituels unissent les Juifs à la Palestine n'est pas conforme aux faits historiques et ne répond pas aux conditions requises pour constituer un État. Le judaïsme est une religion révélée. Il n'est pas une nationalité particulière. Les Juifs ne forment pas un peuple ayant son identité propre mais ils sont citoyens de leurs pays respectifs.

21. – Le peuple arabe palestinien, s'exprimant par sa révolution armée, rejette toute solution de remplacement à la libération totale de la Palestine. Il rejette également toutes les propositions visant à la liquidation ou à l'internationalisation du problème palestinien.

22. – Le sionisme est un mouvement politique, organiquement lié à l'impérialisme mondial et opposé à tous les mouvements de libération ou de progrès dans le monde. Le sionisme est, par nature, fanatique et raciste. Ses objectifs sont agressifs, expansionnistes et coloniaux. Ses méthodes sont celles des fasciste et des nazis. Israël est l'instrument du mouvement sioniste. C'est une base géographique et humaine de l'impérialisme mondial qui, de ce tremplin, peut porter des coups à la patrie arabe pour combattre les aspirations de celle-ci à la libération, à l'unité et au progrès. Israël est une menace permanente pour la paix au Proche-Orient et dans le monde entier...

26. – L'Organisation de Libération de la Palestine, en sa qualité de représentant des forces de la révolution palestinienne, est responsable de la lutte du peuple arabe palestinien pour recouvrer, libérer et retourner dans sa patrie, et pour exercer le droit à l'autodétermination dans celle-ci. Cette responsabilité s'étend aux domaines militaire, politique et financier, et à tout ce que la cause palestinienne pourrait exiger sur les plans arabe et international.

27. – L'Organisation de Libération de la Palestine coopérera avec tous les pays arabes, selon les possibilités de chacun. Elle adoptera une attitude neutre à l'égard de ces pays, selon les nécessités de la bataille de libération, et sur la base de ce facteur. L'organisation n'interviendra dans les affaires intérieures d'aucun État arabe.

28. – Le peuple arabe palestinien affirme que sa révolution nationale est authentique et indépendante. Il rejette toute forme d'intervention, de tutelle ou de dépendance.

VIII

LES RÉSOLUTIONS DU SOMMET DE FÈS
du 6 au 9 septembre 1982

Déclaration Finale
Le Conflit israélo-arabe

Le Sommet, convaincu de la force de la nation arabe à réaliser ses objectifs légitimes et à mettre fin à l'agression, partant des principes fondamentaux arrêtés par les sommets arabes et dans le souci des pays arabes de poursuivre l'action par tous les moyens pour la réalisation d'une paix juste au Proche-Orient en tenant compte du projet de son excellence le Président Habib Bourguiba qui considère la légalité internationale comme base de solution à la question palestinienne et du projet de S.M. le roi Fahd Ibn Abdelaziz relatif à la paix au Proche-Orient, et à la lumière des discussions et observations qui ont été formulées par leurs majestés, leurs excellences et leurs altesses, les rois, présidents et émirs, le sommet a adopté les principes suivants :

a) Le retrait d'Israël de tous les territoires arabes qu'il a occupés en 1967 y compris d'Al Qods Arabe.

b) Le démantèlement des colonies installées par Israël sur les territoires arabes après 1967.

c) La garantie de la liberté du culte et des croyances pour toutes les religions dans les lieux saints.

d) La réaffirmation du droit du peuple palestinien à l'autodétermination et à l'exercice de ses droits nationaux imprescriptibles et inaliénables sous la conduite de l'Organisation de libération de la Palestine, son représentant unique et légitime et le dédommagement de tous ceux qui ne désirent pas le retour.

e) Placer la Cisjordanie et la bande de Gaza sous le contrôle des Nations unies, pour une période transitoire ne dépassant pas quelques mois.

f) La création d'un Etat palestinien indépendant ayant Al Qods pour capitale.

g) Le Conseil de sécurité garantit la paix entre tous les Etats de la région y compris l'Etat palestinien indépendant.

h) Le Conseil de sécurité garantit le respect de ces principes.

IX

RÉSOLUTION 38/58 C

Conférence Internationale de la Paix

L'Assemblée Générale :

Accueille favorablement et fait sienne l'idée de convoquer une conférence internationale de la paix pour le Moyen-Orient conformément aux principes directeurs suivants :

La réalisation des droits légitimes inaliénables du peuple palestinien, y compris son droit au retour, son droit à l'autodétermination et son droit de créer son propre Etat indépendant en Palestine ;

Le droit de l'Organisation de libération de la Palestine, le représentant du peuple palestinien, de participer sur un pied d'égalité avec les autres parties à tous les efforts, délibérations et conférences intéressant le Moyen-Orient ;

La nécessité de mettre fin à l'occupation israélienne des territoires arabes [...] et, par conséquent, la nécessité d'obtenir l'évacuation par Israël des territoires occupés depuis 1967, y compris Jérusalem ;

La nécessité de résister et d'opposer un refus à toutes politiques et pratiques israéliennes dans les territoires occupés, y compris Jérusalem [...].

La nécessité de déclarer à nouveau nulles et non avenues toutes les mesures législatives et administratives prises par Israël, la puissance occupante, qui ont modifié ou visé à modifier le caractère et le statut de la ville sainte de Jérusalem [...].

Le droit à l'existence de tous les Etats de la région, à l'intérieur de frontières sûres et internationalement reconnues, dans la justice et la sécurité pour tous [...].

L'Assemblée Générale invite toutes les parties au conflit arabo-israélien, y compris l'Organisation de libération de la Palestine, ainsi que les Etats-Unis d'Amérique, l'Union des Républiques socialistes soviétiques et d'autres Etats concernés, à participer sur un pied d'égalité et avec des droits égaux à la Conférence internationale de la paix pour le Moyen-Orient.

(Extraits de la résolution des Nations Unies 38/58 C)

X

LES PALESTINIENS EN PALESTINE ET DANS LA DIASPORA DE 1947 À 1982

En Palestine (Israël et territoires occupés)	Dans la Diaspora (Hors de leur Patrie)
Au moment du partage – 1947	
100 %	
Après les accrochages armés – 1948	
63 %	**37 %**
Après la guerre de juin – 1967	
50 %	**50 %**
Suite à la politique israélienne – 1979	
42,9 %	**57,1 %**
Suite à la politique israélienne – 1982	
40,8 %	**59,2 %**

Source : E. Said et Abu Lughod : *A Profile of Palestinian People.*

ANNEXES
AU TEXTE DE THÉO KLEIN

L'accord Fayçal-Weizmann

« Son Altesse Royale, l'Emir Fayçal, représentant et agissant au nom du royaume arabe du Hedjaz, et le docteur Haïm Weizmann, représentant de l'Organisation sioniste et agissant en son nom, prenant en considération la parenté de race et les liens anciens existants entre les Arabes et le peuple juif, comprenant que le plus sûr moyen de travailler à la réalisation de leurs aspirations nationales réciproques est d'établir la plus étroite collaboration possible, dans le développement de l'Etat Arabe et de la Palestine, et étant, en outre, désireux de consolider la bonne entente qui règne entre eux, ont convenu des articles suivants :

Article 1
Pour tout ce qui concerne leurs relations mutuelles et à l'occasion des négociations qui pourraient avoir lieu, l'Etat arabe et la Palestine s'inspireront d'un désir d'entente et d'une bonne volonté réciproques et, à cette fin, des représentants arabes et juifs, dûment accrédités, seront désignés et maintenus dans les territoires de l'autre Etat.

Article 2
Immédiatement après l'achèvement des délibérations de la Conférence de paix, les frontières définitives entre l'Etat arabe et la Palestine seront fixées par une commission nommée à la suite d'un accord entre les deux parties.

Article 3
Dans l'établissement de la constitution et de l'administration de la Palestine, toutes mesures seront prises en vue de garantir pleinement l'exécution et l'application pratique de la déclaration du gouvernement anglais du 2 novembre 1917.

Article 4
Toutes les mesures nécessaires seront prises pour encourager et stimuler l'immigration des Juifs en Palestine sur une large échelle, et pour établir, dans le plus bref délai, les immigrants juifs sur le territoire, grâce à une colonisation plus dense et à une culture intensive du sol.
Il est convenu que, dans l'exécution de ces mesures, la protection des droits des paysans et des fermiers arabes sera assurée et que ces derniers seront aidés, à l'avenir, en ce qui concerne le développement économique.

Article 5
Aucune loi ou règlement ne devra s'opposer ou porter atteinte, d'une manière quelconque, au libre exercice des cultes, et, en outre, aucune mesure de discrimination ne sera prise en ce qui concerne les fonctionnaires du culte ou les pratiques des diverses croyances. Il ne sera pas tenu compte de l'origine religieuse dans le libre exercice des droits civils et politiques.

Article 6

Les lieux saints musulmans seront placés sous contrôle musulman.

Article 7

L'Organisation sioniste propose d'envoyer en Palestine une commission d'experts, chargés de dresser un tableau d'ensemble des possibilités économiques du pays, et de rédiger un rapport quant aux meilleurs moyens à mettre en œuvre en vue du développement du territoire. L'Organisation sioniste mettra la commission, ci-dessus mentionnée, à la disposition de l'Etat arabe, afin qu'elle se livre également à une enquête approfondie sur les possibilités économiques de l'Etat et établisse un rapport définissant à quelles conditions le meilleur développement pourra être atteint. L'Organisation sioniste, enfin, emploiera tous ses efforts à aider l'Etat arabe à obtenir les moyens indispensables en vue du développement de ses ressources naturelles et de ses possibilités économiques.

Article 8

Les parties soussignées reconnaissent agir en complet accord et en parfaite harmonie sur toutes les questions ci-dessus visées, à porter devant la Conférence de la paix.

Article 9

Toute contestation qui pourrait s'élever entre les parties contractantes sera soumise, pour arbitrage, au gouvernement britannique.

Fait et écrit par nous,
le 3 janvier 1919,
Haïm Weizmann.
Fayçal Ibn Hussein.

CARTES
ANNEXES AU TEXTE
D'HAMADI ESSID

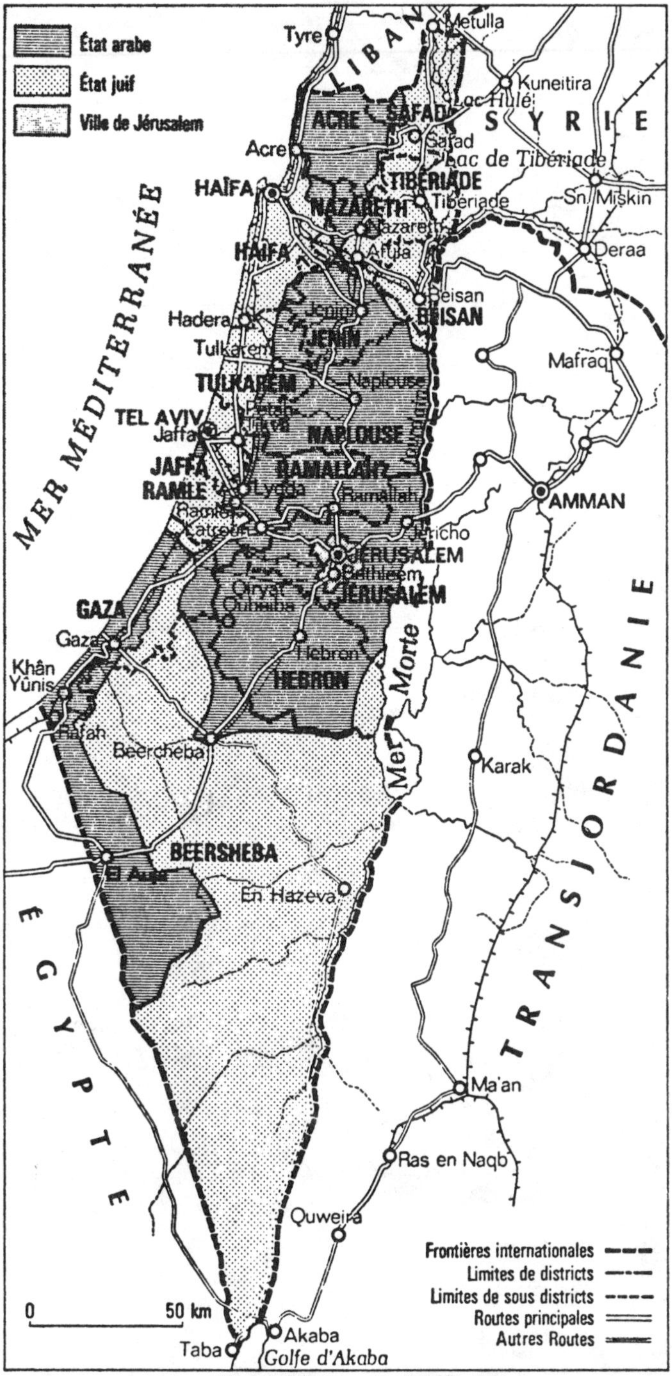

Plan de partage de 1947

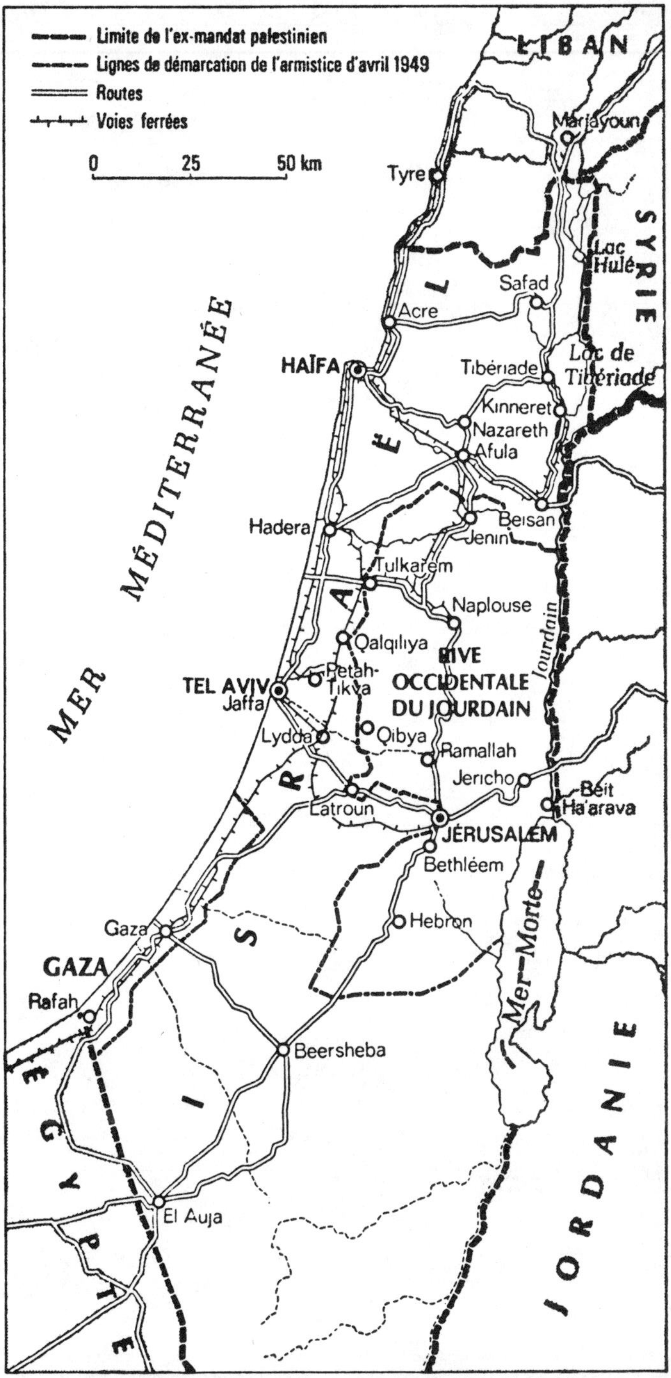

Lignes de démarcation de l'armistice d'avril 1949

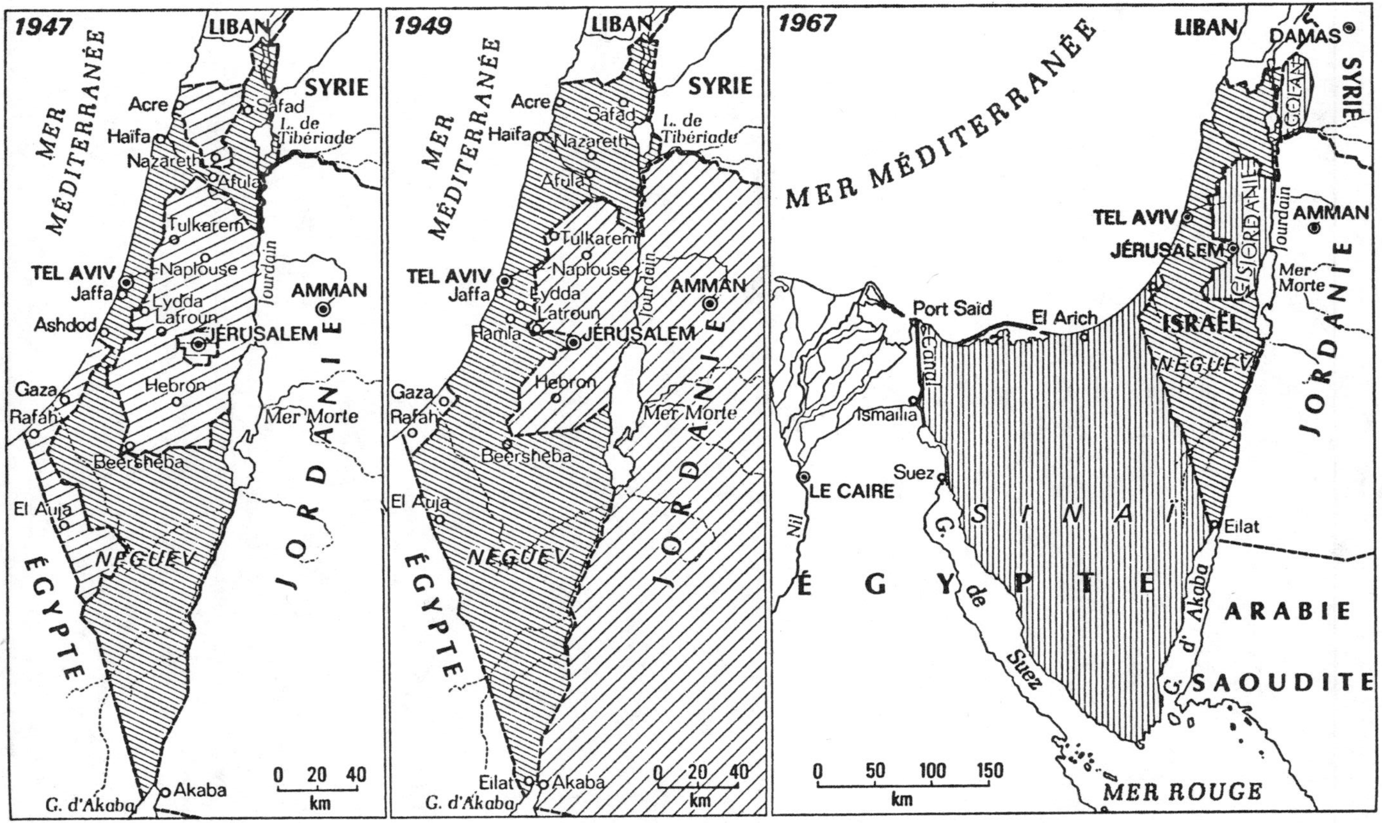

L'évolution territoriale de 1947 à 1967

TABLE

Achevé d'imprimer en novembre 1988
sur presse CAMERON
dans les ateliers de la S.E.P.C.
à Saint-Amand-Montrond (Cher)

Dépôt légal : novembre 1988
N° d'Impression : 2274
N° d'Édition : 100
Imprimé en France